U0534748

中国外汇储备与全球产业投资

俞乔 著

2013年·北京

图书在版编目(CIP)数据

中国外汇储备与全球产业投资 / 俞乔著. — 北京：商务印书馆，2013
ISBN 978—7—100—09787—1

Ⅰ. ①中… Ⅱ. ①俞… Ⅲ. ①外汇储备-研究-中国 Ⅳ. ①F822.2

中国版本图书馆CIP数据核字(2013)第020651号

所有权利保留。
未经许可，不得以任何方式使用。

中国外汇储备与全球产业投资
俞 乔 著

商 务 印 书 馆 出 版
（北京王府井大街36号 邮政编码 100710）
商 务 印 书 馆 发 行
三河市尚艺印装有限公司印刷
ISBN 978—7—100—09787—1

2013年5月第1版　　　开本 710×1000　1/16
2013年5月北京第1次印刷　　印张 21
定价：56.00元

目 录

前　言 ··· 1

第一章　全球投资概览 ··· 5
1. 全球经济与资产 ··· 5
2. 全球主要投资目标国分析 ································· 20
3. 小结 ··· 30

第二章　世界外汇储备分布 ······································ 31
1. 外汇储备的基本功能 ······································· 31
2. 全球外汇储备现状 ·· 41
3. 我国外汇储备概况 ·· 45
4. 小结 ··· 50

第三章　外汇储备管理模式 ······································ 52
1. 不同的外汇储备管理模式 ································· 52
2. 不同模式的缺陷及问题 ···································· 63
3. 小结 ··· 67

第四章　我国外汇储备的风险 ··································· 68
1. 美元资产的风险：美联储量化宽松 ····················· 69
2. 欧元资产的风险：欧央行拯救与债务违约 ············ 80

3. 日元资产的风险：内部循环及缺乏流动 ······················· 85
　　4. 历史与未来外汇储备损失测算 ······································ 87
　　5. 国家集中风险 ·· 95
　　6. 小结 ·· 102
　　附录1 扣除石油危机对油价走势影响的计算公式 ············ 104
　　附录2 外汇购买力损失计算公式 ······································ 105
　　附录3 外汇储备的未来购买力损失预测方法 ·················· 106

第五章 资产互换与风险化解 ··· 107
　　1. 标准资产互换交易 ·· 108
　　2. 非标准的资产互换交易 ·· 113
　　3. 资产互换化解风险 ·· 128
　　4. 小结 ·· 142

第六章 中国对国外投资现状 ··· 144
　　1. 中国对国外投资的方式 ·· 144
　　2. 中国对国外投资的政策 ·· 160
　　3. 中国对国外直接投资的风险 ·· 169
　　4. 小结 ·· 174

第七章 中国对美投资环境 ··· 175
　　1. 法律与审查环境 ·· 175
　　2. 政治与立法环境 ·· 184
　　3. 经营与管理环境 ·· 191
　　4. 小结 ·· 196

第八章 对美国基础设施的投资 ———— 198
1. 电网 ———— 199
2. 收费公路 ———— 208
3. 其他基础设施 ———— 214
4. 基础设施投资的规模与风险 ———— 221
5. 小结 ———— 226
附录 美国纽约市与洛杉矶市的供排水系统投资需求 ———— 227

第九章 对页岩气产业的投资 ———— 231
1. 页岩气基本情况 ———— 232
2. 美国页岩气开发情况 ———— 236
3. 页岩气发展的问题与美国政府对策 ———— 239
4. 美国页岩气产业未来投资规模 ———— 243
5. 投资页岩气等非常规能源的潜在收益 ———— 249
6. 页岩气的投资风险 ———— 251
7. 小结 ———— 253
附录 可燃冰的开发 ———— 255

第十章 对欧洲银行业的投资 ———— 257
1. 危机中的欧洲银行业 ———— 257
2. 欧元区援助方案和困境 ———— 264
3. 欧洲银行业投资难点 ———— 273
4. 小结 ———— 278
附录1 欧洲主权债务危机主要事件时间表 ———— 279
附录2 欧洲主要银行风险主权债务和资金缺口状况 ———— 283

附录3　国际货币基金组织（IMF）贷款计划 ································· 286
附录4　欧洲金融稳定机制（ECSF）贷款计划 ······························ 287

第十一章　对海外农业生产的投资 ·· 288
　　1. 对海外农业生产投资的背景 ··· 288
　　2. 农业生产投资东道国情况 ·· 297
　　3. 我国对外农业生产投资的问题 ··· 307
　　4. 小结 ··· 308

第十二章　结论 ·· 310

主要参考文献 ·· 313
后记 ··· 329

前　言

三十多年以来，在中国经济改革开放、前苏联国家解体、新型经济体和发展中国家三十多亿人加入全球劳动分工等因素的共同作用下，世界资本主义总体格局发生了重大变化。当前，全球经济一体化推动的当代资本主义有三个显著的特点。

首先，发达国家的内部经济结构重大失衡。在欧洲的社会民主主义模式下，高水平的全民福利保障制度导致社会服务部门不断膨胀，已占欧元区生产总值的40%以上，而其债务占生产总值的85%。即使在美国的盎格鲁—萨克森自由市场模式下，医疗保健开支占联邦政府支出的四分之一，几乎所有住房抵押贷款由政府支持企业（房利美、房地美等）担保或由联邦政府提供。这一发展使现代资本主义的实体经济演变为两个部门："生产率创造的市场部门"和"低生产率的国家补贴社会服务部门"。[①] 与之对应，还有为实体经济配置资源的金融部门。该部门有三部分：为市场实体部门服务的商业金融、为社会实体部门服务的国家金融、以实体经济及金融产品为标的资产的避险和套利的对冲金融。发达国家结构失衡集中表现为在资源配置上社会福利部门过度扩张严重挤压了市场实体部门；并且，在这次金融危机爆发之前，社会福利部门成为对冲金融主要的标的资产（Yu，2012）。

其次，全球经济存在严重的外部贸易不平衡。"一个国家巨大的贸易赤字与对应的贸易顺差集中在少数几个国家的事实，就是我们说的全球不平衡"（Rodrigo de Rato，2005）。近年来，全球不平衡主要表现为美国持续增加的贸易收支逆差与中国长期贸易顺差并存的现象。由于中国外汇管理体制和资本项目下的管制，贸易顺差积聚的外汇资产转化为巨额的官方外汇储备，成为中国国家金融外部资金的主要来源。这种现象也普遍存在于许多东亚出口导向的经济体与美国的贸易关系之中。

---

① Laurence Summers, "Current woes call for smart reinvention not destruction", *Financial Times*, January 9, 2012.

第三，发达国家内部失衡在相当程度上依靠全球贸易不平衡延续。近年来全球金融市场的一个重要发展是，发达经济体的商业资本流向新兴经济体的生产性部门获得收益，而其国家金融则通过债务类证券动员境外国家资金补贴低生产率的社会福利部门。美国作为市场制度最完善、经济规模最大以及主要储备货币发行的国家，金融市场具有足够深度的容纳巨额境外资金，而且有着迄今最健全的法律制度提供契约保障，成为境外国家资金最易投放的场所。此外，欧元区在过去10年已成长为除美国之外最大的资金目的地，欧元区国家金融也能够通过动员境外资金支持其社会福利部门。

资本主义中心地区内部失衡是美国金融危机和欧洲主权债务危机的一个重要根源。当前发达经济体的福利国家主义面临重大危机：实体经济必须再平衡，以在可持续条件下支撑社会福利供给；金融部门必须大调整，以在可自生基础上对社会福利配置资源。然而，这是一个极为复杂的政治经济学难题。由于庞大的社会福利受益群体的抵制，西方社会存在着"转向器锁定"的政治现实，很难在短期内完成实体经济部门的平衡。

美国国会的两极化使国内财政政策决策，特别是赤字削减、税收增加、医疗改革、政府开支等与社会福利及国家金融相关的问题难以达成一致。当前国会中两党议员之间的共同点比其前辈急剧减少。[1]这反映了美国社会信任危机与政治分裂，并严重限制了立法者和行政当局在超党派基础上对社会福利部门与国家金融的长远改革。在财政政策缺位、结构调整艰难的现实环境下，美联储自2008年金融危机以来，就放弃了长期奉行稳定价格水平的目标，通过非常规数量宽松与零利率货币政策刺激经济，并旨在降低美国的实际债务负担。[2]

欧洲大陆的核心问题并非在于缺失财政联盟或政治联盟，而是在社会民主主义的政治现实下，以当代人对下一代透支为代价的国家福利主义过度膨胀。由于广大福利受益者组成了不妥协阵线，在短期内难以改革低生产率的福利部门以激励市场部门推动的经济增长。因此，这也迫使欧洲央行背离其保持价格稳定的唯一法定责任，向银行业注入大量流动性以拯救债务危机。既然先例已

---

[1] By Royce Carroll, see "An untested model of democratic governance", *The Wall Street Journal*, January 6, 2012.

[2] 按照美国众议院预算委员会主席鲍尔·瑞安（Paul Ryan）的说法："美联储在拯救财政政策，因为政府负责财政政策的部门已然休工"。*The Wall Street Journal*, Feb. 3, 2012.

开，欧元区货币当局还可能以非常规手段继续应付恶化的欧洲经济局势。

因此，金融部门的调整沿着阻力最小的方向发展，私人负债转化为公共负债，对冲金融让位于国家金融。尽管美联储和欧洲央行的非常规货币政策尚属勉强而为之，但这是一种自我毁灭的政策，其本质是将财富由贷方转移到借方的强制性再分配，短期降低负担的效果必然导致对国际金融体系的长期信用损害。1919年凯恩斯曾警告道："据说列宁曾宣称，摧毁资本主义制度的最佳方式是败坏其货币，……列宁是正确的。没有比败坏货币更巧妙、更确定的手段用以颠覆社会现存的基础"（Whitson,1977）。

当前的国际货币体系是以不可兑换的"主权储备法币"（sovereign reserve fiat money）美元为主要储备货币，欧元为次级储备货币、日元和英镑为辅助储备货币的综合系统。该系统是20世纪70年代初布雷顿固定汇率体系崩溃、欧洲货币同盟形成而自然演变的产物。这四种储备货币通过浮动汇率相互联系，其发行者（美联储、欧洲央行、日本银行、英格兰银行）既密切合作又相互竞争，为世界经济提供了充足并可替代的国际交易媒介和储藏手段。这一后布雷顿国际货币体系具有较大的弹性，较大地促进与有力地保障了过去30年经济全球化的发展。

虽然该体系为经济全球化提供了全球性公共产品，但是，它的核心是将缺乏内在价值的主权储备法币规定为"国际储备法币"（international reserve fiat money），缺乏对储备货币发行主体的约束机制，各央行的国内目标优先于国际储备货币的稳定,通货膨胀或货币供应量无限增加不可避免。这一根本性的内在缺陷使参加全球交易的国家、机构和个人都面临国际金融市场风险与系统性风险。在美国金融危机和欧洲主权债务危机中，美联储以及欧洲央行的非常规宽松货币政策开启了无限量发行国际储备法币的阀门。

历史教训必须认真汲取。在布雷顿固定汇率体系崩溃后的20世纪70年代里，英、德、法、日等国所累计持有的美元外汇扣除石油危机影响的实际购买力下降幅度高达六成左右。进入21世纪以来，全球劳动大分工使工业制成品的成本大幅度降低，因此国际零售物价没有大的变化。但是，由于美联储主导的低利率政策导致的全球流动性过剩，以及新兴经济体需求的大幅提升，大宗商品价格却发生了很大的变化。在1998—2008年期间，我国累计增加的外汇储备对大宗商品的综合购买力下降了近一半。

由于中国外汇储备占世界总量的近三成，并主要购买美欧主权债务类证券，其风险暴露程度非常高。如果这种状态不能得到有效的改变，必将会产生极为严重的后果。在后金融危机的基本格局下，我国必须尽快降低与控制在现存国际货币体系中，主要储备货币实际购买力大幅度贬损和欧元区债务违约及欧元分崩离析对外汇资产带来的巨大损失。在现阶段，我国外汇资产管理所面临的重大难题是既要避免当前国际局势造成最坏的结果，又需为未来发展打下坚实的基础。

进一步而言，我国外汇资产管理的一个重大任务是必须妥善应对人口老龄化的长期挑战。目前，中国已经进入老龄化社会。根据2010年全国人口普查数据，全国人口中60及60岁以上人口占全国人口比重超过百分之十三。随着人口老龄化的继续发展，供养人口不断上升和就业人口持续下降，全社会储蓄将出现下滑趋势。根据国际经验，在储蓄总量高峰时期，就应当对各类社会资金进行有效管理与分散化投资，以实现社会储蓄的长期稳定收益，提前安排人口老龄化的平滑过渡。在本质上，我国巨额的外汇储备是中国全社会储蓄的重要组成部分，与国内储蓄不同之处在于这种外部储蓄以外汇资产的形式由国家进行统一管理。显然，这种方式难以担当有效管理全社会的外汇储蓄、缓解人口老龄化压力这一如此重大的责任。

本书就是探讨如何解决我国外汇资产再配置与有效应用这一国际经济学的难题。其目的在于抛砖引玉，通过对这一重大问题的探讨引起各方的深入研究，集思广益，以找出较好解决方案。

第一章 全球投资概览

过去三十多年中,由于中国经济改革开放、前苏联国家解体、主要发展中国家加入国际劳动大分工等多种因素的综合作用,新一轮的全球经济一体化迅速发展与扩散,各国经济依赖性和互补性日益增强。全球经济一体化表现为商品和服务、资本和劳动力在内的各种生产要素的跨国有效配置。因为政治、社会、文化等方面的限制,劳动力的跨境自由流动难以实现;但是,贸易和资本的流动在相当程度上替代了劳动力要素的全球配置。与此同时,全球经济一体化通过大幅度提高有限资源的配置而极大地促进了各国经济增长与社会福利水平提高,从而进一步促进了自由贸易与资金流动规模的扩大。在这一意义上,全球投资的发展既是经济一体化的内在要求,也是其发展的必然结果。

1. 全球经济与资产

实体经济的增长是全球投资迅速发展的根本性原因。从宏观层面来说,各国经济的发展使得社会储蓄不断上升,为对外投资提供了充足的资金供给;同时,国际市场的持续扩大也极大地增加了对外投资的需求。从微观层面来说,企业面对竞争压力、全球化浪潮以及投资领域的不断开放,存在着积极参与海外投资、在全球配置资源以图利润最大化的内在冲动。海外投资有两种形式:一是实物投资,二是金融投资。

1.1 全球实体经济

在进入21世纪后,全球经济从亚洲金融危机和科技泡沫崩溃的影响中得以恢复,呈现出了较快的发展趋势。其中,包括中国、印度、巴西等大国在内的发展中国家经济发展尤为迅猛,而发达国家的经济增长则相对平稳。但是,2008—2009年爆发的世界性金融危机导致全球经济下滑,尤其是发达国家的经济出现了严重的衰退。表1给出了主要经济体在过去10年的经济增长情况。

表 1 2000—2010年主要经济体国内生产总值 （单位：亿美元）

国家/地区	2000	2005	2007	2008	2009	2010
中国	11,985	22,569	34,941	45,218	49,913	58,786
中国香港	1,691	1,778	2,071	2,154	2,093	2,245
美国	98,988	125,797	139,950	142,969	140,439	145,824
加拿大	7,249	11,338	14,241	14,991	13,361	15,741
英国	14,776	22,801	28,110	26,575	21,732	22,461
德国	19,002	27,884	33,291	36,345	33,300	33,097
法国	13,263	21,366	25,824	28,318	26,245	25,600
日本	46,674	45,522	43,779	48,799	50,330	54,978
意大利	10,973	17,777	21,162	22,965	21,112	20,514
欧洲	62,620	101,533	123,645	135,517	124,389	121,745
俄罗斯	2,597	7,640	12,997	16,608	12,220	14,798
巴西	6,447	8,822	13,660	16,526	15,945	20,879
印度	4,602	8,340	12,424	12,138	13,806	17,290
韩国	5,334	8,449	10,492	9,314	8,341	10,145
世界	322,127	456,207	558,049	612,585	580,784	630,441

资料来源：世界银行数据库，http://data.worldbank.Org.，2011。

在这一期间，全球进出口在各国经济增长中起到了巨大的推动作用。表2给出了主要经济体的进出口总额情况。在2008年，大多数经济体的进出口总额都超过了其国内生产总值的50%。其中，中国香港的进出口总额是其国内生产总值的4倍。然而，由于世界经济危机的影响，2009年进出口在各国经济中的比重出现了较大幅度的下降。由于全球经济在2010年有一定程度的恢复，各经济体的进出口比例出现了回升。

表 2　2000—2010年主要经济体进出口总额情况（单位：亿美元）

国家/地区	2000	2005	2007	2008	2009	2010	占GDP比重(2010)
中国	5,303	15,490	23,769	28,145	22,073	32,731	55.67%
中国香港	4,771	6,843	8,388	8,917	6,726	9,883	440.22%
美国	25,721	33,366	40,326	44,033	26,150	41,965	28.77%
加拿大	6,191	8,143	9,630	10,325	6,366	9,579	60.85%
英国	8,438	12,830	15,761	16,273	8,312	14,007	62.36%
德国	12,617	21,431	28,788	32,221	20,520	28,939	87.43%
法国	7,466	11,371	14,234	15,812	10,260	13,638	53.27%
日本	9,576	12,417	14,695	17,052	10,069	15,987	29.07%
意大利	5,835	9,237	12,319	13,398	7,277	11,350	55.33%
欧洲	45,929	76,210	100,608	112,484	85,012	130,163	107%
俄罗斯	1,768	4,332	6,739	8,868	4,959	7,658	51.75%
巴西	1,400	2,351	3,443	4,490	2,866	4,865	23.30%
印度	1,260	3,445	5,400	5,876	3,873	8,000	46.26%
韩国	3,962	6,407	8,639	9,938	6,866	10,347	102.25%
世界	159,963	259,747	344,124	392,135	314,188	372,771	59.12%

资料来源：世界银行数据库，http://databank.worldbank.org.，2011。

表3为这一期间主要经济体的进出口净额情况。它既反映了主要经济体之间贸易不平衡的基本事实，也表现了此次经济危机对进出口的影响。在金融危机爆发之前，世界贸易最显著的特点是美国高达八千多亿美元贸易赤字与中国三千多亿美元的贸易顺差并存，在较小的规模上，英国近千亿美元的贸易赤字与绝对额相差无几的日本贸易顺差同时存在；而在欧元区内部，德国二千多亿美元的贸易顺差与其他成员国逆差同时出现。这就是所谓的"全球经济不平衡"（Rodrigo de Rato，2005）。在2008年金融危机发生后，包括美国、法国等在内的发达国家陷入经济衰退，其贸易逆差有所缓解；而一些出口国的对外贸易顺差则出现了下降。

表 3　2000—2010年主要经济体进出口净额情况（单位：亿美元）

国家/地区	2000	2005	2007	2008	2009	2010	占GDP比重（2010）
中国	289	1,248	3,075	3,489	2,201	2,321	3.92%
中国香港	75	221	224	233	−312	126	5.61%
美国	−3,795	−7,136	−7,078	−8,403	−5,013	−5,169	−3.54%
加拿大	417	421	278	483	−55	−296	−1.88%
英国	−272	−778	−947	−815	−1,290	−762	−3.39%
德国	67	1,487	2,340	2,263	2,280	1,794	5.47%
法国	120	−185	−484	−706	−19	−601	−2.35%
日本	678	631	733	−71	−87	626	1.15%
意大利	103	−13	−49	−114	29	−363	−1.77%
欧洲	403	1,500	1,896	1,332	1,262	1,239	0.80%
俄罗斯	520	1,046	1,117	1,486	1,121	1,234	8.34%
巴西	−114	319	205	26	194	−207	−0.99%
印度	−42	−229	−420	−620	−1,110	−560	−3.24%
韩国	152	229	159	−116	405	283	2.79%
世界	−154	1,095	3,748	3,455	3,718	3,965	0.14%

资料来源：世界银行数据库，http://databank.worldbank.org.,2011。

　　对外贸易的发展构成全球投资的重要基础。这主要表现在以下几个方面。首先，对外贸易积累的外汇收入在本质上是一国的对外净储蓄，构成对外投资的最重要和最直接的资金来源。第二，在国际贸易发展的推动下，国际劳动分工进一步深化，世界产业结构更为复杂，这就为全球投资提供了重要的标的资产。第三，对外贸易通过促进各国开放商品市场，也推动了金融市场的开放和资本账户限制的降低，以适应实体经济发展需要。第四，对外贸易与其带动的对外投资结合，形成的完整的全球生产与物流系统，可以替代劳动力缺乏跨国流动的刚性限制，实现有限资源在全球范围内的优化配置。在这一意义上，对外贸易与全球投资是世界经济一体化最为重要的两个基石。

1.2 全球实物投资

实物投资(real investment)，是区别于金融投资（financial investment）的一种投资方式；前者是指投资者以现金、实物、无形资产等投入实体产业的行为，而后者则是投资者购买金融资产的活动。国外实物投资又称为国外直接投资（foreign direct investment，FDI），这是现代资本国际化的一种主要形式。按照国际货币基金组织（IMF）的定义，FDI是指一国的投资者将资本用于他国的生产或经营，并掌握一定经营控制权的投资行为；即是一国（地区）的实体（对外直接投资者或母公司）在其本国（地区）以外的另一国的企业（外国直接投资企业、分支企业或国外分支机构）中建立长期关系，享有持久利益并对之进行控制的投资，这种投资既涉及两个实体之间最初的交易，也涉及二者之间以及不论是联合的还是非联合的国外分支机构之间的所有后续交易。①

根据联合国贸发会（UNTCAD）发布的《2011年世界投资报告》，2010年FDI流入总量约为12,440亿美元，其中流入发展中国家的FDI达5,740亿美元；FDI的流动模式在全球范围内发生重大转变，流入发展中国家和转型经济体的比例大幅度增加，在2010年首次超过了FDI流入总量的一半。图1—1描绘了这一情况。

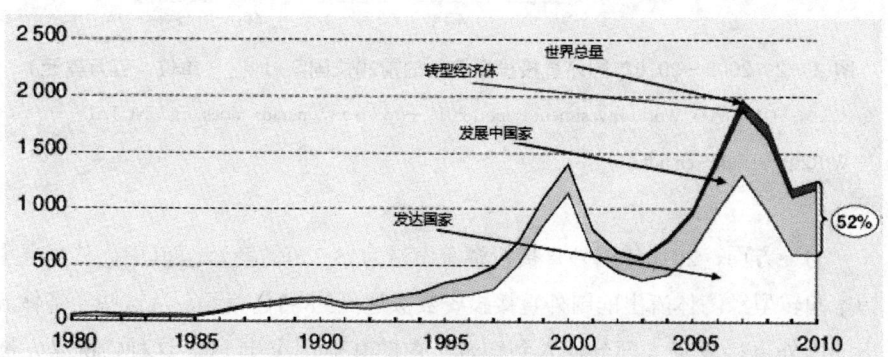

图 1—1　1980—2010年不同类型经济体国外直接投资流入量（单位：百万美元）

资料来源：UNTCAD, World Investment Report 2011, http://www.unctad—docs.org/UNCTAD—WIR2011—Full—en.pdf。

---

①　引自百度百科, http://baike.baidu.com/view/118314.htm。

图1—2为2009—2010年国外直接投资流入的前20位的国家与地区。在2010年中，吸纳国外直接投资最多的前7位的国家与地区分别是美国、中国、中国香港、比利时、巴西、德国和英国。

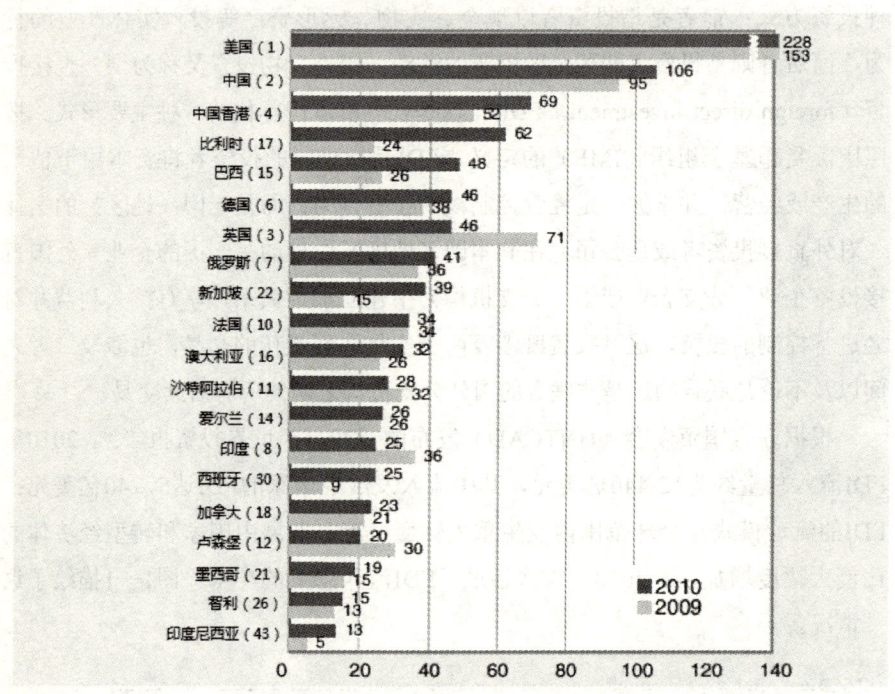

图 1—2 2009—2010年国外直接投资流入的前20位国家/地区（单位：百万美元）

资料来源：UNCTAD, World Investment Report 2011, http://www.unctad—docs.org/UNCTAD—WIR2011—Full—en.pdf。

另一方面，2010年国外直接投资流出量为13,230亿美元。其中，从发展中国家和转型经济体流出的国外直接投资数额达到3,880亿美元，从这些经济体流出的国外直接投资大部分流入到该范围内的其他国家/地区。这种情况是发展中国家实体经济发展的结果。图1—3给出了在2005—2007年和2008—2010年期间，发展中国家和转型经济体的国外直接投资（FDI）流出量的平均值。

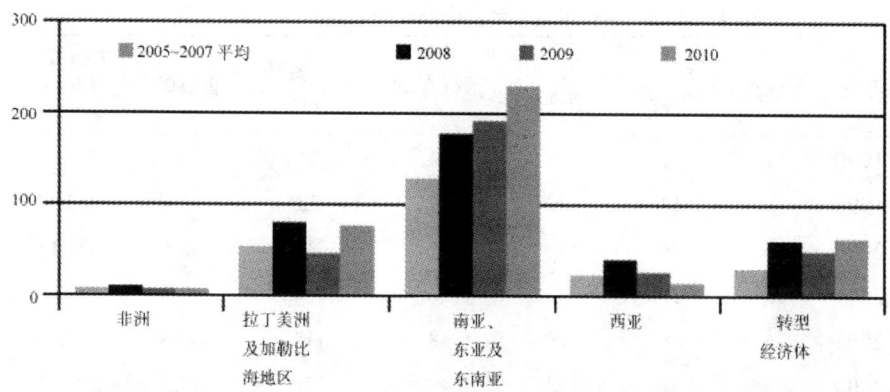

图 1—3 2005—2007/2008—2010年发展中国家和转型经济体FDI流出量均值
（单位：10亿美元）

资料来源：UNCTAD, World Investment Report 2011, http://www.unctad—docs.org/UNCTAD—WIR2011—Full—en.pdf。

1.3 全球金融资产

全球经济一体化的一个重要方面是国际金融投资市场的发展。金融投资是对债券类证券、股权类证券和衍生品在内的虚拟金融资产的投资活动。在过去20年间，无论就全球金融资产的数量与规模而言，都有快速增长。这种状况不仅仅是全球财富快速积累的反映，而且，还是金融部门本身扩张的结果。在本次金融危机后，这种趋势有所下降。

表4描述了1990—2010年期间的全球金融资产规模。在2010年，全球金融资产是实体经济规模的3.5倍左右。2008年金融危机发生后，股权类金融资产几乎缩水一半，而其他类别的金融资产因为其相对避险性质则略有增加。与1990年相比，2007年全球国内生产总值（GDP）总量是1990年的2.6倍，而股权类资产的名义价值则为1990年的6倍，私人债券为4.5倍，政府债券为3.3倍，银行存款为2.4倍，全球金融资产总量为全球国内生产总值的3.76倍。

表 4 1990—2010年全球金融资产规模 （单位：万亿美元）

年份	股权类	私人债券类	政府债券类	银行存款	金融资产合计	世界GDP	金融资产占GDP比重（%）
1990	11	11	9	24	54	20.7	260.87
1995	17	14	13	27	72	27.4	262.77
2000	36	24	16	31	114	35.5	321.13
2001	33	27	18	36	114	38.5	296.10
2002	26	28	20	38	112	39.9	280.70
2003	33	31	22	40	126	42.3	297.87
2004	38	34	24	43	139	45.5	305.49
2005	45	35	25	49	155	46.4	334.05
2006	55	42	28	54	179	49.72	360.01
2007	65	49	30	58	202	53.7	376.16
2008	34	49	32	61	175	56.6	309.19
2009	48	53	37	63	201	56.5	355.75
2010	54	52	41	64	212	59.6	355.70

资料来源：McKinsey（2009），"Global Capital Markets: Entering a New Era"；McKinsey（2011），"Mapping Global Capital Markets 2011"。

表5是1998—2007年全球金融衍生品的规模。截至2011年，场外交易的衍生品已达647万亿美元，而场内交易的衍生品也达到了56万亿美元的规模。

表 5 1998—2007年全球金融衍生品规模（单位：万亿美元）

年份	场外交易（OTC）	场内交易（Exchange）		
		期货	期权	合计
1998	80.3	8.4	5.6	14.0
1999	88.2	8.3	5.3	13.6
2000	95.2	8.4	5.9	14.3
2001	111.1	9.7	14.1	23.8
2002	141.7	10.3	13.5	23.8

2003	197.2	13.8	23.0	36.8
2004	257.9	18.9	27.6	46.5
2005	297.7	21.6	35.7	57.3
2006	414.8	25.7	43.7	69.4
2007	595.3	28.1	51.0	79.1

资料来源：Bank for International Settlements, derivatives statistics.

表6给出了2008年和2010年两年中的全球金融资产分布情况。从表中可以看到，全球金融资产主要集中于美国、欧元区、英国和日本等发达经济体。在2008年全球的金融资产中，美国占31%，欧元区占24%，英国占4.9%。此外，美欧发达国家金融资产占国内生产总值（GDP）比重较高，而东欧和独联体国家、中国、印度、拉丁美洲等发展中经济体不仅金融资产规模相对较小，而且金融资产占GDP比重也较低。例如，2010年，美国金融资产占GDP的比重高达462%，西欧达到400%，而中国仅为280%，印度为209%，而拉丁美洲、中东和非洲国家的该比例甚至不足200%。

表 6　全球金融资产的地区分布　（单位：万亿美元）

国家/地区	2008年金融资产规模总计	2008年金融资产占GDP比重	2010年金融资产占GDP比重
美国	54.9	385%	462%
英国	8.6	326%	n.a.
欧元区	42.0	314%	n.a.
西欧	n.a.	n.a.	400%
东欧	1.5	99%	
其他发达国家	n.a.	n.a.	388%
俄罗斯	1.1	68%	n.a.
中国	12.0	265%	280%
日本	26.2	533%	457%
韩国	12.0	278%	n.a.

印度	2.0	162%	209%
亚洲新兴国家	3.8	232%	n.a.
拉丁美洲	4.7	119%	148%
中东和非洲	n.a.	n.a.	190%

资料来源：McKinsey (2009), "Global Capital Markets: Entering a New Era"; McKinsey (2011), "Mapping Global Capital Markets 2011"。

注：由于两年报告内容不完全一致，因此国家和数据类别有所差异。"n.a."表示无法计算。

1.4 美元资产

在金融投资中，由于政治、社会、法律、文化、习惯等各种因素的影响，各国投资者普遍偏好于持有本国的金融资产，而较少投资国外的证券资产。除了美国、英国、欧元区等少数国家外，大多数国家，特别是发展中国家很难像吸引到巨额的FDI那样，获得外国投资者青睐，大规模购买本国金融资产。因此，在现阶段全球境外金融投资大部分都集中在美国市场。这不仅因为美国是世界最大的经济体和最具深度的金融市场，而且其严格的法律制度、健全的披露与监管体系，主要储备货币发行国等方面也起到了决定性的作用。与其他国家相比，美国的金融资产，特别是美国国债，有相当一部分由外国投资者持有。

表7显示了2009年6月和2011年6月主要海外投资国家及地区持有美国金融资产的组合情况。从总体规模而言，2009年中各国与地区对美国金融投资余额9.6万亿美元，其中股权投资为2.25万亿美元，各类长期债务类证券高达6.2万亿美元，此外还有1.1万亿美元的短期债务类证券。相比于2009年，在2011年各国与地区对美国金融投资余额达到12.44万亿美元，比两年前增长了29%。其中，股权投资为3.83万亿美元，增长了70%；各类债券类证券高达8.61万亿美元，增加了16.5%。

表 7 2009年6月与2011年6月主要国家及地区对美国金融投资组合 （单位：亿美元）

	年份	世界	中国	日本	英国	中东	德国	法国	挪威
总计	2009	96,405.6	14,640.3	12,692.9	7,878.9	3,528.2	1,821.4	1,387.8	1,189.4
	2011	124,395.8	17,266.2	15,850.9	9,817.0	4,192.2	2,379.6	2,485.5	1,814.8
股权	2009	22,521.8	776.9	1,815.9	2,785.6	1,095.3	445.8	805.0	733.2
	2011	38,299.0	1,587.8	3,019.1	4,414.7	1,880.2	810.9	1,403.7	1,238.7
长期负债合计：	2009	62,395.7	12,264.2	10,189.2	4,860.4	1,755.8	1,272.7	528.3	396.3
	2011	77,313.0	15,629.5	12,161.9	5,237.6	1,499.9	1,501.5	938.0	567.0
长期国债	2009	26,039.8	7,571.1	6,459.6	562.1	1,228.7	417.1	138.3	52.8
	2011	40,491.8	13,024.1	8,180.1	1,179.4	1,165.8	579.4	326.6	257.5
机构长期债券	2009	11,958.3	4,541.0	2,191.3	157.6	219.0	70.0	24.8	87.2
	2011	10,309.5	2,447.5	2,580.7	117.9	123.3	72.9	17.6	91.0
公司长期债券	2009	24,397.7	152.1	1,538.4	4,140.7	308.2	785.6	365.2	256.3
	2011	26,511.7	158.0	1,401.2	3,940.3	210.8	849.3	593.8	218.6
短期负债合计：	2009	11,488.1	1,599.2	687.8	232.9	677.2	102.5	54.5	59.9
	2011	8,783.8	48.9	669.8	164.7	812.1	67.2	143.8	9.1
短期国债	2009	8,620.5	1,585.4	621.3	188.8	588.0	71.5	50.5	57.9
	2011	6,584.5	45.7	637.2	125.6	723.4	58.9	126.2	7.3
机构短期债券	2009	897.5	2.4	18.8	5.0	15.8	3.6	1.5	1.3
	2011	425.1	0.4	14.0	3.4	22.8	1.2	1.0	0.3
公司短期债券	2009	1,970.0	11.3	47.7	39.1	73.4	27.7	2.5	0.7
	2011	1,774.2	2.8	18.6	35.8	65.9	7.1	16.7	1.5

资料来源：美国财政部国际资本系统（Treasury International Capital System）的"国外持有美国资产的投资组合（Foreign Portfolio Holdings of U.S. Securities）"数据，网址：http://www.treas.gov/tic/shlhistdat.html和http://www.treasury.gov/resource—center/data—chart—center/tic/Pages/fpis.aspx。

注：此处世界不包括美国；中国仅指中国内地；中东指的是中东石油输出国，包括：巴林、伊朗、伊拉克、科威特、阿曼、卡塔尔、沙特阿拉伯以及阿联酋。长期负债总计＝长期国债＋政府机构长期债券＋公司长期债券。短期负债总计＝短期国债＋政府机构短期债券＋公司短期债券。

表8计算了2009年6月和2011年6月主要国家及地区投资美国金融资产的比例。2009年我国持有的美国金融资产中，股权类证券和公司长期债券投资份额很低，分别为5.31%和1.04%；而对美国长期国债和政府机构长期债券的持有比例很高，分别为51.71%和31.02%。而欧洲各国投资美国金融资产的比例却正好跟中国相反：英国持有的股权占对美金融投资额的35.36%，公司债券的比例高达为53%，国债比例仅为9.53%，政府机构债券的比例为2.06%；德国持有股权占对美金融投资的24.48%，公司债券的比例为44.65%，国债比例为26.83%，机构债券比例为4.04%；法国持有美国股权占总额的比例高达58.01%，公司债券比例是26.5，国债比例为13.61%，机构债券比例为1.9%。需要指出的是，国债和政府机构债券往往是央行使用官方外汇储备来购买，而股权、公司债则由私人部门进行投资。2011年我国对美投资组合中，股权比例由两年前的5.3%上升9.2%；长期国债则由51.7%上升到75.4%，而短期国债比例有大幅度下降；长期机构债券的比例从31%降为14.2%。而世界其他国家与地区持有的美国股权比例远高于我国，日本为19%，中东地区为44.9%，德国、英国、法国、挪威分别为34.1%，45%，56.5%，68.3%；普遍高于2009年持有的比例。而同期世界主要国家与地区持有美国股权的比例则由23.4%上升到30.8%。

表 8 2009年6月与2011年6月主要国家及地区对美国金融投资组合的比例 （%）

	年份	世界	中国	日本	英国	中东	德国	法国	挪威
总计	2009	100.00	100.00	100.00	100.00	100.00	100.00	100.00	100.00
	2011	100.00	100.00	100.00	100.00	100.00	100.00	100.00	100.00
股权	2009	23.36	5.31	14.31	35.36	31.04	24.48	58.01	61.64
	2011	30.79	9.20	19.05	44.97	44.85	34.08	56.48	68.26
长期负债合计：	2009	64.72	83.77	80.27	61.69	49.76	69.88	38.07	33.32
	2011	62.15	90.52	76.73	53.35	35.78	63.10	37.74	31.24
长期国债	2009	27.01	51.71	50.89	7.13	34.82	22.9	9.97	4.44
	2011	32.55	75.43	51.61	12.01	27.81	24.35	13.14	14.19
机构长期债券	2009	12.4	31.02	17.26	2.00	6.21	3.84	1.79	7.33
	2011	8.29	14.17	16.28	1.20	2.94	3.06	0.71	5.01

公司长期债券	2009	25.31	1.04	12.12	52.55	8.73	43.13	26.31	21.55
	2011	21.31	0.91	8.84	40.14	5.03	35.69	23.89	12.04
短期负债合计：	2009	11.92	10.92	5.42	2.96	19.19	5.65	3.93	5.04
	2011	7.06	0.28	4.23	1.68	19.37	2.82	5.78	0.50
短期国债	2009	8.94	10.83	4.89	2.4	16.66	3.93	3.64	4.87
	2011	5.29	0.26	4.02	1.28	17.26	2.47	5.08	0.40
机构短期债券	2009	0.93	0.02	0.15	0.06	0.45	0.2	0.11	0.11
	2011	0.34	0.00	0.09	0.03	0.54	0.05	0.04	0.02
公司短期债券	2009	2.04	0.08	0.38	0.5	2.08	1.52	0.18	0.06
	2011	1.43	0.02	0.12	0.36	1.57	0.30	0.67	0.08

资料来源：根据表7计算；计算公式为：某国对美国某类资产持有额占该国对美国资产总持有额的百分比=（该国对美国该类资产持有额/该国对美国资产总持有额）×100%。

注：此处世界不包括美国；中国仅指中国内地；中东指的是中东石油输出国，包括：巴林、伊朗、伊拉克、科威特、阿曼、卡塔尔、沙特阿拉伯以及阿联酋。长期负债总计=长期国债+政府机构长期债券+公司长期债券。短期负债总计=短期国债+政府机构短期债券+公司短期债券。

表9显示了2009年各国对美国的证券投资占世界（除美国）持有美国金融资产的百分比。从表中可以看到，中国持有美国国债和政府机构债券在全部国外投资者持有这些金融资产中的比例非常高，分别达到47.47%和38.24%，而股权和公司债券持有比例却相当低，仅为3.45%和1.19%。而其他国家与中国的情况则大为不同。

表 9　2009年各国持有的美国金融资产占世界持有的百分比（%）

	世界	中国	日本	英国	中东	德国	法国	挪威	其他
总计	100.00	15.19	13.17	8.17	3.66	1.89	1.44	1.23	55.25
股权	100.00	3.45	8.06	12.37	4.86	1.98	3.57	3.26	62.45
长期负债合计：	100.00	19.66	16.33	7.79	2.81	2.04	0.85	0.64	49.89
长期国债	100.00	29.08	24.81	2.16	4.72	1.60	0.53	0.20	36.91
机构长期债券	100.00	37.97	18.32	1.32	1.83	0.59	0.21	0.73	39.03

公司长期债券	100.00	0.62	6.31	16.97	1.26	3.22	1.50	1.05	69.07
短期负债合计：	100.00	13.92	5.99	2.03	5.89	0.90	0.47	0.52	70.28
短期国债	100.00	18.39	7.21	2.19	6.82	0.83	0.59	0.67	63.30
机构短期债券	100.00	0.27	2.09	0.56	1.76	0.40	0.16	0.14	94.61
公司短期债券	100.00	0.57	2.42	1.98	3.73	1.41	0.13	0.04	89.72

资料来源：根据表7计算，计算公式：某国（或某地区）对美国某类资产持有额占世界该类资产持有总额百分比=（该国对美国该类资产持有量/世界对美国该类资产总持有量）×100%。

注：此处世界不包括美国；中国仅指中国内地；中东指的是中东石油输出国，包括：巴林、伊朗、伊拉克、科威特、阿曼、卡塔尔、沙特阿拉伯以及阿联酋。长期负债总计＝长期国债＋政府机构长期债券＋公司长期债券。短期负债总计＝短期国债＋政府机构短期债券＋公司短期债券。

表10为2011年各国对美国的证券投资占世界（除美国）持有美国金融资产的百分比。从数据可以看出，中国持有的美国国债和机构债券仍然在全部国外投资者中占有较高比例，分别达到32.85%和23.84%，相比2009年占比有所下降，主要由于短期国债占比下降导致。不过，中国持有的美国长期国债的比例则出现上升，已接近世界（除美国外）持有总额的三分之一。

表10　2011年各国持有的美国金融资产占世界持有的百分比（%）

	世界	中国	日本	英国	中东	德国	法国	挪威	其他
总计	100.00	13.88	12.74	7.89	3.37	1.91	2.00	1.46	56.75
股权	100.00	4.15	7.88	11.53	4.91	2.12	3.67	3.23	62.52
长期负债合计：	100.00	20.22	15.73	6.77	1.94	1.94	1.21	0.73	51.45
长期国债	100.00	32.16	20.20	2.91	2.88	1.43	0.81	0.64	38.97
机构长期债券	100.00	23.74	25.03	1.14	1.20	0.71	0.17	0.88	47.13
公司长期债券	100.00	0.60	5.29	14.86	0.79	3.20	2.24	0.82	72.19
短期负债合计：	100.00	0.56	7.63	1.88	9.25	0.76	1.64	0.10	78.19
短期国债	100.00	0.69	9.68	1.91	10.99	0.89	1.92	0.11	73.81
机构短期债券	100.00	0.10	3.29	0.79	5.37	0.28	0.23	0.07	89.88
公司短期债券	100.00	0.16	1.05	2.02	3.72	0.40	0.94	0.09	91.63

资料来源：根据表7计算；计算公式：某国（或某地区）对美国某类资产持有额占世界该类资产持有总额百分比=（该国对美国该类资产持有量/世界对美国该类资产总持有量）×100%。

注：此处世界不包括美国；中国仅指中国内地；中东指的是中东石油输出国，包括：巴林、伊朗、伊拉克、科威特、阿曼、卡塔尔、沙特阿拉伯以及阿联酋。长期负债总计＝长期国债＋政府机构长期债券＋公司长期债券。短期负债总计＝短期国债＋政府机构短期债券＋公司短期债券。

表11显示了2010年世界其他国家持有美国国债的规模。根据美国财政部发布的数据，截至2010年5月底，中国投资者共持有美国国债8,677亿美元，占同期中国外汇储备的35.5%；占所有对外投资者持有美国国债总数的21.8%，超过日本7,867亿美元和英国3,500亿美元。[①]

表11 2010年2月世界七国或地区持有美国长短期国债规模

	世界[(1)]	中国[(2)]	日本	英国[(3)]	石油输出国[(4)]	德国	法国	挪威
对美国长短期国债持有总额（亿美元）	37,522	8,775	7,685	2,335	2,188	499	325	136
占世界持有量的百分比（%）	100	23.39	20.48	6.22	5.83	1.33	0.87	0.36
外汇储备（亿美元）	80,870	24,246	10,511	866	697	1,817	1,340	492
占外汇储备的百分比（%）	n.a.[(5)]	36.19	73.1	n.a.	n.a.	27.46	24.25	27.64

注：（1）世界不包括美国。（2）中国仅指中国内地。（3）英国的长短期国债持有数据包括英国本土、海峡群岛和马恩岛，而外汇储备数据应该仅包括本土。（4）石油输出国长短期国债持有数据包括厄瓜多尔、委内瑞拉、印度尼西亚、巴林、伊朗、伊拉克、科威特、阿曼、卡塔尔、沙特阿拉伯、阿联酋、阿尔及利亚、加蓬、利比亚以及尼日利亚，而外汇储备数据仅包括印度尼西亚。（5）"n.a."表示无法计算，其中，世界的百分比无法计算因为数据时间不一致，英国和石油输出国数据无法计算因为地域不一致。

① 资料来源为美国财政部国际资本系统（Treasury International Capital System）最新发布的"美国国债主要持有国（Major Foreign Holders of U.S. Treasury Securities）"数据，网址：http://www.treas.gov/tic/ticsec2.shtml#ussecs。

资料来源：(1) 持有总额的资料来源为美国财政部国际资本系统（Treasury International Capital System）2010年4月30日最新发布的"美国国债主要持有国（Major Foreign Holders of U.S. Treasury Securities）"数据，具体网址：http://www.treas.gov/tic/ticsec2.shtml#ussecs。(2) 占世界持有量的百分比资料来源为笔者计算，百分比=（各国持有量/世界持有量）×100%。(3) 中国的外汇储备数据来自于中国国家外汇管理局2010年3月更新的"国家外汇储备规模月度数据"，网址：http://www.safe.gov.cn/model_safe/tjsj/tjsj_detail.jsp?ID=1111000000000000000,3&id=5。(4) 世界外汇储备数据为国际货币基金组织（IMF）2010年3月31日公布的2009年12月的数据，网址：http://www.imf.org/external/np/sta/ir/topic.htm。(5) 其他国家外汇储备资料来源于IMF 2010年3月31日更新的"国际储备时间序列数据之官方储备资产（Time Series Data on International Reserves and Foreign Currency Liquidity: Official Reserve Assets）"。网址：http://www.imf.org/external/np/sta/ir/8802.pdf。(6) 占外汇储备的百分比数据由笔者计算，百分比=对美国长短期国债持有总额/外汇储备×100%。

2. 全球主要投资目标国分析

当前发展中国家作为实物投资或直接投资的流入地已与发达国家平分天下，而金融投资则主要流向欧美发达国家市场。然而，如何确定全球投资目标国是否过度吸纳境外资金却一直存在着争议。由于缺乏客观标准对此进行衡量，这便成为一个主观判断的问题。Higgins和Klitgaard（2007）首次使用中性比率（Neutral Ratio）这一指标，衡量全球投资是否过度流入某一目标国。该指标很简洁，为一国金融资产占全球金融资产比重与该国在全球GDP或资本市场中所占比重之比例。就国外投资而言，某国的中性比率可以表示为中性比率NR=（一国获得国外投资总额/全球跨境投资总额）/（一国GDP总额/全球GDP总额）。如果中性比率大于1，说明该国获得了超额的国外投资，超过了与其实体经济规模相匹配的国外投资规模，是资本的净流入国。如果中性比率小于1，则说明该国获得国外投资不足，是资本的净流出国。中性比率等于1，说明该国获得国外投资规模与实体经济规模相匹配，资本流动达到均衡状态。

为排除金融危机对资金流动的影响，本节选取危机爆发前的1998—2007年期间，采用Higgins和Klitgaard（2007）的方法，计算美国、英国、德国、日本、中国等若干主要国家的中性比率。具体来说，本节将根据各国吸纳的国外投资（Foreign Investments）即国外对本国的投资，以及国外权益（Foreign Claims）即国外投资者对本国资产所拥有的索取权这两个反映吸纳外国资金的变量，计算相关的中性比率并加以进行分析。

2.1 美国

国外投资包括国外直接投资和金融投资两部分。在2007年，美国吸引的国外直接投资、债券投资、股票投资、其他投资的资金规模分别达到23,750亿美元、94,760亿美元、19,750亿美元及67,500亿美元，总体上均呈现逐年增长趋势。表12给出了美国在1998—2007年期间吸纳的外国投资，以及据此计算的中性比率。在此期间，美国获得的国外投资规模和本国经济规模基本一致，中性比率围绕1.0上下波动，1998—2007年的平均值为0.97。具体而言，国外直接投资、股票权益和其他投资的中性比率在多数时间内小于1，而债券权益的中性比率始终高于1。虽然美国财政赤字逐年扩大，但受益于全球跨境投资规模的增长，美国吸纳的国外投资也不断增长，弥补了财政资金的缺口。

表 12　1998—2007年美国获得国外投资情况　（单位：10亿美元）

年份	国外直接投资 规模	中性比率	其他投资 规模	中性比率	债券 规模	中性比率	股票 规模	中性比率	总计 中性比率
1998	1790.30	0.98	541.84	0.78	1456.07	1.24	419.58	0.48	0.92
1999	2894.43	0.98	1671.69	2.10	1733.08	1.03	1122.89	0.66	1.04
2000	3212.74	0.77	2803.77	0.7	2429.73	1.22	1936.00	1.08	0.87
2001	1670.20	0.73	1875.06	0.81	3068.79	1.69	1214.64	0.82	0.99
2002	843.70	0.48	2831.81	1.55	3735.41	1.56	540.67	1.13	1.23
2003	637.50	0.47	2443.91	0.75	5161.81	1.63	339.81	0.32	0.97
2004	1459.66	0.78	5198.98	0.89	8055.48	1.65	617.88	0.55	1.12
2005	1126.38	0.48	3026.74	0.41	7427.59	1.57	892.58	0.45	0.76
2006	2419.60	0.73	6922.74	0.80	9813.06	1.45	1455.73	0.68	0.99
2007	2375.41	0.55	6750.17	0.51	9476.27	1.38	1975.17	1.16	0.79
平均	1842.99	0.70	3406.67	0.93	5235.75	1.44	1051.50	0.73	0.97

资料来源：World Bank, http://www.worldbank.org/data/onlinedatabases/onlinedatabases.html; IMF, *International Financial Statistics*, http://www.imf.org/IFSonline.

表13为美国在1998—2007年期间国外权益的情况。在1998—2007年间平均来看，美国的国外权益比重略低于其国内生产总值占全球比重，总规模为108,966.1亿美元，中性比率为0.91。就各具体单项而言，国外直接投资权益为16,265.3亿美元，中性比率为0.8。债权权益规模为38,195.8亿美元，中性比率为1.33。股权权益规模到19,580.1亿美元，中性比率为0.89。其他投资权益规模为30,412.5亿美元，中性比率为0.67。因此，国外在美国占有的债权权益规模较大；与之相比，美国吸引的国外直接投资、股权等权益的规模相对较小。

表 13 国外在美国拥有权益情况 （单位：10亿美元）

年份	国外直接投资		其他投资		债券		股票		总计	
	规模	中性比率	规模	中性比率	规模	中性比率	规模	中性比率	规模	中性比率
1998	920.04	1.36	1828.30	0.88	1948.33	1.69	1250.34	1.39	5947.01	1.26
1999	1101.71	0.92	2013.95	0.7	1971.54	1.23	1611.53	0.88	6698.74	0.91
2000	1421.02	0.93	2285.77	0.68	2219.43	1.21	1643.21	0.89	7569.42	0.88
2001	1518.47	0.81	2505.24	0.65	2581.16	1.21	1572.68	0.88	8177.56	0.84
2002	1499.95	0.73	2856.57	0.66	2994.73	1.19	1335.79	0.83	8687.05	0.82
2003	1580.99	0.68	2597.29	0.57	3706.81	1.28	1839.51	0.87	9724.60	0.81
2004	1742.72	0.64	3222.11	0.62	4497.97	1.32	2123.26	0.87	11586.10	0.83
2005	1905.98	0.67	3510.77	0.63	5033.82	1.39	2304.01	0.79	13886.70	0.9
2006	2151.62	0.63	4432.76	0.66	6051.66	1.39	2791.91	0.75	16607.10	0.89
2007	2422.80	0.6	5159.71	0.65	7190.39	1.43	3107.84	0.76	20081.80	0.92
平均	1626.53	0.8	3041.25	0.67	3819.58	1.33	1958.01	0.89	10896.61	0.91

资料来源：World Bank, http://www.worldbank.org/data/onlinedatabases/onlinedatabases.html; IMF, *International Financial Statistics*, http://www.imf.org/IFSonline.

2.2 英国

从总体来看，英国始终是海外金融资金的净流入国。表14为英国获得国外投资的情况。在1998—2007年间，国外金融投资的中性比率大约在2—5之间，平均值为3.71。各具体单项在此期间的平均水平来看，国外直接投资规模达到1,037.7亿美元，中性比率为2.23。债券投资规模为1,448.1亿美元，中性比率为1.97。股票投资规模达到441.6亿美元，中性比率为1.91。其他投资规模达5541.7亿美元，中性比率为7.05，其他投资是导致英国中性比率高的一个重要原因。

表 14 英国获得国外投资情况（单位：10亿美元）

年份	国外直接投资		其他投资		债券		股票		总计
	规模	中性比率	规模	中性比率	规模	中性比率	规模	中性比率	中性比率
1998	74.65	2.50	110.48	9.67	−28.02	−1.46	63.17	4.42	2.94
1999	89.34	1.91	90.01	7.12	67.90	2.55	116.04	4.28	3.21
2000	122.16	1.99	414.59	7.01	76.48	2.59	179.17	6.78	4.49
2001	53.84	1.64	327.05	9.90	36.47	1.41	33.11	1.56	3.99
2002	25.53	0.97	109.07	3.95	72.02	1.99	4.23	0.59	2.17
2003	27.61	1.24	396.69	7.36	140.05	2.68	15.56	0.88	3.97
2004	77.95	2.28	741.16	6.93	175.10	1.97	−15.22	−0.74	3.91
2005	195.55	4.71	936.20	7.14	225.13	2.68	15.21	0.44	4.71
2006	146.12	2.44	862.22	5.50	301.25	2.46	−9.09	−0.24	3.45
2007	224.95	2.64	1554.23	5.94	381.50	2.81	39.37	1.17	4.26
平均	103.77	2.23	554.17	7.05	144.81	1.97	44.16	1.91	3.71

资料来源：World Bank, http://www.worldbank.org/data/onlinedatabases/onlinedatabases.html; IMF, *International Financial Statistics*, http://www.imf.org/IFSonline.

表15为英国的国外权益情况。在1998—2007年期间，国外权益总规模为69,756.2亿美元，中性比率达3.44。就各具体部分平均来看，国外直接投资权益规模达7020亿美元，中性比率为1.95。债权权益规模为10,636.7亿美元，中性比

率为2.16。股权权益规模为9927.9亿美元,中性比率为2.76。其他投资权益规模达42,171.6亿美元,中性比率为5.33。

表 15　国外在英国拥有权益情况（单位：10亿美元）

年份	国外直接投资		其他投资		债券		股票		总计	
	规模	中性比率	规模	中性比率	规模	中性比率	规模	中性比率	规模	中性比率
1998	355.40	3.2	2254.08	6.66	483.45	2.56	668.90	4.53	3761.82	4.88
1999	404.43	2.11	2269.26	4.99	515.56	2.02	824.10	2.83	4013.35	3.42
2000	463.13	2.06	2531.40	5.1	587.65	2.17	901.93	3.31	4484.12	3.52
2001	527.18	1.97	2740.63	5.02	622.31	2.05	767.90	3.03	4658.03	3.38
2002	548.95	1.77	3136.23	4.81	777.80	2.06	660.48	2.71	5123.46	3.21
2003	634.53	1.64	3885.46	5.19	991.92	2.06	877.20	2.51	6389.11	3.22
2004	742.35	1.49	4846.68	5.13	1262.00	2.03	1012.83	2.26	7863.87	3.1
2005	863.00	1.71	5351.74	5.45	1382.26	2.16	1082.29	2.1	8679.29	3.18
2006	1133.41	1.84	6613.34	5.49	1812.11	2.3	1527.14	2.28	11086.00	3.29
2007	1347.60	1.7	8542.74	5.46	2201.65	2.22	1605.09	2	13697.10	3.17
平均	702.00	1.95	4217.16	5.33	1063.67	2.16	992.79	2.76	6975.62	3.44

资料来源：World Bank, http://www.worldbank.org/data/onlinedatabases/onlinedatabases.html; IMF, *International Financial Statistics*, http://www.imf.org/IFSonline。

2.3　欧元区

从总体来看，欧元区属于资金净流入的地区。表16为欧元区获得国外投资的情况。在1998—2007年间，欧元区中性比率平均略大于1，吸引的海外资金的比例超过国内生产总值在全球的比例。就各部分的平均值来看，国外直接投资的规模达到2232.5亿美元，中性比率为1.15。债券投资规模为3190.7亿美元，中性比率为1.28。股票投资规模达到1765.3亿美元，中性比率为1.66。其他投资规模为4553.3亿美元，中性比率为1.62。

表 16 欧元区获国外投资情况（单位：10亿美元）

年份	国外直接投资		其他投资		债券		股票		总计
	规模	中性比率	规模	中性比率	规模	中性比率	规模	中性比率	中性比率
1998	101.63	0.71	226.54	4.12	162.73	1.76	117.32	1.71	1.69
1999	216.31	0.99	198.40	3.37	213.92	1.72	91.18	0.72	1.37
2000	416.35	1.58	340.26	1.34	230.10	1.81	37.96	0.33	1.35
2001	199.81	1.39	238.14	1.65	110.98	0.98	207.33	2.23	1.53
2002	184.95	1.62	59.90	0.50	219.92	1.40	78.44	2.50	1.28
2003	153.21	1.48	197.97	0.79	255.90	1.05	127.39	1.55	1.08
2004	121.37	0.79	355.79	0.73	354.62	0.88	165.37	1.78	0.88
2005	189.20	1.00	798.65	1.34	369.23	0.97	313.20	1.98	1.26
2006	258.70	0.97	881.84	1.26	630.85	1.15	377.91	2.19	1.27
2007	391.00	1.03	1255.85	1.07	642.43	1.06	249.26	1.65	1.1
平均	223.25	1.15	455.33	1.62	319.07	1.28	176.53	1.66	1.28

资料来源：World Bank, http://www.worldbank.org/data/onlinedatabases/onlinedatabases.html；IMF, *International Financial Statistics*, http://www.imf.org/IFSonline.

表17为欧元区的国外权益情况。在1998—2007年期间，欧元区的国外权益总规模为119,697.9亿美元，中性比率略高于1，为1.17。各具体部分的平均值分别是：国外直接投资权益规模为24,628.4亿美元，中性比率为1.14。债权权益规模为26,804.2亿美元，中性比率为1.06。股权权益规模为24,506.4亿美元，中性比率为1.26。其他投资权益规模为41,292.2亿美元，中性比率为1.08。在欧元区的国外权益中，股权权益的比重较高。

表 17 国外在欧元区拥有权益情况（单位：10亿美元）

年份	国外直接投资		其他投资		债券		股票		总计	
	规模	中性比率	规模	中性比率	规模	中性比率	规模	中性比率	规模	中性比率
1998	n.a.	1.14	n.a.	1.08	n.a.	1.06	n.a.	1.26	n.a.	1.17
1999	1011.46	1.34	2281.71	1.19	1265.85	1.23	1699.78	1.32	6354.34	1.26
2000	1294.32	1.25	2530.94	1.11	1435.90	1.13	1544.19	1.3	6901.90	1.19
2001	1465.83	1.42	2652.48	1.08	1500.30	1.19	1448.81	1.35	7179.69	1.23
2002	1915.30	1.46	3072.40	1.06	1959.37	1.13	1430.81	1.22	8530.66	1.2
2003	2630.29	1.35	3710.80	1.01	2549.09	1.12	1985.03	1.19	11092.30	1.15
2004	3053.06	1.26	4314.01	1.06	3159.14	1.09	2406.38	1.23	13198.40	1.13
2005	2885.55	1.27	4727.24	1.12	3162.08	1.13	2872.43	1.29	13964.70	1.18
2006	3499.12	1.25	6041.77	1.12	3997.31	1.15	3862.49	1.34	17831.20	1.18
2007	4410.64	1.3	7831.65	1.09	5094.75	1.14	4805.88	1.28	22674.90	1.19
平均	2462.84	1.14	4129.22	1.08	2680.42	1.06	2450.64	1.26	11969.79	1.17

资料来源：World Bank, http://www.worldbank.org/data/onlinedatabases/onlinedatabases.html; IMF, *International Financial Statistics*, http://www.imf.org/IFSonline.

2.4 日本

日本吸引的国外投资过少，与其实体经济规模不相称。从总体来看，日本属于资金净流出的国家。表18为日本吸引国外投资的情况。在1998—2007年间，中性比率平均值仅为0.15，在2000年以前甚至为负值。就各部分的平均值来看，国外直接投资（FDI）的规模为71.7亿美元，中性比率仅为0.07。债券投资规模为551.6亿美元，中性比率为0.38。股票投资规模为575.4，中性比率为0.94，是所有国外投资方式中最接近均衡的部分。其他投资规模为-251.4亿美元，中性比率为-0.94。

表 18　日本获国外投资情况（单位：10亿美元）

年份	国外直接投资		其他投资		债券		股票		总计
	规模	中性比率	规模	中性比率	规模	中性比率	规模	中性比率	中性比率
1998	3.26	0.04	-93.33	-3.03	39.95	0.77	16.12	0.42	-0.17
1999	12.30	0.09	-265.12	-7.06	23.04	0.29	103.89	1.29	-0.37
2000	8.22	0.04	-10.21	-0.05	48.67	0.51	-1.29	-0.02	0.08
2001	6.19	0.07	-17.55	-0.19	21.40	0.29	39.10	0.65	0.15
2002	9.08	0.14	26.63	0.39	-3.35	-0.04	-16.69	-0.93	0.06
2003	6.23	0.12	34.10	0.27	-6.59	-0.05	87.78	2.13	0.36
2004	7.80	0.11	68.31	0.30	98.44	0.52	98.28	2.23	0.51
2005	3.21	0.04	45.94	0.17	51.81	0.30	131.32	1.82	0.39
2006	-6.78	-0.06	-89.12	-0.31	127.12	0.56	71.44	1.01	0.15
2007	22.18	0.16	48.92	0.12	151.13	0.69	45.46	0.84	0.32
平均	7.17	0.07	-25.14	-0.94	55.16	0.38	57.54	0.94	0.15

资料来源：World Bank, http://www.worldbank.org/data/onlinedatabases/onlinedatabases.html; IMF, *International Financial Statistics*, http://www.imf.org/IFSonline.

表19为日本的国外权益情况。在1998—2007年期间，日本的国外权益总规模为22112亿美元，中性比率仅为0.5。具体到各部分平均来看，FDI的规模为779.1亿美元，中性比率为0.09。债权权益规模为3892.3亿美元，中性比率为0.38。股权权益规模为7335.2亿美元，中性比率为0.79。其他投资规模为9962.9亿美元，中性比率为0.61。这说明，日本吸引的国外直接投资权益严重不足。

表 19　国外在日本拥有权益情况（单位：10亿美元）

年份	国外直接投资		其他投资		债券		股票		总计	
	规模	中性比率	规模	中性比率	规模	中性比率	规模	中性比率	规模	中性比率
1998	26.07	0.09	1169.32	1.28	328.43	0.65	304.33	0.76	1832.69	0.88
1999	46.12	0.08	969.83	0.72	332.01	0.44	833.43	0.96	2184.48	0.63

2000	50.32	0.07	873.82	0.55	334.09	0.38	550.23	0.63	1811.65	0.44
2001	50.32	0.07	801.77	0.52	289.75	0.33	376.05	0.52	1521.42	0.39
2002	78.14	0.1	897.65	0.55	270.49	0.29	339.93	0.56	1589.92	0.4
2003	89.73	0.1	1022.50	0.58	306.14	0.27	561.02	0.69	1986.18	0.43
2004	96.99	0.09	1121.36	0.55	410.09	0.31	743.30	0.77	2382.51	0.44
2005	100.90	0.1	1082.55	0.53	416.35	0.32	1126.07	1.06	2759.11	0.49
2006	107.64	0.1	983.09	0.44	507.94	0.35	1254.95	1.02	2883.77	0.47
2007	132.85	0.1	1041.08	0.41	696.98	0.44	1245.89	0.97	3160.27	0.46
平均	77.91	0.09	996.29	0.61	389.23	0.38	733.52	0.79	2211.20	0.5

资料来源：World Bank, http://www.worldbank.org/data/onlinedatabases/onlinedatabases.html; IMF, *International Financial Statistics*, http://www.imf.org/IFSonline.

2.5 中国

总的来说，中国获得的国外投资比例偏低。表20为中国获得国外投资的情况。在1998—2007年间，总的中性比率仅为0.47，这与中国国内生产总值规模不对称。就各具体部分的平均值来看，FDI的规模为612.1亿美元，中性比率高达1.59。债券投资规模仅为4.7亿美元，中性比率几乎为0。股票投资规模为111.8亿美元，中性比率为0.39。其他投资规模为222.4亿美元，中性比率仅为0.09。从各部分结构来看，中国的国外债券投资几乎可以忽略，FDI则相对较高。

表 20 中国获国外投资情况 （单位：10亿美元）

年份	国外直接投资		其他投资		债券		股票		总计
	规模	中性比率	规模	中性比率	规模	中性比率	规模	中性比率	中性比率
1998	43.75	2.05	−8.62	−1.05	−0.67	−0.05	0.77	0.07	0.66
1999	38.75	1.12	3.85	0.41	−1.31	−0.07	0.61	0.03	0.50
2000	38.40	0.75	12.33	0.25	0.40	0.02	6.91	0.31	0.40
2001	44.24	1.46	−3.93	−0.13	0.40	0.02	0.85	0.04	0.40
2002	49.31	2.03	−1.03	−0.04	−0.50	−0.01	2.25	0.34	0.56

2003	47.08	2.33	12.04	0.25	0.71	0.02	7.73	0.48	0.51
2004	54.94	1.78	35.93	0.37	2.28	0.03	10.92	0.59	0.46
2005	79.13	1.88	44.92	0.34	0.88	0.01	20.35	0.57	0.49
2006	78.09	1.17	45.12	0.26	0.00	0.00	42.86	1.00	0.39
2007	138.41	1.35	81.81	0.26	2.49	0.02	18.51	0.46	0.39
平均	61.21	1.59	22.24	0.09	0.47	0.00	11.18	0.39	0.47

资料来源：World Bank, http://www.worldbank.org/data/onlinedatabases/onlinedatabases.html；IMF, *International Financial Statistics*, http://www.imf.org/IFSonline.

表21为中国的国外权益情况。在1998—2007年期间，国外权益总规模为9340.2亿美元，中性比率仅为0.27。就各部分的平均值来看，国外直接投资权益规模为5488.5亿美元，中性比率为0.85。债权权益规模为145.4亿美元，中性比率仅为0.02。股权权益规模为846.1亿美元，中性比率为0.13。其他投资权益规模为2860.2亿美元，中性比率为0.23。可见中国吸引的国外债权权益极少，国外直接投资权益的比重则相对较高。

表 21 国外在中国拥有权益情况（单位：10亿美元）

年份	国外直接投资		其他投资		债券		股票		总计	
	规模	中性比率	规模	中性比率	规模	中性比率	规模	中性比率	规模	中性比率
1998	n.a.	n.a.	n.a.	n.a.	n.a.	n.a.	n.a.	n.a.	n.a.	n.a.
1999	n.a.	n.a.	n.a.	n.a.	n.a.	n.a.	n.a.	n.a.	n.a.	n.a.
2000	n.a.	n.a.	n.a.	n.a.	n.a.	n.a.	n.a.	n.a.	n.a.	n.a.
2001	n.a.	n.a.	n.a.	n.a.	n.a.	n.a.	n.a.	n.a.	n.a.	n.a.
2002	n.a.	n.a.	n.a.	n.a.	n.a.	n.a.	n.a.	n.a.	n.a.	n.a.
2003	n.a.	n.a.	n.a.	n.a.	n.a.	n.a.	n.a.	n.a.	n.a.	n.a.
2004	368.97	0.82	211.53	0.25	13.33	0.02	43.29	0.11	637.12	0.28
2005	471.55	0.92	251.91	0.25	12.98	0.02	63.64	0.12	800.08	0.29
2006	612.51	0.89	299.61	0.22	14.22	0.02	106.50	0.14	1032.84	0.27
2007	742.39	0.78	381.03	0.2	17.64	0.01	125.01	0.13	1266.06	0.24
平均	548.85	0.85	286.02	0.23	14.54	0.02	84.61	0.13	934.02	0.27

资料来源：World Bank, http://www.worldbank.org/data/onlinedatabases/onlinedatabases.html；IMF, *International Financial Statistics*, http://www.imf.org/IFSonline.

3. 小结

海外投资是在全球配置资源的一种重要方式，也是经济一体化的必然结果。实体经济的增长是海外投资迅速发展的根本性原因。海外投资有两种形式：实物投资与金融投资。总体而言，全球实物投资流入发展中国家已经占到其总额的一半，而海外金融投资主要在美欧等发达国家，特别是集中于美国市场。

一国获得外国投资占全球投资比重与该国在全球国内生产总值所占比重之比例称之为其中性比率。该中性比率可以用来衡量该国的国外投资与其实体经济相匹配的程度。在主要国家与经济体中，美国获得的国外投资和本国经济规模基本一致，其中性比率约为1；欧元区的中性比率略大于1；英国的中性比率为3.71，为资本净流入国；中国的中性比率为0.47；日本的中性比率为0.15，吸引国外投资较少，尤其是日本所获的国外投资与其实体经济规模不相称。此外，就国外权益的中性比率而言，欧元区的国外权益中性比率为1.1，英国的该中性比率为3.44，为国外权益的净流入国。美国的中性比率略低于1，基本持平。中国的中性比率为0.27，日本的中性比率为0.5，为国外权益的净流出国，吸引国外直接投资或股权等权益规模不足。

第二章 世界外汇储备分布

外汇储备是由一国政府或货币当局持有，用于对外支付、弥补国际收支赤字、维持本国货币汇率的国际储备货币及以其计价的高流动性资产。狭义而言，外汇储备指一个国家官方积累的国际储备货币量；广义而言，外汇储备是指一国官方持有以国际储备货币计价的金融资产，包括现钞、黄金、有价证券等。目前，国际货币基金组织会员国的国际储备包括货币性黄金、特别提款权、在国际货币基金组织的储备头寸和外汇储备；其中最重要的就是外汇储备，即一国政府拥有的以外币表示的债权，或一个国家货币当局持有、并可以随时兑换为国际储备货币的高流动性资产。

1. 外汇储备的基本功能

许多经典作家讨论了在贵金属国际货币体系下外汇储备的功能。例如，桑顿（Thornton, 1802）指出，一国的黄金储备由该国的贸易规模决定。马克思（Marx, 1867）认为，国家银行的黄金储备资产的用途有三方面，一是作为国际支付的准备金；二是作为时而扩大时而收缩的国内金属流通的准备金；三是作为支付存款和兑换银行券的准备金。凯恩斯（Keynes,1936）提出，外汇储备的基本用途是满足两大需要。其一，满足充分就业的需要。国家的根本利益在于社会实现充分就业，而充分就业取决于国内投资和国外投资的增加，增加投资则依赖国际收支顺差积累的财富。其二，满足对外投资的需要。外汇储备的积累将扩大一国对外投资的资金来源，国外投资能够给本国带来更高的利润，从而增进本国的利益。

在国际信用货币体系下，外汇储备则主要满足三个需求：对外经济往来的交易需求；降低市场波动稳定币值的预防需求；作为本币发行抵押物的担保需求。

1.1 满足对外交易的需求

在当前信用国际储备货币时代,各国外汇储备的首要作用是满足本国与国外的交易需求,即使用国际储备货币支付商品与服务进口、偿还外债的本金与利息、汇兑外国直接投资的利润。持有充足数量的外汇储备是一国政府调节经济、实现内外平衡的重要手段。当国际收支出现逆差时,政府可以使用外汇储备促进国际收支平衡;当国内宏观经济不平衡、总需求大于总供给时,则可以动用外汇增加进口,从而调节总供给与总需求的关系,促进宏观经济的平衡。

为了满足交易需求,必须有足够的外汇来支付进口用汇、外债还本付息用汇、直接投资利润汇出用汇。特里芬(Triffin, 1960)提出,从历史角度看,一国合理的外汇储备规模应等于其贸易进口额的40%,至少应为其贸易进口额的20%;进一步而言,外汇储备与进口额40%的比例可以作为衡量国际储备充分性(Reserve Adequacy)的标准。同时,他还提出了"一国(外汇)储备量应以满足三个月的进口为宜"的经验判断值。

根据特里芬的外汇储备量满足三个月进口的经验判断值,表1计算了世界主要国家与地区的外汇储备余额与三个月进口额之比。[1]该数值可以近似地衡量各经济体对外交易所需的外汇储备量。

表 1 2001—2010年主要国家/地区外汇储备余额与三个月进口额之比(单位:倍)

国家/地区	2001	2002	2003	2004	2005	2006	2007	2008	2009	2010
中国	3.18	3.55	3.64	4.05	4.61	5.01	5.92	6.32	9.27	7.13
中国香港	1.99	1.93	1.85	1.64	1.50	1.44	1.50	1.68	2.61	1.79
新加坡	2.00	2.12	2.23	2.06	1.85	1.84	1.97	1.78	2.01	1.93
越南	0.79	0.76	0.95	0.85	0.93	1.12	1.43	1.11	0.94	0.54
泰国	1.89	2.09	1.96	1.83	1.54	1.80	2.12	2.16	3.27	3.08
印度尼西亚	2.21	2.40	2.57	1.98	1.55	1.76	2.00	1.36	1.78	2.19
马来西亚	1.37	1.45	1.82	2.22	2.14	2.22	2.41	1.86	1.87	2.03
菲律宾	1.45	1.37	1.23	1.11	1.25	1.42	1.98	2.05	2.54	3.16
韩国	2.43	2.66	2.91	3.00	2.72	2.62	2.47	1.59	2.83	2.20

[1] 三个月进口额采用当年全年进口额的均值计算。

日本	3.89	4.68	6.04	6.37	5.66	5.43	5.46	4.86	6.76	5.24
东亚太平洋地区	2.38	2.67	2.86	3.14	3.42	3.77	4.48	4.58	6.52	5.51
德国	0.33	0.33	0.26	0.21	0.18	0.14	0.13	0.12	0.60	0.56
法国	0.35	0.31	0.27	0.27	0.19	0.27	0.25	0.16	0.80	0.75
意大利	0.34	0.38	0.34	0.26	0.22	0.19	0.18	0.22	1.02	0.94
欧元区	0.37	0.39	0.30	0.24	0.19	0.18	0.16	0.13	0.54	0.64
巴西	1.90	2.36	2.93	2.52	2.10	2.73	4.43	3.45	4.55	3.96
俄罗斯	1.75	2.09	2.85	3.69	4.28	5.68	6.64	4.47	6.92	4.69
印度	2.81	3.45	4.10	3.63	2.87	2.95	3.51	2.82	2.69	2.60
南非	0.78	0.73	0.61	0.90	1.08	1.09	1.21	1.15	1.76	1.56
墨西哥	0.97	1.09	1.26	1.19	1.22	1.09	1.14	1.15	1.58	1.39
加拿大	0.50	0.54	0.49	0.41	0.34	0.33	0.35	0.35	0.53	0.40
英国	0.32	0.32	0.27	0.26	0.23	0.21	0.23	0.21	0.41	0.35
美国	0.16	0.19	0.19	0.17	0.11	0.10	0.10	0.10	0.46	0.69
世界	1.08	1.22	1.32	1.34	1.34	1.42	1.57	1.66	2.42	4.40

资料来源：世界银行数据库，http://databank.worldbank.org。

注：中国仅指中国内地。东亚太平洋地区包括柬埔寨、中国、斐济、印度尼西亚、基里巴斯、朝鲜、老挝、马来西亚、马绍尔群岛、密克罗尼西亚、蒙古、缅甸、帕劳、巴布亚新几内亚、菲律宾、萨摩亚所罗门群岛、泰国、汤加、瓦努阿图、越南等21国。欧元区包括法、德、意、荷兰、比利时、卢森堡、西班牙、葡萄牙、爱尔兰、奥地利、芬兰、希腊十二国。

在表1中，东亚地区外汇储备余额与三个月进口额之比自1995年以来持续增加，而欧美国家在持续下降。至2009年年底，在主要经济体中，中国外汇储备余额与三个月进口额之比最高，为9.3倍；其次为俄罗斯，达到6.9倍；日本为6.8倍，巴西为4.6倍，印度为2.7倍，韩国为2.8倍，中国香港为2.6倍。美、德、英、法、加等国低于1，仅意大利为1.0；而欧元区为0.5。近十年以来，东亚国家在中国和日本的带动下，外汇储备与三个月进口额的比例持续上升，2010年达到5.5，而同期欧元区与美国仅为0.6左右。这一发展使世界平均值在同年提高到4.4。这一结果表明，东亚高外汇储备国家，特别是中国的外汇储备已经远超过了满足交易需求的国际储备货币额。

需要指出的是，外汇储备与进口额比例的跨国比较仅只有直观参考意义。这是因为世界各国之间存在极大差异，不同类别的国家及经济体难以简单比较。事实上，研究者可以依据不同的标准对不同经济体加以分类。例如，按照人均国内生产总值的高低可划分为发达国家与发展中国家；按照国内/区内疆域大小、自然禀赋程度、人口数量、市场规模、劳动分工的深度与广度，则可以划分为巨型经济体[①]、大型经济体、中型经济体、小型经济体。巨型经济体可以依靠国内/区内的资源、市场及分工满足其相当部分，甚至大部分基本需求；大型经济体对外部资源、市场与分工的依赖高于巨型经济体；中小型经济体则主要，甚至完全依靠外部资源、外部市场及对外劳动分工满足其基本需求。不同类型的经济体对外汇的交易性需求存在差异，因此，以同一经验指标衡量不同类型经济体的外汇交易需求存在很大的系统偏差。就相对比例而言，中小型开放经济体对外汇的交易需求应显著高于巨型经济体。

在一国的国际收支平衡表的经常项目中，对外贸易和对外投资收益是两大主要的项目，外商在我国投资收益用汇也属于交易的外汇需求。由于人民币不是国际储备货币，有关当局除了必须保有足够的外汇储备支持进口之外，还得存有充足的外汇以利于外国投资者将其人民币投资收益换为储备货币汇出境外。2008年外商投资在中国的营业利润总和为21,465.65亿元（3407.2亿美元）；税后利润总额为16,099.24亿元（2555.43亿美元）。[②] 假设外商投资收益全部汇出，其换汇额为2000多亿美元。不过，外商企业有部分税后利润将用于企业留成、扩大再生产，实际换取外汇数额低于其税后利润。即使在外汇的交易需求中加上外国投资收益的2000亿美元左右的换汇需求，我国的外汇储备也远超过了对外经济的交易需求。

---

① 在理论上，当前能够符合巨型经济体基本条件的有美国、欧盟、中国、印度等经济体。

② 数据来源于《中国经济普查年鉴2008》，数据是所有按照注册类型分类的且有利润数据的行业。但不包含第一产业、第二产业中建筑业中的劳务分包企业、资质以外企业和非建筑业企业所属的建筑业务，另外还不包括第三产业中的交通运输等行业的外资利润数据。

1.2 应对投机冲击的预防需求

外汇储备的第二个作用是应对可能发生的市场震荡及货币投机，满足稳定本币币值的预防需求。当一国汇率出现较大波动时，货币当局可以使用外汇储备干预市场，降低本币对国际储备货币汇率过度波动，从而达到稳定本币币值的目的。因此，中央银行持有外汇储备的一个重要原因是出于预防性的审慎动机（Heller，1966；Ben—Bassat and Gottlieb，1992）。

在1997—1998年亚洲金融危机中，一些受到投机冲击的国家缺乏足够的外汇储备稳定汇率，本币急剧贬值引发一系列连锁反应，导致了严重的经济与社会危机。Disyatat（2001）通过对亚洲金融危机爆发过程的研究，分析了一国政府应在多大范围内动用其外汇储备来维持固定利率。Aizenman和Marion（2003）指出，当金融危机发生后，国外资本意识到东亚国家的政治金融风险和高额外债，东亚国家必须大幅度提高储备额度，因此持有大量的储备是一种谨慎预防性经济政策。国家有必要将外汇储备维持在较高的水准，从而降低投机冲击的概率。Hviding、Nowak和Ricci（2004）的实证研究发现，实际有效汇率和储备相对规模存在显著的负相关性。Aizenman和Riera—Crichton（2008）认为，当贸易条件有较大改变时，外汇储备对实际汇率产生了缓冲作用，而这在发展中国家更为重要。但是，研究者都未能确定一国货币当局为预防投机冲击所需持有的外汇储备数量。

亚洲金融危机后，国家有必要维持较高的外汇储备、以形成对投机者的威慑，从而降低投机者参与投机的概率这一理念成为了亚洲以至许多发展中国家的共识。从防范投机冲击、稳定币值的角度来说，外汇储备应当与本国货币发行量保持一定比例。表2给出了世界主要经济体的外汇储备余额与当年的广义货币供应量（M2）之比，该指标可以近似地用来衡量应对投机的预防性外汇储备水平。

表 2　2001—2010年世界国家/地区外汇储备余额与M2之比（单位：倍）

国家/地区	2001	2002	2003	2004	2005	2006	2007	2008	2009	2010
中国	0.12	0.14	0.16	0.21	0.24	0.25	0.29	0.28	0.27	0.27
中国香港	0.29	0.29	0.29	0.28	0.27	0.25	0.24	0.28	0.37	0.36
新加坡	0.75	0.82	0.86	0.92	0.88	0.83	0.83	0.74	0.74	0.76
越南	0.22	0.22	0.26	0.22	0.22	0.25	0.30	0.26	0.22	0.09
泰国	0.24	0.26	0.24	0.26	0.26	0.30	0.34	0.39	0.45	0.46
印度尼西亚	0.33	0.33	0.32	0.30	0.27	0.27	0.31	0.25	0.32	0.35
马来西亚	0.24	0.26	0.31	0.42	0.42	0.42	0.44	0.35	0.34	0.32
菲律宾	0.32	0.29	0.30	0.27	0.31	0.30	0.39	0.36	0.42	0.51
韩国	0.28	0.29	0.33	0.41	0.38	0.39	0.41	0.32	0.45	0.38
日本	0.05	0.06	0.07	0.09	0.09	0.10	0.11	0.10	0.09	0.09
东亚太平洋地区	0.13	0.16	0.18	0.16	0.11	0.13	0.21	0.18	n.a.	n.a.
德国	0.44	0.48	0.57	0.66	0.69	0.79	0.82	0.61	n.a.	n.a.
法国	0.16	0.21	0.26	0.28	0.25	0.27	0.30	0.27	0.25	n.a.
意大利	0.09	0.10	0.07	0.11	0.13	0.14	0.15	0.16	n.a.	n.a.
欧元区	0.26	0.28	0.33	0.34	0.35	0.32	0.32	0.33	n.a.	n.a.
巴西	0.03	0.03	0.03	0.02	0.02	0.02	0.03	0.02	0.21	0.20
俄罗斯	0.01	0.01	0.01	0.01	0.01	0.01	0.01	0.01	0.73	0.61
印度	0.12	0.14	0.16	0.21	0.24	0.25	0.29	0.28	0.27	0.23
南非	0.29	0.29	0.29	0.28	0.27	0.25	0.24	0.28	0.17	0.15
墨西哥	0.75	0.82	0.86	0.92	0.88	0.83	0.83	0.74	0.74	0.37
加拿大	0.22	0.22	0.26	0.22	0.22	0.25	0.30	0.26	0.22	n.a.
英国	0.24	0.26	0.24	0.26	0.26	0.30	0.34	0.39	n.a.	n.a.
美国	0.02	0.02	0.02	0.02	0.02	0.02	0.02	0.02	0.03	0.04
世界	0.24	0.26	0.31	0.42	0.42	0.42	0.44	0.35	n.a.	n.a.

资料来源：世界银行数据库http://databank.worldbank.org。

注：参见表1的注。

与表1的三个月进口数据类似，表2中以东亚为主的外汇高盈余国家的外汇储备余额与M2之比均持续增长，而包括日本在内的发达国家的这一比例则基本保持稳定。显然，不同类型国家应对预防投机的外汇储备需求不同。例如，存在外汇管制的发展中巨型经济体中（中国、印度），其外汇储备余额与M2之比大约分布在0.2到0.3之间，且呈上升趋势。对于外汇担保发行本币的小而开放的经济体（新加坡、中国香港），该比例高达0.3以上，尤其是新加坡的比例在各个国家中排名最高。国际货币发行者的大型经济体（英国、日本）的外汇储备余额与M2之比基本保持稳定，且相比于东亚国家偏低。不过，各国的外汇储备余额与M2之比差异加大，且变化趋势不规律，因此，考察这些国家外汇储备余额与M2之比的也仅只有直观性的参考意义。

1.3 本币发行的担保物

外汇储备的第三个作用是作为一国中央银行（或货币当局）信用货币发行的保证金，以弥补国家信用不足、满足信用货币升级的担保需求。这一点对宏观稳定货币供给主要满足国内交易需求的大国经济体而言并不必要。从狭义范围看，大经济体发行信用货币的基本保证是政府稳定的财政收入，或政府作为经济主体所产生的现金流；从广义范围看是一国经济体每年产生现金流的总和，以国内生产总值近似表示。大经济体持续的财政收入和现金流规模较大，足以为货币发行提供信用担保。因此，大经济体的外汇储备则不必成为本币的担保物。但是，对小而开放经济体或宏观环境不稳定的发展中国家的信用货币而言，外汇储备却意义重大。

第一类是小而开放的经济体（small open economy，SOE），如中国香港、新加坡、卢森堡等，一般以对外贸易为其的根本经济活动。表3为若干小而开放经济体的基本指标。香港、新加坡属于典型的小而开放经济体，进出口总额与当年国内生产总值（GDP）之比为4倍左右，卢森堡为3倍，瑞士、瑞典为1倍。然而，这些经济体税收收入的相对比例较低，不足以完全支持信用货币的交易需求。例如，新加坡2010年进出口贸易总额是当年税收收入的28倍，卢森堡为12倍；显然，充足的外汇储备可以对其货币起到强有力的信用升级的支撑作用。以香港为例，2010年年初香港外汇储备量排名全球第七，外汇储备资产总额相当于香港流通货币的10倍[①]，其外汇储备用于满足货币发行的需要。自1983年10月17日起，香港采用货币发行局制度，即联系汇率制度。在该制度下，香港货币当局将港币与美元挂钩，设定7.8港币兑换1美元的永久固定汇率，港币发行必须有等额美元支持，港币持有者可随时将本币兑换为美元。香港发钞银行可以按固定汇率用美元向货币当局购买发钞额度，并依照额度发行港元纸币。发钞银行也可以将发钞额度退还货币当局（同时销毁等额的港元纸币）换回美元资产。金管局把获得的美元储备投资于一些低风险的美元资产（马兹晖，2005）。

表 3 2010年小而开放经济体相关指标

指标	国家/地区				
	中国香港	新加坡	瑞士	卢森堡	瑞典
GDP（亿美元）	2244.58	2087.65	5279.20	533.34	4585.52
人均GDP（美元）	31756.91	41119.76	67457.19	105194.56	48896.53
总人口（万人）	706.80	507.70	782.60	50.70	937.80
税收收入（占GDP百分比%）	n.a.	13.77	n.a.	24.49	n.a.
进出口总额/税收收入	n.a.	28.62	n.a.	12.20	n.a.
商品服务进出口总额（亿美元）	9883.08	8226.79	5055.66	1593.55	4308.80
进出口总额/GDP	4.40	3.94	0.96	2.99	0.94
证券投资（亿美元）	−601.77	−218.67	299.65	603.93	217.51
外汇储备（不括黄金，亿美元）	2686.49	2257.15	2234.81	7.47	425.65

资料来源：世界银行数据库，http://databank.worldbank.org。

此外，小而开放经济体的货币很难成为国际清算货币。国际货币发行国应具备稳定、不受管制、有深度和广度的金融市场。从国际收支而言，一国货币的流出和回收通过两个方式，贸易渠道与金融渠道（Tavlas，1990；李

[①] 香港金管局：“香港外汇储备排行全球第七”2010年1月8日。http://news.hexun.com/2010-01-08/122288427.html。

超，2010）。而小经济体难以在这两方面为国际货币提供支持。因此，外汇储备货币成为小国进行国际支付的必然选择。不过，小而开放的经济体仍能成为区域性金融中心。由于受限于国内金融市场本币难以国际化，因此，小而开放的经济体主要开展以国际储备货币为基础的离岸金融业务。离岸金融业务是指专门从事外币存贷款业务的金融活动，它要求大量外汇资产的沉淀，从而得以进行主要国际货币的存贷业务及与之相关的债券业务。例如，新加坡亚洲美元市场是新加坡当局精心策划之下，以人为方式推动的境外金融中心。亚元市场中心地位始于1968年10月，当时亚洲各国吸收了大量的美元，美国面临美元大量外流的局面，客观上产生了将亚洲美元集中回流美国的需要。同时，美国实行紧缩货币政策而石油寡头在亚洲投资对美元需求大增，新加坡政府抓住时机，准许美洲银行新加坡分行经营亚洲货币单位业务，开办吸收非居民的美元存款、外汇交易、资金借贷等业务，并在此基础上以优惠政策创建了新加坡亚洲美元市场。在此之后，为保持亚洲美元市场的优势，新加坡政府实行以税收优惠为主要手段的宽松政策，进一步促进该市场的发展。同时，进一步开放银行业，发展基金、债券、金融衍生品市场，将新加坡发展为亚洲资产管理中心，刺激离岸业务增长（陶硕，2006；张亚欣，2007；肖本华，2010）。

另一类是宏观环境不稳定的发展中国家，如智利、阿根廷、巴西等。因为政局不稳或片面追求高增长等诸多原因，二战之后很多拉美国家的通货膨胀率居高不下，到20世纪80年代普遍发生过高达3位甚至4位数的恶性通货膨胀（宋晓平，1995）。表4给出了拉丁美洲国家1980年、1990年及2000年的相关数据。从统计数据可以看出，拉美国家经历了严重的恶性通货膨胀。2000年，巴西的消费品价格指数（CPI）是1980年的一千多亿倍；阿根廷、秘鲁的消费品价格指数分别为八千万、五千万倍，委内瑞拉的消费品价格指数为三百倍。在这种局面下，这些国家尝试通过货币制度改革遏制恶性通胀。一些国家将本国货币钉住美元的汇率体制，以增强本国货币的信誉；另一些国家的有关当局则采取本国货币美元化的方式，稳定国内物价，控制恶性通胀。

表 4 拉美国家相关经济指标（1980年、1990年、2000年）

	阿根廷	巴西	智利	秘鲁	委内瑞拉
消费品价格指数（1980=100）					
1980	100	100	n.a.	100	100
1990	20.16×10^8	2.506×10^8		2.276×10^8	807.43
2000	81.076×10^8	14.716×10^{12}		57.146×10^8	29579.89
国内生产总值（亿美元）					
1980	769.62	2350.25	275.72	206.61	671.35
1990	1413.52	4619.52	315.59	262.94	470.28
2000	2842.04	6447.02	752.11	532.90	1171.48
调整后的国民净收入（亿美元）					
1980	631.04	2023.55	212.91	159.61	404.06
1990	1157.55	3955.01	228.19	217.73	302.30
2000	2341.19	5439.55	588.11	454.75	817.02
税收收入占国内生产总值百分比（%）					
1980	n.a	n.a	n.a	n.a	n.a
1990	n.a	12.01	n.a	10.77	18.1
2000	n.a	14	16.72	12.23	13.29
外汇储备（不括黄金，亿美元）					
1980	67.19	57.69	31.23	19.80	66.04
1990	45.92	74.41	60.68	10.40	83.21
2000	251.47	324.34	150.35	83.74	130.88

资料来源：世界银行数据库，http://databank.worldbank.org。

以阿根廷为例，阿根廷经济改革的关键就是于1991年4月1日建立的类似货币发行局的制度。传统的货币局制度以百分之百（不超过110%）的外汇储备支持货币发行，并按固定汇率换汇；此外，传统货币局不能扮演最后贷款人的角色，不能调节商业银行的法定准备金，只能赚取铸币税。而阿根廷的制度可以有限地扮演最后贷款人角色，并能调节商业银行的法定准备金，还可以将三分之一以美元标价的外汇储备以政府债券的形式持有。并且，兑换法只要求中央银行的货币性负债最少对应100%的美元标价的资产，意味着美元与比索1比1的汇率可能被打破。这种对传统货币局制度的偏离导致了比索和美元之间有瑕疵的统一（Walters and Hanke，1992）。

但是，即使比索对美元的汇率固定在1比1，比索也常常贬值。比索的利率一直高于美元利率，根据历史数据，阿根廷30天贷款的比索利率和美元利率差距从50到440个基准点不等。为了使阿根廷的货币完全与美元统一，总统梅内姆于1999年1月提出以美元替代比索，将其货币美元化（Hanke and Schuler，1999）。通过上述的制度安排，阿根廷政府希望以此稳定本币币值，限制政府发行货币的权力，从根本上控制通货膨胀的上升，实现恢复经济增长的目的。然而因外汇储备严重不足、财政大量举债等原因，其联系汇率制度最终还是走向了崩溃（沈安，2003）。

2. 全球外汇储备现状

1997—1998年亚洲金融危机过去之后，全球外汇储备总量在短暂的十几年内迅速膨胀，其增长速度远超过全球生产总值的增幅。与此同时，发展中国家外汇储备的增速也远高于发达国家，特别是东亚出口导向的经济体和中国外汇储备在世界的比例持续上升；从而改变了全球外汇储备的基本格局。

20世纪90年代下半期的亚洲金融危机使许多发展中国家的宏观经济和社会稳定都受到严重的影响。在这一教训下，发展中国家纷纷增加了外汇储备的数量，使全球外汇储备发生了很大的变化。表5描述了1995—2010年的全球外汇储备规模及不同类型国家外汇储备的增长情况。从表中可以看出，从1995年到2010年，全球外汇储备从1.4万亿美元增长到8.3万亿美元；发展中国家外汇储备增长了近12倍，达5.5万亿美元；而发达国家的外汇储备仅增长了2.5倍，为2.8万亿美元。尤其需要指出的是，中国外汇储备在15年中的增长超过33倍，到2010年年底，达到了2.5万亿美元的规模，而除中国以外的发展中国家外汇储备增长不到10倍。中国外汇储备的增长速度远远超过世界其他主要国家。

表 5　1995年至2010年世界主要经济体外汇储备规模（单位：百万美元）

	世界合计	发达国家或地区	发展中国家或地区（包括中国）	发展中国家或地区（不包括中国）	中国
1995	1,389,801	931,578	458,223	384,626	73,597
1996	1,566,268	1,015,748	550,520	445,471	105,049
1997	1,616,248	1,009,251	606,998	467,108	139,890
1998	1,643,803	1,021,625	622,178	477,219	144,959
1999	1,781,947	1,120,934	661,013	506,338	154,675
2000	1,936,282	1,216,314	719,968	554,394	165,574
2001	2,049,580	1,245,746	803,834	591,669	212,165
2002	2,407,978	1,442,359	965,619	679,212	286,407
2003	3,025,071	1,765,573	1,259,498	856,247	403,251
2004	3,748,358	2,068,973	1,679,385	1,069,453	609,932
2005	4,320,117	2,076,765	2,243,352	1,424,480	818,872
2006	5,251,371	2,249,962	3,001,409	1,935,065	1,066,344
2007	6,699,373	2,429,157	4,270,216	2,741,967	1,528,249
2008	7,337,734	2,487,440	4,850,294	2,904,264	1,946,030
2009	8,165,667	2,775,063	5,390,603	2,991,451	2,399,152
2010	8,295,195	2,824,156	5,471,039	3,023,955	2,447,084

数据来源：国际货币基金组织COFER数据库，网址：http://www.imf.org/external/np/sta/cofer/eng/index.htm。

表6显示了发展中国家和地区在世界外汇储备中的比重变化。发展中国家和地区在世界外汇储备中的比重由1995年的33%，跃升成为2010年的66%；除中国外其他发展中国家在世界外汇储备的份额从27%上升为36%，而中国的份额则从5%上升为近30%。发达国家的外汇储备由1995年占世界外汇储备总量的67%降为2010年的34%。在全球官方外汇储备中，形成了发达国家、除中国外的发展中国家，以及中国三分天下的格局。

表 6　1995年至2010年世界主要经济体外汇储备占世界比重（单位：%）

	世界合计	发达国家或地区	发展中国家或地区（包括中国）	发展中国家或地区（不包括中国）	中国
1995	100.00	67.03	32.97	27.67	5.30
1996	100.00	64.85	35.15	28.44	6.71
1997	100.00	62.44	37.56	28.90	8.66
1998	100.00	62.15	37.85	29.03	8.82
1999	100.00	62.91	37.09	28.41	8.68
2000	100.00	62.82	37.18	28.63	8.55
2001	100.00	60.78	39.22	28.87	10.35
2002	100.00	59.90	40.10	28.21	11.89
2003	100.00	58.36	41.64	28.31	13.33
2004	100.00	55.20	44.80	28.53	16.27
2005	100.00	48.07	51.93	32.97	18.95
2006	100.00	42.85	57.15	36.85	20.31
2007	100.00	36.26	63.74	40.93	22.81
2008	100.00	33.90	66.10	39.58	26.52
2009	100.00	33.98	66.02	36.63	29.38
2010*	100.00	34.05	65.95	36.45	29.50

数据来源：根据表5计算。

注：*此为2010年第一季度数据。

表7比较了中国内地及其他东亚主要经济体的外汇储备持有状况。中国官方外汇储备在东亚经济体中不仅数额最大，而且占国内生产总值的相对比例也很高。在东亚出口导向的经济体中，只有新加坡、中国台湾、中国香港三个小型开放经济体的外汇储备与其生产总值的比例超过80%，而中国的这一比例为48%，高于包括日本、韩国在内的其他东亚国家。但是，另一方面，如果考虑到民间的银行外汇存款，日本全社会的外汇总额则超过中国。此外，从民间持有外汇与官方持有外汇数额的比例来看，东亚其他国家远远高于中国。例

如，我国银行外汇存款与官方外汇储备的比例为0.08∶1，而日本的比例则为3.68∶1，在我国现有管理体制下，外汇资产主要集中在国家手中。

表7　2008年与2010年东亚各国外汇持有情况　（单位：亿美元）

国家及地区	年份	官方外汇储备	银行外汇存款	外汇总额	国内生产总值	官方外汇储备与国内生产总值比	银行外存与官方外储比
中国	2008	19,460.3	2,089.2	23,405.2	43,300.0	44.94%	10.74%
	2010	28,660.8	2,286.70	30,947.5	59,266.1	48.36%	7.98%
中国台湾	2008	3,175.60	745	3,920.60	3,932	80.76%	23.46%
	2010	n.a.	n.a.	n.a.	n.a.	n.a.	n.a.
中国香港	2008	1,962.2	n.a.	n.a.	2,238.0	87.68%	n.a.
	2010	2,686.5	n.a.	n.a.	2,244.6	119.69%	n.a.
日本	2008	9,885.0	36,400	46,284.98	48,440	20.41%	368.24%
	2010	10,614.9	n.a.	n.a.	54,588.4	19.45%	n.a.
韩国	2008	2,307.34	260	2,567.34	9,535	24.20%	11.27%
	2010	2,914.9	n.a.	n.a.	10,144.8	28.73%	n.a.
新加坡	2008	1878.1	n.a.	n.a.	1,928.0	97.41%	n.a.
	2010	2,257.2	n.a.	n.a.	2,087.7	108.12%	n.a.
泰国	2008	1,210.0	n.a.	n.a.	2,721.0	44.47%	n.a.
	2010	1,675.3	n.a.	n.a.	3,185.2	52.60%	n.a.
印尼	2008	552.5	n.a.	n.a.	4,968.0	11.12%	n.a.
	2010	929.1	n.a.	n.a.	7,065.6	13.15%	n.a.
马来西亚	2008	882.1	n.a.	n.a.	2,147.0	41.09%	n.a.
	2010	1,048.8	n.a.	n.a.	2,378.0	44.10%	n.a.
菲律宾	2008	340.8	n.a.	n.a.	1,723.0	19.78%	n.a.
	2010	553.6	n.a.	n.a.	1,995.9	27.74%	n.a.

数据来源：（1）2008年数据来源于国际货币基金组织COFER数据库，网址：http://www.imf.org/external/np/sta/cofer/eng/index.htm；（2）2010年数据来源于世界银行DataBank；（3）2010年中国数据来自中国人民银行2010年"金融机构外汇信贷收支表"，http://www.pbc.gov.cn/publish/html/2010s02.htm。

注：世界银行数据库中没有中国台湾数据。新加坡数据为2009年数据。

3. 我国外汇储备概况

在整个计划经济时代，中国外汇储备处于极度稀缺状态。20世纪70年代后期，国际货币体系完成了布雷顿固定汇率体制崩溃后的调整，为新一轮的全球经济一体化创造了较为理想的外部环境。与此同时，我国抓住了这一难得的战略机遇，开始了改革开放的历程。20世纪80年代下半期,中国确定沿海地区全面开放的重大战略，使我国沿海3亿人口起码提前10年先于其他主要新兴经济体和发展中国家加入全球劳动分工。21世纪初，我国经过长期努力后参加世界贸易组织，自此中国经济全方位对外开放，13亿人口进入国际市场。由于这三大步战略性的举措，中国在三十多年里全面融入了全球劳动大分工为基础的世界市场，从而在根本上改变了外汇短缺的历史，成为第一大外汇储备拥有国。

表8是1980—2011年期间我国外汇储备的变化情况。在改革开放的前期，我国外汇储备仍属短缺资源。沿海开放的战略在20世纪90年代上半期初见成效，我国外汇储备自此走出短缺瓶颈。进入21世纪之后，我国外汇储备快速增长，年增长率保持在20%—40%之间，2004年的增长速度甚至超过50%。我国外汇储备占国内生产总值的比重由2000年的13.82%上升到2005年的36.28%，2011年则达到45.52%。同时，中国外汇储备占全球外汇储备的比例由2000年的8.6%上升至2005年的19.0%，2010年达到29.9%，而2011年已达到30.3%。[①]

目前，我国外汇储备配置具有两大特点：其一，在全部外汇储备中，以持有美元资产为主。其二，在美元资产中，大部分是美国国债及机构债等债务类资产。这种配置状态是由外汇储备对投资标的产品的特定需求及国际金融市场满足条件的产品供给两方面所决定的。在需求方面，由于我国外汇的最主要管理者是中央银行，外汇储备列入其资产负债表，因此，资产的安全性和高流动性是最重要的要求，其次才是满足一定收益性的考虑。在供给方面，只有主要国际储备货币发行者美国的主权债务类资产能够满足以上基本要求。迄今为止，美国国债没有违约记录，具有很高的信誉。此外，美国国债的数额巨大，

[①] 数据来源：世界银行数据库，http://databank.worldbank.org。2011年世界外汇储备数据来源：http://202.114.238.74/index/index/showdoc.asp?blockcode=jjnk03&filename=201202091394。

其总规模为15.77万亿美元[①]，不同期限的品种齐全，具有极高的流动性。

表 8 1980—2011年中国外汇储备基本情况（单位：亿美元）

年份	外汇储备总额	外汇储备年增长率（%）	外汇储备占GDP比重（%）	年份	外汇储备总额	外汇储备年增长率（%）	外汇储备占GDP比重（%）
1980	-12.96	-254.29	-0.64	1996	1,050.49	42.74	12.27
1981	27.08	-308.95	1.61	1997	1,398.90	33.17	14.68
1982	69.86	157.98	2.48	1998	1,449.59	3.62	14.22
1983	89.01	27.41	2.95	1999	1,546.75	6.70	14.28
1984	82.20	-7.65	2.65	2000	1,655.74	7.05	13.82
1985	26.44	-67.83	0.86	2001	2,121.70	28.14	16.01
1986	20.72	-21.63	0.70	2002	2,864.10	34.99	19.7
1987	29.23	41.07	0.90	2003	4,032.50	40.8	24.57
1988	33.72	15.36	0.83	2004	6,099.30	51.25	31.58
1989	55.50	64.59	1.23	2005	8,188.70	34.26	36.28
1990	110.93	99.87	2.84	2006	10,663.40	30.22	39.31
1991	217.12	95.73	5.31	2007	15,282.50	43.32	43.74
1992	194.43	-10.45	3.98	2008	19,460.30	27.34	44.94
1993	211.99	9.03	3.46	2009	23,991.50	23.28	48.13
1994	516.20	143.50	9.23	2010	28,473.40	18.68	48.44
1995	735.97	42.57	10.11	2011	31,811.50	11.72	45.52

数据来源：（1）外汇储备数据来源于中国国家外汇管理局，http://www.safe.gov.cn/ model_safe/tjsj/tjsj_list.jsp?ct_name=中国历年外汇储备&id=5&ID=1104000000000000。（2）历年国内生产总值（GDP）数据来源于国际货币基金组织World Economic Outlook database，http://www.imf.org/external/pubs/ft/weo/2010/02/weodata/download.aspx。

注：2011年国内生产总值（GDP）数据为国际货币基金（IMF）估计值。

[①] US Treasury Department. http://www.fms.treas.gov/mts.

表 9　中国外汇储备的配置（单位：亿美元）

时间 类别	2009.05 数额	百分比(%)	2010.06 数额	百分比(%)	2011.06 数额	百分比(%)
1美元资产[1][2]	15462	74	17180	70	23022	72
国债[3]	7764	37.16	8437	34.38	11655	36.45
机构债	4543	21.74	4600	18.74	3347—4347[4]	10.47—13.59
银行存款	300	1.44	460	1.87	700	2.19
其他[5]	2855	13.66	3683	15.01	6971—7930	21.80—24.80
2欧元资产[6]	4388	21	5890—6136	24—25	7354—7674	23—24
西班牙国债	n.a.	n.a.	5.05[7]	n.a.	n.a.	n.a.
希腊国债	n.a.	n.a.	n.a.	n.a.	n.a.	n.a.
法国国债	n.a.	n.a.	n.a.	n.a.	n.a.	n.a.
德国国债	n.a.	n.a.	n.a.	n.a.	n.a.	n.a.
意大利国债	n.a.	n.a.	n.a.	n.a.	n.a.	n.a.
EFSF债券	n.a.	n.a.	n.a.	n.a.	n.a.	n.a.
3其他资产[8]	1045	5	1227—1473	5—6	1279—1599	4—5
日本国债[9]	n.a.	n.a.	203	0.83	450[10]	1.9—2.2
韩国国债[11]	16	0.08	37	0.15	576	1.80
马来西亚国债	n.a.	n.a.	n.a.	n.a.	n.a.	n.a.
英国国债	n.a.	n.a.	n.a.	n.a.	n.a.	n.a.
IMF债券	500[12]	2.39	n.a.	n.a.	n.a.	n.a.
合计[13]	20895	100	24543	100	31975	100

数据来源：（1）美元总资产为估计数；参见 Brad Setser, http://blogs.cfr.org/setser/2009/07/22/two—trillion—and—counting—%e2%80%a6/#more—5958。（2）2009年美元资产为准确数据来源于美国财政部国际资本系统（Treasury International Capital System）于2010年4月30日最新发布的"国外持有美国资产的投资组合（Foreign Portfolio Holdings of U.S. Securities）"数据，网址：http://www.treas.gov/tic/shlhistdat.html。（3）2009年、2010年、2011年美国国债为准确数据，美国财政部国际资本系统（Treasury International Capital System）"Major ForeignHolders Of Treasury Securitise, (in billions of dollars)"。网址：http://www.treasury.gov/resource—center/

data—chart—center/tic/Documents/mfhhis01.txt。（4）2011.06机构债数据为2011年5月数据，数据来源于凤凰网新闻报道，依据2010年6月存量计算。网址：http://finance.ifeng.com/stock/special/meixypj/20110812/4385002.shtml。（5）其他：由伦敦等地的第三方代为持有的美国国债、机构债的估计数。参见：Brad Setser, "Secrets of SAFE, Part 1: Look to the UK to find some of China's Treasuries and Agencies"，http://blogs.cfr.org/setser/2009/01/03/secrets—of—safe—part—1—look—to—the—uk—to—find—some—of—chinas—treasuries—and—agencies/。（6）2009年欧元资产数据为估计数据，数据来源：华尔街中文网，http://cn.wsj.com/gb/20100720/hrd114654.asp?source=NewSearch；2010年欧元资产数据为准确数据，数据来源：FT中文网，http://www.ftchinese.com/story/001032810。（7）2010年6月西班牙国债数据为2010年7月的购买量，数据来源：网易财经，http://money.163.com/11/0104/02/6PH6QQVR00253B0H.html。（8）根据差额计算所得。（9）数据来源于日本财务省，且为增持数据，网址：http://www.mof.go.jp/english/。（10）2011年日本数据来源于日本财务省，华尔街日报认为真实数字应该更高。网址：http://cn.wsj.com/gb/20120209/hrd094920.asp。（11）2009年数据为2009年12月数据。2009年和2010年数据均来源于Korean Financial Supervisory Service。网址：http://www.fsc.go.kr/eng/。2011年韩国数据为2012年1月末数据，数据来源于环球财经新闻报道，以韩圆:人民币=1:0.0056折算。网址：http://finance.huanqiu.com/roll/2012—02/2426467.html。（12）2009年6月数据为2009年9月时的购买量，数据来源：新浪财经，http://finance.sina.com.cn/review/20090907/02226714042.shtml。（13）外汇储备总额数据来自中国国家外汇管理局网站，http://www.safe.gov.cn/model_safe/tjsj/tjsj_list.jsp?ct_name=中国历年外汇储备&id=5&ID=110400000000000000。

　　表9是作者根据公开数据和信息估计的中国外汇储备基本配置结构。近年来，中国外汇储备中美元资产的比重一直维持在70%上下的水平。在美元资产中，直接与间接持有的各类美国财政部债券大约占中国外汇储备总额的50%以上；美国政府支持的机构债券（房利美、房地美等）大约占15%左右，银行存款及各类短期货币市场证券约为2%。2008年金融危机爆发后，中国开始增持欧元债务类资产。在欧元资产中，大部分为德国国债及法国国债，估计占我国外汇储备总额的20%左右；此外，近年来还购买了欧洲金融稳定机制（EFSF）的债券，以及欧元区边缘国家的主权债务；据估计这些欧元资产的总量大约占

我国外汇储备的四分之一。最后，我国还持有国际货币基金(IMF)的债券，英国国债以及少量的东亚国家主权债务，但其绝对量及比例都很小。

目前，中国是国外持有美国国债最多的国家。表10给出了2010年除了美国本国机构之外，世界其他国家持有的美国国债规模。从表中可以看到，中国和日本在世界上持有美国长短期国债的规模远远超过其他国家或地区。中国持有的美国各种期限国债在世界持有的份额中占23%；日本占20%，英国占6%（据估计在英国持有的美国国债中，有相当数额是中国通过第三方代持）[①]，石油输出国占5%，而欧洲大多数国家的持有规模仅在1%或更低。

表 10 2010年七国（或地区）持有美国长短期国债规模 （单位：10亿美元）

	世界	中国	日本	英国	石油输出国	德国	法国	挪威
对美国长短期国债持有总额	3752.2	877.5	768.5	233.5	218.8	49.9	32.5	13.6
占世界持有量的百分比	100%	23.39%	20.48%	6.22%	5.83%	1.33%	0.87%	0.36%
外汇储备	8087	2424.6	1051.1	86.6	69.7	181.7	134.0	49.2
占外汇储备的百分比	n.a.	36.19%	73.11%	n.a.	n.a.	27.46%	24.25%	27.64%

数据来源：（1）持有总额的数据来源为美国财政部国际资本系统（Treasury International Capital System）2010年4月30日最新发布的"美国国债主要持有国（Major Foreign Holders of U.S. Treasury Securities）"数据，网址：http://www.treas.gov/tic/ticsec2.shtml#ussecs。（2）占世界持有量的百分比数据来源为估计数，百分比=（各国持有量/世界持有量）×100%。（3）中国的外汇储备数据来自于中国国家外汇管理局2010年3月更新的"国家外汇储备规模月度数据"，网址：http://www.safe.gov.cn/model_safe/tjsj/tjsj_detail.jsp?ID=11110000000 0000000,3&id=5。（4）世界外汇储备数据为国际货币基金组织（IMF）2010年3月31日公布的2009年12月的数据，网址：http://www.imf.org/external/np/sta/ir/topic.htm。（5）其他国家外汇储备数据来源于IMF 2010年3月31日更新的"国际储备时间序列数据之官方储备资产（Time Series Data on International Reserves and Foreign Currency Liquidity: Official Reserve Assets）"。网址：http://www.imf.org/external/np/sta/ir/8802.pdf。（6）占外汇储备的百分比数据为估计数，百分比=对美

[①] Brad Setser, "Secrets of SAFE, Part 1: Look to the UK to find some of China's Treasuries and Agencies", http://blogs.cfr.org/setser/2009/01/03/secrets-of-safe-part-1-look-to-the-uk-to-find-some-of-chinas-treasuries-and-agencies/.

国长短期国债持有总额/外汇储备×100%。表中的世界不包括美国。

注：1. 表中的世界不包括美国。中国仅指中国内地。英国的长短期国债持有数据包括英国本土、海峡群岛和马恩岛，而外汇储备数据仅包括英国本土。石油输出国长短期国债持有数据包括厄瓜多尔、委内瑞拉、印度尼西亚、巴林、伊朗、伊拉克、科威特、阿曼、卡塔尔、沙特阿拉伯、阿联酋、阿尔及利亚、加蓬、利比亚以及尼日利亚，而外汇储备数据仅包括印度尼西亚。

2. "n.a."表示无法计算，其中，世界的百分比无法计算因为数据时间不一致，英国和石油输出国数据无法计算因为地域不一致。

由于中国是美国国债的最大海外买方，从2001年6月起，美国财政部同意让中国可以不经过华尔街一级券商（primary dealers）的拍卖机制，直接从美国财政部买国债。过去只有沙特阿拉伯享有这一"非市场"安排，而第二大海外持有者的日本银行仍需经过市场中介才可购入美国国债。不过，当再卖出国债时，仍需要通过一级券商进行中介交易。[①]

4. 小结

一国外汇储备主要有三个作用：第一，交易作用。根据经验估计，为了满足国际交易的需要，一国外汇储备大致相当于该国三个月的进口额。中国目前持有的外汇大约为三个月进口额的7—9倍，远远超过经验估计的合理区间。第二，稳定市场过度波动的作用。一般而言，为了应对投机冲击预防市场动荡，在经济状态良好时应增加外汇储备，在汇率大幅波动时使用外汇储备稳定市场；但是在这方面，通常没有精确的评价标准。目前，我国外汇储备投资于美国国债及其他债务类资产的比例远比其他国家高。第三，信用升级的作用。对小而开放的经济体来说，其发行货币往往以主要国际储备货币为抵押品，以提高其信用程度。此外，一些宏观经济不稳定、政局处于动荡的发展中国家也可能选择与主要储备货币直接挂钩，甚至采用本币美元化的办法解决恶性通货膨胀问题。从横向比较而言，我国外汇储备与广义货币的比例已和小而开放的经

---

① Emily Flitter, "U.S. lets China bypass Wall Street for Treasury orders", New York, *Reuters*, May 21, 2012, 3:35pm EDT.

济体大致相同，国际储备货币间接地成为本币的抵押物。

20世纪90年代下半期亚洲金融危机发生后，发展中国家大幅度增加了外汇储备，使全球外汇储备超过10万亿美元，其结构也发生了重大变化。目前，已基本形成发达国家、除中国外的发展中国家，以及中国三分天下的全球外汇储备格局。由于中国经济积极融入世界市场、全面参加国际劳动大分工，从根本上改变了外汇短缺的历史，成为第一大外汇储备拥有国。与发达国家不同，中国拥有的巨大规模的境外资产由国家统一掌控，并主要以外汇储备的形式集中管理。在中国的外汇储备中，三分之二为美元债务类资产，而其中大部分为美国国债；欧元主权债务类资产大约占外汇储备总额的四分之一；此外，还有少量的东亚诸国国债。在全球金融危机及欧洲债务危机先后爆发、国际货币体系处于动荡的环境下，这种国家以外汇储备方式集中海外资产的方式存在巨大的风险。

第三章 外汇储备管理模式

在现存的国际货币体系下，各国的外汇储备管理模式有着很大的差别。这是不同国家由于经济发展阶段、金融开放程度、制度结构及指导思想的差异所产生的必然现象。国际货币基金组织在其公布的外汇储备管理的指导性文件《外汇储备管理指南》（Guidelines for Foreign Exchange Reserve Management）中，归纳了各国对外汇储备管理所采取的不同方式和相关政策（IMF，2003）。

目前国内研究者对外汇储备管理模式的分类有所不同。一种方式是对各国外汇储备管理模式进行了对比分析，将现有外汇储备管理模式划分为以欧元区为代表的双层管理模式和以新加坡为代表的多层管理模式（柏宝春，2007）。另一种是依据金融发展程度的高低、采用浮动或固定汇率政策以及是否对外汇储备进行积极管理区分不同的外汇储备管理模式（刘莉亚，2010）。

我们则根据管理主体和投资方式，将目前全球各国外汇储备管理模式划分为以下类别：其一，通过中央银行、货币当局或其下属机构全权管理，例如日本、中国香港，以及在成立国有投资公司之前的韩国和中国。其二，由专门的投资公司管理全部外汇储备，例如新加坡、阿联酋、挪威等。其三，由央行和投资公司共同管理外汇储备，例如现今的韩国、中国。其四，在前三类管理模式基础之上，委托私人部门管理投资。

1. 不同的外汇储备管理模式

传统上，外汇储备的管理方式单一，由各国中央银行或货币当局全权管理，其主要原则是保证外汇储备的高流动性与绝对安全；这与外汇储备作为外贸支付保障及本币稳定抵押的基本功能密切联系。但是，自20世纪70年代石油输出国通过油价上涨积累了大量石油美元，而21世纪以来东亚国家则通过扩大出口赚取了巨额外汇，这些经济体的外汇供给远远超出了传统的外汇储备需要。在面对外汇储备持有成本上升和主要国际储备货币单位购买力贬损的压力下，各国有关当局开始采用不同的方式对"过度"的外汇储备进行管理，以达到其保值和增值的目的。

1.1 模式一：央行管理全部外汇储备 ①

央行管理外汇储备是长期以来形成的一种国家金融规范与传统。其根本目的是维持本币对主要国际储备货币价值的稳定，对冲外汇市场发生的过度波动，防范套利与投机行为引起的外部冲击。央行对外汇储备的管理不追求利润目标，其投资方向是主要储备货币发行的国债及其他高等级债务类资产，以保证安全性和高流动性。

日本

日本是由央行管理外汇储备的典型。日本财务省的数据显示，2012年3月底该国外汇储备为1.2887万亿美元，4月底该国外汇储备升至1.2895万亿美元。② 日本的外汇储备由日本财务省直接拥有，而这些资产存于日本银行的外汇特别账户内；除外汇储备外，该账户中还有日元资产。日本实行双层管理，财务省和日本银行在外汇储备管理体系中分别扮演决策者和执行者的角色，前者对外汇市场作出干预决策，以维护日元汇率稳定；后者负责执行外汇干预决策，将所需资金从外汇特别账户划拨出来投入市场对冲汇市波动。日本银行既可以在东京外汇市场上介入操作，也可以对外国央行提出委托介入请求，但外汇平衡的市场分析及决策建议仍由财务省进行批准（唐欣，纬恩，2006）。

与其他东亚国家不同，日元是国际储备货币，而日本的巨额外汇储备则是有关当局稳定日元对其他储备货币、主要是美元的汇率所进行市场干预的结果。日本并不是通过投放等量本币来获取外汇储备，而是在需要出售外汇时，日本银行在市场上出售特别账户中的外汇，使外汇储备减少、日元资产增加；需要买入外汇时，通过发行短期政府证券筹集资金，所获外汇储备归入特别账户中，导致外汇储备增加、日元资产减少。通过上述操作积累的外汇资产即为

---

① 虽然央行负责外汇管理，但在外汇决策上各国有所不同。在外汇决策方面，日本、韩国是由财政部主导，而中国则是由央行主导。

② 资料来源：《网易财经》，http://money.163.com/12/0509/10/812A17VI00252C1E.html。

日本的外汇储备，日本银行也以此调节汇率。①

韩国

在2005年以前，韩国的外汇储备由韩国银行（中央银行）和财政部下外汇平准基金（Foreign Exchange Equalization Fund，FEEF）共同持有。韩国财政部负责制定总体的外汇储备管理政策，而外汇储备则委托韩国银行进行全权管理，主要用于外汇市场的调节与干预，以维持韩元对主要国际储备货币汇率的稳定（唐欣，纬恩，2006）。

中国

在2008年中国投资有限公司成立以前，我国外汇储备管理模式也是属于央行全权管理模式，具体的外汇储备、黄金储备和其他外汇储备经营管理的职责由国外外汇管理局承担。但是，与日本和韩国由财政当局主导外汇决策不同，中国人民银行独立地进行战略和操作层面的决策，绝大部分外汇储备集中于货币当局进行管理。同时，我国外汇储备的基本作用定位于贸易、偿债支付，维护、支持货币政策和汇率政策，防止外部事件、灾害和突发变故对货币稳定的冲击（陈金明，汪平，2006）。

1.2 模式二：投资公司管理全部外汇储备

主权财富基金（Sovereign Wealth Fund，SWF）是一种以国家外汇储备进行投资管理的实体公司，因其管理资产具有特殊性，其设立原因、资金来源及管理模式都有别于私人财富基金(中国银行江苏分行课题组，2008)。这类投资公司追求外汇储备的长期性增值目标，投资对象包括的范围相当广泛，既有传统的投资，也有非传统的投资。

新加坡

根据新加坡金融管理局公布的数据，2012年4月底新加坡外汇储备已达2,461亿美元②，新加坡的外汇储备管理采用财政部主导下的"GIC+Temasek+MAS"

---

① "日本外汇储备的管理经验及对我国的启示"，《新华网》，2011-1-12。http://news.xinhuanet.com/observation/2011-01/12/c_12972758.htm。

② 中华人民共和国驻新加坡共和国大使馆经济商务参赞处：http://sg.mofcom.gov.cn/aarticle/zhengt/201205/20120508113382.html?1317896151=1530089939。

体制。新加坡货币管理局（Monetary Authority of Singapore，MAS）持有外汇储备中的货币资产，用于外汇市场干预和发行货币的保证。新加坡政府投资公司（Government of Singapore Investment Corp，GIC）和淡马锡控股（Temasek）两家主权财富基金主要负责对新加坡外汇储备进行积极管理，通过投资提高其收益。两家主权财富基金的投资方向有所不同，形成相互补充的分工格局。

GIC的目标在于保证所管理的外汇储备保值增值和实现长期投资回报。2011年3月GIC的报告显示，GIC资产的49%投资于公募股权（public equity），其中发达市场34%，新兴市场15%；22%投资于债券等固定收益类产品；26%的资产投资于房地产、私募股权、基础设施、绝对投资回报策略和自然资源等另类投资。在2010—2011年财政年度，扣除全球通货膨胀率后，其20年的实际投资年回报率为3.9%。(GIC，2011)。图3—1为GIC年化收益率的变化情况。

GIC的投资遍布全球40多个国家，截至2011年3月，GIC的投资在美洲约为42%，欧洲约为28%，亚洲27%，澳洲为3%（GIC，2011）。该公司于1995年即进入中国内地，是中国国际金融有限公司发起股东之一。在中国台湾，它也是其合格的境外机构投资者最大的投资人之一。

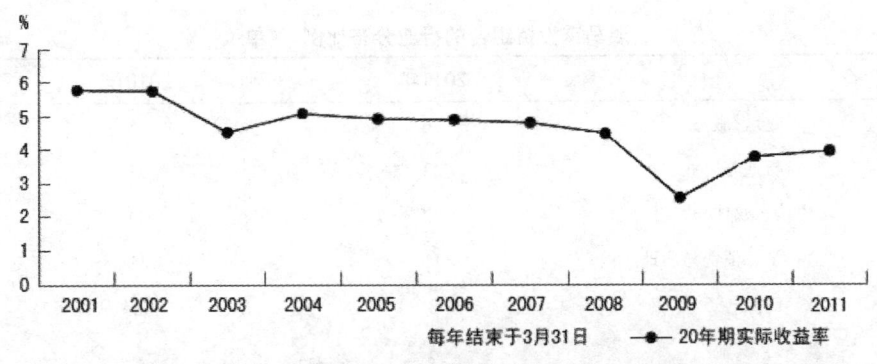

图3—1 2001—2011年新加坡政府投资公司年化收益率变化

资料来源：GIC, Report on the Management of the Government's Portfolio for the Year 2010/11。

淡马锡的主要职能是对本国战略性产业进行控股管理的同时，提升新加坡外汇储备的盈利水平和长期竞争力(何帆，陈平，2006)。淡马锡海外投资的战略目标锁定文化接近、易于沟通,且高速发展的亚洲新兴经济体,尤其是中国、印度、马来西亚、印度尼西亚、泰国和越南等国家的金融现代服务业上(中国银行江苏分行课题组,2008)。

自1974年淡马锡以3.54亿新元开始投资组合成立以来,截至2011年3月31日投资组合已达1,930亿新元。自成立以来,其年化复合回报率达17%(淡马锡,2011)。表1及表2分别是其全球投资的地区分布及行业分布情况。

表 1 淡马锡投资组合的地理分布比例 (单位:%)

	2011年	2010年
新加坡以外的亚洲区域	45	46
新加坡	32	32
澳大利亚与新西兰	12	12
北美洲与欧洲	8	8
非洲、中亚与中东	2	1
拉丁美洲	1	1

资料来源:淡马锡网站,http://www.temasek.com.sg/portfolio/portfolio_highlights/geography。

表 2 淡马锡投资组合的行业分布比例 (单位:%)

	2011年	2010年
金融服务	36	35
交通与工业	23	23
电信、媒体与科技	22	24
生命科学、消费与房地产	11	11
能源与资源	3	2
其他	5	5

资料来源:淡马锡网站,http://www.temasek.com.sg/portfolio/portfolio_highlights/sector。

中东地区

中东地区的外汇储备管理方式以阿联酋的阿布扎比投资局(Abu Dhabi

Investment Authority，ADIA）最具代表性。根据Morgan Stanley的数据，阿布扎比投资局是全球最大的主权财富基金，2008年其资产规模达8,750亿美元①。阿布扎比投资局由阿联酋财政部成立，资金来源主要是阿联酋的石油收益，其使命是通过谨慎投资，创造国有资产长期价值。

阿布扎比投资局的投资组合跨行业、跨地区，涉及多种资产等级，包括公开上市的股票、固定收益工具、房地产和私募股权。2010年年底，其投资组合20年和30年的年化收益率分别为7.6%和8.1%（ADIA，2010）。

从内部治理结构而言，阿布扎比投资局大约80%的资产由外部投资经理进行管理。与中东地区的其他主权财富基金相似，它们多仿效国际金融市场上的私人投资公司的组织结构，突出董事会与专业投资委员会的核心决策职能与自主权，强调精简的组织与有效率的决策。由于中东地区的主权财富基金存量大，且高国际石油价格对其资金的稳定性提供了保障，因此它们多数进行长期投资，并可承担较大投资风险，以实现长期的投资回报（中国银行江苏分行课题组，2008）。

1.3 模式三：央行与投资公司混合管理

这种管理模式的特点在于，一国的外汇储备分为两部分：一部分仍由央行管理，以稳定币值或汇率市场为目标，外汇储备的投资方向为传统的储备货币国家债券及其他高等级债务类证券。另一部分则由专门投资公司管理，其目标为资产的长期性增长，投资于各类不同的金融资产及实物资产。

韩国

韩国银行公布的数据显示，截至2012年4月底韩国外汇储备达3,168.4亿美元。② 韩国当局认为，其外汇储备的适度规模大致为1,700—2,000亿美元之间。因此，在2005年外汇储备超过2,000亿美元时，便成立了韩国投资公司（Korea Investment Corporation, KIC）管理规模过量的外汇储备。在成立初期，该公司

---

① Morgan Stanley的最新排名，"Sovereign-wealth funds Asset-backed insecurity"，*Economist*, Jan. 17, 2008. http://www.economist.com/node/10533428?story_id=10533428。

② "韩国4月底外汇储备规模再创历史新高"，《凤凰网财经》，2012-5-4, http://finance.ifeng.com/roll/20120504/6410872.shtml。

掌握200亿美元的外汇资金,其中170亿美元来自央行,30亿美元来自财政部的外汇平准基金。在内部制衡问题上,韩国投资公司设立由财政部长、央行行长在内的12人组成的委员会,必要时还有可以聘用非韩国籍专业人士,对其的工作进行监督(闫屹,李静,2007)。

韩国投资公司通过不断的扩容,至2010年年底管理的外汇资产规模已增至375亿美元。韩国投资公司在成立初期以投资债券和股票为主。此后,为了对冲通货膨胀、以多元化投资降低风险并引入新的战略产生超额投资回报,韩国投资公司将投资对象扩展到包括通胀挂钩型债券和包括私募股权、房地产、对冲基金、特殊投资在内的金融产品。作为投资组合多元化的一部分,近年来韩国投资公司加大了在新兴市场的投资。①

而韩国外汇储备的最终责任人仍是韩国财政部,财政部负责外汇储备的决策和外汇市场干预,而韩国中央银行负责具体的外汇储备管理操作。韩国中央银行持有外汇储备的焦点在于安全和流动性,自从1997年韩国转变为浮动汇率体系后,中央银行对外汇市场的干涉程度降低,因此充足的外汇储备对减少金融市场的波动显得十分重要(曾诗鸿,黄勇,2010)。

挪威

挪威银行针对外汇储备管理的不同需求,将外汇储备分为三大投资组合:货币市场组合(The money market portfolio)、长期投资组合(The long—term portfolio,原为"investment portfolio")、缓冲组合(The buffer portfolio),并根据三大组合的不同管理需要下设两大独立机构管理外汇储备:货币政策部(NBMP,Norges Bank Monetary Policy)和投资管理部(NBIM,Norges Bank Investment Management)。表3给出了2012年3月挪威外汇储备的投资组合情况。

---

① KIC网站,http://www.kic.kr/en/ki/ki010000.jsp。

表 3　截至2012年3月挪威外汇储备的三大投资组合

项目	货币市场组合	长期投资组合	缓冲组合
投资目的	执行货币政策，维持金融市场的稳定性，满足与外汇市场相关的交易需要	获得长期的高回报，在必要时用作货币政策工具或维护金融市场的稳定性	挪威银行直接在市场上不定期购入外币，以满足政府全球养老金（Government Pension Fund Global）的投资配置所需资金
组合规模（10亿挪威克朗）	34.2	224	25.5
所占比例	12.0%	79.0%	9.0%
管理机构	NBMP	NBIM	NBIM
投资范围	短期货币市场工具，德国、美国政府债券	权益类、固定收益类工具	短期货币市场工具，主要是欧元、美元、英镑
投资比例	未公布	权益工具40%，固定收益工具60%	权益类工具40%，固定收益类工具60%

资料来源：挪威银行网站，http://www.norges—bank.no/en/price—stability/foreign—exchange—reserves/。

1990年挪威财政部以石油收入设立挪威全球养老基金，以应对严峻的人口老龄化问题。挪威银行投资管理部作为挪威中央银行下设的独立机构，管理政府养老基金和挪威银行大部分的外汇储备。根据Morgan Stanley数据，2008年挪威全球养老基金的资产规模达到了3,800亿美元。[1] 2010年年初该基金规模超过5,600亿美元以上，并预测在2015年年初则有可能突破8,600亿美元（NBIM，2011）。而实际上，至2011年年底，挪威外汇储备为492亿美元；与此同时，挪威的全球养老基金市值已达3.05万亿克朗（约合5,486亿美元）。[2]

挪威政府养老基金投资战略的核心是追求低风险下的最高投资回报，以支

---

[1] "Sovereign-wealth funds Asset-backed insecurity"，*Economist*, 2008-1-17. http://www.economist.com/node/10533428?story_id=10533428.

[2] "2011年挪威经济形势综述"，《中国商品网》，http://ccn.mofcom.gov.cn/spbg/show.php?id=12905。

持包括全民年金在内的国家福利事业。为了获取更高的收益，挪威银行投资管理部聘请了一批海外投资管理人。2007年年底，分别有25家股票投资和22家固定收益管理的专业机构受聘为海外投资管理人，但这些受聘人在资产管理上同样需要遵循挪威财政部制定的投资战略。该基金只限于投资海外市场，在高油价背景下，每月挪威财政部都会划拨石油收入作为新资本金，使资本金得到持续的保障（中国银行江苏分行课题组，2008）。

截至2011年年底，挪威银行投资管理部将资产组合的58.7%投资于股票，41%投资于固定收益产品，0.3%投资于房地产。在全球股市不景气的情况下，2011年该基金依旧保持了2.5%的收益率 (NBIM, 2011)。

在多年经营过程中，挪威银行根据本国的具体情况建立的三大组合，基本满足了外汇储备的各项长期需求，而且也保持克朗汇率的基本稳定（巴曙松，刘先丰，2007）。

中国

目前，我国也属于这种混合管理模式。截至2012年3月底，我国外汇储备已达3.3万亿美元。[①] 人民银行通过将外汇储备列入其资产负债表项下直接管理，执行货币政策和汇率政策，并保证外汇储备的安全性和流动性。其资产负债表项下的外汇规模为23.5万亿人民币（3.74万亿美元）。[②] 2012年第1季度，央行"黄金和外汇储备"项目数据与国家外汇管理局公布的国际收支平衡显示的外汇储备增量之间的差额是490亿美元，反映了汇率、利率等非交易因素的变化对外汇储备市场价值的影响，表现为外汇储备的投资收益，即资本损益与利息收入之和（王永中，2012）。

近年来，国家外汇管理局在现有体制下进行了一些管理方式转变的探索与尝试。国家外汇管理局储备司在海外建立了四家分支机构。这四家海外分支机构包括纽约和伦敦的各一个交易室、香港的"华安投资有限公司"（SAFE

---

① 中国人民银行，"黄金和外汇储备报表"，《2012年货币统计概览》，http://www.pbc.gov.cn/publish/html/kuangjia.htm?id=2012s09.htm。

② 中国人民银行，"货币当局资产负债表"，《2012年货币统计概览》，http://www.pbc.gov.cn/publish/html/kuangjia.htm?id=2012s04.htm。以2012年4月30日的人民币汇率中间价（美元：人民币=6.2787∶1）计算，23.5万亿人民币合计约3.74万亿美元。

Investment Company Limited）和新加坡的"中华人民共和国投资公司"。① 其中，中国华安投资有限公司于1997年6月2日在香港注册，注册资本为1亿港元，外管局持有该公司发行的1亿股份中的99.99%；从市场上购买了价值约10亿英镑的英国石油公司（BP）股票，持有近1%的股份。其投资领域包括证券、外汇和商品等，代理外管局管理外汇储备及经外管局所授权批准的其他所有相关货币财务事宜；在全球范围内管理投资基金，以及管理国家外汇储备或从事其他经中央银行授权批准的业务。②

2007年经中国国务院批准成立的中国投资有限责任公司（CIC，简称中投公司），是从事外汇资金投资管理业务的国有独资公司。中投公司通过独立经营，自主决策，对部分外汇资产进行全球投资，实现外汇储备的长期保值增值。中投公司的投资对象包括股权、固定收益以及多种形式的另类资产，例如对冲基金、私募市场、大宗商品和房地产投资等。中投公司的投资区域涵盖发达国家市场和新兴国家市场。③ 在2011年4月底时，中投公司资产规模已逾3000亿美元，是全球最大主权财富基金之一。④ 此外，中央汇金投资有限责任公司（以下简称"中央汇金公司"）是中投公司的全资子公司，投资并持有国内国有重点金融企业的股权，并代表国务院行使股东权利，不开展其他任何商业性经营活动，不干预其控股企业的日常经营活动。中央汇金公司在国内的收益并入中投公司的财务报表，这在相当程度上改善了中投公司的收益状况。⑤

---

① Jamil Anderlini: "China investment arm emerges from shadows". *Financial Times.* Jan. 5, 2008. http://www.ft.com/intl/cms/s/0/fd0b7e6e-bb2f-11dc-9fbc-0000779fd2ac.html#axzz1xM7f6UEP.
"外管局聘华尔街顶尖衍生品高手管理2.3万亿美元外储投资"，《凤凰网财经》，2009-12-24。http://finance.ifeng.com/news/20091224/1623209.shtml.
② "中国外汇储备投资的大国抉择"，《中国证券报》，2008-9-2。http://www.cs.com.cn/wh/02/200809/t20080902_1572772.htm.
③ 中国投资有限责任公司网站。http://www.china-inv.cn/about_cic/aboutcic_overview.html.
④ "大规模增资中投非最佳选择"，《新华网》，2011-4-28。http://news.xinhuanet.com/fortune/2011-04/28/c_121356432.htm.
⑤ 中投公司的2012年年报显示，在2011年里，中投境外投资业务收益率为-4.3%，继2008年出现-2.1%的收益率后，再度出现负值。但中投年报显示，公司去年净利润仍有484.22亿美元，这意味着中投在国内投资的资产利润可观。"中投海外亏损国内大赚"，《时代周报》，2012-08-02。

1.4 模式四：公私部门合作管理

一般而言，主权财富基金与私人投资管理公司往往通过"基金的基金"（Fund of funds，FOF）这一组织形式开展投资合作。它是一种专门投资于其他证券投资基金的基金。它以组合基金的方式集合投资，通过在一个委托账户下持有多只基金，将投资分散到不同的国家、产业及地区，以此通过分散投资的技术方式，降低集中投资的风险（德胜基金研究中心，2008）。

基金的基金常常通过对创业投资（Venture Capital, VC）或私募股权基金（Private Equity, PE）考察与挑选，以有限合伙人身份对其进行投资而获取收益。它产生的基本原因在于，包括外汇资金管理机构在内的一般性投资人难以具有复杂投资所需要的专业选择能力，以及单一投资面临极大的产业风险。这种组织形式可以将投资者的资金和基金管理人员的专业投资能力结合，较好地克服上述难题。

事实上，基金的基金在国外已经具有了相当大的投资规模，且形成了较为成熟的投资范式。基金的基金也是海外许多国家进行主权财富基金投资所选择的一种方法。以新加坡政府投资公司为例，其主要的两大投资主体是GIC SI和GIC Real estate。前者以基金的基金的模式参与了大量世界知名私募股权基金的投资，例如Sequoia Capital、Matrix Partners、Summit Ventures和TA Associates。目前GIC SI的投资组合已经变得非常庞大。其参与的子基金类别包括杠杆收购基金（leveraged buyouts）、早期创业基金（venture capital）、后期成长基金（growth capital）、夹层融资（mezzanine financing）、危机证券投资（distressed situations）以及其他特别基金。新加坡政府也受惠于这种基金的基金的投资模式，获得了较为稳定的投资收益。[1]

主权财富基金委托私人投资管理公司进行投资活动已成为一种趋势。2007年5月20日，借助特殊目的载体（SPV，special purpose vehicle），尚在筹备中的国家外汇投资公司（即现在的"中国投资公司"）与黑石集团（BlackStone）签订投资协议，前者斥资30亿美元购入黑石股份。[2]黑石集团于2007年6月22日在

---

[1] 翁怡诺，"待到山花烂漫时——中国基金之基金结构与发展战略"，《中国价值网》，2005-3-27。http://www.chinavalue.net/Finance/Article/2005-3-27/3740.html。

[2] "国家外汇投资'闪电战'"，《财经网》，2007-5-26。http://misc.caijing.com.cn/chargeFullNews.jsp?id=110066547&time=2007-05-26&cl=106。

纽交所上市，自1985年创办至今，已成为全球最大的私募股权投资基金之一。2012年，越南籍高盛前交易员Richard Ong成立的RRJ私募基金公司与淡马锡合作投资天然气产业，RRJ也成为了淡马锡投资于这一领域的重要推动者。此前，Richard Ong也曾与中国经纪人合作成立Hopu私募股权投资公司，获得淡马锡8亿美元的投资。①

不过，主权财富基金与各类基金的基金、私募类基金的合作主要发生在非公开市场的复杂投资领域。因为主权财富基金有着不断扩大投资范围的需求，所以这类公私合作投资方式呈现出了一种不断上升的趋势。不过，由于此类交易的私密性质，除了媒体对一些事件的披露及报道之外，外界很难了解到这类合作真实的规模与具体的投资方向。

2. 不同模式的缺陷及问题

2.1 模式一的问题

中央银行直接管理外汇储备的模式的主要问题在于，列入央行资产负债表内的外汇储备只能投资于安全性与流动性高的金融资产，主要储备货币发行国的主权债券，特别是美国的国债，以及其他高等级债务类资产。这些资产的收益较低，甚至可能为负收益。目前，采用央行直接管理外汇储备模式的国家正在探索多元化的投资方式。就管理模式而言，也在逐渐向政府和专业投资机构共同管理的"混合型"管理模型转变。

据报道，国家外管局全资拥有的中国华安投资有限公司可以投资各种金融工具，包括证券、外汇和商品等；也可代理外管局管理外汇储备及经外管局所授权批准的其他所有相关货币财务事宜；还可在全球范围内管理投资基金，以及管理国家外汇储备或从事其他经中央银行授权批准的业务。有分析指出，"央行利用代理人进行海外收购时，选择购入1%左右的股份，既不会明显影响目标公司的股价，增加收购成本，也不会触发任何强制披露的要求，从而使收购横生枝节。这表明了一定程度上，央行正在转变其收购手法，将海外投资

---

① "Temasek, RRJ Wager on U.S. Gas", *The Wallstreet Journal*, May 7, 2012. http://blogs.wsj.com/deals/2012/05/07/temasek-rrj-capital-invest-in-u-s-natural-gas-again/?mod=rss_asia_whats_news.

尽可能多元化和分散化。"①但是，受到外汇储备列入央行资产负债表的刚性约束，央行直接管理的外汇储备很难大规模超出传统的投资领域。

2.2 模式二与模式三的问题

外汇储备管理由央行与主权财富基金分工的模式二与主权财富基金全部管理的模式三所面临的问题基本一致。

收益率的压力

从会计的角度来说，在央行资产负债表中外汇储备列于资产项目下，而在负债项目下则有与之对应的等额本币发行或准备金。换言之，外汇储备是央行通过发出人民币从市场主体手中购得的资产，因此外汇储备列入央行资产负债表的资产项目，而购买时发行的人民币则列入负债项目。若要从央行手中获取外汇，则需要用等额的本币替换。

另一方面，作为主权财富基金的中投公司的资金来源是财政部代发特种债券从市场从机构投资者处获得人民币，再据此向央行购入外汇的方式筹集。由于国债需要支付市场利息加之本币的升值预期，此种筹资方法的财务成本较高；这意味着主权财富基金必须获得更高的收益率才可持续，因此，其管理层面临较大的运营压力。②

政治背景的不利影响

由于主权财富基金浓厚的政治背景，其监管显得尤为困难。就目前的情况来看，各国对主权财富基金投资经营信息的披露非常有限。作为全球最大的主权财富基金，阿布扎比投资局成立于1976年，但直到2010年才发布第一份年度评估报告，且"报告对细节轻描淡写，而且所披露的内容也大部分早已为外部观察人士所知"③。各国政府对于其主权财富基金的投资规模、地区分布、币种结构、投资收益率等信息仅做粗略发布；投资目标、内部组织结构和投资管理

---

① "中国外汇储备投资的大国抉择"，《中国证券报》，2008-9-2。http://www.cs.com.cn/wh/02/200809/t20080902_1572772.htm。

② "中国外汇储备投资的大国抉择"，《中国证券报》，2008-9-2。http://www.cs.com.cn/wh/02/200809/t20080902_1572772.htms。

③ 主权财富基金开始"敞开心扉"，英国《金融时报》中文版，2010-3-18。http://www.ftchinese.com/story/001031805。

模式也并不明确，很难对主权财富基金的资产管理活动及其对资本市场的影响做出评估。

巴塞尔银行业监管委员会关于官方储备结构变化的报告反映，官方外汇储备在多元化资产中的配置日益盛行，为获得更高的收益率，一些资金可能被配置到高风险、高回报的资产中。一旦出现政府投资决策的失误，蒙受损失后可能会大幅调整投资政策，因其资金存量巨大，难免会引起国际金融市场的震荡。对最近美国次贷危机的研究显示，主权财富基金参与了垃圾债券的投资（刘新英，2008）。

此外，主权财富基金浓厚的政府背景为其海外投资增加了许多政治困扰。发达国家的有关当局由于各方面利益集团的压力，难以完全中立对待外国的主权财富基金投资，在针对主权财富基金的监管规则制定和投资审核过程中,可能过于严格，存在泛政治化的倾向。[①]

尚未形成较成熟的投资理念

根据托宾（Tobin）所提出的风险喜爱特征，金融市场参与者有两种基本的投资战略：顺向投资（momentum investment）和反向投资（reversal investment）。一般情况下，顺向投资适合短线投资者，与市场走向保持一致以求谋利；而反向策略适用于长期投资者，注重投资对象的内在价值以图增值。极少数的逆潮流投资已非传统意义上的反向投资，称为逆势投资。

从微观上来讲，动态逆势投资应成为主权财富基金、养老金基金等奉行长期价值投资机构的重要投资战略。在市场疯狂时，这类机构应能抵挡诱惑，抑制贪婪，保持充足的流动性以待时机；当市场恐慌时，该类机构必须能够研判信息，把握机会，克服恐惧，果断逆势进取以求伸展。从宏观上来说，逆势投资行为对于增加市场深度、扩大市场弹性、培育市场自我修复及生存力有着关键作用（俞乔，刘家鹏，2011）。

在本次金融危机中，绝大多数投资者都主动或被动地成为短线投资者，不

[①] 中投公司总经理高西庆说，金融危机前后，国际上对主权财富基金的态度发生的微妙变化："危机来临时，钱的颜色不重要，现在危机过去了，钱的颜色又重要了，怎么看我们的钱都不是绿色的"。高西庆："中投是所有主权财富基金中亏损最少的"，《网易财经》，2009-12-19. http://money.163.com/09/1219/02/5QS4LF9D00252G50.html。

约而同采用了顺向投资策略,甚至包括最可能奉行长期投资战略的主权基金都变成了传统意义上的共同基金。这种现象表明,主权财富基金尚未形成比较成熟的投资理念;并且,这类机构面临的政治压力可能使其无法真正成为逆势投资主体。

2.3 模式四的问题

基金的基金作为一种有效分散风险的另类投资方式,不仅能够降低投资人对特定领域的投资门槛,也能充分利用基金公司、基金经理等专业团队的市场能力获得超额收益,通过分散化投资降低风险。然而,这种超额回报的获得建立在两个假定之上:其一,专业代理人具有比投资人更为出色的理财能力,可以通过其资产管理经验、知识、信息,最大限度地通过分散化投资降低风险;其二,通过利益分成机制使代理人和投资人具有利益一致性,在此激励下,代理人能够尽到勤勉的投资管理义务,并积极地实现资产保值增值。

然而在市场实践中,这两个假定受到很大的质疑,资本市场频现的事件也在一定程度上暴露了委托—代理模式所面临的根本性风险。

第一,作为资金投资者的委托人无法在事前准确甄别作为代理人的基金管理人是否具备较强的规避风险的专业能力。首先,委托人的监督和评价常常是事后的,其赖以判断的客观标准常常是投资回报率,而投资回报率受宏观经济、产业发展等因素的综合影响,代理人专业能力只是影响回报率的一方面原因。其次,随着金融创新层出不穷,衍生品市场的迅速发展,对于投资项目存在更严重的信息不对称。这种信息不对称可能导致的后果是,投资风险的信息发现成本很高,而委托人无法对代理人投资决策进行有效监督。代理人为分享高额回报,常常倾向于投资高风险项目。而金融交易的复杂性使很多风险变得更为隐性,到风险来临时才会暴露,对于投资人而言,发现风险的成本代价很大。

第二,代理人在自身利益驱动下,可能与投资人利益相悖,委托人在监管方面的天然劣势大大增加了代理人的信用和职业操守方面的风险。尤其在外部监管相对薄弱的领域,代理人的信用问题更成为FOF模式下需要考虑的风险。

3. 小结

自1994年我国外汇管理体制改革以来，我国外汇储备进入高速增长期。面对规模巨大的外汇储备，探寻合适的管理模式以实现外汇资产保值增值，降低当局持有外汇资产的系统风险，是需要深入讨论的题目。

从全球范围内看，外汇储备大国对外汇资产的管理目标已由不满足于传统的流动性和安全性，而开始重视其收益性。与之相应，无论是财政部还是央行主导的政府直接管理模式也逐渐淡出或发生转向。在借鉴新加坡、挪威等国经验之上，韩国、中国等东亚国家建立了专门的政府投资公司或主权财富基金，对外汇资产进行专业管理。而随着私人部门专业的基金管理团队的兴起，委托专业管理团队经营部分外汇储备的形式也越来越多见。

然而，每一种管理模式都存在不同的问题，难以有一劳永逸的解决方案。我国必须立足于现实情况，结合不同层次的需求，不断探索和调整我国的外汇储备管理模式。

第四章 我国外汇储备的风险

当前国际货币体系是以美元为主要储备货币、欧元为次级储备货币、日元和英镑为辅助储备货币的多元系统。这一体系是随着20世纪70年代初布雷顿固定汇率体系崩溃、欧洲货币同盟形成而演变的产物。四种储备货币通过浮动汇率相互联系,其发行者(美联储、欧洲央行、日本银行、英格兰银行)既密切合作又相互竞争,为世界经济提供了充足而可替代的国际交易媒介和储藏手段。虽然这一体系有力促进了经济全球化的发展,但却缺乏对储备货币发行主体的约束机制,各央行的国内经济目标优先于国际交易媒介的稳定。这一根本性的内在缺陷使参加全球交易的国家、机构和个人都面临着国际金融市场中主要储备货币贬值的系统风险。在金融危机应对中,美欧货币当局的特殊货币政策触发了这一系统风险。另外,欧元制度作为一个人工设计、让步妥协而产生的货币同盟,先天上就存在易于瓦解的基因。因此,欧元资产持有者还面临着欧元体系分崩离析的系统性风险,而欧洲主权债务危机的爆发与难以遏制使这一系统性风险的威胁加大。①

---

① 当前,我国外汇资产面临的主要威胁是储备货币(美元及欧元购买力贬损的系统风险,但也有可能出现欧元崩溃或欧元区边缘国家主权债务违约的系统性风险。系统风险与系统性风险是两个不同的概念。系统风险与系统性风险的英文含义见 *Webster's Dictionary, American Heritage Dictionary:* systemic risk…risk of or pertaining to a system, systematic risk…risk is characterized by or based upon a system。在经典投资理论里,系统风险为外生给定的市场固有风险,相对于具体风险(specific risk)而言,它无法通过资产组合避免。(Bodie, Kane, Marcus, 2005)在当前多重国际储备货币系统中,我国无法避免所持有国际货币的单位购买力下降的风险。目前学术界对系统性风险的定义尚无统一的认识,一般是通过从不同角度描述系统性风险的特征点加以说明。例如,Kaufman (1996; 2000)认为,系统性风险是指由金融系统某个事件引起连锁反应而给整个金融系统造成巨大损失的风险。Bordo, Mizrach & Schwartz (1998) 认为系统性风险是部分金融系统发生的震荡导致了其他部分的震荡,并因此动摇了实体经济的稳定。Kupiec & Nickerson(2004)把系统性风险看成是一种潜在威胁,这种威胁由某个经济动荡引起,且会引起资产价格的重大波动、公司流动性的显著减少、潜在的破产风险以及资产重大损失;Schwarcz (2008)认为系统性风险是由诸如经济动荡、公司重大失误等等事件所引起一连串的负面的经济后果的风险,而且这些后果有时候会出现多米诺骨牌效应;Kindleberger (2005) 指出,由于金融市场的内部特性,某个市场主体的违约给别的市场主体带来负面效应的风险。CRMPG II (The Counterparty Risk Management Policy Group II, 2005)将系统性风险定义为"对金融系统与实体经济发生地的重大破坏事件"。然而,一些学者认为,对

在我国现行的货币与外汇管理制度下，我国的外币资产主要以官方外汇储备的形式存在，由中央银行统一管理。因此，央行成为世界最大的资产管理公司之一，集中了国际金融制度的全部风险。而且，我国货币管理极为被动，本币发行准外币化；央行资产急剧膨胀，成为国内流动性过度及资产价格上涨的内部原因。

1. 美元资产的风险：美联储量化宽松

2007年8月，美国次贷危机爆发；2008年9月15日，美国第四大投资银行雷曼兄弟公司陷入严重财务危机并宣布申请破产保护；次贷危机演变成为全球性的金融危机。为阻止美国金融体系的崩溃，美联储对金融机构采取了一系列非常规的拯救措施，并在2008年年底推出了第一轮量化宽松的货币政策（QE1）。金融危机之后，陷入衰退的美国经济回升乏力，失业率居高不下；美联储于2010年再次开动印钞机刺激美国经济，推行了第二轮的量化宽松政策（QE2）。随着国内经济再次陷入低迷和政府债务风险的大幅上升，2012年年初美联储再次明确表示，未来两年仍然持续维持低利率的货币政策；因此不排除美联储根据其对形势的评估推出第三轮量化宽松货币政策（QE3）的可能性。

1.1 税收入不敷出，各级政府过度负债

美国联邦政府赤字连续三年超过万亿美元大关。在2009财政年度，美国联邦政府财政赤字曾达到创纪录的1.413万亿美元；在2010财政年度，美联邦政府的财政赤字为1.293万亿美元；在2011财政年度，美国联邦政府的财政赤字为1.300万亿美元①，占当年国内生产总值的8.6%。奥巴马政府的四年实际上就是自1946年以来美国政府财政赤字最高的四年。②2011年年底，美国联邦政府的累

实体经济的破坏还不足以被认定为系统性风险，它是经济及金融系统从一种优等（正向）均衡到另一种劣等（负向）均衡的运动（Kambhu, elt, 2007）。但是，系统性风险是一种客观存在，而且是与金融—经济体系互动的演化过程。

① http://www.usgovernmentspending.com/federal_deficit_chart.html.
② "$5 Trillion and Change", *The Wall Street Journal*, Feb. 2, 2012.

计债务已高达14.8万亿美元①,为当年国内生产总值的98.3%。表1列出了美国国债的主要持有人。

表1 2011年美国联邦政府债务主要持有人(单位:10亿美元)

持有单位/国家	持有美国国债数量
美联储	1650
中国	1132
国内企业、个人投资者	1107
日本	1038
养老基金	842.2
共同基金	653.5
联邦和地方政府	484
英国	429.4
存款机构	284.5
保险公司	250.1
石油输出国(1)	232
巴西	206.4
加勒比银行中心(2)	185.3
中国台湾	149.6
瑞士	113.9

资料来源:http://www.cnbc.com/id/29880401/The_Biggest_Holders_of_US_Government_Debt?slide=1.

注:(1)厄瓜多尔、委内瑞拉、印度尼西亚、巴林、伊朗、伊拉克、科威特、卡塔尔、沙特阿拉伯、阿拉伯联合酋长国、阿尔及利亚、加蓬、利比亚和尼日利亚等国。(2)加勒比银行中心(Caribbean Banking Centers):巴哈马群岛、百慕大群岛、开曼群岛、荷属安的列斯群岛、巴拿马群岛和英属维京群岛等。

此外,美国地方政府债务问题也很严峻。在2008年,美国地方政府的债务

---

① http://www.usgovernmentdebt.us/federal_debt.

余额占地方总收入的比重已经达到了95.90%；其中，肯塔基州的债务余额已经超过当年财政收入的1.3倍。另外，33个州在2008年出现了财政赤字。加利福尼亚州政府因巨额支出产生61亿美元的财政赤字，导致标准普尔公司对其债券给予A—评级，这是美国所有州政府债务的最低级别。表2显示了美国各州的财政收入和支出、债务规模、债务与生产总值之比，以及标准普尔公司对美国各州政府债券的评级等基本情况。

表 2 2008年美国各州收支及债务情况（单位：亿美元）

序号	州名	收入	支出	余额	债务规模	债务收入比	S&P评级
	美国各州政府合计	2,660	2,839	−179	2,551	95.90%	n.a.
1	乔治亚州	73	78	−5	51	69.86%	AAA
2	犹他州	23	22	1	17	73.91%	AAA
3	马里兰州	45	51	−6	38	84.44%	AAA
4	明尼苏达州	46	51	−5	42	91.30%	AAA
5	弗吉尼亚州	58	63	−5	55	94.83%	AAA
6	佛罗里达州	148	158	−10	142	95.95%	AAA
7	密苏里州	42	45	−3	41	97.62%	AAA
8	特拉华州	8	9	−1	8	100.00%	AAA
9	印第安纳州	46	49	−3	47	102.17%	AAA
10	怀俄明州	9	8	1	2	22.22%	AA+
11	北达科他州	7	6	1	4	57.14%	AA+
12	俄克拉荷马州	27	27	0	17	62.96%	AA+
13	北卡罗来纳州	77	73	4	51	66.23%	AA+
14	佛蒙特州	6	6	0	4	66.67%	AA+
15	俄亥俄州	101	103	−2	69	68.32%	AA+
16	路易斯安那州	44	46	−2	32	72.73%	AA+
17	田纳西州	48	49	−1	36	75.00%	AA+
18	内布拉斯加州	18	18	0	14	77.78%	AA+
19	亚利桑那州	48	53	−5	44	91.67%	AA+

续表

序号	州名	收入	支出	余额	债务规模	债务收入比	S&P评级
20	威斯康星州	42	49	-7	42	100.00%	AA+
21	华盛顿州	63	67	-4	65	103.17%	AA+
22	南卡罗来纳州	35	40	-5	37	105.71%	AA+
23	得克萨斯州	197	189	8	216	109.64%	AA+
24	内华达州	20	21	-1	25	125.00%	AA+
25	阿拉斯加州	19	13	6	10	52.63%	AA
26	密西西比州	24	25	-1	13	54.17%	AA
27	爱达荷州	11	11	0	6	54.55%	AA
28	爱荷华州	25	26	-1	15	60.00%	AA
29	阿肯色州	20	20	0	13	65.00%	AA
30	蒙大拿州	9	8	1	6	66.67%	AA
31	西弗吉尼亚州	14	14	0	10	71.43%	AA
32	缅因州	11	11	0	8	72.73%	AA
33	新墨西哥州	17	19	-2	13	76.47%	AA
34	夏威夷州	12	13	-1	10	83.33%	AA
35	阿拉巴马州	32	38	-6	28	87.50%	AA
36	南达科他州	5	6	-1	5	100.00%	AA
37	新泽西州	86	92	-6	88	102.33%	AA
38	宾夕法尼亚州	110	112	-2	119	108.18%	AA
39	新罕布什尔州	10	10	0	11	110.00%	AA
40	纽约州	244	263	-19	270	110.66%	AA
41	康涅狄格州	33	35	-2	37	112.12%	AA
42	马萨诸塞州	73	68	5	93	127.40%	AA
43	俄勒冈州	29	35	-6	29	100.00%	AA-
44	科罗拉多州	47	43	4	50	106.38%	AA-
45	密歇根州	69	84	-15	75	108.70%	AA-
46	肯塔基州	29	34	-5	38	131.03%	AA-
47	伊利诺伊州	104	116	-12	124	119.23%	A+

续表

序号	州名	收入	支出	余额	债务规模	债务收入比	S&P评级
48	加利福尼亚州	354	415	−61	341	96.33%	A−
49	哥伦比亚特区	12	13	−1	10	83.33%	n.a.
50	堪萨斯州	23	23	0	21	91.30%	n.a.
51	罗得岛州	9	11	−2	11	122.22%	n.a.

资料来源：（1）美国财政部网站：http://www.census.gov/govs/estimate/；（2）标准普尔网站：http://www.standardandpoors.com/ratings/en/us。

1.2 失业率居高不下，经济复苏乏力

与二战之后出现的历次经济危机相比，此次经济危机最大的特点是失业率长期在高位徘徊。2008年金融危机爆发后迅速影响到美国实体经济，失业率持续上升。2009年4月开始，美国的失业率一直维持在9%的水平之上，其中，第四季度更是达到或接近了10%。自1947年至今的60多年中，美国仅只在1982年9月至1983年6月期间出现10%以上的高失业率。2011年美国失业率有所下降，但2012年3月份美国的失业率仍达8.2%，明显高于历史上的平均水平。图4—1反映了1974—2010年美国失业率的变化情况：[①]

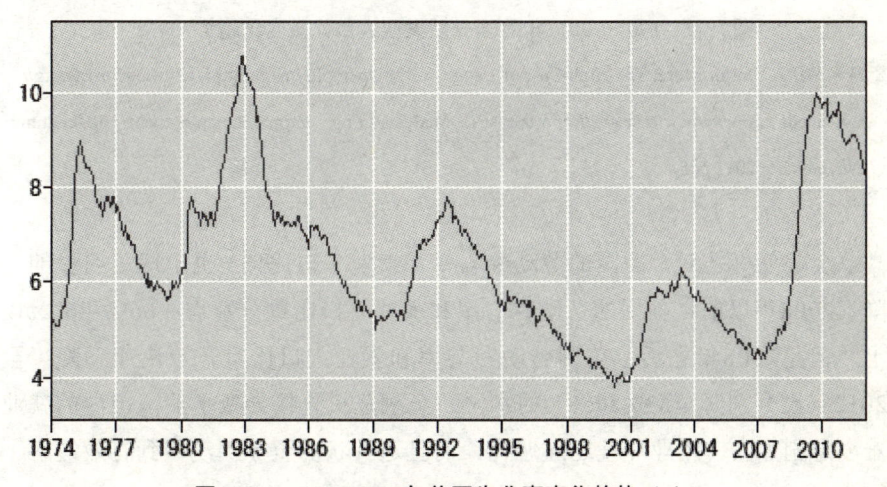

图4—1　1974—2010年美国失业率变化趋势（%）

资料来源：美国劳动统计局网站：http://data.bls.gov/pdq/SurveyOutputServlet。

---

① 美国劳动统计局，http://data.bls.gov/cgi-bin/surveymost。

2009年开始，美国长期失业人口（即失业时间在27周及以上者）比重也达到了40%，为1948年以来的最高值（Randy Ilg, 2010）。2010年，失业时间在52周及以上者占失业总人数的比重已经超过了20%；2011年3季度更是达到了31.8%。图4—2给出了1967—2011年美国长期失业人口的变化趋势。

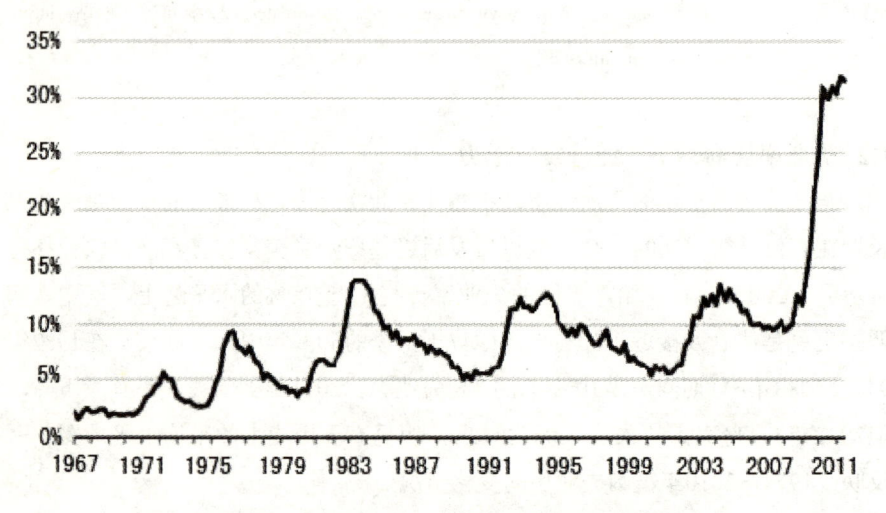

图4—2 1967—2011年美国长期失业人口比重变化趋势（%）

资料来源：A Year or More: The High Cost of Long—Term Unemployment, http://www.pewtrusts.org/uploadedFiles/wwwpewtrustsorg/Reports/Fiscal_Analysis/Long—term—unemployment—addendum—November—2011.pdf。

金融危机之后，美国的劳动参与率和就业人口比例[①]也出现了明显的下降。2008年以前，美国的劳动参与率和就业人口比重分别均在66%和62%以上。但是2008年之后，美国劳动参与率和就业人口比重开始快速下降；至2012年已分别降至63%和58%的水平。金融危机直接导致了美国国内的就业难度急剧加大，就业环境迅速恶化，而且这种状况至今仍没得到有效缓解。

---

① 劳动参与率是指劳动力人口占全部劳动年龄人口的比重，反映了劳动力对市场的预期和寻找工作的积极程度；就业人口比例是指就业人口占全部劳动年龄人口之比，反映了劳动力市场上寻找工作机会的难易程度。

图4—3和图4—4分别给出了1990—2012年间美国劳动参与率变化及就业人口比例变化趋势。

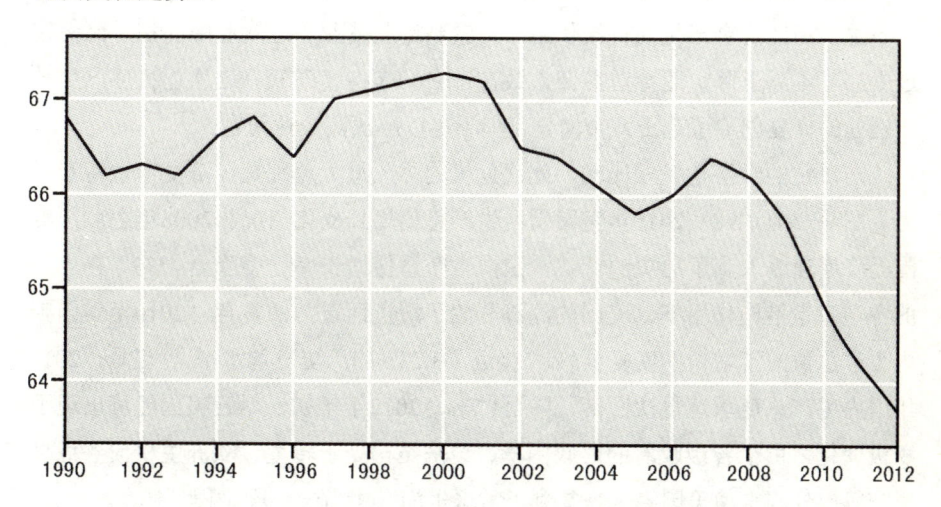

图4—3 1990—2012年美国的劳动参与率变化趋势（%）

资料来源：美国劳动统计局网站：http://data.bls.gov/timeseries/LNS11300000。

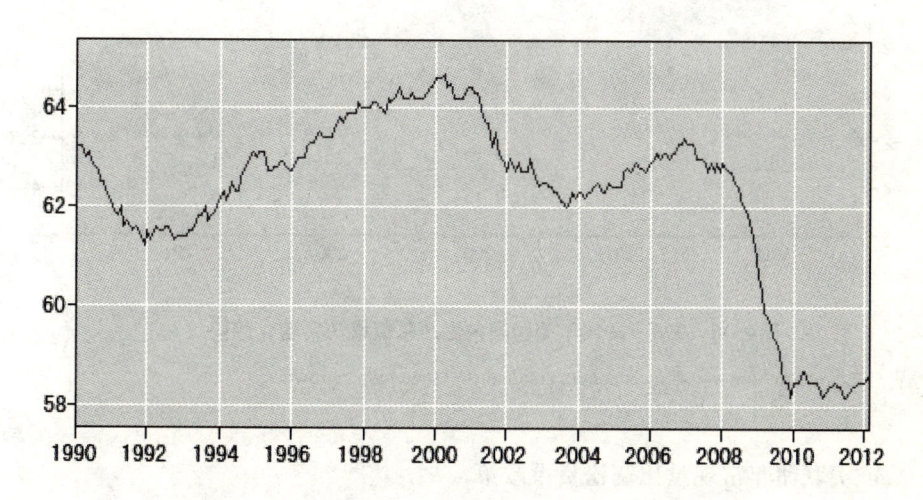

图4—4 1990—2012年美国的就业人口比例变化趋势（%）

资料来源：美国劳动统计局网站：http://data.bls.gov/pdq/SurveyOutputServlet。

这种趋势与美国就业市场的重大结构性变化相关。由于技术进步、劳动生产率提高和经济全球化的直接作用，美国制造业就业在总就业中的相对比例在过去30年不断下降，而绝对雇佣人数在过去60年持续降低。这次危机后，尽管制造业的恢复创造了几十万个岗位，但不足以解决高失业问题。[①]

与以往的经济危机相比较，此次危机的另一最大差别是经济复苏短暂和无力。图4—5为1998—2010年美国国内生产总值增长变化情况。2008年之后，美国经济增速跌入到了历史的低谷，国内生产总值增长率一度降至-5%。在当局的各项政策措施作用下，美国的经济开始了缓慢而乏力的复苏。2010年美国国内生产总值的年增长率恢复至3%，接近了3.25%的历史平均水平。[②]但是，2011年国内生产总值增速再次回落，降至1.7%。2012年年初，尽管美国经济出现了积极变化，由于各级政府的财政困境、经济结构处于转型、欧洲主权债务危机影响等内外因素使美国经济恢复到正常水平尚有相当长一段路程。

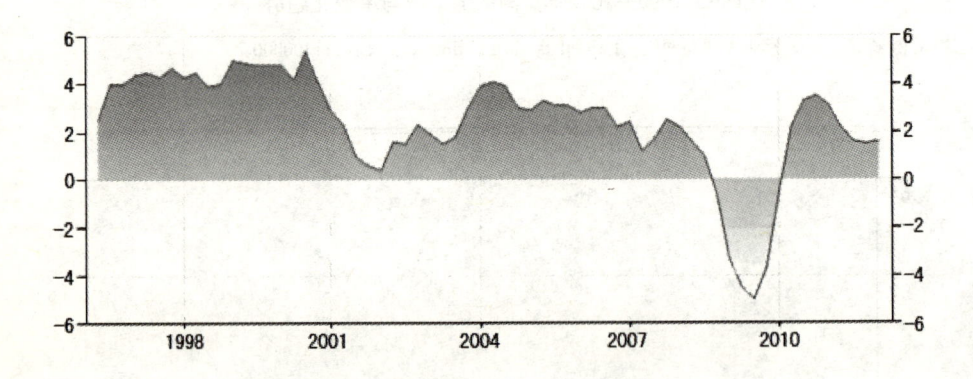

图4—5 1998—2010年美国国内生产总值增长率变化趋势（%）

资料来源：http://www.tradingeconomics.com/united—states/gdp—growth。

1.3 美联储非常规量化宽松货币政策

在21世纪初，美联储一直实施低利率的货币政策。由于2004年在低失业率

[①] "Factories Alone Won't Power US Recovery", *The Wall Street Journal*, January 12, 2012.

[②] http://www.tradingeconomics.com/united-states/gdp-growth-annual.

下的通货膨胀预期上升，美联储从6月起逐步提高联邦基金利率，至2006年6月的两年时间里连续将联邦基金利率共上调17次，每次提高幅度为0.25%。2007年美国次贷危机爆发。从当年9月开始，美联储便将联邦基金利率从5.25%的水平连续下调；至2008年12月，美联储已经把联邦基金利率降至0—0.25%的区间，达到了美国历史上的最低水平，并将其维持至今。图4—6显示了美国联邦基金利率在此期间的变化。

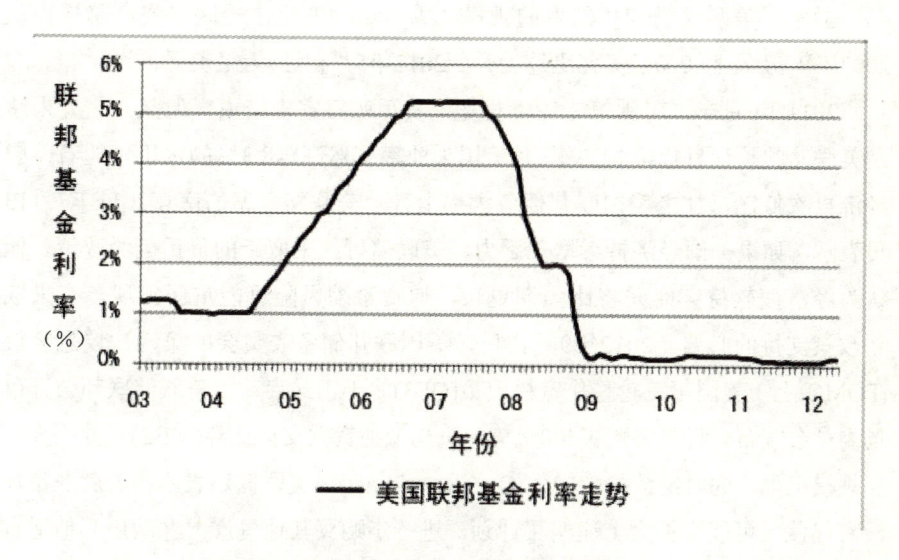

图4—6　2003—2012年联邦基金利率变化

资料来源：Board of Governors of the Federal Reserve。

与此同时，美联储实施了非常规的量化宽松货币政策。2008年11月24日，美联储开始购买由房地美、房利美和联邦住宅贷款银行发行的价值1,000亿美元的次级债券及其担保的5,000亿美元的资产支持证券（ABS）。这是美联储在金融危机以来启动用首次量化宽松货币政策（QE1）。美联储希望借此政策阻止美国金融体系自由落体般地下坠。截至2010年3月第一轮量化宽松政策结束，美联储累计购买了1.25万亿美元的抵押贷款支持证券（MBS），3,000亿美元的美国国债和1,750亿美元的机构证券，累计1.725万亿美元左右。①

金融危机缓解之后,美国经济进入了复苏期。然而,经济恢复却非常疲弱,失业率居高不下。2010年11月,美联储宣布启动第二轮量化宽松计划(QE2),总计购入6,000亿美元的美国国债资产。同时,美联储宣布维持0—0.25%的基准利率区间不变。第二轮量化宽松政策主要通过向银行体系释放流动性鼓励企业和民间借贷,推动经济增长促进就业,鼓励价格上涨预期。图4—7显示了美联储资产负债表的规模扩大与结构变化。美联储资产总规模从2007年年初不到9,000亿美元迅速上升到2012年5月初近3万亿美元。②

2011年6月末,美国第二轮量化宽松货币政策宣告结束。但是,它并未达到美联储的预计目标,2012年2月美国失业率依然高踞8.3%的水平。随着美国经济再次低迷,加之美国联邦债务大幅上升,美联储主席伯南克2011年7月13日表示,如果美国经济持续增长乏力,美联储可能采取新的货币刺激政策。他认为经济疲软持续时间将比预期更长,通货紧缩风险可能重新出现,有采取新政策支持的必要。2012年9月13日,美国联邦储备委员会的第六次议息会议(FOMC)上,美国第三轮量化宽松政策(QE3)终于正式启动。美联储联邦公开市场委员会宣布,每月将购买400亿美元机构抵押贷款支持证券(MBS),并不设购买规模上限,同时继续扭转操作(Operation Twist)。美联储还表示,若就业市场没有起色,可能会扩大上述购买计划,进一步购买其他资产,并动用其他适宜的货币政策工具,直至就业市场改善程度达到预期。③

---

① "QE1到QE2美联储经济刺激的亡命之路",《每日经济新闻》,http://old.nbd.com.cn/newshtml/20101107/2010110723185082.html。

② 从2009年年初起,美联储增持了总共约9000亿美元的美国国库券。在2009—2010年发放了超过1万亿美元的抵押贷款,目前大部分的抵押贷款仍然在美联储资产负债表中尚未收回。其他资产包括美联储在2008年年底至2009年年初金融危机最严重时,通过各类创新货币政策工具向金融机构注入大量流动性,其数量超过1.5万亿美元;在危机缓解后,由于贷款逐渐到期大部分流动性已收回。

③ "Bernanke takes plunge with QE3", *Financial Times*, Sept. 14, 2012.

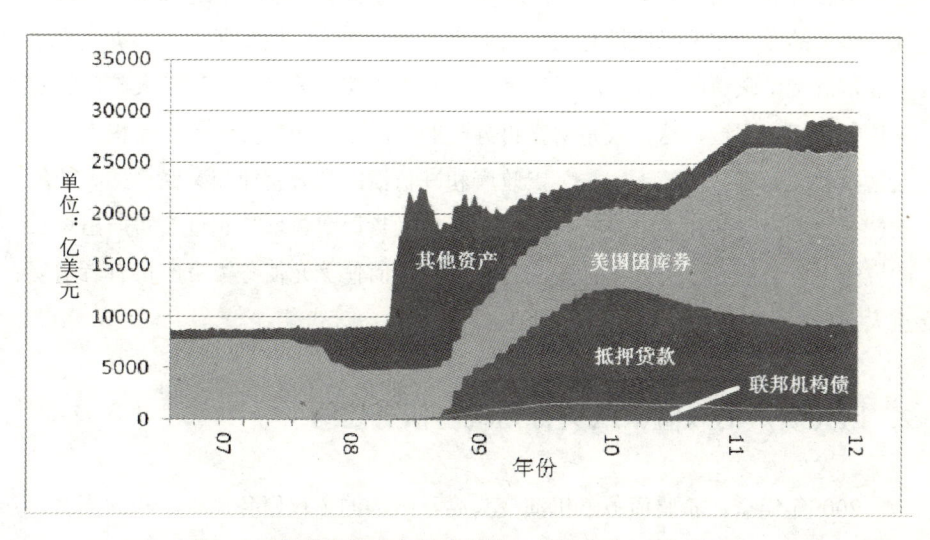

图4—7 美联储资产负债表规模及结构变化 （亿美元）

资料来源：Board of Governors of the Federal Reserve.

美联储的量化宽松货币政策的目的是在零利率水平下，通过金融机构向经济体注入海量流动性以拯救过度杠杆的金融机构，推动社会投资和刺激经济增长。美国众议院预算委员会主席鲍尔·瑞安(Paul Ryan)认为"美联储实际在拯救财政政策，因为实施财政政策的政府部门已经停工"。[1]美联储实施超主动、非常规货币政策的基本原因有两点：其一，美国实体经济面临艰难转型，高失业局面长期持续，形成了极大的政治与社会压力，作为全权负责货币政策决定和执行的美联储当局必须在维系金融体系安全和刺激经济增长两方面采取积极措施有所作为，而难以再固守传统上具有被动特点的稳定价格的单一政策目标。其二，联邦政府的福利支出，特别是医疗保健费用开支难以控制，导致不断膨胀的政府债务难以持续。

---

[1] Mr. Paul Ryan, chairman of the US House Budget Committee, said that "the Federal Reserve is sort of bailing out fiscal policy because the branch of government in charge of fiscal policy is not doing its job", *The Wall Street Journal*, Feb. 3, 2012.

与此同时，与过去30年比较，美国政治力量严重两极化，民主党与共和党在国会内很难就开支调整、税收改革、债务负担等关键问题妥协达成一致，①高负债下的财政政策已经没有太大的运作空间。在这一现实背景下，美联储采取非常规货币政策既力图推动经济复苏，又谋求缓解美国政府和私人部门的实际债务负担。不过，这仅仅是财富再分配的方法：以牺牲美元资产债权人的利益来拯救美元资产负债人——美国政府和高负债的私人企业和家庭。扩大的流动性在长期内将转化为过度货币供应；在名义货币数量增长超过真实产出增长的现实下，必然导致美元实际购买力下降，从而使美元债务类资产持有者遭受重大损失。

2. 欧元资产的风险：欧央行拯救与债务违约

2009年年末，希腊债务危机演变为席卷欧洲的主权债务危机。与此同时，由于欧洲银行业持有大量的欧洲各国主权债务，欧洲银行业发生了流动性危机。在危机爆发后，欧元区许多国家借款成本和财政赤字不断上升，经济衰退与社会冲突非常严重；欧元体系陷入极为严峻的局面。当前，我国外汇储备中的欧元资产面临着欧洲主权债务危机引起的双重风险。其一是系统风险：欧元体系仍可运行，但欧元资产的实际购买力贬值或隐性违约；其二是系统性风险：欧元体系崩溃，欧元资产破产清算的直接损失或显性违约。

2.1 欧央行拯救性货币政策

为了阻止危机的蔓延和保持各成员国的金融稳定，欧盟于2010年5月成立了"欧洲金融稳定机制"（European Financial Stability Fund, EFSF），其主要任务是为成员国在遵循严格的条件下提供金融救助，避免受援国国债违约。但是，随着危机逐步扩散到核心国家，欧洲金融稳定机制的救助能力下降、融资成本上升，难以对身处于危机之中的各国提供足够的帮助。由于欧元区仅只为货币联盟，而非财政联盟与政治联盟，欧洲各国难以通过统一的财政政策及其

---

① By Royce Carroll, see "An untested model of democratic governance", *The Wall Street Journal*, January 6, 2012.

他政策手段解决当前的困境。在更深的层面，国家福利主义的长期实践形成了庞大的社会福利受益群体，这使得各国旨在恢复财政可持续性和经济增长的社会改革措施在政治上举步维艰，难以真正推行。因此，欧洲中央银行向美联储学习，通过非常规方式扩大流动性供给便成为缓解欧洲危机的现实选择。

根据欧盟1992年通过的《马斯特里赫特条约》的立盟性法规，欧洲中央银行的唯一法定责任是维持价格稳定，而没有最后贷款者的功能；它不能购买各国国债，因而无法直接对困境中的各国政府提供帮助。但是，随着危机的蔓延，2011年12月，欧洲中央银行推出了第一轮长期再融资计划（Long—Term Refinancing Operation，LTRO），总规模4,892亿欧元，共523家银行参与竞标。根据LTRO相关规定，银行可使用抵押品以1%的固定再融资利率获得欧洲央行的贷款。该措施使欧洲商业银行以1%的极低利率从欧洲央行获得贷款，并可能利用这笔钱购买主权国家的债券赚取息差。同时，商业银行将国债作为向欧洲央行贷款的抵押物，欧洲中央银行达到了间接购买欧洲各国国债的目的。2012年3月1日，欧洲中央银行又推出了第二轮三年期长期再融资计划，总规模5,295亿欧元（7,134亿美元），共800家银行竞标。[①]表3列出了欧洲中央银行的两轮长期再融资计划。

表 3 欧洲中央银行长期再融资计划

类型	发放日	到期日	期限（天）	总额（亿欧元）	贷款银行数量
LTRO	27/10/2011	01/11/2012	371	569	181
LTRO	22/12/2011	29/01/2015	1134	4892	523
LTRO	22/12/2011	29/03/2012	98	297	72
LTRO	26/01/2012	26/04/2012	91	196	54
LTRO	01/03/2012	26/02/2015	1092	5295	800
LTRO	01/03/2012	31/05/2012	91	65	30
LTRO	14/03/2012	11/04/2012	28	98	19
MRO	14/03/2012	21/03/2012	7	422	75

① "Draghi's cash tonic makes banks smile", Financial Times, March 2, 2012; "欧洲央行向银行业注资5295亿欧元",《金融时报》, http://www.ftchinese.com/story/001043427.

资料来源：（1）ECB历次公开市场操作信息见：http://www.ecb.europa.eu/mopo/implement/omo/html/index.en.html。（2）ECB于2011年12月8日公布了本次欧债危机主要的两笔针对银行的贷款：http://www.ecb.europa.eu/press/pr/date/2011/html/pr111208_1.en.html。（3）2011年12月22日执行的长期融资计划详细信息：http://www.ecb.europa.eu/mopo/implement/omo/html/20110149_all.en.html。（4）2012年3月1日执行的长期融资计划详细信息：http://www.ecb.europa.eu/mopo/implement/omo/html/20120034_all.en.html。

  图4—8是欧元区各国中央银行资产总和的变化情况。由于对银行业的资金援助和大量的买入各国的主权债务，欧元区各国中央银行的资产规模也快速增长。2011年欧元区17国央行总规模已经超过了33.5万亿欧元。有舆论认为，要防范希腊退出引起的危机大规模蔓延，欧洲央行必须充当最后贷款人、提供无限额的贷款，填补因银行挤兑而出现的资金漏洞；必须以债券支持计划等外部措施和银行体系资本重组来抑制主权债务利率。[1]

  既然先例已开，随着欧洲各国政府和银行业状况不断恶化，欧洲中央银行亦可继续采取美联储的方法注入流动性以维持欧元体系，大量的央行资金最终将导致其他国家持有的欧元资产出现较大幅度贬值。[2]2012年9月6日，欧洲央行行长德拉吉（Mario Draghi）公布，欧洲央行理事会决定执行"直接货币交易计划"（Outright Monetary Transactions，OMTs），从欧元区二级市场购买主权债券。欧洲央行将在欧元区二级市场购买主权债券并且不设定上限，以纠正债券市场上的极度扭曲状况。央行将每月和每周定期公布其购买国债的信息。交易将主要集中在一年到三年期的较短期主权债券，该计划将附加严格的条件，但不预先设置购买规模的上限。欧洲央行将采取措施完全回收该计划将产生的流动性。随着新国债购买计划出炉，欧洲央行此前的"证券市场计划"也随之终止。[3]这种局面将使所有债权人面对欧元体系渡过难关并得以存续的系统风险：其持有的欧元资产实际购买力大幅度下降。

---

[1] Martin Wolf，"希腊退出欧元区的后果"，《FT中文网》，http://www.ftchinese.com/story/001044632。

[2] BlueGold, http://www.bluegoldcap.com/.

[3] "Central Bank to Snap Up Debt, Saying, 'Euro Is Irreversible'", *New York Times*, Sept. 6, 2012.

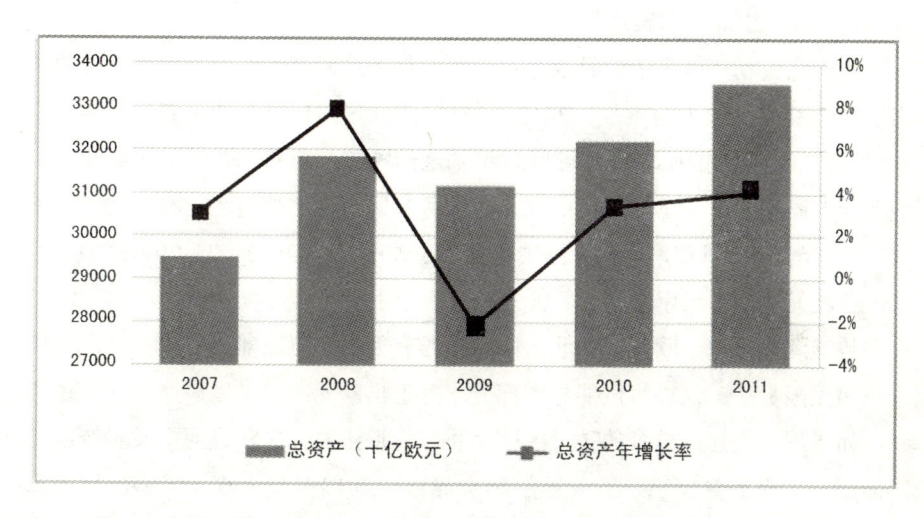

图4—8　欧洲各国中央银行资产负债表总规模变化趋势

资料来源：http://www.ecb.int/stats/money/aggregates/bsheets/html/outstanding_amounts_index.en.html.

2.2 债务违约与欧元区前景

2012年3月，希腊财政部进行了有史以来规模最大的主权债务重组行动。希腊政府发行1,770亿欧元的债券，置换相当于投资者所持债务面值15%的现金，以及面值相当于投资者所持债务面值31.5%的新债券，即债券减值达70%。[①]
2012年5月6日希腊选举中，三分之二的选民支持反对紧缩政策的政党；这表明希腊不履行国际纾困条款的可能性正在增加。不过，紧缩政策是欧元区和国际货币基金组织作为向该国提供贷款的前提条件；欧元区各国领导人宣告，如果希腊不履行承诺，欧元区其他国家将不再承担对该国的养老金、偿债义务和公共部门薪资援助的责任。[②]希腊退出欧元区的事件将会造成灾难传染效应。虽然希腊经济规模仅占欧元区整体经济规模的2%，但其债务危机仍可能冲击欧元区的稳定，因为如果希腊退出欧元区，将成为成员国可以退出欧元区的例证，这将导致更多投资者逃离陷入财政困境的南欧；而葡萄牙、爱尔兰、意大利、西班牙甚至其他国家很可能出现银行挤兑，导致金融资产和其他资产价格暴

---

① 《FT中文网》，http://www.ftchinese.com/story/001043573.
② "为希腊退出欧元区做准备"，《FT中文网》，http://www.ftchinese.com/story/001044586.

跌，实体经济由此而急剧恶化。

由于意大利和西班牙的经济总量较大，保护这两个国家免受资本外逃的冲击已成为欧元区最大的挑战。2012年3月，西班牙的官方失业率就高达24%，年轻人失业率超过50%。根据国际货币基金的预测，随着实体经济不断萎缩，西班牙的财政状况正迅速恶化：预计总债务与国内生产总值之比将从2007年的36%上升至79%；目前，西班牙国债收益率已逾6%。在2012年7月20日欧盟批准1000亿欧元救助西班牙计划之后仅一周，西班牙即表示还需3000亿欧元救助。①在局势继续恶化时，欧元区的北欧国家很难有能力和意愿对南欧债务高风险国家承担无限责任。危机将可能导致部分国家退出欧元区，并以破产方式核销债务；如果形势失控，更多的重灾区国家将可能退出欧元区，进而引发整个欧元区的解体。有测算指出，欧元区解体会导致"2012年整个欧元区将出现严重衰退，拖累全球经济；欧元区各国的经济产出将萎缩7%（德国）至13%（希腊）"。②

过去一段时间，欧洲央行通过非传统货币政策提供巨额流动性应对希腊退出欧元区局面。③不过，欧洲央行的救助行动仅只起到了短暂的稳定各国国债市场的作用，随着欧洲央行贷款的消耗殆尽，这种效果很快趋于消失，西班牙等南欧国家的国债利率又重新攀升。④此后欧洲中央银行的立场发生了转变，开始认真对待欧元区解体的风险。而在此前，欧洲央行认为欧洲条约不允许退出，而欧元区解体将导致不可估量的经济崩溃。⑤欧洲央行的流动性供给并不能解决欧洲经济社会的根本性问题，而仅仅是延缓时间的举措。欧元区作为一个民主的系统，其成员在认为没有共同利益时，可以选择退出。⑥

---

① "西班牙或需3000亿欧元全面主权救助"，《新浪网》，2012年7月28日。http://finance.sina.com.cn/world/ozjj/20120728/000512693934.shtml。

② Mark Cliffe: "EMU Break-up: Pay Now, Pay Later"，*Financial Times*；"希腊退出欧元区的后果"，《FT中文网》，http://www.ftchinese.com/story/001044632。

③ "高盛和渣打研究希腊退出欧元区情景"，《华尔街日报》，http://cn.wsj.com/gb/20120528/BEUc-002251.asp。

④ "Europe Rescue Effort Alters"，*The Wall Street Journal*，April 22, 2012.

⑤ "希腊退出欧元区可能性加大"，《FT中文网》，http://www.ftchinese.com/story/001044528。

⑥ See Luc Coene, the central bank governor of Belgium, "ECB council member says eurozone exit 'possible' "，*Financial Times*，May 14, 2012.

欧盟官员在2012年5月表示，欧盟委员会已经要求其成员国制订好应对希腊可能退出欧元区的计划。另外，包括英国和瑞士在内的非欧元区国家也为欧元区的解体所引起的巨大冲击做好了准备。瑞士央行（SNB）行长乔丹（Thomas Jordan）称，一旦欧元区解体的最坏情形发生，瑞士央行的目标将是阻止海外资金大量涌入瑞士法郎市场寻求避险，从而避免该国出口受到毁灭性打击。此前，英国央行行长金恩（Mervyn King）表示，英格兰银行目前也正在忙于制订应对欧元区解体的紧急计划，以防止欧元区解体给英国经济带来冲击。①

当前，我国外汇储备中的欧元资产面临着欧元体系崩溃的系统性风险：当经济与社会危机超出欧洲当局和各国政府可控范围时，边缘国家退出欧元、恢复原货币及大幅贬值，甚至对其主权债务进行破产清算，即显性违约；这将使我国外汇储备中的欧元债务类资产直接遭受巨大损失。

3. 日元资产的风险：内部循环及缺乏流动

日本财务省2010年8月10日公布的数据表明，截至2010年6月底，日本国家债务余额突破900万亿日元，国债余额为733.8万亿日元，国家借款余额为55.0万亿日元，政府短期证券余额为115.2万亿日元。中央政府债务余额相当于国内生产总值的1.9倍。② 政府长期过度负债给日元国债带来潜在风险。人口老龄化是日本长期面临的重大挑战。一方面，人口老龄化造成工作人口比例下降，并通过影响储蓄与投资减弱经济增长动力；另一方面，人口老龄化在降低政府税收收入的同时还要大幅增加政府用于社会保障与医疗的支出，从而加重财政赤字负担。如果日本经济长期保持低增长，而政府债务高增长，未来必然会面临债务难以持续的问题。

日本财务省数据显示，日本国内持有本国国债95%，外国投资者仅持有约5%。在国内投资者中，日本中央银行、商业银行、保险公司与养老金公司持

---

① "Banks ready for break-up of eurozone," http://www.anirudhsethireport.com/tag/mervyn-king/.
② 日本财务省网站，http://www.mof.go.jp。

有的国债比例达到86.5%，日本居民仅持有日本国债的5.1%。①日本国债的主要持有者是日本国内的长期性机构投资者。这是为什么尽管日本政府负债程度很高，但日本国债市场仍保持稳定的最重要的一个原因。对这些风险偏好很低的机构投资者而言，抛售日本国债的行为会引发其自身的严重亏损，因此其选择就是不断购买日本国债并持有到期。

尽管日本国债的风险较低，但收益也低，相应的持有成本则较高。日本国债收益率长期低于欧美国家的国债收益率。以10年期国债收益率为例，截止2010年第1季度末，英、美国债收益率在4%左右，德国国债收益率略高于3%，而日本国债收益率却低于1.5%。因此，大规模增持日本国债，就会降低中国投资者的投资收益率。此外，日本国债流动性差，近年来日本国债的日平均交易额仅为19万亿日元。

中国增持日元资产的主要原因有两个。其一，美元与欧元资产占中国外汇储备的绝大部分，由于美国金融危机和欧洲主权债务危机的影响，中国需要分散外汇储备资产的配置。其二，日本作为世界主要经济体，与中国的贸易关系紧密；而且日元是国际储备货币，大量中日贸易由日元结算，中国用日元支付日本进口贸易的需求不断增加。②

但日本对中国增持日本国债十分敏感，2010年1—7月以来中国持续增持日本国债已经加深了日本对日元升值的焦虑。日本财务省次官峰崎直树于2010年9月9日在日本国会就经济政策举行的听证会上表示③，中国大幅增持日本国债可能会加速日元升值，日本政府已经对中国大幅增持日本国债的行为给予密切关注，并将会寻求谈判与中国协商解决问题。日本财务大臣表示："我不知道他们的真实目标是什么，但我们希望澄清他们的目标。"④对于中国来说，进一步增持日元国债可能会受到来自日本政府的政治压力。

因此，尽管在短期内日本国债市场价值的稳定与日元汇率的强劲导致日元成为中国投资者多元化外汇资产、分散投资风险的一个选择，但受到日元国

---

① 日本财务省网站，http://www.mof.go.jp。
② http://news.hexun.com/2010-09-09/124847280.html，2010-9-9。
③ http://finance.icxo.com/htmlnews/2010/09/10/1420598_1.htm，2010-9-10。
④ 中本美智代，"日本担忧中国增持日本国债"，《金融时报》，http://www.ftchinese.com/story/001034557。

债低收益率、低流动性和难以大幅度增加的约束，以及考虑到长期内日本债务的可持续性问题，中国投资日本国债的空间受到限制。2012年3月13日，日本财务相安住淳称，中国政府已批准日本政府购买650亿人民币的中国国债。将来，日本将通过外汇基金特别账户在此限额内逐步投资中国国债。由于日元对美元持续走高，以美元为主体的日本外汇储备不断缩水，日本选择购买中国国债，是为了使其外汇储备多元化，规避风险。① 但是，尽管双方就此达成了一定程度谅解，由于日元国债市场的内部循环性质，中国很难较大幅度提高持有日元资产的规模。

4. 历史与未来外汇储备损失测算

历史具有相似之处。第二次世界大战之后，国际社会重建了以各国官方黄金汇兑为基础的布雷顿森林国际货币制度。它的核心是以美元和黄金挂钩、其他国家货币与美元挂钩、各国央行自由使用美元向美国当局按固定汇率兑换黄金的制度安排。在这一制度下，稳定的国际货币是此期间国际贸易迅速增长的重要原因。20世纪60年代随着各工业国的恢复和发展，美国的经常项目赤字不断扩大；由于境外美元远远超过美国的黄金储备，导致黄金储备加速流失，美国政府不得不在70年代废止各国央行的黄金兑换要求，布雷顿森林固定汇率体系瓦解，世界进入浮动汇率时期。与此同时，美元作为主要的国际储备货币摆脱了黄金的刚性约束，其供给主要由国内经济环境决定，从此美元对大宗商品的单位购买力出现了较大的波动与变化，总的趋势是美元实际购买力一路走低。当然，这和大宗商品的供求关系变化有密切的关系；但是，失去黄金约束的美元供给也是一个重要因素。②

4.1 1971—1979年英德法日美元外汇储备累计损失计算

1971年7月第一次美元危机爆发，尼克松政府于8月15日单方面违约，停

---

① http://international.caixun.com/content/20120313/CX01vhpf.html.
② 例如20世纪70年代两次石油危机导致的石油供给下降，油价迅速攀升；21世纪初新兴经济体工业化进程加快，对大宗产品需求强劲等。

止布雷顿固定汇率体系规定的其他国家央行用美元自由兑换黄金的条约。尽管1971年12月的史密斯森协议（Smithsonian Agreement）试图通过美元贬值修补该体系，但却未能克服其根本缺陷以阻止其瓦解。1973年3月16日，欧洲共同市场9国在巴黎举行会议并达成协议，联邦德国、法国等国家对美元实行"联合浮动"，彼此之间实行固定汇率；英国、意大利、爱尔兰实行单独浮动，暂不参加共同浮动。从此布雷顿固定汇率体系完全崩溃，美元和黄金脱钩，美元失去外部刚性约束(Salvatore, 2003)。

这一美元兑换黄金的违约导致了美元实际购买力大幅下降，使持有大量美元储备的国家蒙受了巨大损失。在扣除了20世纪70年代两次石油危机的影响后，我们计算了1971年至1979年间英国、德国、法国和日本持有或新增的美元外汇储备相对于石油和黄金所遭受的实际购买力损失（具体方法见附录1）。[①]在计算过程中，我们综合考虑了起初年份的外汇储备存量和此后不同年份的外汇储备增量，以准确反映各国美元外汇储备受到石油和黄金价格上涨的动态影响和加总损失量（具体计算公式见附录2）。表4和表5分别给出了计算结果。总体而言，在20世纪70年代末，英国、德国、法国和日本的名义美元外汇储备累计达到了1,094亿美元，以石油购买力计算的应有实际外汇在扣除石油危机的冲击后，总额为2,070亿美元；净损失为976亿美元，损失率达47.14%。对黄金的净损失为3,374亿美元，损失率达75.52%。

表4　1971—1979年英德法日四国外汇储备石油购买力损失计算　（单位：百万美元）

年份	英国			德国			法国			日本		
	现有名义外汇	应有实际外汇	购买力损失	现有名义外汇	应有实际外汇	购买力损失	现有名义外汇	应有实际外汇	购买力损失	现有名义外汇	应有实际外汇	购买力损失
1971	7989	7989	0.00%	14231	14231	0.00%	4428	4428	0.00%	14622	14622	0.00%
1972	4846	4846	0.00%	19326	19326	0.00%	6189	6189	0.00%	17564	17564	0.00%
1973	5589	7239	22.80%	28206	35602	20.78%	4268	5980	28.63%	11355	16110	29.52%

---

① 第一次石油危机从1973年延续至1974年，由于1973年10月第四次中东战争爆发，石油输出国组织（OPEC）为了打击对手以色列及支持以色列的国家，宣布石油禁运，暂停出口，造成油价猛涨。第二次石油危机发生在1979年至20世纪80年代初；伊朗爆发伊斯兰革命，而后伊朗和伊拉克爆发两伊战争，原油日产量锐减，国际油价飙升。

1974	6038	8739	30.91%	27359	39721	31.12%	4526	7099	36.24%	12614	19725	36.05%
1975	4599	9815	53.15%	26216	50737	48.33%	8457	13758	38.53%	11950	25086	52.36%
1976	3375	9228	63.43%	30019	58169	48.39%	5620	11775	52.27%	15746	30740	48.78%
1977	20112	28780	30.12%	34708	72874	52.37%	5872	14002	58.06%	22341	42943	47.98%
1978	16026	24211	33.81%	48474	85196	43.10%	9278	17124	45.82%	32407	52141	37.85%
1979	19742	31540	37.41%	52549	101400	48.18%	17579	28349	37.99%	19522	45677	57.26%

资料来源：IMF数据库：http://elibrary—data.imf.org/FindDataReports.aspx?d=33061&e=169393。

注：现有名义外汇：央行所持有的美元外汇的货币总额。应有实际外汇：将每期官方外汇储备增量按同期大宗商品价格换算为"可购得大宗商品数量"，然后在计算期内再按照此时大宗商品价格将"可购得大宗商品数量"换回为美元后的货币总额。

表5　1971—1979年英德法日四国外汇储备黄金购买力损失计算　（单位：百万美元）

年份	英国			德国			法国			日本		
	现有名义外汇	应有实际外汇	购买力损失	现有名义外汇	应有实际外汇	购买力损失	现有名义外汇	应有实际外汇	购买力损失	现有名义外汇	应有实际外汇	购买力损失
1971	7989	7989	0.00%	14231	14231	0.00%	4428	4428	0.00%	14622	14622	0.00%
1972	4846	8552	43.34%	19326	28230	31.54%	6189	8997	31.21%	17564	26219	33.01%
1973	5589	17520	68.10%	28206	66304	57.46%	4268	14868	71.29%	11355	42522	73.30%
1974	6038	22984	73.73%	27359	84122	67.48%	4526	19367	76.63%	12614	55975	77.46%
1975	4599	23339	80.29%	26216	89704	70.77%	8457	25009	66.18%	11950	59790	80.01%
1976	3375	16188	79.15%	30019	69444	56.77%	5620	16050	64.99%	15746	47357	66.75%
1977	20112	36761	45.29%	34708	85612	59.46%	5872	18894	68.92%	22341	62032	63.98%
1978	16026	42657	62.43%	48474	125532	61.39%	9278	28118	67.00%	32407	91060	64.41%
1979	19742	70251	71.90%	52549	198412	73.52%	17579	53404	67.08%	19522	124712	84.35%

资料来源：IMF数据库：http://elibrary—data.imf.org/FindDataReports.aspx?d=33061&e=169393。

World Gold Council: http://www.gold.org/investment/statistics/gold_price_chart/。

注：见表4注。

根据表4和表5的结果，我们还进一步计算了各国美元外汇储备的购买力指数（具体方法见附录2）。表6报告了石油和黄金购买力指数。在一定时期内，若一国外汇储备的实际购买力未发生损失，则购买力指数为100。在通常情况下，外汇持有方不能完全避免大宗商品价格上涨对其外汇储备购买力造成的实际损失。计算数据表明，在1971—1979年期间，英国、德国、法国和日本所持有或新增的美元外汇的石油购买力指数分别为62.59、51.82、62.01和42.74，购买力损失为40%—60%之间。另外，由于同期黄金的价格上涨速度（价格的平均上涨幅度超过了32%）明显地高于石油价格上涨，四国的黄金购买力指数更是分别降至了28.10、26.48、32.92和15.65；购买力损失普遍超过了70%。图4—9和图4—10分别给出了在这一期间,以石油和黄金度量的四国美元外汇储备实际购买力的变化轨迹。

表 6　1971—1979年英德法日四国外汇储备购买力指数

年份	石油购买力指数				黄金购买力指数			
	英国	德国	法国	日本	英国	德国	法国	日本
1971	100.00	100.00	100.00	100.00	100.00	100.00	100.00	100.00
1972	100.00	100.00	100.00	100.00	56.66	68.46	68.79	66.99
1973	77.20	79.22	71.37	70.48	31.90	42.54	28.71	26.70
1974	69.09	68.88	63.76	63.95	26.27	32.52	23.37	22.54
1975	46.85	51.67	61.47	47.64	19.71	29.23	33.82	19.99
1976	36.57	51.61	47.73	51.22	20.85	43.23	35.01	33.25
1977	69.88	47.63	41.94	52.02	54.71	40.54	31.08	36.02
1978	66.19	56.90	54.18	62.15	37.57	38.61	33.00	35.59
1979	62.59	51.82	62.01	42.74	28.10	26.48	32.92	15.65

资料来源：IMF数据库：http://elibrary—data.imf.org/FindDataReports.aspx?d=33061&e=169393。

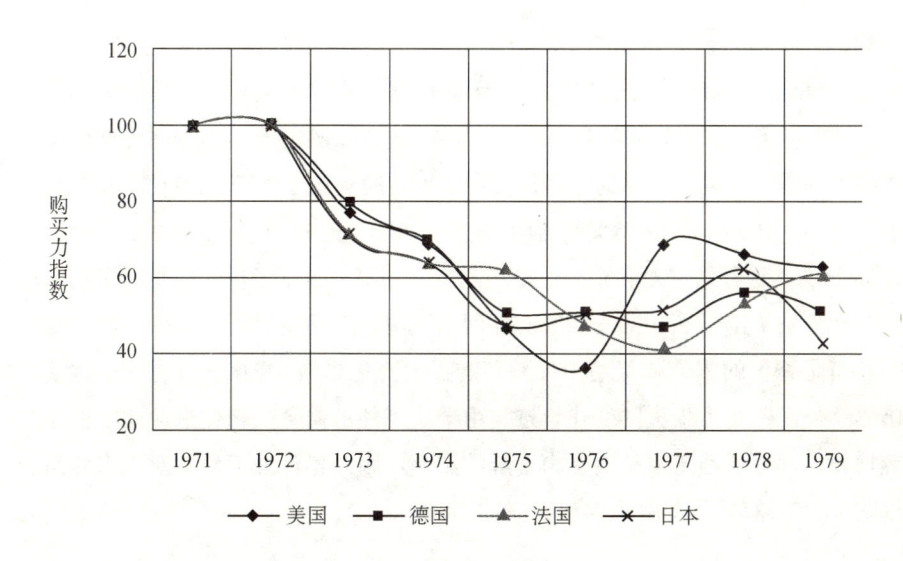

图4—9　1971—1979年英德法日四国外汇储备石油购买力变化

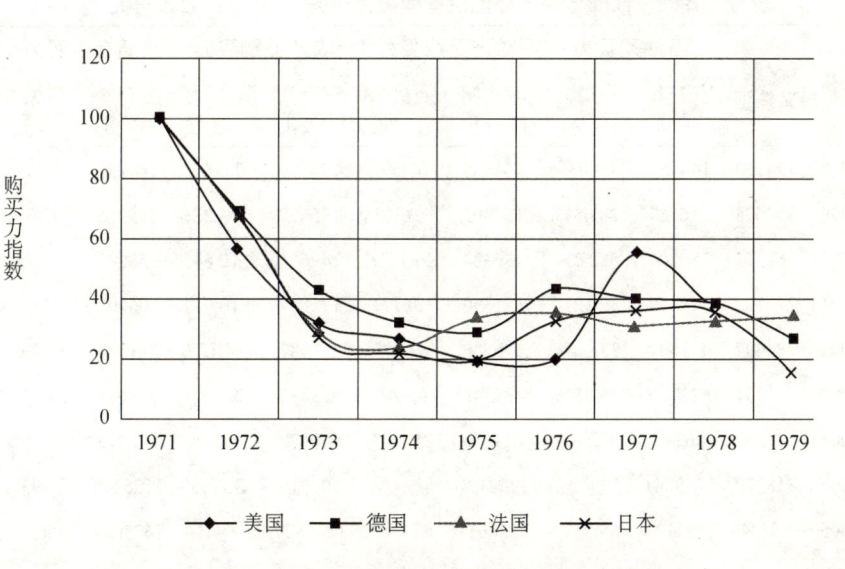

图4—10　1971—1979年英德法日四国外汇储备黄金购买力变化

4.2　1998—2008年中国的美元外汇储备累计损失计算

自20世纪90年代以来，新一轮经济全球化导致了新兴经济体与发展中国家的30亿人口加入世界市场的劳动分工。这一发展使制造业产品生产成本大幅降低（Mathan Satchi etc.，2006），因此国际零售物价没有发生较大变化。但是，由于以美联储主导的低利率政策[①]导致全球流动性过剩以及新兴经济体购买力的大幅提升，大宗商品的价格却发生了很大的变化（IMF，2011）。其中，石油的价格从1998年的12.72美元/桶上涨到了2008年的97.26美元/桶，上涨幅度超过660%。[②] 这种情况对各国外汇储备的实际购买力带来了巨大的负面影响。表7和表8分别给出了在1998—2008年期间，我国外汇储备以石油、矿产品、农产品和黄金计价的累计购买力损失额和购买力变化指数。图4—11为这一时期我国累计外汇购买力损失的变化轨迹。由于我国外汇储备数量在最近几年出现大幅增长，部分抵消了单位购买力下降的影响，因此累计外汇储备对大宗商品加权购买力的总体下降幅度在45%左右。

表 7　1998—2008年中国外汇储备购买力损失　（单位：百万美元）

年份	现有名义外汇	石油购买力		矿产品购买力		农产品购买力		黄金购买力	
		应有实际外汇	购买力损失	应有实际外汇	购买力损失	应有实际外汇	购买力损失	应有实际外汇	购买力损失
1998	144959	144959	0.00%	144959	0.00%	144959	0.00%	144959	0.00%
1999	154675	216167	28.45%	154405	−0.17%	135417	−14.22%	155976	0.83%
2000	165574	356204	53.52%	186324	11.14%	149651	−10.64%	158081	−4.74%
2001	212165	348479	39.12%	211390	−0.37%	192867	−10.01%	205993	−3.00%
2002	286407	431861	33.68%	276780	−3.48%	275087	−4.12%	341322	16.09%
2003	403251	622735	35.25%	432749	6.82%	413036	2.37%	536671	24.86%
2004	609932	1062400	42.59%	819625	25.58%	690472	11.66%	772915	21.09%
2005	818872	1759041	53.45%	1233197	33.60%	892318	8.23%	1136240	27.93%
2006	1066344	2371122	55.03%	2228011	52.14%	1245827	14.41%	1673004	36.26%

① "Did Greenspan Make a Mistake in 2001—2004 by Keeping Too Rates Low?", Economist's View, http://economistsview.typepad.com/economistsview/2009/06/did-greenspan-make-a-mistake-in-20012004-by-keeping-too-rates-low.html.

② BP Statistical Review of World Energy, June 2009 http://www.bp.com/liveassets/bp_internet/globalbp/globalbp_uk_english/reports_and_publications/statistical_energy_review_2008/STAGING/local_assets/2009_downloads/statistical_review_of_world_energy_full_report_2009.pdf.

2007	1528249	3121279	51.04%	3113337	50.91%	1929775	20.81%	2732697	44.08%
2008	1946030	4672639	58.35%	3265809	40.41%	2841431	31.51%	3277293	40.62%

资料来源：（1）国家外汇管理局，http://www.safe.gov.cn/model_safe/tjsj/tjsj_list.jsp?id=5&ID=110400000000000000。（2）BP Statistical Review of World Energy, June, 2009。http://www.bp.com/liveassets/bp_internet/globalbp/globalbp_uk_english/reports_and_publications/statistical_energy_review_2008/STAGING/local_assets/2009_downloads/statistical_review_of_world_energy_full_report_2009.pdf。（3）World Trade Organization,http://stat.wto.org/StatisticalProgram/WSDBViewData.aspx?Language=E。（4）World Gold Council,http://www.gold.org/investment/statistics/gold_price_chart/。（5）IMF,http://elibrary—data.imf.org/FindDataReports.aspx?d=33061&e=169393。

注：见表4注。

表8 1998—2008年中国外汇储备购买力指数

年份	石油购买力指数	矿产品购买力指数	农产品购买力指数	加权购买力指数	黄金购买力指数
1998	100.00	100.00	100.00	100.00	100.00
1999	71.55	100.17	114.22	100.07	99.17
2000	46.48	88.86	110.64	83.82	104.74
2001	60.88	100.37	110.01	92.55	103.00
2002	66.32	103.48	104.12	92.76	83.91
2003	64.75	93.18	97.63	86.60	75.14
2004	57.41	74.42	88.34	74.03	78.91
2005	46.55	66.40	91.77	66.89	72.07
2006	44.97	47.86	85.59	57.65	63.74
2007	48.96	49.09	79.19	58.03	55.92
2008	41.65	59.59	68.49	54.92	59.38

资料来源：同表7。

注：加权购买力指数为石油、矿产品和农产品购买力指数按当年全球交易总量加权计算的结果。

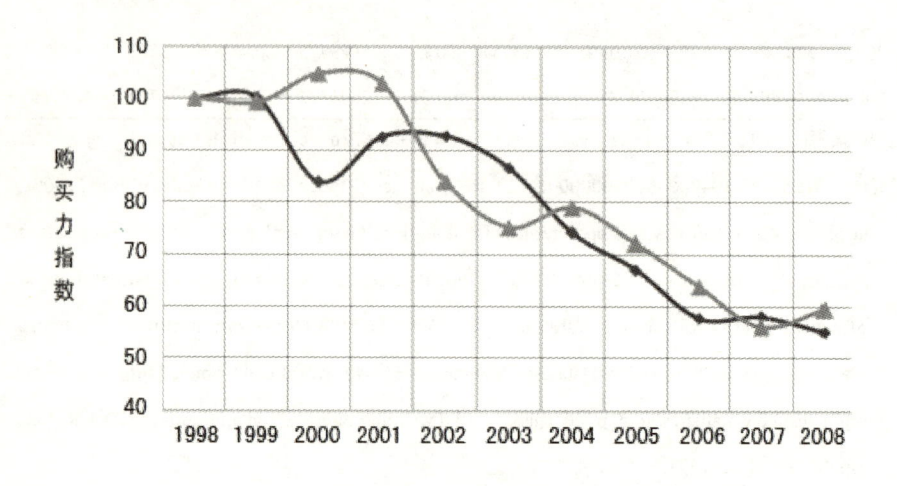

图4—11　1998—2008年我国外汇储备购买力指数变化轨迹

4.3　2012—2015年中国的美元外汇储备累计损失预测

表9还对我国外汇储备的未来购买力损失进行了初步的估计(具体方法见附录3)。①如果当前大宗商品价格趋势不发生大的逆转，计算结果显示至2015年，中国外汇储备的大宗商品加权购买力指数及黄金购买力指数将有可能跌至70左右，即购买力损失达到30%。图4—12描绘了外汇储备的大宗商品加权指数与黄金指数的变化轨迹。

表 9　中国外汇储备未来购买力损失预测

年份	石油购买力指数	矿石购买力指数	农产品购买力指数	加权购买力指数	黄金购买力指数
2011	100	100	100	100	100
2012	82.92	93.61	94.74	89.68	90.75
2013	70.75	87.96	90.44	81.81	82.80
2014	60.63	82.22	86.49	74.83	76.06
2015	52.62	77.64	82.94	69.17	70.38

①　我们运用Efron（1979）提出的拔靴法（Bootstrapping Method）进行预测。该方法经过30年的发展，在统计学及其他学科的实证领域被广泛地应用。拔靴法的核心是利用自助样本(或称为再生样本)来估计未知概率测度的某种统计量的统计特性。

资料来源：(1) 国家外汇管理局http://www.safe.gov.cn/model_safe/tjsj/tjsj_list.jsp?id=5&ID=110400000000000000。

(2) BP Statistical Review of World Energy, June 2009.http://www.bp.com/liveassets/bp_internet/globalbp/globalbp_uk_english/reports_and_publications/statistical_energy_review_2008/STAGING/local_assets/2009_downloads/statistical_review_of_world_energy_full_report_2009.pdf。(3) World Gold Council,http://www.gold.org/investment/statistics/gold_price_chart/。

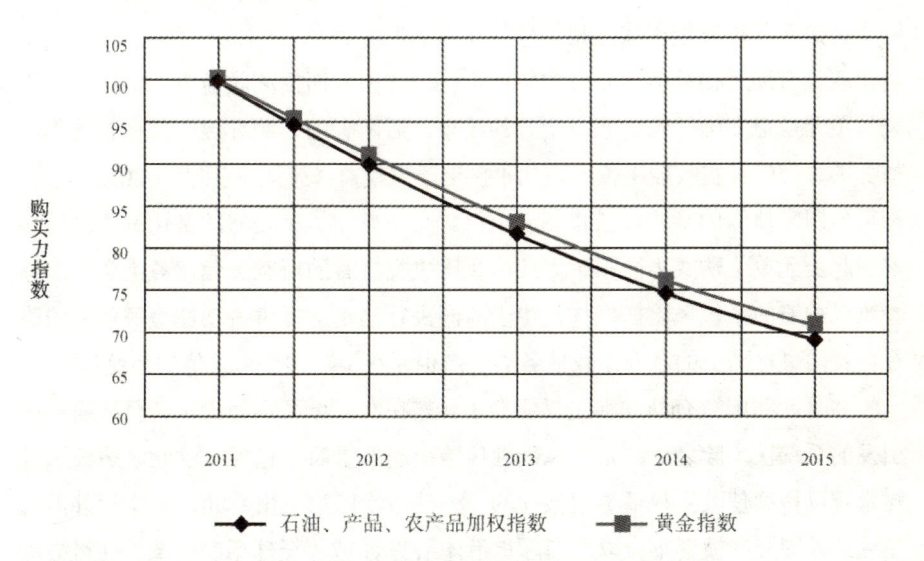

图 4—12 中国外汇储备未来购买力预测损失曲线

5. 国家集中风险

我国现行外汇管理的核心是结售汇制和资本项目下外汇管制。[①]在这种中央

[①] 结汇制度包括强制结汇、意愿结汇和限额结汇等形式。1994年外汇体制改革后，我国实行强制性银行结售汇制度，企业从海外市场获得的外汇收入必须全部或按规定比例卖给外汇指定银行，后者按市场汇率付给本币。根据我国目前的外汇收支状况，我国同时采用强制结汇和限额结汇两种方式，即对一般中资企业经常项外汇收入实行强制结汇，而年进出口总额和注册资本达到一定规模、财务状况良好的中资企业以及外商投资企业可以开立外汇账户，实行限额结汇。在银行结汇制度下，特别是在强制结汇制度下，外汇指定银行比较被动地从企业和个人手中购买外汇，无法对外汇币种、数量进行选择，由此形成的外汇头寸特别容易遭受外汇风险（百度百科，http://baike.baidu.com/view/2115736.htm）。2007年外管局取消账户限额管理，允许企业根据其需要保留外汇。2008年修订的《外汇管理条例》确定企业与个人可按规定保留外汇或将外汇卖给银行。2009年后，关于强制结售汇的规范性文件被废止、失

控制的管理制度下，中国人民银行是外汇资产的主要持有者和管理人。该制度安排在外汇短缺时代发挥了集中有限资源、按优先序列合理使用的作用；但是随着外汇规模的不断扩大，其弊端就日益突出。

从微观上而言，人民银行已成为世界最大的资产管理公司之一，集中各类风险于一身。[①]目前我国的外汇官方储备已达3.2万亿美元，而主要使用方式是购买美国及其他发达国家包括国库券在内的债务类证券。一方面，虽然零利率货币政策有助于提高美国债券的资产价格，并因此而提高收益率，但是同时带来了美元贬值和国际物价水平上升的结果。后两者的影响导致中国持有的美国债务类资产的真实收益率偏低，几乎接近于零收益（张斌，王勋，2012）。欧洲可信国家债券的真实收益也相当类似。另一方面，美联储的量化宽松措施必然引起美元单位购买力贬损，因此，我国央行持有的巨额美元债务类资产面临着难以规避的系统风险。同样，由于欧洲央行已走上提供流动性缓解危机的路径，我国央行购买的欧洲主权债务类资产也存在实际购买力贬值的系统风险。

并且，我国持有的欧洲主权债券还暴露在欧元体系不稳定，甚至分崩离析引发的系统性风险之下。这一系统性风险引起严重后果包括：欧元区边缘国家财政难以持续使其主权债券直接违约；一些边缘国家退出欧元区并实行外汇管制导致外国资产被套牢；以及国际货币体系变动 或"全球币制改革"使得被淘

效或修订。自此，强制结售汇法规均已失效，实践中不再执行（《国家外汇管理局年报，2011》）。

资本项目管制指对跨境资本交易（包括转移支付）和汇兑活动的限制。在汇兑环节，依据管制放松程度的不同，可分为可兑换、基本可兑换、部分可兑换和不可兑换四类。其中，可兑换是指对汇兑基本没有管制，经过主管部门或银行真实性审核后可以做的项目，如境内商业银行向国外发放贷款、中国居民从境外继承遗产等交易，可以直接办理，无需外汇管理部门审批；基本可兑换是指整个项目限制不多，经过核准或登记后可以做的项目，如对外直接投资，在汇兑环节没有前置性审批，只需要作境外直接投资外汇登记；部分可兑换是指经审批后部分交易可以做的项目，如境内商业银行从境外借入资金，不能超过有关部门事先核定的外债指标；不可兑换是指明文禁止的项目，包括法律上无明确规定但实际操作中不允许做或者没有发生的项目，属于禁止类管制，如居民个人不能向非居民提供贷款等交易。（国家外汇管理局，http://www.safe.gov.cn/model_safe/zssk/pic/20091231094134693.doc）

① 在亚洲200家机构投资者中，人民银行高居第一位；2010年其管理的资产占亚洲前200家资产管理机构全部资产15.6万亿美元的21.4%（*Asian Investor*, July, 2011）。

汰储备货币计价的资产蒙受巨大损失。①

除了以上列举的主要风险之外，人民银行管理的巨额外汇资产，特别是万亿美元量级的美国国债，由于其规模太大陷入被锁定于发达国家主权债务类证券，特别是被套牢在美国国库券之上。换言之，我国外汇资产陷入了所谓"大而难退"（too big to exit）的处境，面临着进退两难、不易置换的风险。如果有关当局在公开市场大量出售美国国库券，即可能引起市场价格大幅下跌，从而蒙受损失；如果在幕后市场交易，不仅难以找到合适的买方，还须付出较大的折扣，同样难以避免损失。而且，即使退出美国国债套现之后，还存在如何再配置资产的问题。

最后，国家外汇储备作为国有资产，在极为特殊的情况下存在着远高于私人资产的国家风险。这种国家风险是在一国被国际社会经济制裁，或与其外汇资产存放国的正常的国家关系破裂，以及两国处于战争状态时，国家外汇资产还面临被冻结风险。例如，1950年12月16日美国杜鲁门政府在朝鲜战争爆发后，冻结了中国所有在美资产。②又例如，2011年2月28日，美国总统奥巴马颁布行政命令，采取单方面制裁行动，冻结利比亚政府在美的300亿美元的外汇资产，以实施联合国制裁行动。③

从宏观上而言，在现行外汇管理体制的刚性约束下，我国持续增加的巨额贸易顺差给人民银行的国内货币管理带来了极大困扰。主要表现为以下几方面。首先，货币政策被动性的特征日益显著。近年来外汇占款已成为人行提供"央行货币"或基础货币的主要方式，外汇占款规模已经从2002年年底的2.3万亿元增加到2010年22.58万亿元。在这一机制下，央行货币的供给在很大程度上被动地取决于国际贸易的顺差情况，央行货币政策实施陷入了被动的局面。另一方面，央行购入巨额外汇的同时，被动地投放大量基础货币。为了缓解货币数量过度增加，央行通过"对冲"手段，即通过发行央行票据、提高存款准备

---

① 例如，1997—1998年亚洲金融危机中，马来西亚实行了外汇管制冻结了外国在马的金融资产。全球币制改革导致的原有储备货币资产损失有很多事例，如1875年金本位排挤白银；20世纪20—30年代期间金汇兑制瓦解；20世纪70年代初布雷顿固定汇率体系崩溃，等等。

② Anthony Leviero, "President Proclaims a National Emergency", *New York Times*, Dec. 16, 1950 http://www.nytimes.com/learning/general/onthisday/big/1216.html.

③ Helene Cooper "U.S. Freezes a Record $30 Billion in Libyan Assets", *New York Times*, Feb. 28, 2011. http://www.nytimes.com/2011/03/01/world/africa/01assets.html.

金率等办法回笼过量货币，以维持货币供给的稳定。然而，这种对冲机制存在很大的财务成本；有研究表明，2003—2010年，包括累计的央票利息支出和准备金利息支出在内的总对冲成本为10,830.6亿元，如果考虑到其他工具回笼流动性的支出，央行对冲外汇占款的直接财务总成本将会更高。① 由于该财务成本随着对冲规模膨胀而大幅上升，中央银行的铸币税收入可能难以弥补其财务成本。仅从直接财务成本考察，这种央行货币的供给模式就难以持续。

其次，人民币发行抵押品被准外币化。表10给出了亚洲若干开放经济体外汇储备与其货币数量的对比。对小而开放经济体而言，外汇储备的一个重要功能是作为本币发行的抵押物。这直接反映为小而开放经济外汇储备与本币的比例很高。例如，中国香港的外汇储备与流通中货币或现金（M0）、狭义货币（M1）、广义货币（M2）的比例分别为666.9%、196.8%、27.5%；新加坡为1251.7%、239.4%、69.7%；马来西亚为925.4%、197%、41.5%。中国作为一个半开放的大经济体，外汇储备与各类货币的相应比例分别为：395%、69.2%、23.5%，这些指标与小而开放的亚洲经济体类似，特别是外汇储备与广义货币的比例与香港基本一致。而属于开放的大经济体的日本各比例则为：126.3%、12.8%、9.3%；各个比例都远低于中国。因此，央行过度持有外汇在客观上使本币被准外币化。

表 10　亚洲若干开放经济体外汇储备与货币量的对比

		2007年12月	2008年12月	2009年12月	2010年12月	2011年12月	单位
中国	外汇储备总额	1528249	1946030	2399152	2847338	3181148	百万美元
	人民币/美元	7.3046	6.8346	6.8282	6.6227	6.3009	
	货币和准货币（M2）	40340130	47516660	61022452	72585179	85159090	百万元
	货币（M1）	15251917	16621713	22144581	26662154	28984770	百万元
	流通中货币（M0）	3033432	3421896	3824697	4462817	5074846	百万元
	外汇储备/M2	27.67%	27.99%	26.85%	25.98%	23.54%	
	外汇储备/M1	73.19%	80.02%	73.98%	70.73%	69.15%	
	外汇储备/M0	368.01%	388.68%	428.32%	422.54%	394.97%	

① 徐以升，"对冲外汇占款，央行成本或超万亿"，《第一财经日报》，2011年05月16日。

日本	外汇储备总额	973365	1153363	1066139	1118813	1326227	百万美元
	日元/美元	114	90.75	92.06	81.45	77.69	
	货币和准货币（M2）	7285378	7417068	7643851	7822873	11115315	亿日元
	货币（M1）	4867826	4817538	4869373	5014678	8069881	亿日元
	流通中货币（M0）	736180	738891	741839	757533	815720	亿日元
	外汇储备/M2	15.23%	14.11%	12.84%	11.65%	9.27%	
	外汇储备/M1	22.80%	21.73%	20.16%	18.17%	12.77%	
	外汇储备/M0	150.73%	141.66%	132.30%	120.29%	126.31%	
中国香港	外汇储备总额	152746	182580	255860	268775	285450	百万美元
	港币/美元	7.80	7.75	7.76	7.77	7.77	
	货币和准货币（M2）	6106347.92	6268057.82	6602309.85	7136275.33	8057724	百万港币
	货币（M1）	616708.60	645832.64	901819.02	1017226.53	1127320	百万港币
	流通中货币（M0）	162366.32	154717.52	230577.88	287133.63	332593	百万港币
	外汇储备/M2	19.51%	22.58%	30.05%	29.28%	27.53%	
	外汇储备/M1	193.23%	219.11%	220.04%	205.42%	196.75%	
	外汇储备/M0	733.93%	914.63%	860.59%	727.74%	666.87%	
马来西亚	外汇储备总额	119482.90	92123.00	97641.50	117735.80	142506	百万美元
	林吉特/美元	3.31	3.46	3.42	3.08	3.17	
	货币和准货币（M2）	796875.51	903429.71	989342.89	1060153.07	1088617.3	百万林吉特
	货币（M1）	169007.40	183047.45	200916.61	224383.56	229361.3	百万林吉特
	流通中货币（M0）	36247.09	40424.63	43439.22	47685.20	48816.6	百万林吉特
	外汇储备/M2	49.58%	35.32%	33.80%	34.24%	41.5%	
	外汇储备/M1	233.76%	174.33%	166.42%	161.79%	197.0%	
	外汇储备/M0	1089.94%	789.40%	769.75%	761.32%	925.4%	

新加坡	外汇储备总额	162956.80	174196.30	187809.10	225754.20	237737	百万美元
	新元/美元	1.44	1.44	1.40	1.29	1.30	
	货币和准货币（M2）	297558.90	333411.10	371122.60	403078.20	443352.80	百万新元
	货币（M1）	63938.60	75703.80	93471.80	112465.50	129118.90	百万新元
	流通中货币（M0）	16668.50	18997.40	20216.50	22299.50	24690.30	百万新元
	外汇储备/M2	78.93%	75.19%	71.02%	72.11%	69.71%	
	外汇储备/M1	367.31%	331.16%	281.98%	258.44%	239.36%	
	外汇储备/M0	1408.97%	1319.67%	1303.74%	1303.43%	1251.74%	

资料来源：（1）外汇储备总额资料来源于国家外汇管理局网站，http://www.safe.gov.cn/model_safe/tjsj/tjsj_list.jsp?ct_name=中国历年外汇储备&id=5&ID=110400000000000000。（2）日本、中国香港以及马来西亚外汇储备资料来源于IMF，http://www.imf.org/external/np/sta/ir/IRProcessWeb/topic.aspx。（3）人民币、港币、林吉特汇率数据取期末汇率数据，资料来源于国家外汇管理局网站，http://www.safe.gov.cn/model_safe/tjsj/rmb_list.jsp?ct_name=人民币汇率中间价&id=5&ID=110200000000000000。（4）日元汇率数据来自IMF，http://www.imf.org/external/np/sta/cofer/eng/index.htm。（5）新加坡汇率资料来源于新加坡金融管理局（Monetary Authority of Singapore）网站，https://secure.mas.gov.sg/msb/ExchangeRates.aspx。（6）中国M2、M1、M0数据来自中国人民银行网站，http://www.pbc.gov.cn/publish/diaochatongjisi/133/index.html。（7）日本M2、M1、M0数据来自日本央行网站，http://www.stat—search.boj.or.jp/ssi/cgi—bin/famecgi2?cgi=$graphwnd_en。（8）中国香港M2、M1、M0数据来自香港货币局网站，http://www.info.gov.hk/hkma/chi/statistics/index_efdhk.htm。（9）马来西亚M2、M1、M0数据来自马来西亚央行网站，http://www.bnm.gov.my/index.php?ch=109&pg=294&mth=3&yr=2011。（10）新加坡M2、M1、M0资料来源于新加坡金融管理局（Monetary Authority of Singapore）网站，http://www.mas.gov.sg/data_room/msb/Monthly_Statistical_Bulletin.html#money。

第三，央行规模急剧扩张，单位货币效率下降，远期通货膨胀压力上升。近年来，表11比较了2001—2011年之间美日欧元区和中国的央行规模及国内生产总值（GDP）变化情况。从2001年至2011年，人民银行总资产规模扩张了8.6倍；在2004年，人民银行的资产超过美联储，成为世界第二大央行；2006年超过日本，成为世界第一大央行。在2011年年底，人民银行资产已经达到4.46万亿美元，为美联储的1.52倍，日本银行的2.42倍。但是，中国的国内生产总值仅为美国的48.9%，与日本基本持平；中国的央行资产与国内生产总值之比为60%，而美国为17%，日本为31%，欧元区为50%。需要说明的是，欧元区央行系统资产为欧洲中央银行和17个成员国各自央行资产的总和，而非某单一央行的资产。而且，美元、欧元及日元均为国际储备货币，不仅只在国内流通，而且还作为国际交易的媒介。这一现实表明，无论相对于实体经济还是货币覆盖面而言，我国的央行规模过于庞大，货币效率低下；流动性超量存在着引致通货膨胀和资产泡沫的巨大隐患。国际清算银行(BIS)在2012年6月发布的季度报告中表示，"历史上与央行资产规模膨胀相关的最大风险莫过于通货膨胀……亚洲新兴经济体央行资产规模的迅速膨胀长期内可能造成通货膨胀率上升及金融不稳定。"

表 11　2001—2011年美日欧元区和中国的央行资产与GDP对比（单位：10亿美元）

项目	国家/地区	2001	2002	2003	2004	2005	2006	2007	2008	2009	2010	2011
GDP	中国	1325	1454	1641	1932	2257	2713	3494	4522	4985	5879	7485
	美国	10234	10590	11089	11812	12580	13336	14062	14369	14119	14660	15319.4
	日本	4095	3918	4229	4606	4552	4363	4378	4887	5069	5474	6029.4
	欧元区	6345	6908	8535	9774	10150	10752	12348	13555	12444	12655	12180.4
央行总资产	中国	514	617	749	950	1285	1647	2316	3030	3332	3915	4460
	美国	n.a.	734	774	813	852	875	894	2241	2238	2424	2929
	日本	892	1044	1227	1388	1319	971	976	1353	1331	1580	1840
	欧元区	878.6	1091.8	1372.2	1631.2	1656.7	2053.1	3014.0	4148.7	4077.8	4294.7	6081.5
央行总资产/GDP	中国	39%	42%	46%	49%	57%	61%	66%	67%	67%	67%	60%
	美国	n.a.	7%	7%	7%	7%	7%	6%	16%	16%	17%	19%
	日本	22%	27%	29%	30%	29%	22%	22%	28%	26%	29%	31%
	欧元区	13.85%	15.81%	16.08%	16.69%	16.32%	19.10%	24.41%	30.61%	32.77%	33.94%	49.93%

资料来源：（1）欧元区（Eurosystem，包括ECB[European Central Bank]和NCBs[national central banks]）数据来自于ECB官网，http://www.ecb.int/stats/money/aggregates/bsheets/html/index.en.html。（2）美国资料来源Fed，http://www.federalreserve.gov/datadownload/Choose.

aspx?rel=H41。(3) 日本资料来源日本央行，http://www.boj.or.jp/en/statistics/boj/other/acmai/release/index.htm/。(4) GDP数据来自世界银行，http://databank.worldbank.org/ddp/home.do?Step=12&id=4&CNO=2；各国2011年GDP数据分别来自：中国：http://www.stats.gov.cn/tjgb/ndtjgb/qgndtjgb/t20120222_402786440.htm；美国：http://www.bea.gov/newsreleases/national/gdp/2012/pdf/gdp4q11_3rd.pdf；日本：http://www.stat.go.jp/data/getujidb/zuhou/c01—2.xls；欧元区：http://appsso.eurostat.ec.europa.eu/nui/setupModifyTableLayout.do。(5) 中国数据来自中国人民银行网站，http://www.pbc.gov.cn/publish/diaochatongjisi/133/index.html。

6. 小结

我国外汇资产首先面临的系统风险是主要储备货币的实际购买力贬损。2008年以来，美联储的两轮非常量化宽松政策，本质上是以极低利率水平下向经济体直接注入超量的货币，以牺牲美元债权人利益拯救美国国内的经济。在我国外汇储备构成中，美元资产一直占据主要部分，且绝大多数资产为包括美国国债在内的固定收益类产品。美国作为市场制度最完善、经济规模最大以及主要储备货币发行的国家，其金融市场具有足够的深度容纳巨额境外资金，并有着迄今最健全的法律制度提供契约保障。因此，美元国债具有良好的信誉，显性违约的可能性几乎不存在。但是，其隐性违约的风险难以避免。2008年9月雷曼兄弟公司倒闭后，美国次贷危机演变成为了全球性的金融危机。为拯救美国金融体系及刺激经济恢复，美联储推出量化宽松货币政策，开动"印钞机"应对危机。美联储资产的急剧膨胀将导致美元单位购买力急剧下降，这是我国外汇储备难以规避的系统风险的主要来源。

我国外汇储备还持有相当数量的欧元区资产，主要为欧洲各国的主权债务。2009年希腊主权债务危机演变为欧洲危机。由于欧元区还仅只是国家间货币联盟，缺乏应对及解决危机的有效体制与机制；而且欧洲国家福利主义的长期实践，各国恢复财政可持续和经济增长的社会改革难以真正推行。因此，欧洲中央银行也通过非常规的长期再融资计划等方式扩大流动性供给，冲销债务以缓解欧洲主权债务危机。超额欧元贷款将可能导致欧元单位购买力贬损，这是我国外汇储备的第二大系统风险的来源。

另一方面,深陷主权债务危机中的南欧诸国在未来可能出现大范围的债务违约,并存在退出欧元区而引发欧元体制收缩甚至瓦解的不确定性。这种前景将是我国持有的欧元外汇资产陷入体系分崩离析所带来的巨大系统性风险。这些风险包括边缘国家的主权债务破产清算的直接损失;一些国家实行外汇管制导致外国资产被套牢;国际货币体系变动使被淘汰储备货币计价资产减值损失,等等。此外,我国外汇资产面对着"大而难退"、不易置换的风险,以及在极端情况下境外的国家资产被冻结风险。

当前,我国的外汇资金基本上由中央银行统一管理。在微观上,这使得央行成为了世界最大的资产管理公司,独自承担着国际金融市场中的各类风险。在宏观上,这也导致央行货币政策实施被动化,本币发行准外币化,央行规模过大,货币效率低下,存在远期通货膨胀和资产价格上涨的严重隐患。在资本项目外汇管制的体系下,这一央行货币的供给模式难以持续。

附录1 扣除石油危机对油价走势影响的计算公式

70年代的两次石油危机（1974年和1979年）对石油价格的上涨产生了重大的影响。在本书中，我们将石油输出国组织（OPEC）的石油禁运引起的油价急剧飙升从石油价格长期变化趋势中排除，以反映油价自然上涨对外汇储备购买力产生的冲击。具体采用如下办法：

1. 假设P_1，P_2，…P_9，为1971年至1979年的石油价格，如下公式计算每年石油价格的上涨率：

$$\beta_i = \frac{(P_i - P_{i-1})}{P_{i-1}} \times 100\% \quad (i = 2, 3 ..., 9)$$

2. 将1971年、1972年、1973年、1975年、1976年、1977年和1978年的石油价格上涨率的均值作为1974年和1979年的石油价格的正常上涨率，达到排除石油卡特尔禁运的突发价格上升的目的：

$$\hat{\beta} = \frac{\beta_2 + \beta_3 + \beta_5 + \beta_6 + \beta_7 + \beta_8}{6}$$

$$\beta_4 = \hat{\beta}$$

$$\beta_9 = \hat{\beta}$$

3. 重新计算1974年至1979年的石油价格：

$$P_i = P_{i-1} \times (1 + \beta_i) \quad i = 4, 5, ..., 9)$$

附录2 外汇购买力损失计算公式

一国的外汇储备通常处于不断的变化中,计算一段时期内的外汇购买力变化需要考虑上年度持有外汇(存量)和本年度新增外汇(流量)两个部分。由于两部分资金在不同时期流入本国外汇储备,因此需要使用不同的价格变化进行计算。另外,标的物价格也处于不断变动中;计算不同时期的外汇储备购买力或购买力损失也应该采用对应时期的价格指数。我们采用迭代方式计算外汇储备的购买指数和购买力损失,具体步骤如下:

1. 若$R_0, R_1, R_2, \cdots R_t$,为各期的外汇储备存量,则$R_1-R_0, R_1, \cdots R_t-R_{t-1}$为各期的外汇储备新增流量;$P_0, P_1, P_2, \cdots P_t$,为各期标的物品的价格水平。各期应持有外汇数量计算如下:

$$\hat{R}_t = \hat{R}_{t-1} \times \frac{P_t}{P_{t-1}} + (R_t - R_{t-1}) \times \frac{2P_t}{P_t + P_{t-1}}$$

其中,$\hat{R}_0 = R_0$。

2. 各期的外汇储备购买力损失计算公式:

$$D_t = \frac{\hat{R}_t - R_t}{\hat{R}_t} \times 100\%$$

3. 各期的购买力指数计算公式:

$$\alpha_t = \frac{R_t}{\hat{R}_t} \times 100$$

4. 如果用α_t, β_t和γ_t表示以石油、矿产品和农产品为标的t期购买力指数,$\omega_\alpha, \omega_\beta$和$\omega_\gamma$为$t$期石油、矿产品和农产品全球交易总额,则加权购买力指数计算公式如下:

$$\rho_t = \frac{\alpha_t \times \omega_\alpha + \beta_t \times \omega_\beta + \gamma_t \times \omega_\gamma}{\omega_\alpha + \omega_\beta + \omega_\gamma}$$

附录3 外汇储备的未来购买力损失预测方法

我们采用拔靴法（Bootstrap）预测我国外汇储备的未来损失。

1. 将2000年至2011年期间，全球外汇储备增长率[①]和标的物品价格的上涨率作为实际观测的数据集；

2. 从该数据集中有放回地随机抽取一组观测值，作为我国未来外汇储备的增长率和标的物品价格上涨率；

3. 通过观测值计算未来我国的外汇储备总量和标的物品价格，并代入附录2公式计算外汇储备未来的购买力指数；

4. 如此反复抽样和计算1000次，并使用步骤3计算结果的期望值作为我国外汇储备在未来的购买力指数估计。

---

① 我国外汇储备在前几年增速过快，无法说明未来的外汇增长速度，因此改用全球的外汇储备增长率估计。

第五章　资产互换与风险化解

全球金融危机以来，美联储和欧洲中央银行相继推出量化宽松货币政策与长期再融资计划，导致资产负债表规模急剧膨胀，我国外汇储备面临美元及欧元货币单位购买力贬损的系统风险。与此同时，欧元区的不确定性使我国欧元资产既遭受到欧元区边缘国家主权违约损失、又面对欧元体系可能收缩甚至分崩离析的巨大系统性风险。此外，我国外汇资产面对着"大而难退"(too big to exit)、不易置换的风险，以及在极端情况下被冻结的风险。然而，在现有的外汇储备管理体制下，中央银行将国际金融市场中的全部风险集中于一身。

我国外汇资产管理所面临的重大挑战是既要避免以上各类风险所引起的最坏结果，又要为我国未来经济与社会发展打下坚实的基础。解决外汇资产管理问题必须进行一系列改革，同时它也是一种推动改革的重要动力。这些改革包括金融管理体制和货币政策执行方法的转变；促进对外开放、改善金融市场效率；改变国有企业运营模式、扩大民营经济发展空间等。除了金融体制与机制层面的改革之外，金融工具及其实现方式的设计将是妥善解决外汇资产管理问题的核心部分。在有序开放资本管制的前提下，资产互换(asset swap)可以成为破解该难题的一个有效方式。

20世纪70年代初，布雷顿森林固定汇率体系瓦解，继而代之的是以美元为中心的后布雷顿浮动汇率体系。此后，国际宏观经济环境发生了巨大的变化。不同货币计价的资产价格出现大幅波动，汇率风险与利率风险急剧上升，因此，包括资产互换合约在内的各种金融工具便应运而生，成为市场参与者进行风险管理的重要手段。金融市场的非完美、不对称及分割性质是互换交易的根本原因。资产互换是指合约双方按照市场行情在约定的时期内，对不同资产价格、资产形式进行交易。在原则上，资产互换可以交换任何标底资产（Bodie, Merton and Cleeton, 2001）。实践中的资产互换则分为标准资产的互换交易与非标准资产的互换交易。"债转股"（debt-equity swap）是非标准资产互换的重要方式，可以作为解决外汇资产转换为海外投资的基本工具。

1. 标准资产互换交易

按照不同的交易标的内容，标准资产互换可以划为三大类：资产价格互换（利率、汇率）、资产形态互换（货币互换）和衍生品互换。20世纪80年代初，在规范市场上首先出现了货币互换，接着出现了利率互换等交易合约。在90年代，又出现了信用违约互换。这些资产互换交易的共同特点在于：互换对象是标准金融产品；存在相对规范的集中市场；交易规模宏大；有第三方中介机构撮合，交易者数量较多，且具有较大选择空间。

1.1 货币互换

货币互换（currency swap）是交易双方关于交换不同货币现金流这一标准产品的合约。即交易双方约定交换一定数量的两种货币，在规定时间内按约定条款、各自为对方偿还以交换货币计价的本金及利息。实际上，货币互换双方交换的是不同货币计价的现金流，而各自的债权债务关系并没有改变。简而言之，货币互换是对于不同货币债务的交换，其目的在于降低筹资成本，防止汇率变动风险造成的损失。

在汇率风险管理的意义上，货币互换就是汇率互换。货币互换常见的包括不同货币之间的固定利率/固定利率互换；不同货币之间固定利率/浮动利率互换；以及不同货币之间的浮动利率/浮动利率互换。另外，由于许多货币之间没有直接的汇率联系，其货币交换存在技术困难。在这种情况下，货币互换交易可以通过两种货币各自对中间货币的间接互换来完成，即所谓"鸡尾酒"货币互换交易。

1981年8月首次出现货币互换交易。当时，世界银行需要借入一笔长期的瑞士法郎，但市场利率很高；然而该行却可以优惠利率借入美元贷款。与此同时，IBM公司由于在瑞士市场上的声望，可优惠借入长期的瑞士法郎。在所罗门兄弟公司的中介下，世界银行与IBM公司分别借入美元和瑞士法郎，之后进行本金互换安排，世界银行以较低的利率筹到了瑞士法郎，而IBM公司规避了汇率风险，低成本筹集美元资金，贷款到期时，双方再换回本金。表1为近年来货币互换交易的市场规模。截至2011年年底,全球货币互换交易的规模约22.8万亿美元。

表 1 2009—2011年货币互换交易的市场规模（单位：10亿美元）

	2009年12月	2010年6月	2010年12月	2011年6月	2011年12月
发行在外的名义金额	16,509	16,360	19,271	22,228	22,791
市场总体价值	1,043	1,201	1,201	1,227	1,318

资料来源：BIS, "Quarterly Review, June 2012"。http://www.bis.org/publ/qtrpdf/r_qt1206.htm.。

1.2 利率互换

利率互换 (interest rate swap, IRS)是指交易双方在约定的时间内，在一笔象征性本金数额的基础上互相交换具有不同性质的利率（浮动利率或固定利率）所决定的利息。互换交易自始至终都不涉及本金的交换，由于交易对手在不同融资市场的相对优势不同，可以通过互换交易降低资金成本和利率风险。

价格互换是用与LIBOR（London Interbank Offered Rate，伦敦银行间拆借利率）浮动利率相交换的固定利率水平来表示的，固定利率通常是按最近发行的同期限国债收益率加若干基本点来表示。利率互换主要用来防范利率风险，如果借款人利用浮动利率筹资后有利率上升的预期，则他便会有将负债转化为固定利率的要求；反之，如果借款人利用固定利率筹资后有利率下降的预期，则他便会有将负债转化为浮动利率的要求。一旦利率按照预期的方向变动，互换的结果便是使借款人免遭利率波动带来的损失。

利率互换交易的产生与外部环境变化及金融机构风险管理有直接的联系。从20世纪50年代到70年代初这一时期内，商业银行经营基本无需考虑利率风险问题。传统商业银行的主要利润来源是利息所得。由于当时各国政府对利率实行严格管制，货币政策的主要目标是稳定利率，因此,市场利率在长期内相对稳定，不可预见的变动很小，利率风险也不大，因而他们主要关注信用风险和流动性风险。从20世纪70年代开始，西方各国政府相继放松或取消利率管制，货币政策变动频繁，波动幅度增大且难以预测。随着经济环境发生了不利于银行业经营方向的改变，银行传统业务的获利水准迅速下降，或变为更难预测与控制。利率风险成为了银行业的基本金融风险,利率风险管理也随之构成银行业管理的一部分。在这样的背景下,便产生了利率互换。1980年,利率交换交易首次出现在欧洲证券市场。当时从事国际货币业务和国际资本业务的金融机构便使用利率交换,来减少利率变动带来的风险。此后,利率交换交易得到了迅速的发展。

利率互换可以是不同种类的利率之间的互换,例如固定利率与浮动利率的互换、浮动利率与浮动利率的互换;也可以是利息支出之间的互换,还可以是利息收入之间的互换。其中,息票互换交易(coupon swap)是最常见的一种利率互换,这是同种货币的固定利率和浮动利率之间的互换。交易一方通过向另一方支付固定利率的利息款项,来换取对方支付的一系列浮动利率的利息款项,而本金则不发生交换。基差互换交易(basis swap)是同种货币基于不同的参考利率的浮动利率对浮动利率的利息互换,及以一种参考利率的浮动利率交换另一种参考利率的浮动利率。

在过去几十年,利率互换已经成为金融机构以及工商公司控制利率风险的一种主要手段,其规模得到了急剧的膨胀。表2给出了2007年至2011年调整后的全球利率衍生品场外交易的市场规模。截至2011年年底,调整后利率互换的规模达262万亿美元(ISDA,2012)。

表 2 2007—2011年调整后的全球利率衍生品场外交易市场规模(单位:万亿美元)

	2007年12月	2008年12月	2009年12月	2010年12月	2011年12月
调整后的IRS	255.2	265.3	241.6	240.1	262.3
IRS清算比例(%)	21.3	28.6	44.6	51.8	53.5
未清算的IRS	200.8	189.5	133.9	115.8	121.9

资料来源:ISDA,"OTC Derivatives Market Analysis Year—end 2011",June,2012。http://www2.isda.org/functional—areas/research/studies/。

1.3 衍生品互换

衍生品互换交易的典型是信用违约互换(Credit Default Swap,CDS)。这是针对融资过程中的信用风险所设计的信用衍生产品,它在本质上是交易双方为实现信用风险转移而签订的合约。合约的卖方在贷款违约或信用事件发生时，向买方进行一定赔付；作为对价，买方在合约期内向卖方支付一定的费用。信用事件发生时，卖方赔付的常常是参考资产的面值总额，并获得该笔违约的贷款（Simkovic，2011）。

违约指破产、到期未能偿付、债务重组、债务加速到期、债务提前到期等发生时，债权人不履行法定责任、拒绝清偿、延期偿还等事件。当违约出现时，卖方对基础资产的面值进行赔付。在本质上，这相当于信用违约互换（CDS）的卖方为违约风险提供保险，而买方则购买这份保险，保费为其信用违约互换的价格。① 在20世纪90年代初期，已经出现了信用违约互换的早期存在形式；例如，在此期间Bankers Trust推出了一些早期交易。20世纪90年代，J.P.Morgan就推出了第一款信用违约互换产品，在其发展初期主要集中在市政债券和公司债权，大多数买方持有参考资产（Tett，2009）。

不过，1994年J.P.Morgan对Exxon的一笔交易是最早创设的现代版信用违约互换。在该笔交易中，J.P.Morgan把对Exxon的一笔48亿美元的债务延期，后者因原油泄漏面临着近50亿美元的惩罚性赔偿。J.P. Morgan将信用风险分离出来，并出售给欧洲复兴开发银行（European Bank of Reconstruction and Development，EBRD），以减少为应对Exxon违约拨付的准备金，改善其资产负债表(Lanchester, 2009)。

在1997年12月，J.P.Morgan的信用衍生品团队进行了一项关键性的创新，他们推出了名为"Bistro"（Broad Index Secured Trust Offering）的交易。Bistro被认为是第一个CDO（collateralized debt obligations）。近十年来，银行尝试推出信用衍生品，将信用风险从贷款中分离出来。Bistro将这种尝试性的活动变成一单大生意，将J.P.Morgan对307家公司总额为97亿美元贷款的信用风险转移给第三方。在分层设计当中，底层投资人将获得高于LIBOR（London Interbank Offered Rate，伦敦银行间拆借利率）375个基准点（相当于3.75%）的利率，作为对承担初始投资损失风险的补偿(MacKenzie, 2009)。

在信用违约互换产品推出的初期，由于市场参与者有限，交易对手之间相

---

① Willem Buiter, "The magical world of credit default swaps once again", *Financial Times*, 2009-6-14. http://blogs.ft.com/maverecon/2009/06/the-magical-world-of-credit-default-swaps-once-again/.

互比较了解，其市场运行良好，有效分散了信用风险。由于当时经济形势较好，较低的债券违约率使投资者低估了未来的信用风险。2001年以后，美联储低利率政策推动房地产市场的强劲发展，信用违约互换开始扩展到以次级抵押贷款和以次级抵押贷款为基础的资产支持证券，形成纷繁复杂的债权债务关系。[①]而且，监管当局未能更新监管机制以适应市场变化，使得对新型市场的风险把握不足、监管不力，造成了金融危机中市场剧烈震荡的局面（李文华，2009；陈斌，2010）。

图5—1为近年来信用违约互换合约的交易规模。在金融危机爆发之前，衍生品市场高速发展。在21世纪初期几万亿美元的规模上，以每年翻一番的速度迅速膨胀，到2005年便迈过15万亿美元的关口；2006年超过30多万亿美元；2007年为60多万亿美元。在金融危机的作用下，金融信用衍生产品市场萎缩，信用违约互换市场在2008年开始下滑。表3则给出了金融危机之后信用违约互换的市场规模。

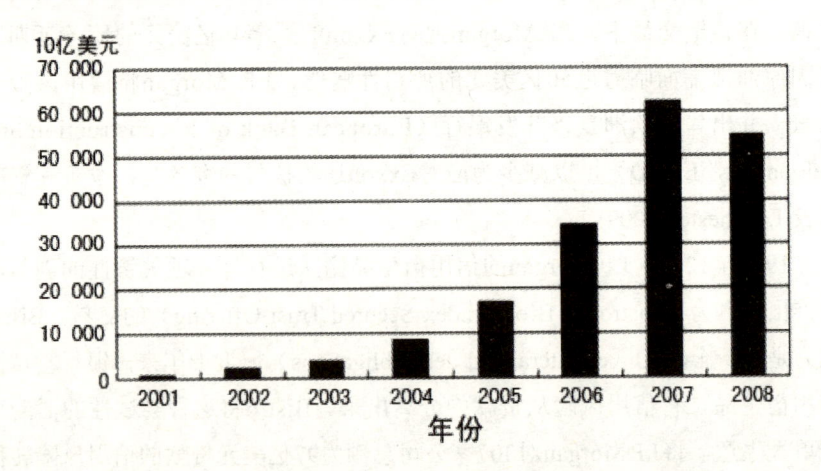

图5—1　信用违约互换合约参考资产面值总额年度数据

资料来源：李文华，"正确看待信用违约互换"《经济参考研究》2009（9）。

---

① Willem Buiter, "Useless finance, harmful finance and useful finance", *Financial Times*, 2009-4-12. http://blogs.ft.com/maverecon/2009/04/useless-finance-harmful-finance-and-useful-finance/.

表 3　2010—2011年调整后的全球信用违约互换市场规模（单位：万亿美元）

	2010年12月	2011年12月
调整后的市场总额	29.9	28.6
调整后的清算额	2.2	2.7
清算比例	7.9%	10.6%

资料来源：ISDA，OTC Derivatives Market Analysis Year—end 2011, 2012.6，http://www2.isda.org/functional—areas/research/studies。

信用违约互换交易的风险主要来自三个方面：其一，它具有较高的杠杆性，买方只需要支付少量保费可获至多等于名义金额的赔偿。而且，一旦参考资产的信用等级出现微小变化，其保费价格就会剧烈波动。其二，由于信用保护的买方不需要真正持有作为参考的信用工具，因而特定的信用工具可能同时在多起交易中被当做信用违约互换的参考，风险敞口总额被放大。其三，由于场外市场缺少充分信息披露和监管，交易双方的市场信息极不对称，在危机爆发时持有者的风险急剧上升（中国证券业协会，2011）。

2. 非标准的资产互换交易

"债转股"（debt-equity swap）是非标准资产互换的重要方式，属于一种结构性工具（structural vehicle）。[①] 1929年债转股最早出现在意大利。在经济大萧条的背景下，企业无法偿还贷款，各国许多银行都出现了大量的坏账，甚至被迫倒闭。意大利率先将企业无力归还的贷款转化为银行对企业的股权，并成立了伊利亚（Ilya）投资公司，通过购买银行持有的企业股权对企业重组，然后再把企业卖给私人以收回投资。此项措施缓解了经济危机对整个金融系统的影响，被认为是债转股的初始形式。

现代版的债转股是在债务资产互换基础上发展起来的资产互换交易。1985

[①] 结构性投资工具（structural vehicle）指通过赚取资产和负债之间的利息差盈利的投资实体，通常发行利率较低的短期证券（如商业票据），中期票据和公共债券，以所得资金购买利率较高的长期证券，赚取利差。http://en.wikipedia.org/wiki/Structured_investment_vehicle。

年，智利率先开始了此类交易活动。稍后，墨西哥、哥斯达黎加、厄瓜多尔、巴西、阿根廷等拉丁美洲国家也相继引进了这种交易解决难以清偿外债问题。最近三十年以来，美国、日本、韩国、东欧和中国都先后采用了债转股这一模式，以解决国内金融机构面临的巨额不良贷款或呆坏账问题。这些交易的共同特点在于：互换对象是债务类产品；资产互换首先在债务的贷方与借方间发生；而后在分散与非规范的次级市场进行流通；迄今为止所有的资产互换都是事后为了减少亏损而采用的方法；最后，资产互换是一种非货币性交换，即交易双方主要以存货、固定资产、无形资产和长期股权投资等非货币性资产进行的交换。该交换不涉及或只涉及少量的货币性资产（即补价）。[①]

2.1 墨西哥的资产互换

20世纪70年代中期，墨西哥经济发展速度放缓；而政府则通过增加公共开支、大量向外借款以刺激需求，应对下滑的经济。另一方面，由于70年代末石油价格上涨，外国投资者纷纷购买墨西哥这一产油国的债务，进一步推动了政府开支的扩大。随着公共开支的失控和通货膨胀加剧，投资者失去信心，大量资金外流，导致了1982年的墨西哥外债危机。

尽管墨西哥政府采取了一系列措施，但收效甚微。1986年，墨西哥政府转向债务换股权市场来吸引外国投资和减少本国债务负担。1985年8月29日的新重整协定（the New Restructure Agreement）中，政府宣布所有的公共部门债务都可以进行债务与股权的交换。交换时按墨西哥比索在外汇市场上的价格再考虑一定的折价率，折价率从0到25%不等，视投资的类别而定。例如：收购国有企业的折价为0，投资在80%产品出口的企业的折价率为5%，能解决就业和引进高科技的新投资的折价率也为5%，而有些投资虽经批准，转换时的折价率却高达25%。对股权则有下列的限制：

（1）股票只能向境外企业发行，并且不可以在1998年1月1日以前转让给墨西哥企业；

（2）不准转换成其他证券；

[①] 《企业会计准则第7号——非货币性资产交换》，http://www.mof.gov.cn/zhengwuxinxi/zhengcefabu/2006zcfb/200805/t20080519_23148.htm。

（3）不可以有比原债务的偿还安排更为有利的偿还方式。

股票的股利不受限制，但没有保证。交换必须由财政部、国家对外关系委员会批准。在有些情况下，还要经外交部认可。交换批准后，墨西哥政府就按比索的市场汇率加上一定折价率，把债务转换成基金，再直接投入已批准的投资项目中去。墨西哥当局严密监控执行情况，1987年年初，政府开始征收0.25%的申请费来确保投资者的诚意。

由于担心这类交易造成通货膨胀压力，政府把每年的交换总量限制在政府财政赤字的7%之内。按财政赤字和这一比率计算，1986年的交换量可以达到15亿美元。不过，直接的墨西哥比索投资增加了生产，又可以减轻通货膨胀。

尽管政府因这种方案在吸引投资方面取得成功而受到称赞，批评这种方案的也大有人在。有些银行作为债权人就不想进行这种交换。而且，这种方案曾两次由于政治和经济原因，以及政治内部的争论而停止实施。

这种方案的主要参加者是那些在次级市场上购买墨西哥国债的跨国公司。这些公司以40%的折价率在次级市场上购买债务，再以5%—25%的折价率转换成墨西哥比索在墨西哥投资新建企业或投资在已有的子公司中。据估计，到1987年，墨西哥的汽车行业吸收了约5亿美元，旅游业吸收了超过3亿美元的新投资。克莱斯勒、日产、福特、通用电气等都是最大的投资者（俞乔等，2007）。

2.2 美国的债转股资产互换

美国的债转股是破产程序中可选择的行动之一。通过赔偿要求权的流通，将投资者的可能范围扩大到原债权人之外的所有投资者，从而提高债务清偿的可能和便利程度。当企业资不抵债时，企业可以依法申请破产；债权人则通过协商进入清算程序，并将债权转化成对企业的赔偿要求权。在协商未果的情况下，债权人可以选择在次级市场上出售其赔偿要求权，而对重组有信心的战略投资人则可以购买债权人的赔偿要求权，将赔偿要求权转化为对企业剩余资产的股权，并对企业实施重组。美国资产互换的主要形式有：布雷迪债券（Brady Bonds）和资产重组托管公司（Resolution Trust Corporation，RTC）体系。

布雷迪债券（Brady Bonds）

布雷迪债券源于20世纪80年代初的拉美国家债务危机。由于拉美国家无法偿还债务，直接影响发达国家，特别是暴露头寸很高的美国商业银行和金融机构。布雷迪债券是由债务国政府提供资金用于购买美国国债，并将其存入一个特殊目的账户。该账户提供第三方保存交付（escrow）服务，即如果债务国政府违约，投资者可以从该账户中取得赔偿。布雷迪债券的一般做法是由债务国政府发行美元债券，然后将其与国际商业银行持有的美元贷款交换，再将换回的美元贷款在市场上出售给投资者，从而收回贷款。由于布雷迪债券有特定的美元账户作担保，所以信誉级别较高。但是，自身负债的债务国政府却无法花巨资用于担保，因此布雷迪债券的使用范围有限。

美国通过这一方法，化解持有拉丁美洲主权债务而产生的不良资产。1988年，美国J.P.Morgan第一次尝试将不良债权转为"墨西哥Aztec债券"，从而将持有的墨西哥国债由37亿美元减为26亿美元。此项债券化过程为：1）转换期限为20年；2）利率调整为伦敦银行同业拆放利率(LIBOR)加上1.625%的差价；3）由美国财政部零息票债券担保。鉴于J.P.Morgan的实践，1990年，美国财政部长布雷迪(Nicholas J. Brady)提出了布雷迪计划(Brady Plan)，把对拉丁美洲国家的债权重组后转换为债券，即布雷迪债券(Brady Bond)。

墨西哥是第一个实施布雷迪计划的国家。它将481亿美元的对外债务转换为以美国财政部零息票债券为担保、期限为30年的布雷迪债券。有如下两种形式：1）债务按35%折为债券的折扣债券(Discount Bond)，利率为伦敦银行同业拆借利率加上0.8925%的差价；2）债务按100%折为债券的平价债券(Par Bond)，利率为6.25%，低于市场利率。布雷迪计划实施以后，约有13个国家发行了约1,900亿美元的布雷迪债券，形成了布雷迪债券市场，缓和了债务危机。从1996年开始，随着有些欠发达国家财政金融状况改善，巴西、波兰、墨西哥等国开始发行主权债券，并与布雷迪债券互换（Brady Net Inc, 1999）。

资产重组托管公司

20世纪30年代经济危机使得美国银行大量倒闭，为缓解危机，美国建立了存款保险制度；并批准29,000多个储贷协会（Saving and Loan Associations, S&Ls）营运，但须由政府担保。20世纪80年代以前，该系统运转良好；但到了80年代初期及中期，美国经济出现高通胀、高利率，而储贷机构的长期住房抵押贷款多为固定利率，其短期筹资成本上升；再加上放松管制之后，储贷协会可以参与债券市场，特别是垃圾债券市场以图增加盈利，但其能力不足、管理失误等原因，使得储贷机构大量倒闭，最终发生了储贷危机。

为解决这一危机，美国联邦储蓄和贷款保险公司在政府的支持下，按市场原则收购和兼并了一些倒闭的储贷协会。但是，由于储贷机构倒闭数目和规模在80年代下半期持续增长，导致了联邦储蓄和贷款保险公司的破产。由于倒闭的储贷机构数目及其资产过大，为在法律和行政上对资产进行管理，美国国会于1989年通过特别立法——《金融机构改革、复兴与加强法案》，赋予联邦存款保险公司（Federal Deposit Insurance Corporation, FDIC）以经营联邦重组基金的责任。此后，联邦重组基金按照联邦存款保险公司的要求，重新组合联邦储蓄和贷款保险公司的资金。同时，还成立了资产重组托管公司（RTC），全权处理破产储贷机构的不良资产。

RTC作为联邦存款保险公司的一个子公司，其目的在于最大限度地减少政府损失。它是处理不良资产的关键机构，其宗旨是接管和处理破产储贷机构的资产负债，并按市场原则有序管理和解决倒闭储贷机构，负责清收破产储贷机构的资产。为了保证其正常运转，《金融机构改革、复兴与加强法案》确定由债务处理融资公司为RTC提供融资配套服务。它具有除公司一般权利之外，还具有向债务处理融资公司发行债券、发放贷款、组建过渡性银行的特殊权利。RTC可对任何机构和代理机构提出诉讼或驳回诉讼，也可对机构官员在处理业务时的重大过失和故意失误提起上诉等。

RTC 在联邦存款保险公司的领导下运作，由国家和需要清理不良资产的金融机构共同出资构成RTC的资本金。① 其运营所需资金主要来源于债券发行，如经监管机构批准，亦可以从财政部借款；为维护RTC的信誉，只要它的债务符合政府规定，政府就给予偿还担保。② 总统任命、国会批准它的监事会组成：其成员包括财政部部长、美联储主席、住房及城市发展部部长以及两名房地产行业的知名人士。监事会负责其的战略计划及预算并监督其运作，但不参与日

---

① 美国国会拨出500亿美元的预算费用，加上S&Ls自筹的四成资金注入RTC。
② 担保条件置于法律的制度框架下，法律对RTC的未偿负债有最高额限制，即未偿负债总额—(现金+资产)×85%≤50亿美元。

常工作。该公司设有一名首席执行官,由总统在参议院同意后任命,可以行使RTC的所有权利;在法律上RTC被视为政府机构。此外,它没有自己的雇员,而是在给予合理补偿的情况下,利用其他机构(主要是联邦存款保险公司)的职员处理业务。[1]为协助其开展工作,法律还授权设立全国咨询委员会和地区咨询委员会。

资产重组托管模式通过分离某一类金融机构的好资产与坏资产,然后对坏资产进行集中处理,以解决不良资产问题。具体方法是将坏资产采用整批折价出售和配以证券化、个别销售、招标出售,在市场上处理与消化不良资产。它的成功在于:1)债股互换接受不良资产(swap);2)对不良债权进行清理(clean—up);3)将所持股权再出售(resell)。从1989年成立到1995年,资产重组托管公司先后对遍布美国40多个州的747家有问题的储贷机构接收托管,处理资产总值达4,600亿美元。尽管如此,其化解储贷危机仍花了6年时间和5,000亿美元,相当于美国国内生产总值的5%。

资产重组托管公司以联邦存款保险公司为依托、以联邦重组基金和债务处理融资公司为营运辅助,形成了美国处理储贷危机的有效机制,即采用了政府托管模式,即国会充分授权,联邦政府进行统一管理和战略协调。其原因之一是储贷机构的风险严重程度及其对美国经济、金融乃至社会的影响大大超出了预料。资产重组托管公司之所以能在如此短时间内解决储贷危机,其原因除了选择合适的运营模式之外,还得益于以下几方面:

1. 受法律的规范和引导。该公司的各项运作都得到严密的法制约束和法律支持,最大限度地减少了政府对RTC不适当的行政干预,也减少了扭曲市场的可能性。自1989年《金融机构改革、复兴与加强法案》颁布后,美国又先后颁布了《银行违约处罚法》、《存款保险公司改进法》、《RTC再融资、重组与改进法》、《"一揽子"预算协调法》以及《RTC终止法》,用于规范此公司的运营。

2. 各机构之间的有效协调。资产重组托管公司、联邦重组基金和债务处理融资公司之间的目标一致、分工明确、职能互补、互相制约、高效协调,使不良资产的处理工作有层次、有秩序、有效率地进行。

---

[1] 在美国的RTC正式运转后,大约有1,000名联邦存款保险公司的职员参与了其业务。

3. 充分运用市场手段。该公司利用市场条件和资本市场工具，折价购买不良资产，并通过发债、拍卖、兼并、资产证券化等手段，对不良资产进行处理。其特点是直接对储贷机构不良资产的存量动手术，而不剥离和重组不良贷款。

4. 提供足够的财政支持。在运行过程中，美国财政先后动用1,500亿美元资金，并筹得900亿美元损失准备金。财政支持成为资产重组托管公司、联邦重组基金和债务处理融资公司的最终资金。

5. 充分利用相关机构的人力资源。资产重组托管公司、联邦重组基金和债务处理融资公司均无专职雇员，因此他们充分利用联邦保险公司、联邦住房贷款银行等金融机构人员，这不仅迅速获得了经验丰富的专业人才，而且由于所聘人员的利益不在机构体系内，减少了与其他部门在权责划分上的利益摩擦，降低了运营成本，提高了工作效率，为后来该机构在完成使命后顺利退出市场提供了保障（阎海亭，2000；黄志凌，曲和磊，唐圣玉，2001）。

2.3 日韩等国家债转股的资产互换

日本和韩国的金融体系的支柱是高度集中的商业银行。在其经济高速发展时期，银行信用支撑了迅速扩张的产业对资金的需求。但是，当金融危机爆发、资产泡沫破灭时，经济便陷入衰退阶段；过度负债工商企业的资产负债表普遍恶化，难以偿还银行贷款，银行不得不面对巨额不良资产的困境。日本和韩国先后采取了美国资产重组托管公司债转股的方式试图解决这一难题。

日本的债转股

为了解决困扰日本经济已久的不良债权问题，解救破产金融机构，原桥本政府于1998年7月2日紧急推出以美国的资产重组托管公司为蓝本的"过渡银行"计划。但时隔不久，桥本内阁倒台，这项计划也半途而废。随后上台的小渊惠三重又提出相同计划，并提交国会讨论。经过两个多月的激烈争论，在执政党做出重大让步的情况下终于达成协议，于1998年10月12日正式出台《金融再生法》，其后的10月16日，又出台"尽早健全金融机构机能紧急措施法"，规定设立过渡银行，并表示进一步实行金融体制改革。

在形式上，过渡银行是存款保险机构下设的子公司，在得到金融再生委员会批准之后，存款保险机构可向过渡银行注入资本金或提供贷款。资金来源于60万亿日元公共资金中的一部分。根据新通过的法案规定，政府投入的60万亿日元中，17万亿日元用于在金融机构破产后保护存款者的利益另有25万亿日元用于向银行注资，以提高其自有资本比率其余的18万亿日元，列入"金融再生账户"，部分用以设立过渡银行。为了顺畅地调拨所需资金，存款保险机构可灵活使用18万亿日元公共资金。在必要时，存款保险机构还可向过渡银行进行贷款，以弥补其在业务运作中出现的损失。

根据设立过渡银行的有关规定，由存款保险机构设置过渡银行，承接由金融理财人管理的银行的全部业务。存款保险机构从律师、公认会计师等中组织力量，对破产金融机构的资产进行全面清查，严格地区分健全债权和不良债权。由过渡银行继续经营和管理健全债权，而其不良债权则转移给清理回收机构。过渡银行在开始托管之后的一年内，要通过合并、转让股权或经营权，同时把不良债权出售给清理回收机构等方式来进行处理。过渡银行除了维持正常业务运作外，还要帮助寻找有意接管的民间金融机构。从破产银行移交的债权债务有可能被多家买主收购。倘若直至最终仍没有找到买家，则对过渡银行进行清算。即使是正常债权，最后均要交由清理回收机构接管，同时借款人必须还清贷款，并自寻其他交易行。过渡银行的存活期原则上为1年，但如果在这期间没有寻找到收购者，还可延期两次，每次为1年，要求延期时要向金融再生委员会提出申请。过渡银行以2001年3月月底之前破产的金融机构为对象。然而，过渡银行并没有使日本摆脱不良资产的影响。面对着53万亿日元的"即时资本短缺"，截至2001年3月底止的财政年度，日本银行业潜在亏损额为105万亿日元，而应付亏损的储备只有52万亿日元（董晓平、齐殿伟、李华，2002）。

韩国的债转股

1998年亚洲金融危机波及韩国，使得韩国企业债务负担沉重。为解决危机带来的不良资产，韩国尝试了多种办法，但是初期并没有重视资产互换。尽管1998年下半年韩国政府主持了五大财团的债转股协议，但债转股在韩国巨大的企业债务中所占比重相当小。据世界银行的一份研究报告，在企业债务负担特别沉重的韩国，1998年年底以前进行的债转股仅占其全部债务总额的1%左右（黄志凌、曲和磊、唐圣玉，2001）。

这一现象在1999年9月得到了很大改变，韩国有关部门与世界银行联合举办了债转股在公司重组中作用的研讨会，肯定了债转股在合理分担企业负担、减少与借贷有关的道德风险、在微观方面改善财务结构和在宏观方面吸引外国直接投资、对公司管理层进行更紧密的监督以及吸引债权人和投资者参与投资等方面的作用。韩国金融与经济部在同年12月发布的韩国危机应对与政策释义报告中，调整了政府对公司重组的政策，即政府只做外部协调，由债权人和债务人自主协商，合理确定公司的债务水平，使得企业能够用预期利润支付财务费用。同时运用债务转换和其他正式计划降低不良资产。最终，韩国采用了一种双赢的战略：运用债务转换和其他正式计划，而不是销账的方式。到1999年年底，韩国九大部门的产业重组计划基本完成，在石化、航空、车辆三行业对部分企业的债务实施了债转股(黄志凌、曲和磊、唐圣玉，2001)。

2.4　转型经济国家的资产互换

在20世纪80—90年代，采用前苏联计划经济模式的国家先后开始向市场经济转变。这些国家在转型过程中普遍面临着一个难题，即如何解决国有银行长期积累的巨额不良资产。若干东欧国家以及中国都借鉴了美国资产重组托管公司的经验，通过债转股模式解决此问题。从结果来看，东欧国家债转股的规模不大；而中国则基本达到了预期的设想。

东欧的债转股

20世纪90年代东欧转轨国家由计划经济向市场经济过渡时，银行体系面临大量，甚至是巨额坏账。在资本市场不成熟的情况下，作为解决问题的手段之一，不得已采用了债转股。波兰是较早进行债转股改革的国家之一。波兰的企业与银行重组计划包括多种解决银行不良资产的途径，尽管改革者对于债转股寄予较大的期望，设计者也将债转股视为银行对企业实施控制的最有效方式，但在实际操作过程中，债转股只被作为下策，其主要原因有四：一是没有配套法规；二是资本市场不发达，缺乏债转股的配套市场；三是银行缺乏专业企管人员，担心接管企业之后会产生一系列社会与政府问题；四是债转股需要私有化部门批准，而审批程序往往很长等。最后在实施过程中，债转股推进规模十分有限，银行只同意将800家加入重组计划的国有企业中的40家的债务转为股份，仅占9家国有商业银行债务的2%，占银行体系债务总量的0.8%。

与波兰谨慎的做法相似，斯洛文尼亚在运用债转股手段时也列出了苛刻条件：仅在可以取得有控制权的多数股权或接管企业的情况下才考虑债转股。申请债转股的必要前提是确知有人要购买股权；或通过分析可以清楚说明，为从该企业有效回收剩余债权，债转股是必不可少的措施；此外企业的财务必须比较清楚，而且具备清偿能力等。在波兰、斯洛文尼亚、匈牙利、捷克和斯洛伐克等国家推行了一系列的经济稳定措施和改革方案后，到1997年东欧国家的转轨运行发生好转，各国首次出现经济正增长局面，通货膨胀得到了控制（阎海亭，2001）。

中国的债转股

在20世纪80年代，我国的国有企业投资体系改革中，曾经有过类似资产互换的做法。例如，"拨改贷"，即政府财政部门对国有企业的拨款改变为国家银行贷款；"贷改投"，即将难以回收的银行贷款改为投资款项，等等（王梦奎，1999）。这些措施属于广义资产互换的范畴。

在20世纪90年代末，国有银行对国有企业贷款而长期积累的不良资产已不堪重负。中国人民银行行长戴相龙公开表示，至2001年9月末，中国四大国有银行本外币贷款折合人民币6.8万亿元，不良贷款占全部贷款的26.6%。[①]在这一严峻局面下，我国借鉴了美国的实践，通过债转股方式破解这一难题。1999年，国务院批准成立东方、信达、华融、长城四大资产管理公司，并规定存续期为10年，分别负责收购、管理、处置相对应的中国银行、中国建设银行和国家开发银行、中国工商银行、中国农业银行所剥离的不良资产。成立之初，除信达的人员较为整齐之外，其余三家均临时从对应的国有银行抽调。

依据国家拟定的债转股条件，各省、自治区、市从欠有国有商业银行债务的国有大中型企业中选择确定"债转股"的推荐名单，并上报原国家经贸委。由其拟定名单后转交指定的资产管理公司进行独立评审，只有经评审通过的企业方可实施债转股。即企业以评估的净资产作为出资，把资产管理公司的债权

---

① "戴相龙：我四大国有银行不良贷款率为26.6%"，《东方网》，2001-11-01，http://news.eastday.com/epublish/gb/paper148/20011101/class014800011/hwz526636.htm。

（包括已剥离债权和国有商业银行委托管理的未剥离债权）转为股权，按照现代企业制度要求建立新公司。

四家资产管理公司在1999—2000年间，先后收购四家国有商业银行不良资产1.4万亿元，使四家国有商业银行的不良贷款率一次性下降近10个百分点。截至2006年一季度末，四大资产管理公司累计处置不良资产8,663.4亿元，其中现金回收1,805.6亿元。[①]

表 4 我国资产管理公司（含银行委托）实施债转股情况（单位：亿元）

指标 公司	国家已批准债转股		其中已注册新公司		股权缩水损失	现金回收	
	户数	转股额	户数	转股额		股权退出	股权分红
华融	309	977.82	234	673.06	8.20	8.20	5.03
长城	24	118.63	15	66.02	4.96	0.38	0.17
东方	66	532.64	45	273.79	44.92	1.58	4.53
信达	185	1668.00	144	989.00	96.00	4.60	31.60
合计	584	3297.09	438	2001.87	154.08	14.76	41.33

数据来源：彭芳春、徐勇、尹华阳，"'债转股'实践的考察与反思"，《财会通讯》，2007(9)。

表4为四家资产管理公司披露的实施债转股的规模、损失及回收的具体情况。从表中的数据来看，国家已批准的债转股户数为584家，转股额3,297.09亿元，通过注册新公司完成的债转股金额为2,001.87亿元。这四家资产管理公司债转股成效可以归纳如下。

(1)合计股权资产收益(股权分红)为41.33亿元，资产收益率2.1%（=41.33/2001.87），低于银行同期存款利率；

(2)股权资产回收(股权退出与股权分红合计) 56.09（=14.76+41.33）亿元，回收比为2.8%（=56.09/2001.87），远低于存续期年回收要求；

[①] "财政部酝酿金融资产管理公司转型方案"，《和讯》，2006-11-28，http://bank.hexun.com/2006-11-28/102378163.html。

(3)金融股权资产直接损失(股权缩水损失)达154.08亿元,损失率为7.7%(=154.08/2001.87),约为同期银行存款利率的3倍。

综合而言,金融股权资产净损失(缩水损失)的股权资产净回收为-97.99(=56.09-154.08)亿元,实际综合收益率为-4.9%(=-97.99/2001.87),账面金融资产较大幅度贬值(彭芳春、徐勇、尹华阳,2007)。

债转股的意义

债转股是偿债方式上的重大突破。通过将负债企业的金融债务置换为具有经营前景企业的股权,以企业的未来收益保障金融机构的债权回收。债转股兼顾了各方利益,是一项多赢方案。对企业而言,债转股大幅度减轻了企业的债务负担,降低了负债率,资产质量得到改善,为企业重组和发展创造了条件;对金融机构而言,长期存在的债务问题得到解决,将不良债权转为成长型企业的股权可保证其债权回收;对转股企业而言,有利于其产权多元化,完善法人治理结构;对政府而言,将有助于大范围、一揽子解决企业的遗留债务问题,减少资产损失,改善金融生态环境(梁志方、康健,2010)。

债转股中存在若干值得注意之点。资产管理公司不仅是阶段性股东,而且是债转股企业的监督者。如果资产管理公司难以实现债转股企业的控股权或决策权,债转股企业的最优行为不能使资产管理公司的效用达到最大,损失的是资产管理公司的利益。因此在与企业的委托代理关系上,资产管理公司应当成为债转股企业的监督机构,通过在企业里建立有效的督导机制,以保证其控制权和最大限度回收资产。

并且,不良资产管理机构和处置机构应当加以分离。除经济转型国家如波兰在每个国有银行内部成立"沉淀资产管理部门"外,凡是将银行不良资产进行剥离,另行组建机构进行管理和处置的国家,都将不良资产的管理和最终的处置机构进行分离。然而,中国设立的四家资产管理公司则同时对不良资产进行管理和处置。与美国资产重组托管公司单纯的经济职能不同,中国的资产管理公司不仅有重整国有银行债务、救助国营企业的政策性职能(如债转股和政策性债务减免),同时又有着最大限度保全资产、减少损失的企业化经营目标。将不良资产的管理和最终的处置权限都集中于四大资产管理公司,不可避免地产生大量的道德风险问题。作为过渡性实体的资产管理公司,对债转股的成败具有至关重要的意义，因此必须在资产管理公司内部，尽可能地建立起有效的激励和约束机制。其中最关键的是增加其业务的透明度，使其接受公开的审计监督。此外，作为资金的退出机制之一，债转股不能代替其他的退出方式，没有任何前景的企业只能破产清算；而资产负债结构合理的企业则可以通过直接出售股权实现（吴有昌，赵晓，2000）。

一般来说，在信息完整时，企业不会以出卖资产的方式偿债，而是选择以债转股等方式重组债务，解决流动性问题。但是，在信息不完整时，企业卖出资产将对债权人起到一种未来现金流的信号作用，使债务人在债转股（及未来的信贷）中获得有利地位（Banerji，2008）。在信息对称的情况下，债转股和私下解决（private workout）是一致的；但在信息不对称的情况下，债转股是一类有成本地区分高质量企业与低质量企业的机制（Shibata, Tian，2010）。简而言之，在信息比较充分的环境下，企业更有可能选择债转股。因此，债转股得以顺利进行的一个重要条件是保证信息的充分与对称。

2.5 金融危机中美欧的资产互换

在本次全球金融危机中，由于具有系统性重要的金融机构充斥了巨额的有毒资产（toxic assets）和不良资产，其资产负债状况极度恶化，使金融体系处于濒于崩溃的边缘。在这一极为危险的境地下，美国和欧洲有关当局均采取了非常规的资产互换措施，对金融机构进行救助，改善其负债情况，以达到稳定金融市场的目的。

美联储的资产互换

为应对2008年爆发的金融危机，美联储连续实施了三次量化宽松（Quantitative Easing）以拯救金融机构，稳定金融市场，刺激低迷经济。美联储在2008—2009年期间动用巨额资金购入次级债务，剥离金融机构的不良资产。截至2010年3月第一轮量化宽松结束，美联储购买了1.25万亿美元的抵押贷款支持证券，3,000亿美元的美国国债和1,750亿美元的机构证券，累计1.725万亿美元左右。这是美国货币当局阶段性地持有私人债务，起到资产互换的"桥梁"的作用。

在本质上，美联储通过量化宽松购买金融机构有毒资产是一种双重资产互换：即通过增发美元这一美国对全球社会的负债购买金融机构次级贷款，形成了公共债务和私人债务之间互换；与此同时，这也是流动债务和非流动债务的互换。这种资产互换使堵塞金融机构的有毒资产被成功剥离，具有战略重要性的金融机构的资产负债表得以理清，从而使金融市场免于全面崩溃。在市场恢复之后，美联储再出售私人债务，回收国家负债。这是一种被动性的资产互换形式，是货币当局被迫在金融危机关键时期的非常规之举。

意大利政府的资产互换

在欧洲主权债务危机中，意大利深陷困境。由于意大利银行业是本国主权债务的主要持有者，其资产负债表极度恶化，进而严重影响到该国及欧盟金融系统的稳定。但是，意大利政府债台高筑，难以对银行业提供实质性的资金支持。在这种局面下，意大利政府采取了特殊的资产转换方式，帮助银行业缓解债务问题。

图5—2是意大利政府与银行之间债转股的交易流程。在2011年，意大利政府把包括军营、办公大楼等非经营性的国家拥有的不动产卖给银行，银行则使用其持有的意大利国债购买。然后，政府再向银行租赁这些不动产，并向银行交付相应的租金。同时，意大利银行将这些产生现金流的不动产打包，组成资产担保证券（asset—backed securities）。最后，意大利银行把这些资产担保证券作为抵押品，向欧洲中央银行获得贷款。

这一特殊的债转股方式具有无奈之举的含义。不过，它却可以满足几方面的需求：意大利政府无须付出极度稀缺的现金，而且还可部分回收主权债务；商业银行则获得不动产股权，并据此收取租金产生现金流；最后，欧洲中央银行可用该资产担保的证券为抵押物，向商业银行提供贷款、缓解危机压力。这种意大利式的债转股交易——政府债权转换为商业银行股权的资产互换，属于意大利政府的一个创造。

从国有资产到银行现金
意大利银行如何将国有建筑转化为资金

意大利政府将军营和办公楼等财产出售给银行,而银行用意大利政府债券支付

财产 → 银行
政府 ← 债券

政府再将这些财产从银行手中租回,并支付租金

银行将这些财产转换为资产保证的证券

银行用这些证券为抵押品,从欧洲央行借款

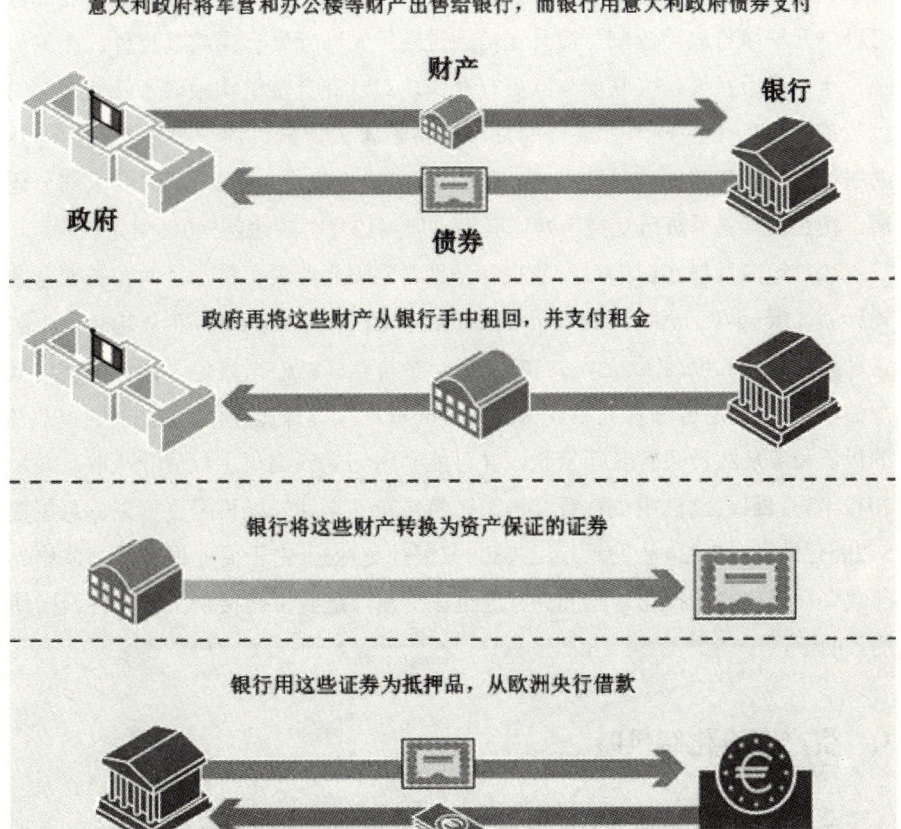

图5—2 意大利政府与商业银行之间债权转股权的交易流程

资料来源:"Just Don't Call It a 'Bailout'", the Wall Street Journal, Dec.20, 2011。

欧美央行的资产互换

在全球金融危机不断加深的背景下,美联储与欧洲中央银行进行了"暂时性美元互换安排"(Temporary US Dollar Swap Arrangement),即美联储与欧央

行进行美元与欧元的互换。欧央行担保在互换到期时按当初汇率归还美元,并将美元贷放给选定的欧洲商业银行。该交易有几点好处。就美联储而言,既能够避免资产负债表的进一步膨胀,也可以规避2008年雷曼公司倒闭时美联储向外国金融机构贷款引起的各界质疑。对欧央行而言,借入美元转贷给商业银行可以绕开法律与政治限制,而且无需因过度扩大欧元发行影响其声誉。在本质上,这一货币互换是美联储与欧央行合作,对欧洲金融机构采取"静悄悄"的拯救措施。由于在技术上央行的货币互换不属于贷款,该交易并不受到外界的关注。2008年三季度美联储的互换高达6,000亿美元,至2010年1月大部分还清。在2011年夏季货币互换为24亿美元,但到12月时就达到540亿美元。①

2011年12月与2012年3月,欧央行分别对欧洲商业银行推出了两轮长期再融资计划(Long-Term Refinancing Operation,LTRO)。其中,第一轮长期再融资计划总规模4,892亿欧元,共523家银行参与竞标。根据规定,银行可使用抵押品以1%的固定再融资利率获得欧央行的贷款。该措施使欧洲商业银行以1%的极低利率从欧洲央行获得贷款,并可能利用这笔钱购买主权债券赚取息差。2012年3月1日,欧洲中央银行又推出了第二轮三年期长期再融资计划,总规模5,295亿欧元(7,134亿美元),共800家银行竞标。②由于商业银行将国债作为向欧央行贷款的抵押物,欧洲央行通过该交易,达到了间接购买欧洲各国国债的目的。

3. 资产互换化解风险

迄今为止,债转股交易都是在债务人无力履行合同、对债权人造成损失后的一种被动补救方式。如果不进行大规模重组,债务人只有选择进入破产程序;而清算的结果往往是债权人一无所得。因此,这一金融工具属于事后债转股(*ex post debt*-equity swap),其设计初衷是解决已经发生的债务违约与清偿问题。

---

① G. O, Driscoll Jr, "The Fed's Covert Bailout of Europe", *the Wall Street Journal*, Dec. 29, 2011.

② "Draghi's cash tonic makes banks smile", Financial Times, March 2, 2012; "欧洲央行向银行业注资5295亿欧元",《金融时报》, http://www.ftchinese.com/story/001043427。

当前，中国外汇储备面临着巨大的风险，必须在损失发生之前寻求化解之道。事前债转股（*ex ante debt*-equity swap）便是一种创新的结构性工具（structural vehicle），通过该工具进行资产互换：在我国外汇储备中划出部分美欧国债或者其他债务资产，采用多种方式将其转化为国外实体经济产业的股权；与此同时，改变现有国家集中持有国外资产的单一产权结构，以分散与化解我国外汇储备的各类风险。[①]

3.1 事前债转股的特点

事前债转股是非规范的资产互换交易，属于一种创新的结构性工具。不过，与传统的事后债转股不同，它具有特定的理念设计、具体内涵及组织形式。

事前债转股的理念

事前债转股包括三个层级的转换。第一层级是资产形态转换：它可分为两个步骤：第一个步骤是货币互换：不同的债转股实施主体从国家外汇管理当局购入美欧国债，即将人民币资产转变为以美国国库券为主的外币资产；第二个步骤为债股互换：各类主体机构再将美国国债转变为不同产业的各种股权资产。

第二层级为资产权益转换：通过第一层级的转换，使集中于国家的外汇资产得以分散到社会不同主体手中，从而使资产权益发生转换，实现多元主体对海外财富的分散管理，化解国家统一管理外汇资产的巨大风险。

第三层级为资产内容转换：通过前两个层级的转换，完成资产内容的转换，从单一国家投资于虚拟金融资产、支持发达国家的社会福利部门转变为多元商业主体对全球实体经济的产业投资。

两类债转股的共同点

事前与事后两类债转股之间具有许多共同之处。首先，它们的基本点都是将已经或可能贬损的债务类资产转变为股权类资产；而这类转变则通过具有特定用途的结构工具得以实现。

其次，这种转换是在信息不对称情况下，不同主体追求自身效用最大化和

---

① Yu Qiao, "China can help", *The Wall Street Journal*, Nov. 14, 2008; Yu Qiao, "How Asian can prevent dollar default?" *Financial Times*, April 3, 2009.

争夺资源支配权的博弈；其运作过程既存在交易条件博弈，也包括有关协议执行的监督博弈。避免信息不对称带来的道德风险是事前与事后债转股面对的核心问题。

第三，为此事前与事后债转股交易都需要建立一个中心机构（如RTC、过渡银行、资产管理公司等），以协调转换交易，降低委托代理问题。

最后，不同类型的债转股均可以采取政府与民间合作方式，以扩大市场主体的参与，达到分散风险和改进微观治理结构的目的。

两类债转股的差别

首先，两者的动机不同。事后债转股是对债务违约方造成的财务损失管理，主要考虑的是尽可能回收现金，降低信用违约造成的损失。事前债转股则为外汇资产管理，着眼点在通过投资于全球实体经济，化解外汇储备面临的多元风险。

其次，事后债转股是一种被动的损失管理行为，即通过资产互换降低已发生违约事件的影响，这是对债务主体无力偿还贷款迫不得已的解决方式。而事前债转股则是一种主动的风险规避行为，使用创新的结构工具对未来可能发生的损失提供解决方案。

第三，事后债转股的对象仅局限于特定机构持有的股权类资产，其选择范围存在极大的局限性。事前债转股的投资选择面则非常广泛，并非限制在某类特定机构持有的具体资产。在理论上，这一结构工具可以有助于我国外汇储备在不同的产业，甚至不同的国家范围内进行资产再配置。

第四，规模不同。前者为千亿美元级别，主要限于特殊的行业与地域；后者将达到万亿美元级别，可以分布在对未来有着重要影响的产业，因而对全球产业结构调整产生的正面作用远非前者可比。

3.2 资产互换的组织方式

建立不同类型与功能、能够适应国际环境、市场运作灵活、公司治理良好的投资机构是资产互换的关键。这些机构可以根据不同的投资方向与对象而采取多种组织形式。例如，产业投资管理公司、海外产业投资基金、基金的基金、产业并购公司、产业租赁投资公司等。

产业投资管理公司

产业投资管理公司是具有有限股东的交易主体。它可以从国家外汇储备中直接购入美国国债；然后再通过合作、合股、参股、竞标以及其他多种方式，直接用美国债为现金等价物，参与对发达国家一些需要振兴及重组产业领域的投资活动，并可能直接或间接涉及部分管理决策。当前，特别是对美国的基础设施及欧洲银行业投资可考虑采取这种形式。

20世纪80年代中期起，全世界范围内出现了对国有的基础设施进行私有化的趋势。当前，美国的高速公路、机场和电网建设的资金中很大一部分是从私人投资者或投资机构处募集。在未来几年，其投资的资金需求将达万亿美元。同时，美国的基础设施具有稳定的收益和较低的风险水平，因此，可以成立专项投资于美国基础设施的投资管理公司，并受托管理我国外汇储备所持有的部分美国国债。美国国债可以作为现金等价物，直接为美国的基础设施建设融资，或购买参与基础设置建设的美国私人公司优先股或普通股，或与国内相关产业的专业公司合作，投资于美国基础设施，以此达到将美国国债转换为基础设施股权的目的。

对深陷于流动性危机的欧洲银行进行投资也可以通过类似的方式展开。截至2011年年底，欧洲银行业的资本金缺口总额已经超过5,000亿欧元。我国可以考虑设立对欧洲银行业进行投资的资产管理公司。该公司受托管理我国部分外汇储备资产，并通过"国债权益出资"的方式直接参股欧洲的部分银行。具体而言，该公司将以我国外汇储备所持有的主权债务资产为对价，购买欧洲各大银行的优先股或普通股。此类投资既为欧洲各国的主要银行注入大量有高度流动性的美国及德国等国债，也可实现我国外汇储备中的主权债务转化为欧洲银行业股权的目的。

海外产业投资基金

此类产业基金与产业投资公司的最大差别在于，它仅只作为出资人被动投资，而不参与投资对象的正常经营与管理；并且，海外产业基金通过向社会筹集资金的方式实现股权结构多元化。该组织形式的这些特点在外汇储备转换投资过程中具有明显优势，不仅易于消除外方对中国国有机构购买企业股权的各种疑虑，也较适宜与其他利益相关方合作，实现互补发展。海外基金可以与美国和欧洲从事基础设施、非传统页岩气能源、金融产业等的企业合作，也能够与我国或第三国的专业公司结盟，共同投资于这些产业。

该类基金可以应用于建设—经营—转让项目（Build—Operate—Transfer，BOT）和绿地投资（Green Field）。BOT是私人资本参与基础建设的一种常见方式。BOT是政府通过契约授予私营企业（包括外国企业）以一定期限的特许专营权，许可其融资建设和经营特定的公用基础设施，并准许其通过向用户收取费用或出售产品以清偿贷款，回收投资并赚取利润；特许权期限届满时，基础设施将无偿移交给政府。

绿地投资又称创建投资或新建投资，指外国公司等投资主体在东道国境内依法设置的部分或全部资产所有权归外国投资者所有的企业。创建投资会直接导致东道国生产能力、产出和就业的增长。绿地投资作为国际直接投资中获得实物资产的重要方式。早期跨国公司的海外拓展业务基本上都是采用这种方式。绿地投资有两种形式：一是建立国际独资企业，包括国外分公司，国外子公司和国外避税地公司等；二是建立国际合资企业，有股权式合资企业和契约式合资企业等。选择绿地投资有独特的优势。首先，有利于选择符合公司全球战略目标的生产规模和投资区位。其次，投资者在较大程度上可以掌控风险，把握项目各方面的主动性。此外，新建企业可以为当地带来很多就业机会及增加税收，易受到东道国欢迎。

海外产业基金作为重要出资方，可以通过不同的方式在实体经济投资方面大有所为。基金可与我国从事基础设施建设的专业公司及所在国的相关公司结盟，通过BOT方式承建与经营基础建设；也可与能源产业的国内外公司联合，共同组建新企业，投入页岩气开发等项目。

基金的基金

基金的基金（Fund of Funds，FOF）从国内具有长期投资目标的机构与个人获得资金，通过货币转换，专门投资于美国和欧洲专注实体产业的风险投资（Venture Capitals，VCs）、私募股权基金（Private Equity funds，PEs）、共同基金（Mutual Funds，MFs）等，以此达到间接投资相关项目和领域的目的。

基金的基金是一种向有长期投资导向的出资者筹集资金、然后在全球进行投资的重要媒介。这种组织形式在分散外汇储备的实体投资中，可以发挥重要作用。此外,基金的基金还可以最大限度地动员多元主体参与,改变长期以来单一国有企业对外投资的格局。

从微观的角度来看,基金的基金与产业投资基金最大的区别在于,基金的基金是以国外各种类别的基金为投资标的物,而产业基金是以特定产业的普通股票、优先股票、可转换债券等资产为投资标的产品。前者通过专业机构对投入的实体企业进行筛选,以克服中国投资机构不熟悉发达国家市场与经营环境的劣势。对中国投资者进入法规限制较大、信息成本很高的实体经济部门而言,这一方式将起到很重要的作用。当然,在这一过程中,基金的基金也面临如何降低国外专业投资机构代理人问题的困惑和挑战。

并购重组公司

并购重组公司是进入一些特定经济领域,特别是这次金融危机受到重创、而又有发展前景的产业的一种形式。此类机构可以雇佣欧美专业团队进行前台运作,而在后台,则通过动员国内资金、组织相关公司参与经营甚至接受管理。这种方式适用于某些在财务上难以支撑,或急需资金注入的实体经济企业,尤其是与我国优势产业在外国经营有关的,或具有品牌、市场、技术优势的企业。

同时,该类机构的一个重要方向是考虑收购欧洲次贷危机中欧洲各大银行剥离的巨额不良资产。据估计,欧洲大银行在未来将处置上万亿欧元的各类不良资产或非核心资产。对于如何对这类资产交易方面,国内外已经有着许多先例,也形成了比较成熟的模式。并购重组公司参照近年来中外类似机构的整体购入、分别对待、市场处置等一系列方法,不仅可以从交易中获利,而且较易进入有关产业。

租赁投资公司

中国还可以成立专门的租赁投资公司,投资于一些开放农业生产的国家。这类投资一方面可以获取稳定收益,另一方面也有助于满足我国及世界市场对农产品不断增长的长期需要。

这类公司的具体操作方式可以是,租赁投资公司与投资对象国(或当地企业、个人)签订土地租赁协议;并从国内安排农民到东道国进行农业生产,与农民签订长期农产品供应协议。投资过程中的土地租金、固定设施建设费用、农民安置费用、工资等投资成本由租赁公司支付。农产品收获后，根据协议既供应当地市场，同时也出口至中国及其他国家，获得比较稳定的长期投资收益。

3.3 资产互换的资金来源

债转股的第一步是将人民币资产转换为以美国国库券为主的外汇资产。在人民银行的资产负债表上，外汇储备是央行发出等值人民币负债而建立的资产项目。再从资产负债表中替换出外汇储备的同时，央行必须回收等值的人民币。因此，债转股的首要问题是如何获得人民币资金，从央行资产负债表中换出外汇。在调整外汇管理体制与逐步取消资本管制的前提下，债转股方法可以寻求到国内的多种社会资金，以替换官方外汇储备用之于海外产业投资。在现阶段，国内资金市场能够为债转股提供充分的本币资金来源。

银行存款及理财产品

在现阶段及未来相当长的时期，商业银行都是我国金融体系中的核心，并吸纳了最主要的各类社会资金。因此，商业银行的个人及部分企业存款是替换外汇储备的首要本币资金来源。截至2012年4月底，金融机构人民币各项存款总额达84.22万亿元。其中，机关团体存款为11.71万亿元，财政性存款为3.12万亿元，非金融企业存款为29.63万亿元，个人存款为37.86万亿元；而在个人存款中，个人储蓄存款达36.31万亿元。[①]

在银行的各类存款中，政府存款是财政收入的一部分，将要用于公共产品的提供，难以分流作为海外投资。与之相对而言，许多现金流充裕的中小企业存款和富裕家庭的个人存款则多为闲置资金，较长期沉淀在银行，缺乏好的投资渠道。这是基金的基金适合的资金来源。基金的基金通过专业化的服务，能够为中小企业和个人降低海外投资门槛，提供多元化的投资渠道，改善资金的配置效率。

在普遍缺乏投资机会的环境下，我国银行业近年推出的各类理财产品得到了出乎意料的膨胀。自2004年2月第一款银行理财产品问世以来，银行共发行55,131只理财产品。特别自2008年开始，发行数量及规模均呈爆发式增长。在

---

① 中国人民银行调查统计司，"2012年金融机构人民币信贷收支表"。http://www.pbc.gov.cn/publish/diaochatongjisi/3767/index.html。

2011年，银行理财产品发行数量约23,500只，总体规模已达15.7万亿元。名目繁多的银行理财产品主要为开放式、基金类、主题类、另类投资、专属类产品等，也有一些组合化资产管理及分层产品。①但是，理财产品中还没有定向投资于海外实业部门的工具。

目前，个人储蓄存款加上个人理财产品的总体规模已超过50万亿元，如果能从中分流10%的资金用于基金的基金，即可有5—6万亿人民币（8千—1万亿美元）的资金规模，这将构成海外投资的重要资金来源。与此同时，银行机构可以发挥其具有的独特客源优势，将有意愿投资于基金的基金的富裕私人资金统一打包，以新的理财产品形式向客户推广。

信托与保险产品

信托投资公司的功能是受托理财，即从各类委托人处获得所托资金，并将资金疏导到产业部门；这在一定程度上分流了银行的定期存款。近年以来，我国信托业处于较快的发展阶段。在2011年，新发行信托产品数量达4,801个，总额已达到5,369亿元。截至2012年3月，信托公司共管理5万亿元的信托资产。表5给出了信托资金的主要投资方向。

表 5　2011年中国信托资金的主要投资领域

	余额（亿元）	比例（%）
基础产业	11150.0	21.85
房地产	6865.7	13.46
证券市场（股票）	1834.9	3.60
证券市场（基金）	248.3	0.49
证券市场（债券）	2513.2	4.93
金融机构	7081.5	13.88
工商企业	11012.3	21.58
其他	10315.4	20.22
总计	51021.3	100.00

资料来源："2012年1季度末信托公司主要业务数据"，信托业协会网站，http://www.trustee.org.cn/sjtj/9708.html。

---

① 数据来自嘉实基金关于理财行业发展的内部研究的数据。

因此，信托公司可以定向对自有资金富裕的机构发行投资产品，将获得的资金投入专业海外投资机构。这种方式不仅能够解决海外投资的部分资金来源，而且，新的业务还将拓宽信托资金的使用范围，改善其资金配置状况，促进信托业的有序发展。信托渠道可以发行6000亿元（近1000亿美元）左右的信托产品，投入海外投资公司、并购与重组公司、海外租赁投资公司等封闭性的机构。

保险公司作为契约型金融机构，资金来源于长期稳定的保险合同，而资金使用也主要在长期投资领域。从国际经验来看，海外产业投资是适合配置保险资金的一个重要方向。我国现有保险集团控股公司10家，经营财产险业务的保险公司94家，经营人寿险业务的公司100家，再保险公司8家，保险资产管理公司11家。截至2012年3月，保险公司管理资产总额为6.4万亿元。[①] 表6显示了2011年中外资保险公司原保险保费收入。

表6　2011年保险公司原保险保费收入（单位：万亿元）

性质	类别	2011	2012.Q1
中资公司	财产险	4726.95	1793.32
	人身险	9173.65	3960.12
外资公司	财产险	52.11	21.69
	人身险	386.36	146.86

资料来源：保险业协会网站，2012，http://www.circ.gov.cn/web/site0/tab61/。

虽然我国保险业增长较快，但与经济总量和银行规模相比较，其体量仍然还较小，远未达到成熟期。随着我国金融体系的深化，保险业将会有着很大的发展空间。目前，中国保险业资产管理的主要问题是投资方向简单、雷同；实际收益率低；其资产构成主要为固定收益债券和银行定期存款，仅有一小部分权益类资产；此外，海外投资的比例非常小。[②] 在现阶段，扩大与拓展保险资金

[①] 保险业协会网站，http://www.circ.gov.cn/web/site0/tab61/i200889.htm。

[②] "平安任汇川：中国保险投资方向仍比较单一"，《腾讯财经》，2011-11-15。http://finance.qq.com/a/20111115/004654.htm。

的海外投资，特别是对发达国家的实业投资将有助于我国保险业的长期发展。保险资金的10%左右，即6—8千亿元（1千多亿美元）可以分流到专业的海外投资机构，也可与国内外工商公司合作，直接投资于相关项目。

社保基金投资

目前，中国已经进入老龄化社会。根据2010年全国人口普查数据，全国人口中60岁及60岁以上人口占全国人口比重约为13.3%。[1]随着人口老龄化的继续发展，供养人口不断上升和就业人口持续降低，全社会储蓄将出现下滑趋势。根据国际经验，通过社会保障资金的有效管理与分散化投资，实现其长期稳定收益是应对人口老龄化的一个重要方法。

2000年8月1日成立的全国社会保障基金由中央财政拨入资金、国有股减持或转持所获资金和股权资产、经国务院批准以其他方式筹集的资金及其投资收益构成；全国社会保障基金理事会负责该基金的投资运营。主要职责是受托管理全国社会保障基金、做实个人账户试点省市基本养老保险个人账户中央补助资金等。基金的投资包含境内和境外两个部分。基金境内投资范围包括：银行存款、债券、信托投资、资产证券化产品、股票、证券投资基金、股权投资和股权投资基金等。基金境外投资范围包括：银行存款、银行票据、大额可转让存单等货币市场产品、债券、股票、证券投资基金，以及用于风险管理的掉期、远期等衍生金融工具[2]。基金的投资方针是以谨慎安全为主，同时控制风险，提高收益。

从社保保障基金理事会公布的年度财务数据来看，除2009年名义收益率达到15%以上，其他年份投资收益率绝对值较低，其中，2008年、2011年的增长率甚至低于同年消费品价格指数的同比增长率。并且，投资收益率年度变化较大，表现出较强的波动性。因此，动用部分社保基金投资于具有长期、持续现金流的海外实业项目，特别是政治与社会环境稳定的发达国家，具有分散风险、增加收益的重要作用。2011年社会保障基金的收入为2.4万亿元；同时，各

---

[1] 人口老龄化是指总人口中因年轻人口数量减少、年长人口数量增加而导致的老年人口比例相应增长的动态。国际上通常把60岁以上的人口占总人口比例达到10%，或65岁以上人口占总人口的比重达到7%作为国家或地区进入老龄化社会的标准。《中国2010年人口普查资料》，中国国家统计局。

[2] 全国社会保障基金理事会，《2011年全国社会保障基金年度报告》，http://www.ssf.gov.cn/cwsj/ndbg/201206/t20120618_5601.html。

地方社保局还管理着数万亿元的资金。①在未来5年内，我国的社会保障基金能用于海外实业投资的资金可达5000—6000亿元（1000亿美元）。

表 7　2008—2011年社会保障基金（单位：亿元，当年收入）

	2008	2009	2010	2011
基金收入	13696	16116	18823	24043
基金支出	9925	12303	14819	18055
基金资产总额	5623.70	7766	8567	8688
投资收益率	−6.79%	16.12%	4.23%	0.84%
CPI同比	5.90%	−0.70%	3.33%	5.40%

资料来源：基金收入、基金支出数据来自：2008—2011年年度人力资源和社会保障事业发展统计公报，人力资源与社会保障部，http://www.mohrss.gov.cn/page.do?pa=8a81f3f1314779a101314a86e7450406；基金资产总额数据来自：2008—2011年全国社会保障基金年度报告，http://www.ssf.gov.cn/cwsj/ndbg/；CPI同比增长率根据国家统计局公布的"居民消费价格指数"计算，http://www.stats.gov.cn/was40/gjtjj_outline.jsp。

基金公司投资

　　基金业是金融市场的重要组成部分，代为居民管理巨额的社会投资资产。自从1998年正式推出第一只基金以来，中国基金业得到迅速发展，基金规模出现了大幅度增长。这既是我国经济强劲扩张时期的结果，也是我国基金业初期内在活力的反映。截至2011年，我国共有基金公司69家，基金公司管理资产总额为2.13万亿元②。此外，2011年中国私募股权市场发生投资交易695起，其中披露的643起案例共计投资275.97亿美元。

　　与成熟市场经济体相比较，我国的基金业处于初级阶段，尚有巨大的空间。我国基金发展的一个重要方面是开拓海外投资业务，特别是选择投资国外优质私人企业的股权类资产。在现阶段，我国基金可以通过现有的QDII平台参加债转股项目，逐步投入2000—3000亿元（300—400亿美元）用于不同的海外产业投资领域。

---

① 迄今为止，各地方社保局管理的资金数额没有公开披露。
② 资料来源：银河证券基金研究中心，截至2011年9月30日。

3.4 资产互换的管理

我国国内资金市场可以动员足够的资金，置换出1.5万亿美元左右的外汇储备数额，用于进行多元化的海外直接投资。这种通过资产转换方式可以化解外汇储备风险，推动资本市场开放，改变单一的国家海外财富管理模式。但与此同时，这一方式在管理与监督方面存在着不可忽视的风险，必须在完善公共治理和强化监督制度建设的基础上加以解决。

资产互换的作用

在宏观层面上，以资产互换方式分散官方外汇储备投资有诸多优势。首先，对巨量外汇储备的多元化配置将推动资本市场开放，逐步稳妥取消资本项下的管制。与此同时，央行通过出售外汇资产回收货币资金，我国外汇储备规模得以缩减。央行的外汇储备管理将具有较大的弹性和灵活性，不再依赖单纯吞吐美元提供货币，从而改善央行货币政策实现方式。此外，这也是降低外汇储备系统性风险的有效途径。外汇资产的高度集中给我国带来极大的系统性风险，资产互换可以通过民间资金置换外汇储备进行海外投资，其本质是分散管理外汇储备的总体风险。

在微观层面上，资产互换将改变社会财富的基本管理方式，不再以国家垄断财富管理为唯一手段。资产互换可以使对外投资主体多元化，改变国家或国有企业直接投资的局面，增加私人或合资机构作为对外投资主体。总体而言，民间资金投资面临的政治阻力较小。国家财富管理在海外投资中面临着更多限制，而且在对外关系紧张时存在较大的政治风险。通过资产互换将外汇储备转换为民间资金，可以扩大民营企业经营空间，达到鼓励竞争、提高资金效率、分散风险的目的。通过多元化投资主要专注实体产业，较之官方单一的债权产品投资，将有益于我国社会财富的保值与增值，也有利于东道国经济的增长。

在运作层面上，资产互换可以大幅度降低对外投资的交易成本。首先，资产互换通过动员社会资金置换出外汇储备的方法不存在国家垄断对外投资的财务成本。当前，国家对外投资的主要工具是主权财富基金，而主权财富基金通过财政部代发特种债券获得用以置换外汇储备的本币。由于人民币债券成本高于美元债券，主权财富基金的财务成本高昂，甚至可能处于负收益状态。① 其次，我国投资机构可以使用美国国债作为投资交易的媒介，直接把美国国债划拨给投资对象换取股权，投资对象亦可以把美国国库券直接抵押给银行获取流动性或者进行再投资，极大地减少了投资交易环节通过现金交易的复杂程序，节约了通过现金交易的费用和成本。由于信誉度与流动性都很高，因此，美国国债可以作为现金等价物直接投资。第三，资产互换可以避免公开抛售美国国债造成的金融市场震荡。直接使用美国国库券进行交易可以避免因美国国债的买入和卖出对金融债券市场供给波动的消极影响，降低美国机构投资者和发行方的疑虑和抵触情绪。如果直接在公开市场上出售国库券，价格将会下跌，使得债券持有者利益受损；而在私募市场转手可能不易找到买家，或者可能遭致买家压价而造成利益受损。第四，资产互换可以避免卖出美国国库券后的利息损失。在资产互换完成交割之前，美国国债的利息收入归外管局所有；交割后美国国债的利息则归投资者所有，在投资机构确定债转股的对象以及达成交易前，投资者都可享有该利息收益。

资产互换交易的风险

资产互换交易主要存在三方面的风险。这些风险是开放资本项下的管制、扩大对外投资的范围和增大投资方式的主要障碍。

首先，当放松外汇管制时，可能发生大规模的非法资金，特别是官员腐败所得的外逃风险。在现阶段，官员的非法腐败收入外逃是开放对外投资的根本性威胁。据2011年央行的一份关于"腐败资产外逃"的研究报告引述社科院的调研资料，从20世纪90年代中期以来，外逃党政干部、公安、司法干部和国家事业单位、国有企业高层管理人员，以及驻外中资机构外逃、失踪人员数目高达16,000—18,000人，携带款项达8,000亿元人民币。②

因此，实施资产互换项目的必要前提是建立严格的监督制度和管理措施，已有效的规范资本项目逐步地有序开放。例如，资产互换制度性安排应当包

---

① 中投的本金来自财政部发行固定收益的债券，需要支付5%的利息；而外汇升值还会使成本进一步上升，导致成本和收益倒挂现象。"中国外汇储备投资的大国抉择"，《中国证券报》，2008年9月2日。http://www.cs.com.cn/wh/02/200809/t20080902_1572772.htm。

② "海外追贪"，《中国经济周刊》，2012年第22期。http://paper.people.com.cn/zgjjzk/html/2012-06/04/content_1064433.htm?div=-1。

括,加强对投资资金合法性,特别是公职人员资金来源的确认;将官员财产登记与公开制度结合,避免非法资金、贪污与腐败资金借机逃逸;通过相关部门机构进行尽职调查,审核申请投资的社会资金的性质与数量等;所有社会资金并非由个体单独汇出投资,而是由投资机构管理封闭运行,不能在中途退出;投资收益结算以人民币或外币在国内进行,等等。

第二,在取消资本项目管制作用时,可能引发国内外投机冲击的风险。金融投机者作为信息投资者,可以在无管制及低管制环境下进行空头交易,通过对冲金融活动获利。例如,利用重大事件对冲套利;在宏观经济失衡时的对冲套利、对公共政策缺陷进行的套利,等等。这些对冲活动往往可能触发东道国的货币金融危机,导致宏观经济进一步失衡甚至引起社会危机。这是1997—1998年亚洲金融危机的一个深刻教训。

为了有效降低投机冲击的机会,要在可控的范围内有序放松外汇管制,避免投机者利用资产互换套利。通过银行系统逐步开放外汇管制的数量规定,亦可以适时地根据需要环境的变化调整规模;凡是进入资产互换项目的资金必须投资于实体经济,整个过程都要在监管之下封闭交易;建立以跨国银行间的对外投资资金监督网络,通过金融机构各个环节对资金使用情况进行监督和排查;在必要时有关当局可以随时逆向运作,防范投机者可调动金额数量的急剧积累。

第三,在对外实业投资过程中,代理人问题将引发严重的道德风险与败德行为。互换交易没有统一的有效市场和公开透明的价格形成机制,只要交易双方就互换标的资产等达成一致即可进行交易。在缺乏规范与竞争市场的环境下,大部分此类交易没有,也难以有标准的公平价格。这极容易大面积发生交易代理人合谋,高估标的资产质量,抬高交易价格而分肥自利、坑害出资人的现象。因此,债转股交易的另一大威胁是由于信息不对称和代理人问题引起的道德风险。

在这种情况下,完善内部公司治理制度与强化外部监督机制就更为重要。但是,由于资产互换交易是在中方出资人与不同中外代理人之间形成的多重代理关系,各方的权利义务及其治理结构错综复杂,而与之相应的外部监督链条过长且难以周全;并且,各利益相关方的合约和行为必需在中外的民商事法律框架内进行。这一现实环境使如何弥补公司内部治理和外部监督的缺陷更为艰巨。

如果这些风险不能得到有效的控制,将会对中国经济与社会带来严重的后果。显然,对这些风险的控制与防范只有在政府透明、民主问责、法治为尊的基础之上,改善公共治理、强化监督制度才可能达到。

4. 小结

资产互换是一种风险对冲的金融产品。它是交易双方按预先规定的条件,在约定的时期内交换标的资产的现金流或债务的合同。在理论上,资产互换可以交换任何标的资产。在实践中,规范集中市场上的资产互换主要包含各类货币、利率、衍生品等标准金融产品的交易,它们属于表外业务的范围。而非规范的次级市场上的资产互换为非标准资产的交易,这是一种结构性工具,属于表内业务的范围。

在过去三十多年里,资产互换在规范的市场和次级市场都得到了很大的发展。规范市场的资产互换已成为各类机构进行风险管理的主要方法。而次级市场的资产互换,特别是债转股这一在债务基础上的非标准资产的互换交易,已经成为近年以来许多国家解决金融机构的巨额不良资产问题的基本工具。不过,这是事后债权转换股权的交易,通过资产互换降低已发生违约事件的影响的一种被动的损失管理行为。

当前中国外汇储备面临着巨大风险,必须在损失发生前找出解决方法。事前债转股作为一种创新的结构性工具,可以将我国外汇储备中的债务资产转化为国外实体经济产业的股权,有效地分散与化解我国外汇储备的各类风险。债转股包括三个层级的转换。第一是资产形态转换,债转股主体首先将本币转换为以美国国库券为主的外币资产,再将美国国债转换为不同产业的各种股权资产;第二是资产权益互换,使集中于国家的外汇储备分散到社会主体,实现对海外资产分散管理;第三是资产内容转换,从单一国家投资虚拟金融资产、支持发达国家的社会福利部门转变为多元商业主体对全球实体经济的产业投资。

事前债转股的关键在于建立适应国际环境的投资机构。这些机构可以根据不同的投资方向与对象采取多种组织形式。例如，产业投资管理公司、海外产业投资基金、基金的基金、产业并购公司、产业租赁公司等。经过三十多年的生息与积聚，我国已经突破长期存在的资金瓶颈，而急需提高资金的配置效率。目前，我国国内资金市场可以提供足够的资金来源，置换出1.5万亿美元左右的外汇储备用于多元化的海外直接投资。

资产互换交易存在三种主要风险。其一是可能发生大规模的非法资金，特别是官员腐败所得的外逃风险；其二是可能引发国内外投机冲击的风险；其三是代理人在对外投资中的道德风险。如果这些风险不能得到有效的控制，将会对中国经济与社会带来严重的后果。这些风险的防范必须在提高公职人员财产透明度、增强民主问责机制、完善法治建设的基础之上，通过改善公共治理、建立严格的监督体系才能达到。

第六章 中国对国外投资现状

国外投资（Foreign Investment）也称海外投资（Overseas Investment），是跨国公司等投资主体，使用货币资本或其他形式的资本进行跨国界交易与经营，实现增值的经济活动。对外投资是商品经济高度发展的产物。当商品经济发展到一定阶段以后，国际贸易与世界市场不断扩大，金融资本与产业资本日益融合，促进了资本加速积累，出现大量的资本过剩。因此，对外投资也随之产生与发展。在全球经济一体化的时代，对外投资的内容和形式也更加多样与丰富。

在改革开放初期，中国的外汇资金极度稀缺，是资本净输入国。经过三十多年的发展，中国已经成为全球贸易中最主要的国家。由于长期的贸易顺差为中国积累了巨额的外汇储备，外汇资金短缺的局面已发生根本性的改变。目前，中国处于大规模对外投资的初始阶段。中国对外投资正在加速，这是中国进一步融入世界市场的基本趋势。不过，在当前经济结构与管理体制下，我国对外投资的基本主体是国家或国有企业。

1. 中国对国外投资的方式

中国对国外投资可以划分为三种方式：一、国外直接投资（Foreign Direct Investment, FDI）或国外实物投资（Foreign Real Investment）；二、国外金融投资或国外证券投资（Portfolio Investment）；三、包括私募股权基金（Private Equity Fund）、风险投资基金（Venture Capital Fund）、房地产、贵金属、文物与艺术品等在内的另类投资（Alternative Investment）。下面就这三种投资方式分别讨论。

1.1 中国对国外直接投资

国外直接投资(FDI)或国外实物投资，是指企业以现金、实物、无形资产等进行的海外投资。国外直接投资是现代的资本国际化的主要形式之一，按照国际货币基金组织（IMF）的定义，国外直接投资是一国的投资者将资本用于他国的生产或经营，并掌握一定经营控制权的投资活动。换言之，即一国的居民实体（对外直接投资者或母公司）在其本国以外的另一国的企业（外国直接投资企业、分支企业或国外分支机构）中建立长期关系、享有持久利益并对之进行控制的投资活动，这种投资既涉及两个实体之间最初的交易，也涉及二者之间以及不论是联合的还是非联合的国外分支机构之间的所有后续交易。[①]

国外直接投资情况

表1是世界主要国家在过去10年内国外直接投资净流入量（Net FDI Inward）及净流出量（Net FDI Onward）的情况。从表中可以看到，全球国外直接投资净流量(Net FDI Flows)在2000年为全球GDP的3.77%，金融危机前的2007年达到4.59%，而危机后的2010年降为2.42%。在这一段时期，日本、法国等国为国外直接投资净流出国；德国和韩国在2000年为国外直接投资净流入国，此后为净流出国；在一些年份英国为净流出国，而另一些年份则为净流入国；美国在2007年以来为净流出国，此前为净流入国。虽然近年来中国开始对外直接投资，国外直接投资净流出量也从2000年占国内生产总值的0.08%上升到2010年的1.01%，但是，中国吸引的外国直接投资远大于流出量，仍为净流入国，近几年的年净流入规模达到一千多亿美元。此外，巴西、印度等发展中大国为净流入国。

表 1 主要国家国外直接投资（FDI）净流入与净流出情况

国家	指标	2000年	2005年	2007年	2010年
英国	FDI净流入量占GDP比重	8.27%	7.78%	7.18%	2.34%
	FDI净流出量占GDP比重	16.67%	3.54%	11.66%	1.31%
	FDI净流量（10亿美元）	−124.11	96.62	−126.02	23.25
美国	FDI净流入量占GDP比重	3.25%	0.90%	1.58%	1.62%
	FDI净流出量占GDP比重	1.61%	0.29%	2.96%	2.41%
	FDI净流量（10亿美元）	162.06	76.40	−192.88	−115.13

---

① 百度百科，http://baike.baidu.com/view/118314.htm。

德国	FDI净流入量占GDP比重	11.14%	1.68%	2.42%	1.41%
	FDI净流出量占GDP比重	3.17%	2.78%	5.17%	3.30%
	FDI净流量（10亿美元）	150.34	−30.48	−91.14	−62.23
日本	FDI净流入量占GDP比重	0.18%	0.07%	0.51%	−0.02%
	FDI净流出量占GDP比重	0.68%	1.00%	1.68%	1.05%
	FDI净流量（10亿美元）	−23.31	−42.22	−51.31	−58.58
法国	FDI净流入量占GDP比重	3.20%	3.98%	3.81%	1.32%
	FDI净流出量占GDP比重	13.14%	5.33%	6.47%	3.30%
	FDI净流量（10亿美元）	−131.93	−28.83	−68.78	−50.72
巴西	FDI净流入量占GDP比重	5.08%	1.71%	2.53%	2.32%
	FDI净流出量占GDP比重	0.35%	0.29%	0.52%	0.55%
	FDI净流量（10亿美元）	30.50	12.55	27.52	36.92
中国	FDI净流入量占GDP比重	3.20%	5.19%	4.58%	3.12%
	FDI净流出量占GDP比重	0.08%	0.50%	0.49%	1.01%
	FDI净流量（10亿美元）	37.48	105.90	143.06	124.93
俄罗斯	FDI净流入量占GDP比重	1.05%	1.69%	4.24%	2.93%
	FDI净流出量占GDP比重	1.22%	1.67%	3.53%	3.55%
	FDI净流量（10亿美元）	−0.46	0.12	9.16	−9.23
印度	FDI净流入量占GDP比重	0.78%	0.91%	2.05%	1.40%
	FDI净流出量占GDP比重	0.11%	0.36%	1.39%	0.76%
	FDI净流量（10亿美元）	3.07	4.63	8.20	11.01
韩国	FDI净流入量占GDP比重	1.74%	0.75%	0.17%	−0.01%
	FDI净流出量占GDP比重	0.84%	0.75%	1.88%	1.90%
	FDI净流量（10亿美元）	4.80	−0.06	−17.94	−19.38
新加坡	FDI净流入量占GDP比重	17.19%	12.52%	22.02%	18.51%
	FDI净流出量占GDP比重	6.17%	9.08%	19.44%	9.46%
	FDI净流量（10亿美元）	10.57	4.24	4.33	18.90
全球	FDI净流入量占GDP比重	4.39%	2.64%	4.19%	2.25%
	FDI净流出量占GDP比重	3.77%	2.40%	4.59%	2.42%
	FDI净流量（10亿美元）	184.19	116.67	−179.00	−84.69

资料来源：UNCTAD,World Investment Report2011,http://www.unctad—docs.org/UNCTAD—WIR2011—Full—en.pdf。

图6—1为1980—2010年期间中国的国外直接投资流入量和流出量的变化趋势。自20世纪90年代上半期开始，我国的国外直接投资流入量出现急剧上升，这一趋势一直延续至今。从而使我国在近年的国外直接投资流入量超过美国、德国，成为吸引对外直接投资的第一大国。此外，近十年以来，中国对外直接投资出现加速发展的势头，虽然我国流出量还小于流入量，但是，两者之间的差距正在缩小。

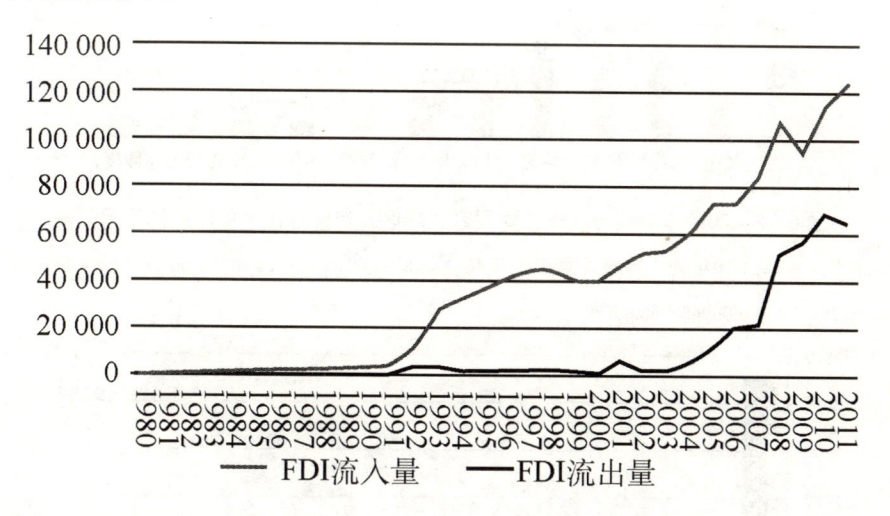

图6—1 1980—2011年中国国外直接投资（FDI）流入量和流出量（单位：百万美元）
资料来源：UNCTAD database，网址：http://unctadstat.unctad.org/TableViewer/download.aspx。

图6—2与图6—3是世界主要国家国外直接投资流出量的流量和存量的横向比较。2010年中国国外直接投资流量居全球第五位，为688.1亿美元，次于中国香港，第一位为美国3289亿美元；截至2010年中国国外直接投资存量为3172亿美元，居全球第八位。中国国外直接投资存量和美国2010年一年的流量相当。

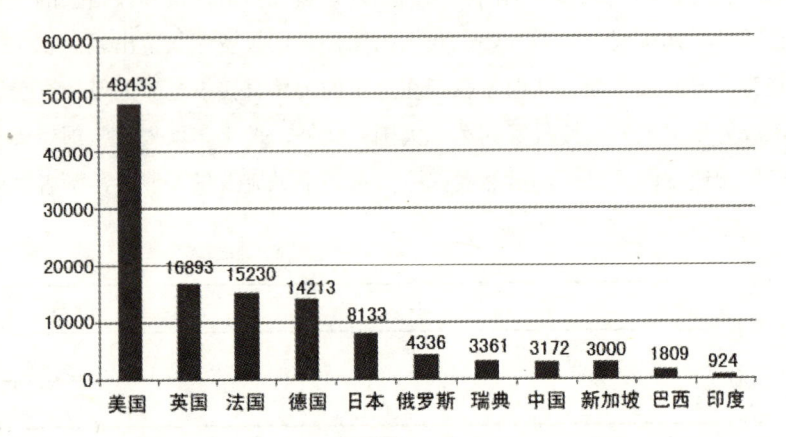

图6—2　2010年中国与全球主要国家（地区）存量对比（单位：亿美元）

资料来源：《2010年度中国对外直接投资统计公报》，http://hzs.mofcom.gov.cn/accessory/201109/1316069604368.pdf。

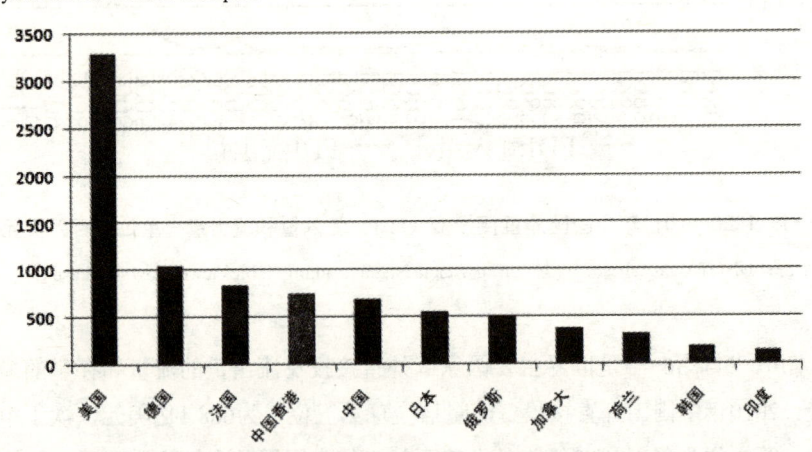

图6—3　2010年中国与全球主要国家（地区）流量对比（单位：亿美元）

资料来源：《2010年度中国对外直接投资统计公报》，http://hzs.mofcom.gov.cn/accessory/201109/1316069604368.pdf。

国外直接投资地区分布

表2为2010年中国的国外直接投资在全球不同地区的分布情况。从表中可

以看出，尽管中国企业对外直接投资的时间尚短，但已经几乎遍布世界各地，其投资东道国包括了各大洲的主要国家与地区。

表 2 2010年中国对国外直接投资在全球的分布

地区	2010年年末国家地区总数（个）	中国境外企业覆盖的国家数量（个）	投资覆盖率（%）
亚洲	49	44	90
非洲	59	50	85
欧洲	59	42	71
拉丁美洲	49	28	57
北美洲	4	3	75
大洋洲	25	11	44
合计	245	178	72.7

资料来源：《2010年度中国对外直接投资统计公报》，http://hzs.mofcom.gov.cn/accessory/201109/1316069604368.pdf。

表3为2010年中国对国外直接投资额排位前20位的国家和地区。从统计数字来看，2010年中国对外直接投资流量排名前3位国家与地区为中国香港、英属维尔京群岛、开曼群岛，对香港FDI流量为385亿美元，占总流量近56%。实际上，这三个地区并非最终投资目的地，而是起到投向第三方的跳板作用。在对这三个地区的直接投资中，除了流向其他国家的资金外，有相当部分资金可能以外资身份重新流入中国境内，但由于缺乏公开信息，其实际数量难以确定。

表 3 2010年中国对国外直接投资流量前20位的国家与地区

序号	国家及地区	流量（亿美元）
1	中国香港	385.05
2	英属维尔京群岛	61.02
3	开曼群岛	34.96
4	卢森堡	32.07

5	澳大利亚	17.02
6	瑞典	13.67
7	美国	13.08
8	加拿大	11.42
9	新加坡	11.19
10	缅甸	8.76
11	泰国	7.00
12	俄罗斯联邦	5.68
13	伊朗	5.11
14	巴西	4.87
15	柬埔寨	4.67
16	土库曼斯坦	4.51
17	德国	4.12
18	南非	4.11
19	匈牙利	3.70
20	阿拉伯联合酋长国	3.49
	合计	635.68

资料来源：《2010年度中国对外直接投资统计公报》，http://hzs.mofcom.gov.cn/accessory/201109/1316069604368.pdf。

投资主体性质

当前，中国对国外直接投资的主体仍然是国有企业。图6—4为按金额区分的中国对外直接投资企业的类型。截至2010年年末，在按金额区分的中国对外直接投资存量中，国有企业占66.2%；有限责任公司占23.6%；股份有限公司占6.1%；股份合作企业占1.1%；私营企业占1.5%；外商投资企业占0.7%；集体企业占0.2%；台港澳企业占0.1%。

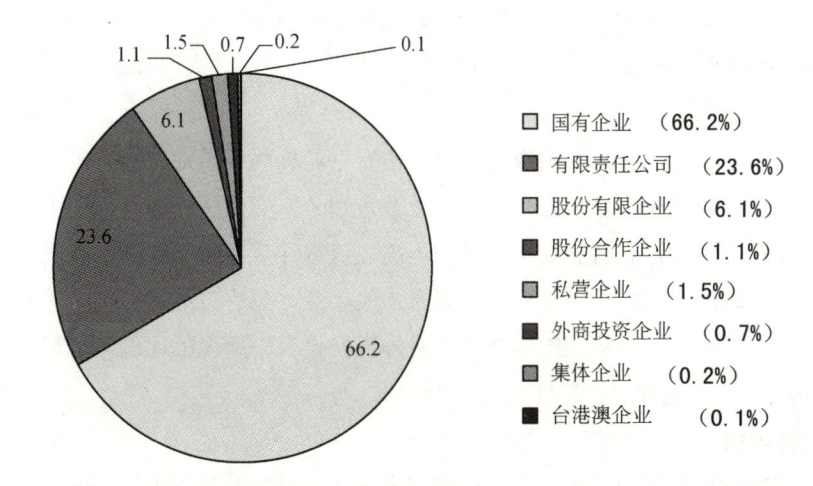

图6—4 按金额区分的中国对国外直接投资存量企业类型

- 国有企业（66.2%）
- 有限责任公司（23.6%）
- 股份有限企业（6.1%）
- 股份合作企业（1.1%）
- 私营企业（1.5%）
- 外商投资企业（0.7%）
- 集体企业（0.2%）
- 台港澳企业（0.1%）

资料来源：《2010年度中国对外直接投资统计公报》，http://hzs.mofcom.gov.cn/accessory/201109/1316069604368.pdf。

图6—5为按投资者性质划分的中国对外直接投资存量企业类型。按投资者性质而言，国有企业占13.4%，有限责任公司占57.1%，私营企业占8.2%，股份有限公司占7.0%，股份合作企业占4.6%，外商投资企业占3.2%，台港澳商投资企业占2.0%，集体企业占1.1%，其他占6.6%。

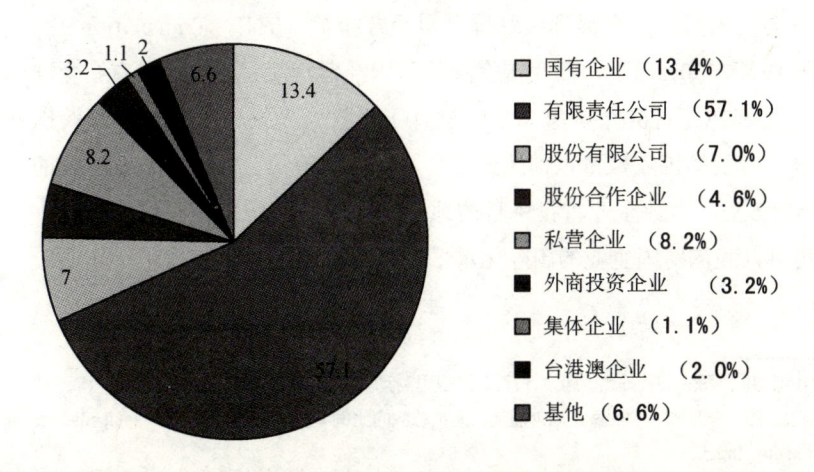

- 国有企业（13.4%）
- 有限责任公司（57.1%）
- 股份有限公司（7.0%）
- 股份合作企业（4.6%）
- 私营企业（8.2%）
- 外商投资企业（3.2%）
- 集体企业（1.1%）
- 台港澳企业（2.0%）
- 其他（6.6%）

图6—5 按投资者性质来划分中国对国外直接投资存量企业类型（%）

资料来源：《2010年度中国对外直接投资统计公报》，http://hzs.mofcom.gov.cn/accessory/201109/1316069604368.pdf。

从投资主体分布可以看出，按金额划分，国有企业构成中国对外直接投资的主要部分，私营企业所占份额较少；按企业数量划分，有限责任公司则是中国对外直接投资的主体，私营企业所占份额不高。值得注意的是，我国的有限责任公司、股份有限公司中大多为国有或国有控股企业，但官方统计公报未予以表明。如果考虑到这一事实，国有企业在对外直接投资中所占的比例有可能高达70%—80%。

投资主体规模

图6—6为2010年中国企业对外直接投资规模分布。根据2010年中国贸促会对1377家企业进行的海外投资现状与意向的问卷调查结果，参与对外直接投资的企业有344家，比例约为25%。在进行对外直接投资的企业中，61%的企业对外直接投资规模小于100万美元，20%的企业投资规模在100万至500万美元之间，金额在500—1000万美元和1000万到1亿美元的企业各占12%和6%，超过1亿美元的仅为1%，反映出中国企业对外直接投资规模偏小的特点。

中国贸促会发表的《2010年中国企业对外投资现状及意向调查报告》还对样本企业的跨国经营程度进行了衡量。其计算结果显示，受访企业海外资产占总资产比例为22.7%；受访企业海外销售收入占总收入的比例为21.9%。而根据联合国贸发会议的数据，世界顶级跨国公司经营指数（TNI，Transnationality Index）[①]一般都在50%以上，而我国企业的跨国经营程度只有20%左右。全球15大跨国公司都在超过60个国家和地区进行了投资，发展中国家的大型跨国公司对外投资涉及的国家数量也都超过11个。而我国跨国公司对外投资企业的目的国不超过5个，多数企业将投资目的地锁定在2—3个国家（中国贸促会，2011）。可见，我国跨国企业的国际化水平远远低于世界平均水平。

---

① TNI是跨国公司的一种排名。通过计算以下三项指标的算术平均值得到：海外资产占总资产比例，海外销售收入占总销售收入的比例，海外雇员占雇员总数的比例。资料来源：http://en.wikipedia.org/wiki/Transnationality_Index。

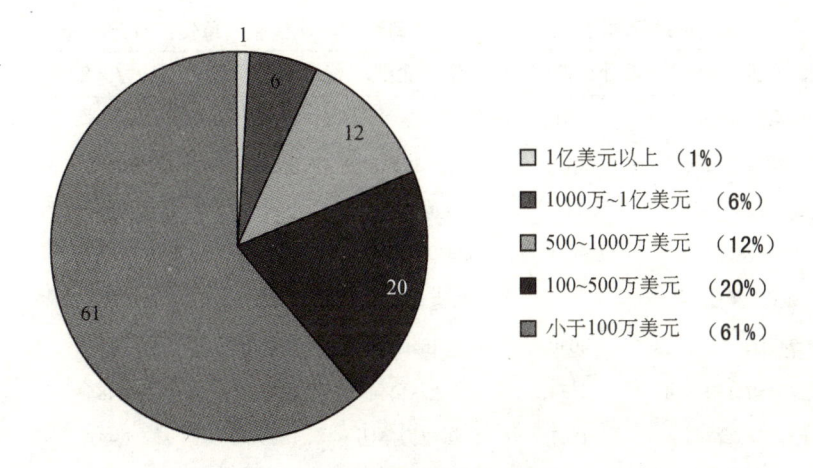

图6—6　2010年中国企业对外直接投资规模分布（%）

资料来源：《2010年中国企业对外投资现状及意向调查报告》，http://wenku.baidu.com/view/4106e84d2b160b4e767fcf5f.html。

中国大型跨国公司的海外投资规模

中国官方的统计报告没有公布中国企业海外资产的相关统计数据。不过，联合国贸发会（UNCTAD）的《2010年世界投资报告》中，按照2007年的海外资产这一指标对发展中国家非金融性跨国公司进行了前百位排名，并公布了相应的数据信息，其中中国有10家企业入围该排名。同时，该报告也对全球的非金融性跨国公司的相同指标做出了相应的前百位排名。据此可以整理出中外跨国企业海外资产之间的国际比较。

表4为2007年非金融类的中国十大跨国公司与全球十大跨国公司海外资产比较。表中的数据反映出中外企业在国际化程度上的差距：中国最大跨国公司的海外资产平均规模大约只相当于外国大公司的4.24%，远低于国外公司的水平。不过，中国企业对外投资的平均销售收入和资产分别为外国公司的33.5%和32%。这说明与世界跨国公司相比较，中国跨国公司海外资产的差距大于其规模的差距，中国外向型企业的发展水平尚处于初期阶段。

表 4　2007年中国非金融类跨国公司与全球跨国公司海外资产比较（单位：百万美元）

中国企业	海外资产（1）	世界企业	海外资产（2）	（1）/（2）%
中国中信集团公司	25514	通用电气	420300	6.07
中国远洋运输集团公司	20181	沃达丰	230600	8.75
中国建设工程总公司	11147	皇家壳牌	196828	5.66
中国石油天然气集团公司	6841	英国石油	185323	3.69
中国石油化工集团	4812	埃克森美孚	174726	2.75
联想集团	4030	丰田汽车	153406	2.63
中国交通建设集团有限公司	2134	道达尔公司	143814	1.48
中国海洋石油总公司	1861	法国电力集团	128971	1.44
中兴通讯股份有限公司	1740	福特汽车	127854	1.36
中国五矿集团公司	1722	德国意昂集团	123443	1.39
平均值	7998.2	平均值	188526	4.24

资料来源：根据UNCTAD《2010年世界投资报告：投资低碳经济》整理。

1.2　中国对国外金融投资

除了对外直接投资之外，中国对外投资的一个主要方面是海外金融投资。对外金融投资主要是在国外公开金融市场上对包括债券、股票，以及衍生产品等有价证券进行交易的活动。金融投资的特点决定了在公开市场上进行操作时，投资者更加注重不同资产在风险、收益、流动性等方面的综合配置。

2011年年末，我国对外金融资产为47,182亿美元，对外金融负债为29,434亿美元，对外金融净资产为17,747亿美元。在对外金融资产中，对外直接投资为3,642亿美元，证券投资2,600亿美元，其他投资8,382亿美元，储备资产32,558亿美元，分别占对外金融资产的8%、6%、18%和69%；在对外金融负债中，外国来华直接投资18,042亿美元，证券投资2,485亿美元，其他投资8,907亿美元，分别占对外金融负债的61%、9%和30%。[①]

在现阶段，代表国家执行外汇政策和管理外汇储备的国家外汇管理局是中国对外金融投资的基本平台。目前，在中国官方外汇储备的资产配置中，各种

---

① 国家外汇管理局，2012.4.2，http://www.safe.gov.cn/model_safe/news/new_detail.jsp?ID=90000000000000000,983&id=3&type=1,2。

类型的美元资产占大部分，估计达到外汇储备总额的70%左右，主要为美国国债及机构债券。其次包括欧洲国家主权债务类证券在内的欧元资产，估计占外汇储备的四分之一；剩余部分为国际组织及若干东亚国家的债券类资产。①

其次，作为主权财富基金的中国投资有限责任公司（中投公司）也是进行海外金融投资的重要主体。根据中投公司2010年财政年报，中投公司2010年的资产规模为4,095亿美元，其投资组合全年收益率达11.7%，自公司成立以来的累计年化收益率为6.4%。②

表5 2008—2011年中国投资有限责任公司重要财务指标（单位：百万美元）

中投公司	2008	2009	2010	2011
资产总额	297540	332394	409579	482167
资产增加额		34854	77185	72588
负债	8784	12384	35277	57072
所有者权益	288756	320010	374302	425095
投资收益	23955	44876	55393	48589
营业成本	95	153	591	1180
利润总额	23881	44698	54801	47407
净利润	23130	41660	51560	48422

资料来源：中国投资有限责任公司年报，2008—2011。

表6 2008—2011年中国投资有限责任公司全球组合资产分布（单位：%）

	2008	2009	2010	2011	
现金管理产品	87.40	32	4	现金管理产品	11
股权	3.20	36	48	公开市场股票	25
固定收益证券	9.00	26	27	固定收益证券	21
其他	0.40	6	21	绝对收益	12
				长期资产	31

资料来源：中国投资有限责任公司年报，2008—2011。

① 参见本书第二章表10。
② 中国投资有限责任公司网站：http://www.china-inv.cn/resources/news_20110726_391707.html。

2007年5月末，还在筹备中的中投公司与黑石集团（BlackStone）达成30亿美元的投资意向；黑石集团于2007年6月22日在纽约证券交易所上市，其初始发行价为每股31美元。中投公司斥资30亿美元购买黑石股票，成本大约为每股29.605美元，并承诺四年内不予出售。2007年12月19日，中投公司购买摩根士丹利公司56亿美元面值的到期强制转股债券，占摩根士丹利当时股本的约9.86%。2009年6月，中投公司再次购入摩根士丹利12亿美元普通股，保持摩根士丹利股本扩大后的持股比例约9.86%不变，中投公司不进入摩根士丹利董事会。① 2010年9月1日，美国联邦储备委员会批准了中国投资有限责任公司收购摩根士丹利10%具有表决权股份的要约。这意味着中投公司正式成为持有大摩10%股权的股东。

不过，在创始之初中投公司投资的黑石集团、摩根士丹利等公司出现较大的账面亏损，遭受到社会舆论的广泛质疑。随后，中投公司在2008年金融危机期间放缓了投资速度，将全年新增投资压缩在48亿美元的规模内。在2009年，中投公司调整了偏重北美与欧洲金融市场的投资策略，主抓境外与境内新兴市场，主要投向资源、地产等非金融资产。2009年7月，中投公司出资2.11亿英镑（约25亿元人民币），收购世界最大酒商英国帝亚吉欧约1.1%的股权，为该公司的第九大投资者。② 2009年9月，中投公司动用19亿美元，购买印尼最大煤炭生产商PT Bumi Resources公司发行的债券型工具；认购在香港上市的上海恒盛地产2,000万—3,000万美元的新股，用以支持这家公司在内地开发上海、合肥及其他地区的新地产项目；以8.5亿美元、占股12.91%注资亚洲最大的农产品、大宗工业原料供应商之一——香港来宝集团；协议收购保利集团的控股地产公司保利香港2.3%的股权，价值4.09亿港元。③

中投公司倾向于被动投资，介乎实物投资和金融投资之间，既有在公开市场上交易，同时也有幕后市场一对一或一对多的协商谈判而进行的交易。图6—7和图6—8分别是中投公司在全球股权组合投资中的地域分布及行业分布。总体上来看，中投公司的投资地域主要分布在北美、亚太以及欧洲；其投资产

---

① 中国投资有限责任公司网站，http://www.china-inv.cn/resources/resources_news01.html。

② "中投公司赚了还是亏了"，《雅虎财经》，2011-08-15。http://biz.cn.yahoo.com/ypen/20110815/528800.html。

③ 百度百科，http://baike.baidu.com/view/1176069.htm。

业广泛，具有长期性，且有和海外直接投资相结合的特征。此外中投公司还进行了包括海外地产在内的其他投资。

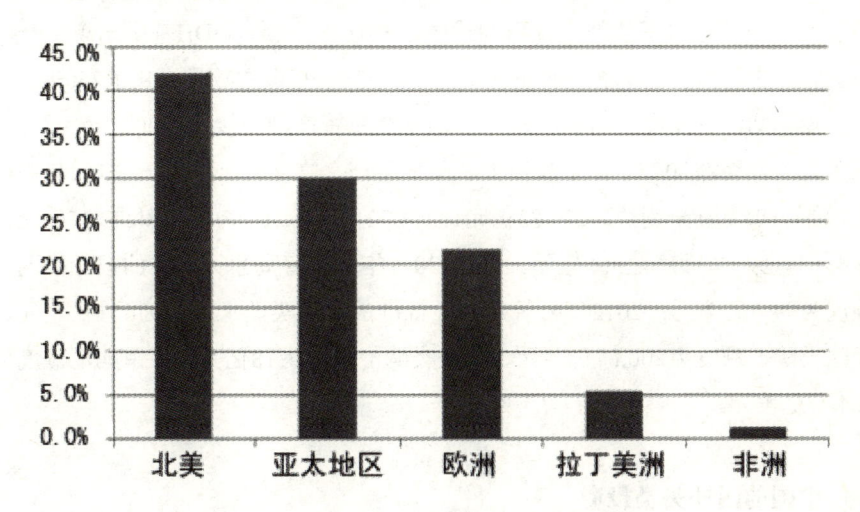

图6—7　全球组合分散投资中投股权地域分布

资料来源：《中投公司2010年年度报告》、《中投公司2011年年度报告》。

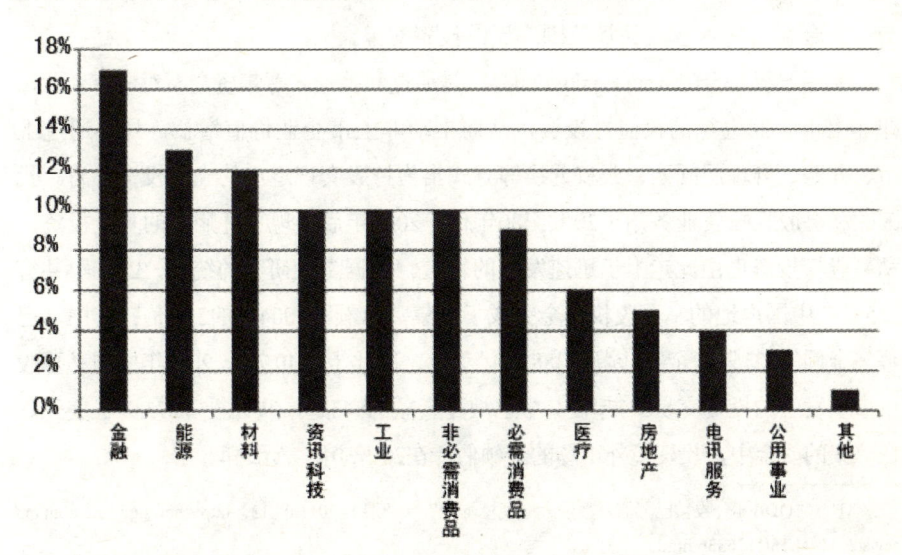

图6—8　全球组合分散投资中投股权行业分布

资料来源：《中投公司2010年年度报告》、《中投公司2011年年度报告》。

此外，商业银行、保险公司、全国社保基金以及由国内金融机构设立的"合格的国内机构投资者"（Qualified Domestic Institutional Investor, QDII）也是进行海外证券投资的补充性商业载体。2010年至今，QDII基金出现了一轮大扩容，由原来的10只扩充到36只，一年内QDII基金的数量增长了250%。不过，规模却没有明显的增长。目前QDII基金总资产规模接近1000亿元（约160亿美元），而在2007年，上投亚太、华夏全球、嘉实海外和南方全球4只高位发行的QDII基金分别约为235.83亿元、214.72亿元、212.90亿元和202.55亿元，这4只基金的总额就达866亿元。①截至2011年，外管局累计批准的银行类购汇额度为94.6亿美元；2012年外管局累计批准的证券类购汇额度为451亿美元、保险类购汇额度为200.87亿美元、信托类购汇额度为18亿美元、总购汇额度为764.47亿美元。②

1.3 中国的国外另类投资

国外另类投资（alternative investment）是在对外实物投资和对外金融投资之外的其他投资的统称。另类投资，包括风险投资基金、私募股权基金、房地产、贵金属、艺术珍藏品等范围广泛的投资对象。

私募股权基金(Private Equity Fund)，是通过私募形式募集资金，对私有企业，即非上市企业进行的权益性投资，从而推动非上市企业价值增长，最终通过上市、并购、管理层回购、股权置换等方式出售持股套现退出的一种投资行为。我国的私募股权投资业务始于20世纪80年代。2004年后出现了并购型的基金投资，私募股权投资也由此走上了迅速发展的轨道。根据专业研究的统计，2010年共有235只在中国内地的私募股权基金完成了募集，总额为2004年的2.87倍；其中，已募集金额的221只基金共计募集388.58亿美元，同比上涨40.7%。2011年中国私募股权市场发生的投资交易695起，其中已披露金额的643起，共计投资275.97亿美元。在募集的资金中，投资境外市场的金额估计在20—30亿美元之间。③

---

① "QDII部分收益已翻倍，数量大增规模不增"，《新浪》，2011.04.13。http://news.gd.sina.com.cn/news/2011/04/13/1126336.html。

② 国家外汇管理局，《合格的境内机构投资者（QDII）投资额度审批情况表》，2012年4月。

③ 清科研究中心，2012，http://www.zdbchina.com。据其数据，在2011年PE投资的国内区域分布中，有31.7亿美元投资在"其他"和"未披露"项，故推测其中大部分为境外投资。

风险投资基金（Venture Capital Fund）指一切具有高风险、高潜在收益的投资；狭义的风险投资是指以高新技术为基础，生产与经营技术密集型产品的投资。根据美国全美风险投资协会的定义，风险投资是由职业金融家投入到新兴的、迅速发展的、具有巨大竞争潜力的企业中一种权益资本。根据统计，中国2011年全年风险投资金额约为89.5亿美元，[①]不过，投资海外市场的数额不详。

海外黄金投资属于国家专营投资，个人与私人企业很难涉足海外黄金市场。自2008年以来，我国开始增持黄金，2011年持有的黄金储备达1054.1吨，比2003年增加了75%，持有的黄金价值约676.5亿美元，排世界第6位。但是，如表7所示，我国的黄金储备占世界黄金储备的比例只有3.4%，远低于排名前列的欧盟和美国；同时，我国黄金储备只占外汇储备的1.6%，远低于世界各国的平均水平10%。

表7　2012年世界各国、地区和组织的黄金储备情况

排名	国家/地区/组织	黄金储备（吨）	占世界黄金储备比例（%）	黄金储备占外汇储备（%）
1	欧盟	10788.1	34.7	64.3
2	美国	8133.5	26.2	74.2
3	德国	3401	10.9	71.4
4	国际货币基金组织	2814	9.1	n.a
5	意大利	2451.8	7.9	71.2
6	法国	2435.4	7.8	66.2
7	中国	1054.1	3.4	1.6
8	瑞士	1040.1	3.3	17.8
9	俄罗斯	836.7	2.7	7.7
10	日本	765.2	2.5	3.3
11	荷兰	612.5	2.0	58.9

资料来源：世界黄金协会（World Gold Council），Gold Demand Trends Q1 2012 [2012—05—12]。http://www.gold.org/investment/research/regular_reports/gold_demand_trends/.The International Monetary Fund's International Financial Statistics (IFS), May 2012。

[①] CV Source, 2012. www.ChinaVenture.com.cn.

海外艺术品投资主要是以个人投资民间收藏为主。但是个人购买海外艺术品的金额受外汇管理政策中个人换汇和结汇的额度限制，我国私人投资于海外艺术品市场的规模有限。

我国在境外的房地产投资主要通过主权财富基金和个人移民投资等渠道进行，其中主要通过个人投资方式实现。受国外房地产投资政策的影响，我国在海外投资房地产以移民形式购置房产及国内居民投资房地产保值为主，由于个人投资的私密性，其具体规模不详。此外，中投公司也在资产配置中，对房地产投入了一定资金。据其公布的年报，2010年的房地产投资占投资总额的5%，不过这笔投资包括投入国内外房地产项目的资金。

2. 中国对国外投资的政策

我国对外投资由国家发展与改革委员会、人民银行、国家外汇管理局、财政部、商务部、证监会和银监会等部门进行监管和审核。在境外的投资项目需要国家发改委、人民银行和国家外管局事先批准其额度，并纳入相应的外汇管理计划中。其中，国家外管局主要负责对外金融投资的管理和项目审批，以及对海外资本交易和汇兑中的金融投资进行管制（肖凤娟，2011）。

2.1 对国外直接投资政策

我国对外直接投资政策经历了从国家限制到放松鼓励的两个发展阶段，目前在我国"走出去"的战略背景下，国家多个部门机构分别出台了相关政策和通知支持国外直接投资，共同负责我国对外投资的管理，在国外直接投资的审核上放松了政策管制，将政府对海外投资的审批权转为核准权，取消原来繁复的审核程序，放宽了审批权限。目前，有多个国家部委管理对外直接投资（李保民，2007；张礼卿，2007；徐婧、朱启荣，2008）：

1. 国家发展和改革委员会主要负责国内金融机构和企业的中长期外债管理，出台了关于境外投资的核准办法、操作模式和信贷支持政策，负责一些境外资源开发和大额投资项目的资金安排。

2. 商务部由国务院授权，属于对外直接投资的归口管理部门，出台了关于在海外直接投资的政策和管理条例及法律法规,创立企业对外直接投资的核准条例,审批在海外设厂的权限和投资额并通过其授权的驻外使馆商务处对国内企业创办的海外企业进行监管监督。

3. 国家外汇管理局同中国进出口银行、国资委对外直接投资的协管部门则是针对境外投资的外汇管理和审查部分,控制我国对外投资的用汇额度,监管外汇资金投放和境外国有资产的管理,主要包括海外直接投资的风险审查等;外管局还逐渐将一些直接审批的项目转给指定的银行进行外汇的审核。

我国对外直接投资的审批需要经过多个部门的繁琐审批环节,从企业发出申请,由所在县(区)级主管部门往上递交,经过市、省级相关部门审批后再由商务部和外管局进行最终审核,方可完成整个审批手续。

2.2 对国外金融投资政策

我国的对外金融投资受国家外汇管理政策影响,分个人和机构外汇交易活动。对于个人的外汇交易活动,国家外管局有着较为严格的额度限制,但是近年来有所调整和放松:(1)控制额度:对个人结汇交易和境内个人购汇实行年度总额管理制度。2007年,外汇管理局将个人在境内年度购汇额度由原来的2万美元提高到5万美元,个人的年度结汇总额也升至5万美元[①];(2)放宽对个人贸易外汇收支的审批程序;(3)进一步规范个人外汇交易的相关外汇收支活动,明确可进行的资本项目;(4)规范外币的现钞存取和携带制度,取消现钞和现汇账户的区别,统一对个人非经营性外汇收付。

2012年3月28日,国务院常务会议决定设立温州市金融综合改革试验区。温州市金融综合改革的十二项任务中,第四项明确指出:"研究开展个人境外直接投资试点,探索建立规范便捷的直接投资渠道"。[②]温州成为我国第一个放开个人境外直接投资的试点城市,从而为我国民间资本的海外投资打开了一条合法而便捷的通道。探索建立规范化的个人境外直接投资渠道,对发展境外直接投资与加强个人项下跨境资本流动管理均具有重要现实意义。同期,温州市政

---

① "央行调整个人外汇管理政策 外汇黑市土崩瓦解",《人民网》,2007.01.10。http://finance.people.com.cn/GB/1040/5265432.html。

② "温家宝主持召开国务院常务会议,决定设立温州市金融综合改革试验区",中华人民共和国中央人民政府网站,http://www.gov.cn/ldhd/2012/03/28/content_2102006.htm。

府出台了《温州市个人境外直接投资试点方案》。该《方案》指出,"开展个人境外直接投资试点的目的是探索建立规范便捷的个人境外直接投资渠道,实现推动发展个人境外投资与加强个人项下跨境资本流动管理双重目标","有利于加强个人项下跨境资本流动管理。从当前境外投资实际情况看,除通过企业进行境外投资外,其实个人通过非规范渠道获取外汇在境外进行投资的行为一直存在。开展个人境外直接投资试点,建立规范化的个人境外直接投资渠道,既有利于加强对个人项下跨境资本流动管理,也有利于维护个人境外投资的合法权益","有利于为国家推进外汇管理制度改革积累试点经验。开展个人对外直接投资试点,推进对外投资主体多元化,提高境内投资主体的国际竞争力,为进一步推进人民币资本项目可兑换积累试点经验"。

温州金融综合改革试点对于个人的国外投资和外汇管理也提出了许多具体的措施。在总体上,要求"在总体上把握好试点方案的设计、试点推进的节奏、试点效果的评估、试点经验的推广等方面的关系,稳步推进试点工作。一是要坚持正确方向,要按照有利于发展民间投资、有利于规范外汇管理、有利于促进温州本地经济发展的原则推进试点工作。二是要坚持风险可控,要依照统筹规划、循序渐进、先易后难、留有余地的原则,分阶段、有选择地推进试点工作。三是要坚持综合配套,要强化试点涉及的外经贸、外汇管理、发展改革等职能部门的工作协调性及相关政策的配套性"。在投资项目管理方面,要求"(1)对投资者境外项目的真实性合法性进行审查;(2)对投资者境外投资方式进行审查,投资方式限定为:通过新设、并购、参股等方式在境外设立非金融企业或取得既有非金融企业的所有权、控制权、经营管理权等权益的行为;(3)设定限制投资的对象和区域:不准投资设立境外特殊目的的公司,涉及我国禁止出口的技术和货物,能源、矿产类境外投资。不准投资与我国未建交国家的境外投资,特定国家或地区的境外投资,涉及多国(地区)利益的境外投资"。在外汇收支管理方面,要求"(1)外汇汇出管理。投资者经市外汇管理部门核准登记后,至外汇指定银行办理资金汇出手续。外汇指定银行进行真实性审核后予以办理。(2)外汇汇入管理。投资者境外直接投资获取利润及境外企业因转股、减资、清算等所得汇回境内的,应通过个人资本专用账户办理入账。(3)账户管理。投资者境外直接投资外汇资金收支均应通过个人资本专用账户办理。账户开立和入账由市外汇管理部门核准"。

我国外汇管理当局严格控制机构的海外金融投资，例如国际商业借贷、跨国的证券交易、购买国债和发行国际债券等。不过，随着我国外汇储备的增加，有关当局对海外金融投资的限制逐渐放宽。目前，我国的海外金融投资由申请企业或机构的所在地外汇局进行审核审批，具体的外汇管制措施包括境内机构在海外开设外汇账户的结汇、购汇管理；针对资本流动的类型和周期进行不同程度的普遍资本管制。为了促进海外金融投资，外管局尝试简化相关的审批程序，将对外金融投资的逐笔审核转变为余额管理方法；除此之外，还取消了部分的审核过程，如取消外汇风险审核和投资购汇额度。但是，外管局的管理体制直接限制外汇投资于国外几种固定的收益产品范围，如美国或欧洲的国债、机构债。[1]

在维持现有资本项目管制的体制下，为了有利于境外投资者买卖我国证券资产及便利我国投资者交易外国金融资产，监管当局设置了合格的境外机构投资者（Qualified Foreign Institutional Investors，QFII）与合格的境内机构投资者（Qualified Domestic Institutional Investors，QDII）制度。经审批之后，QFII可以投资中国证券资产，而QDII则可以投资境外的证券资产。具体而言，QDII可以交易境外挂牌交易的股票、债券、存托凭证、房地产信托凭证、公募基金、结构性投资产品、金融衍生品等金融资产。QDII是我国进行境外金融投资的重要机制设计之一，由国家外管局批准成立，可以投资境外的股票和债券，允许其海外资本市场进行投资。目前，国家外管局和证监会共同协作、配合管理QDII的投资额度、评估、考核和监管；证监会主要负责QDII的审批工作，组织专家对其投资产品的风险、估值标准和组合原则进行审核；[2]双方制定QDII的产品设计、交易方式、托管业务和核算估值等方面的内容和规定。[3]国内多家银行也参与了QDII的协助工作，如中国银行、工商银行、招商银行等已经推出了

---

[1] 张斌，"中国对外金融的政策排序——基于国家对外资产负债表的分析"，《中国经济信息网》，2011年4月。http://www.jndpc.gov.cn/E_ReadNews.asp?NewsID=12007。

[2] "QDII管理办法5日正式实施，有关部门接收审批方案"，《中国经济网》，2007年7月。http://www.ce.cn/xwzx/gnsz/gdxw/200707/05/t20070705_12072557.shtml。

[3] "两部门联手维护投资者利益，QDII审核有新规"，《每日经济新闻》，2008年5月。http://finance.qq.com/a/20080519/000888.htm。

通过此方式的境外投资代客理财业务。①

　　证监会在于2007年出台了第46号证监会令《合格境内机构投资者境外证券投资管理试行办法》，其目的在于规范合格境内机构投资者境外证券投资行为，保护投资人合法权益。合格境内机构投资者，是指符合办法规定的条件，经中国证监会批准在中华人民共和国境内募集资金，运用所募集的部分或者全部资金以资产组合方式进行境外证券投资管理的境内基金管理公司和证券公司等证券经营机构。境内机构投资者开展境外证券投资业务，应当由境内商业银行负责资产托管业务，可以委托境外证券服务机构代理买卖证券。申请境内机构投资者资格，应当具备下列条件：（一）申请人的财务稳健，资信良好，资产管理规模、经营年限等符合中国证监会的规定；（二）拥有符合规定的具有境外投资管理相关经验的人员；（三）具有健全的治理结构和完善的内控制度，经营行为规范；（四）最近3年没有受到监管机构的重大处罚，没有重大事项正在接受司法部门、监管机构的立案调查；（五）中国证监会根据审慎监管原则规定的其他条件。取得境内机构投资者资格的基金管理公司可以根据有关法律法规通过公开发售基金份额募集基金，运用基金财产投资于境外证券市场。基金管理公司申请募集基金，应当根据有关法律法规规定提交申请材料。境内机构投资者应当根据市场情况、产品特性等在募集方案中设定合理的额度规模上限，向国家外汇局备案，并按照有关规定到国家外汇局办理相关手续。基金、集合计划存续期内的额度规模管理应当按照有关规定进行。②

　　国家外管局于2009年出台了《境内机构境外直接投资外汇管理规定》，以促进境内机构境外直接投资的健康发展，对跨境资本流动实行均衡管理，维护我国国际收支基本平衡。境内机构可以使用自有外汇资金、符合规定的国内外汇贷款、人民币购汇或实物、无形资产及经外汇局核准的其他外汇资产来源等进行境外直接投资。境内机构境外直接投资所得利润也可留存境外用于其境外直接投资。上款所称自有外汇资金包括：经常项目外汇账户、外商投资企业资本金账户等账户内的外汇资金。外汇局对境内机构境外直接投资及其形成的资产、相关权益实行外汇登记及备案制度。境内机构在向所在地外汇局办理境

---

① 百度百科，"QDII"。http://baike.baidu.com/view/24795.htm。
② 中国证券监督管理委员会网站：http://www.csrc.gov.cn/pub/newsite/。

外直接投资外汇登记时，应说明其境外投资外汇资金来源情况。境内机构将其所得的境外直接投资利润汇回境内的，可以保存在其经常项目外汇账户或办理结汇。境内机构（金融机构除外）应按照境外投资联合年检的相关规定参加年检。多个境内机构共同实施一项境外直接投资的，应分别到所在地外汇局参加外汇年检。[1]

2006年，中国证监会、中国人民银行和国家外汇管理局联合发布了《合格境外机构投资者境内证券投资管理办法》。合格境外机构投资者，是指符合办法的规定，经中国证监会批准投资于中国证券市场，并取得国家外汇管理局额度批准的中国境外基金管理机构、保险公司、证券公司以及其他资产管理机构。申请合格投资者资格，应当具备下列条件：（一）申请人的财务稳健，资信良好，达到中国证监会规定的资产规模等条件；（二）申请人的从业人员符合所在国家或者地区的有关从业资格的要求；（三）申请人有健全的治理结构和完善的内控制度，经营行为规范，近3年未受到监管机构的重大处罚；（四）申请人所在国家或者地区有完善的法律和监管制度，其证券监管机构已与中国证监会签订监管合作谅解备忘录，并保持着有效的监管合作关系；（五）中国证监会根据审慎监管原则规定的其他条件。中国证监会依法对合格投资者的境内证券投资实施监督管理，国家外汇局依法对合格投资者境内证券投资有关的投资额度、资金汇出入等实施外汇管理。合格投资者应当委托境内商业银行作为托管人托管资产，委托境内证券公司办理在境内的证券交易活动。[2]

国家外管局2009年出台了《合格境外机构投资者境内证券投资外汇管理规定》，对合格的境外机构投资者投资境内证券资产过程中有关外汇的问题进行了详细规定。外管局规定，国家对合格投资者的境内证券投资实行额度管理，国家外汇管理局批准单个合格投资者的投资额度，鼓励中长期投资。单个合格投资者申请投资额度每次不得低于等值5,000万美元，累计不得高于等值10亿美元。合格投资者凭国家外汇管理局投资额度及开户批复文件，可以在托管人处为自有资金或由其提供资产管理服务的客户资金分别开立一个外汇账户和一个对应的人民币特殊账户。合格投资者设立开放式中国基金的，每只开放式中国

---

[1] 国家外汇管理局网站：http://www.safe.gov.cn/。
[2] 中国证券监督管理委员会网站：http://www.csrc.gov.cn/pub/newsite/。

基金应单独开立一个外汇账户和一个对应的人民币特殊账户。托管人应在合格投资者外汇账户和人民币特殊账户开立后5个工作日内向托管人所在地外汇局备案,并向国家外汇管理局报送正式托管协议、为合格投资者领取《外汇登记证》。合格投资者可根据申请额度时提供的投资计划及有关说明,在实际投资前10个工作日内通知托管人直接将投资所需外汇资金结汇并划入其人民币特殊账户。合格投资者汇入投资本金累计未满等值2,000万美元的,不得结汇投资。①

自2006年6月起,中国银行、工商银行、建设银行、交通银行、招商银行、中信银行等先后获批准许开办代客境外理财业务,其购汇额度由国家外管局核定,各商业银行在额度内募集境内个人和机构的资金用于境外金融投资。2006年,国家外管局批准了15家商业银行共134亿美元的境外代客理财购汇额度,其中,中国银行的购汇额度为25亿美元,中国工商银行20亿美元,中信银行为5亿美元,民生银行为5亿美元。其中,外管局还批准了15家保险公司和1家基金管理公司拥有境外投资的权限,其保险公司的投资额度为51.74亿美元,基金管理公司的投资额度为5亿美元。②全国社保基金在境外投资受外管局和保监会共同审批,通过相关法律法规进一步规定其境外投资的额度、审批程序和监管。根据《全国社会保障基金境外投资管理暂行规定》中对社保基金对外投资的额度限制,2009年社保基金对境外股票投资额约为200亿美元,其中境外股票投资金额约5—8亿美元。③只占所有投资额的少数比例。截止2011年,外管局累计批准的银行类购汇额度为94.6亿美元;2012年外管局累计批准的证券类购汇额度为451亿美元、保险类购汇额度为200.87亿美元、信托类购汇额度为18亿美元、总购汇额度为764.47亿美元。④

---

① 国家外汇管理局网站:http://www.safe.gov.cn/。
② "外汇局2006年批准134亿美元境外代客理财购汇额度",中央人民政府网站,2007.02.23。http://www.gov.cn/jrzg/2007-02/23/content_532426.htm。
③ 全国社会保障基金理事会,《全国社会保障基金境外投资管理暂行规定》,http://www.ssf.gov.cn/xxgk/flfg/200904/t20090427_908.html。
④ 国家外汇管理局,《境内机构投资者(QDII)投资额度审批情况表》,2012年4月。

2.3 其他对国外投资的政策

其他对国外投资项目包括中投公司的海外专投项目、境外投资黄金、艺术品和房地产等项目。这些对外投资项目通过特别的投资工具，有单独的审批渠道和程序，由专门的保荐机构进行核查审批。

中投公司是我国以外汇储备为资本运营的国有独资投资公司，同时还作为我国重要的主权基金和海外投资代理人，受国家直接委托进行海外投资。中投的资金来源主要是通过财政部发行特别国债而购买的外汇储备，在进行大宗的海外投资交易时，审批程序也相对简易，主要由国务院、国资委共同审批决定。近年来中投公司的海外投资收益不佳，多有浮亏账面。[①]中投公司的投资考核为长周期，一般是10年左右；由于时间较短，目前尚未形成有效的问责机制。因此，国家相关部门需对此建立严格的监督机制，对其海外投资行为进行规范和约束。

根据中投公司的官方网站介绍，中投公司在境外主要投资于股权、固定收益和另类资产。另类资产投资主要包括对冲基金、私募市场、大宗商品和房地产投资等。投资区域涵盖发达国家市场和新兴国家市场。其投资原则是基于经济和财务目的，在风险可接受的范围内进行资产的稳健和有效配置，努力实现股东利益最大化；以被动投资、财务投资为主，追求长期的、稳定的和可持续的风险调整后回报。[②]

中国的境外黄金投资业务主要由中国黄金总公司专营。中国黄金集团公司（以下简称中国黄金）是我国黄金行业中唯一一家中央企业，组建于2003年年初，其前身是成立于1979年的中国黄金总公司。中国黄金是中国黄金协会会长单位，是世界黄金协会在中国的唯一会员单位。中国黄金主要从事金、银、铜、钼等有色金属的勘察设计、资源开发、产品生产和销售以及工程总承包等业务，是集地质勘探、矿山开采、选矿冶炼、产品精炼、加工销售、科研开发和工程设计与建设于一体的综合性大型矿业公司。[③]许多学者指出，以"藏金于民"推动"藏汇于民"，可同时缓解这一"双重矛盾"。所谓"藏金于民"，

---

① 在2011年，中投境外投资业务收益率为－4.3%，继2008年出现－2.1%的收益率后，再度出现负值。《中投年报 2012》。

② 中投公司官网：www.china-inv.cn/。

③ 中国黄金集团公司概况：http://www.chinagoldgroup.com/n3/n15/index.html。

是指在增加官方储备的同时，开启民间的黄金投资和黄金消费。支持这种思路的学者常常引用1997年以来东南亚国家抵御金融危机的经验。当时，居民个人投资与储藏的黄金成为亚洲国家应对国际政治与经济风险的一个重要后备力量。选择黄金产品解决外汇问题是一个较好的切入点，目前中国通过黄金产品，以"藏金于民"协助落实"藏汇于民"的条件也已经较为成熟可行。再从美国、印度等国的经验看，黄金衍生品市场的交易量巨大，而黄金期货的交割率却小于5%，说明市场对黄金的投资性需求远远大于实际的消费性需求。加之当前中国投资工具尤其是长期投资工具匮乏，在流动性需求较多的市场环境下，可以预期一旦推出新型黄金投资产品，将会受到市场的热烈追捧。另外，中国的黄金供需缺口较大。目前中国矿产黄金年均供应量约为198吨，年均需求量约为228.2吨，年均供需缺口达30吨左右。当前中国黄金需求无论从首饰用金、工业用金，还是投资用金来说，都严重不足。可以预见，随着中国经济的增长，人均黄金消费的实际需求会不断增加，并且随着黄金投资市场的不断完善，黄金投资需求将呈爆发式增长，中国黄金需求将十分巨大。由此可见，用外汇储备按照国内黄金供需缺口，有计划、有策略地在国际市场进行黄金交易，通过满足国内黄金需求，在实现"藏金于民"的同时推动"藏汇于民"，有着厚实的现实基础且潜力巨大。[1]

目前，国内尚未有关于境外房地产及固定资产投资的政策。国务院国资委2012年颁布了《中央企业境外投资监督管理暂行办法》，要求中央企业境外投资必须遵从以下原则：（一）符合国民经济和社会发展规划和境外投资产业政策；（二）符合国有经济布局和结构调整方向；（三）符合企业发展战略和国际化经营战略，突出主业，有利于提高企业的国际竞争力；（四）投资规模与企业资产经营规模、资产负债水平、实际筹资能力和财务承受能力相适应；（五）遵守投资所在国（地区）法律和政策，尊重当地习俗。该办法同时提出，中央企业应当参照《中央企业固定资产投资项目后评价工作指南》（国资发规划〔2005〕92号）对境外投资实施后评价管理。[2]

---

[1] 百度空间：http://hi.baidu.com/honghuilau/item/e71b4e4995874603c11613eb。
[2] 中国房地产行业网：http://www.cingov.com.cn/legal/VLegal.asp?legalid=10914。《中央企业固定资产投资项目后评价工作指南》的详细内容请参考：http://www.sasac.gov.cn/n1180/n1566/n258237/n259036/n259051/1578811.html。

3. 中国对国外直接投资的风险

目前，我国对国外直接投资多集中在亚洲、非洲和南美洲等发展中国家，而对欧美等发达国家的直接投资很少。截至2010年，我国累计对美直接投资为48.7亿美元，仅占我国对外直接投资总存量的1.5%，对欧盟投资为157.1亿美元，占5%。[①]而且，中国在美累计直接投资仅为世界各国对美直接投资存量的0.13%。[②]我国在发展中国家直接投资与在发达国家的投资活动的重大区别在于，由于大多数发展中国家的国内矛盾尖锐与法治不彰，我国投资者面临着一系列的政治、社会与产权保障风险。

3.1 政治风险

在发展中国家投资的政治风险主要来源于东道国的政局动荡、当局政府官员的腐败和部分投资领域的高政治敏感度。一些发展中国家，如非洲和拉美的部分国家，政治环境不稳定，甚至因为内部阶级、民族和宗教矛盾而爆发武装革命、内战、政变或不正常的政权更迭，还伴有恐怖主义袭击，挑战当地政府的恶性事件。在动荡的政治环境下，我国对其海外投资很容易遭受战争和内乱的破坏而承受巨大损失，甚至会血本无归；在境外负责投资和生产的企业经济活动参与者的人身安全也很难得到保障；可能会面临政治暴力风险，因为政治事件而违约和延迟支付的风险以及由于政治环境变化引起汇率变化的兑换限制的转移风险（梅新育，2005）。

2010年年底至今发生在北非和西亚的众多阿拉伯国家的一系列反政府的革命和暴力行动使得整个大中东地区政治局势动荡，还波及至其他的亚洲、美洲和非洲国家。埃及、利比亚、苏丹、叙利亚、也门、突尼斯、阿尔及利亚等多个国家境内都发生了大规模的游行与示威事件，许多国家的政局不稳，政权更

[①]《2010年度中国对外直接投资统计公报》，http://hzs.mofcom.gov.cn/accessory/201109/1316069604368.pdf。

[②] 据美国商务部经济分析局（BEA）的统计，到2010年年底，中国在美国累计直接投资额为31.5亿美元，而同期各国对美直接投资存量高达2.34万亿美元。http://www.bea.gov/scb/pdf/2011/09%20September/0911_fdius_tables.pdf。

迭，牵连甚广。当地动荡的政治局势为我国的对外投资产生极大的政治风险，不仅可能导致我国在当地投资的资产毁于一旦，还可能使得我国的前期投资无法持续进行，已有资产无法正常运营，后期还可能要搁置或贱卖。

非洲是我国对外投资重点地区之一，2010年我国在非洲的累计投资约达480亿美元，投资总额占我国对外投资总量的10%以上；[①] 2011年我国对非洲的直接投资达17亿美元，同比增长了58.9%。[②] 但是受非洲不稳定的政治环境的影响，我国对外投资受到威胁，存在较大的风险。苏丹是我国在非洲投资最多的非洲国家，主要集中在矿产、石油等领域，据报道，仅2009年一年之内，我国就在苏丹投资了80亿美元；目前我国在苏丹的投资总额约200亿美元。[③] 由于苏丹内战和分裂使得我国在苏丹和南苏丹的投资存在不安全隐患，很有可能因为内乱而毁于一旦。而且我国在苏丹居住和工作的人数较多，动荡的局势和环境不仅影响我国的投资，还会直接影响当地华人的人身安全。我国在利比亚的投资也较为积极，由于缺乏精确的数据统计，布罗德曼估计2011年中国在利比亚的直接投资总规模约为90—130亿美元，且大部分集中于建筑工程方面；大卫·辛则估计中国在利比亚的建筑工程投资总量就大概能达到140亿美元。[④] 但是受利比亚内战影响，投资的进程受阻，项目处于停滞状态，已投入的资金和材料设备既不能继续生产，也不能运走或撤回，投资损失额保守估计至少有200亿美元。[⑤] 其中，中国铁建股份有限公司在利比亚投资损失额可能约6.86亿美元，中国建筑工程公司损失额约25亿美元，中国石油公司的损失额约12亿美元。[⑥] 中国公司的很多项目都是处于投资一半未完成，但又无法撤资的状态，投资损

---

① "2010年我国对非洲投资额概述"，《中国行业研究网》，http://www.chinairn.com/doc/4080/629538.html.

② "商务部：2011年我国对欧盟投资同比增长94.1%"，《搜狐新闻》，2012-01-18. http://news.sohu.com/20120118/n332545278.shtml.

③ "苏丹：中国人最多、投资最多的非洲国家"，《青年参考》，2012.02.09. http://guangzhou.chinasq.com/contents/1772/44919.html.

④ 王雅平，"从利比亚看中国在非洲投资的政治风险"，《卡内基中国透视》，2011年6月9日。http://www.21bcr.com/a/shiye/yuwai/2011/0609/2867.html.

⑤ 我国在利比亚投资的得与失"，2011年3月23日。http://blog.eastmoney.com/nb188/blog_150759737.html.

⑥ 同上。

失额还可能因为前政权倒闭而得不到赔偿。

我国在某些发展中国家投资的政治风险还来源于两国的矛盾和争端。例如，2012年4月10日，菲律宾对我国黄岩岛主权提出要求，两国外交关系趋于紧张，这使得我国在菲律宾进行的对外投资面临着不可控的政治风险。其中，中国国家电网是受到威胁最大的企业。作为在菲律宾最大的投资企业，中国国家电网在菲投资金额达近百亿美元，拥有菲律宾国家电网40%股权，但是企业的控制权仍属于菲方，两家菲律宾企业各自拥有30%的股权。①一旦菲律宾政府在双方的主权争端升级时冻结中国国家电网在该企业的权益，国家电网缺乏相应手段进行反击，其在菲的投资难以受到妥善保护。

此外，我国对发展中国家的一些资源性投资会引起东道国的反应，并采取各种措施，如提高最低工资、鼓励工会进行罢工谈判、提高进入本地市场门槛等方式加以应对，这对我国投资者带来了进一步的政治风险。例如，2012年8月4日，赞比亚中资煤矿公司科蓝煤矿遭当地数百名工人冲击，造成中国员工1死4伤。目前，在赞比亚的中资企业超过300家，累计投资额超过20亿美元，涉及矿业、农业、电信、建筑等多个领域。②2012年8月5日中国驻赞比亚大使馆在官网通报称，煤矿因劳资纠纷遭到冲击；呼吁在赞中资企业提高警惕，加强安全意识，采取合理措施，妥善处理与当地工会及雇员的关系，防止因赞比亚提高最低工资等措施而引发劳资冲突。③

政治风险还可能由我国投资者与东道国的相对位置决定，如果东道国对资源或产品占有市场主导权的政策多变，对我国投资者的限制和要求就较多，我国投资者受其牵制的程度越大，所面临政治风险也就越大。最后，东道国政府的办事效率和清廉程度也会影响我国对其投资。相当多的发展中国家政府官员利用外资进行寻租，收回扣现象严重，政府部门腐败，也使得我国的境外投资存在较大的潜在风险。

---

① 姜炯，"国家电网在菲存百亿资产，政治风险不可控"，《中国经济周刊》，2012年5月。

② "赞比亚中资煤矿遭当地数百人冲击中国员工1死4伤"，《人民网》，2012-08-07。http://world.people.com.cn/n/2012/0807/c1002-18681836.html。

③ "就科蓝煤矿中方员工伤亡事件的声明"，中国驻赞比亚大使馆，2012.08.09。http://zm.chineseembassy.org/chn/sgzxdthxx/t959163.htm。

3.2 国有化风险

由于非洲和拉美的部分国家和地区政治局势动荡，我国的对外投资不仅会存在政治风险，还存在被国有化的风险。例如，在国内出现了重大危机时，执政者为稳定社会情绪，将国内的政治矛盾转向国外的投资者，剥夺外国投资者的资产与权益。在动乱或革命时期，新政府可能不承认以前的法令与合约，通过强制征收国外投资将资产与资源收为国有。在国家的税源枯竭时，政府还可能吞噬国外资产已维持统治。发展中国家还由于经济发展水平相对较低，缺乏法治传统，往往出于短期利益的考虑，对外国投资进行强制性的有偿征收和直接没收等手段，实现外资经济国有化，这使得我国在发展中国家投资就面临着被国有化而损失资产的风险。

拉美国家就是国有化兴盛的地区之一，其国有化方式由原来的一次性掠夺转变为渐变式的当地化，但本质都是吞噬国外投资进行国有化征收的手段。最近的事例是2012年4月16日阿根廷政府宣布将强行征收西班牙石油公司雷普索尔控股的雷普索尔—YPE的股份，将其转变为"公益财产"。阿根廷政府将征收该公司的约9656万股份，占总股数的51%，成为该公司的第一大股东，实现阿根廷政府对这家本国最大石油公司的国有化控制。[①]阿根廷政府通过强征股权实现国家控制石油资源的方式使得西班牙雷普索尔公司蒙受重大损失，丧失了巨额的股权收益。不仅如此，阿根廷国有化西班牙雷普索尔公司也对我国在阿根廷的投资带来困难，因为中国石油化工有限公司在这之前就已经与雷普索尔公司达成协议，将购买雷普索尔—YPE57%的股份，金额超过15亿美元。[②]但是，阿根廷政府为了掌控YPF公司进行国有化征收引起西班牙和国际社会的不满和批评，我国之前与雷普索尔的协议也因为阿根廷政府的干预将被无限搁置，阻碍了我国与西班牙合作在阿根廷投资的进程。

3.3 社会风险

在发展中国家投资还存在相当高的社会风险。这些风险是来自当地不稳

[①] "阿根廷最大石油企业将被强行国有化"，《工人日报》，2012.04.19，http://news.163.com/12/0419/03/7VE270EB00014AEE.html。

[②] "Argentine move to seize YPF scuppers Sinopec deal"，Reuters, April 18, 2012, http://www.reuters.com/article/2012/04/18/us-sinopec-repsol-idUSBRE83H06O20120418。

定的公共政策、不可靠的法律环境，以及当地民权组织对海外投资的排斥和反对。一方面，很多发展中国家的经济和产业政策多变，政策连续性不强，很难给以国外投资者稳定的预期，给其长期投资造成很大的困扰及顾虑；因此，外国投资者则通过追求在最短的时期获得最大的回报，将可能的风险控制在可接受的范围以内。另一方面，在发展中国家吸引外来投资的过程中，当地政府出于当前经济利益的考虑，往往牺牲当地的资源与环境和本地人民的利益，也力图在尽可能短的时期获取最大利益。所以，在客观上，一些外国投资与当地政府的合谋对资源与环境造成了破坏，阻碍了经济的可持续发展和人民福利水平的提高。

并且，由于当地政府的腐败风气盛行，政府官员寻租现象普遍，国外投资的一部分却转为政府官员的"租金"，并没有将所有资金用于当地的民生和经济发展上，甚至还可能损害当地民众的利益，使得当地民众因为利益受损会将国外投资者与当地政府联系在一起，对国外投资者有不满情绪，反对外资的进入。许多境外投资者为此支付的额外成本换取的仅为当地政府短期的黑社会式的保护，一旦发生政权更迭，外国投资就会失去地方政府的保护而成为众矢之的，国外资产将会受到威胁，从而产生较大的风险。

随着我国在非洲地区投资的增加，我国企业在非洲地区的经营活动不仅给本土企业带来竞争压力，还被部分团体指责为是旨在依靠投资掠夺非洲资源的"新殖民主义"的行为，使得当地一些当地民众对我国的企业、产品和务工人员进行抵制（赵汪洋、赵进妮，2010）。甚至在埃塞俄比亚和尼日利亚等国家还出现极端分子武装袭击我国在当地的企业和经济活动者的恐怖事件。[①]2012年年初，中国工人在非洲又遭遇多起绑架。[②]

---

① "当地政府的'敌人'：中国投资非洲难题"，《时代周报》，2012.02.09。http://time-weekly.com/story/2012-02-09/122043.html。

② "多名中国工人在埃及遭绑架"，《FT中文网》，2012-02-01。http://www.ftchinese.com/story/001042919#utm_campaign=2G120005&utm_source=marketing&utm_medium=campaign。

4. 小结

由过去三十多年的改革与开放的积累,我国已经基本克服了长期面临的资金短缺瓶颈,开始了大规模对外投资、开发世界市场的起步时期。

目前,中国的对国外直接投资遍布世界主要国家和地区。但是,从全球对外投资的总规模来看,我国在全球对外直接投资中的比重仍低于在全球GDP的比重。由于经济结构、体制环境、政策偏好等方面的影响,中国对外直接投资主要集中在国有企业。对外直接投资主要分布在发展中国家,特别是非洲、南美洲等发展中国家的资源类产业;因此,我国投资者便不可避免地面临着这些国家内部的各种矛盾与冲突而造成的政治、社会与产权风险。

国家外汇管理局是我国对外金融投资的基本平台,通过购买发达国家的债务类证券对我国万亿美元数量级的巨额外汇储备进行被动投资管理,其中美国国债与机构债券占据主要部分。作为主权财富基金的中国投资公司则是主动投资管理千亿美元级别的重要主体,其投资方向涵盖范围广泛,既有金融股权投资,也有产业投资,还有另类投资。此外,包括商业银行、保险公司、全国社保基金以及合格的国内机构投资者等机构作为补充性商业载体,管理百亿美元级别的海外证券投资。

我国对外投资由国家发展与改革委员会、人民银行、国家外汇管理局、财政部、商务部、证监会和银监会等部门进行监管和审核。在我国推行"走出去"的大环境下,国家出台了相关政策支持国外直接投资,政府对海外直接投资的审批权转为核准权,取消原来繁复的审核程序,放宽了审批权限。在资本项管制下,国家外管局对个人外汇交易实行额度限制,同时严格控制机构海外金融投资。但是近年来随着我国外汇储备的增加,国家对海外金融投资的限制逐渐放宽,相关的审批程序也在逐步简化,对外金融投资的逐笔审核转变为余额管理方法,还取消了部分的审核过程。此外,政府还通过中投公司和批准合格的国内机构投资者机构开辟了对外金融投资通道。

第七章　中国对美投资环境[①]

近年来我国对外直接投资出现加速的趋势。截至2010年年末，中国对外直接投资累计达3,172.1亿美元；2010年的对外直接投资额就为688.1亿美元，居发展中国家首位，名列全球第五位。但从国际比较来看，我国的对外投资仍存在较大差距。首先，我国在全球对外直接投资中的比重较低。2010年中国对外直接投资流量在全球的比例为5.2%，而对外直接投资存量所占比重仅为1.6%（中国商务部，2011）。其次，我国的对外直接投资滞后于经济发展。2010年对外直接投资存量与国内生产总值之比为5.1%，而同期全球平均水平为32.6%，发展中国家的平均水平为15.7%（UNCTAD，2011）。第三，我国对外直接投资主要集中在发展中国家，对发达国家的投资较少。其中，对美累计投资为48.7亿美元，只占我国对外直接投资存量的1.5%，且仅为各国对美直接投资存量的0.13%。（《2010年度中国对外直接投资公报》）[②]

随着中国对外投资速度加快，对发达国家的投资将显著上升。中国企业对在世界第一大市场——美国的直接投资有强烈意愿，而且，这种投资有广阔的发展前景。中国企业对外直接投资，特别是对美国投资将成为世界经济的一个重要内容。美国政治治理完善、社会结构稳定，在美的外国投资不存在其他国家由战争内乱、权力更迭、社会动荡及其引起的一般政治性风险，但却面临美国特有的法律与审查环境、政治与立法环境，以及商业经营与管理环境及与之相联系的风险。

1. 法律与审查环境

对外国投资采取开放政策向来是美国经济政策的重要部分。美国并不按

[①] 本章源自"中国对美投资环境与风险研究"一文（俞乔、张书清，2012）。
[②] 据美国商务部经济分析局（BEA）的统计，到2010年年底，中国在美国累计直接投资额为31.5亿美元，而同期各国对美直接投资存量高达2.34万亿美元。http://www.bea.gov/scb/pdf/2011/09%20September/0911_fdius_tables.pdf。

国别对外国投资实行差别对待，外国人与美国国内企业享受同等待遇，既无优惠，也无歧视。美国并未制定统一的《外国投资法》对外资进行监管审批。但是，在美外国投资不仅面临错综复杂、多元管理体系下的法律法规制约，并可能受到美国国家安全审查与对外经济开放政策潜在冲突的影响。这种局面构成了外国企业在美国投资的法律、法规、审查环境，由此外国投资可能面对无法满足全部有关法律规定、从而未通过监管机构合规性审查的风险。这种风险来自美国复杂但又相对固定的既定立法规定和相关审查程序。对审查者和被审查者来说，此类依法审查是一种清单式的过程，具有明确（或相对明确）的指南和规则；虽然审查者的自由裁量有较大空间，但一般不存在不同主体间的博弈，具有被动性性质。美国联邦与地方当局分别从行业进入、兼并收购和国家安全等方面对外国直接投资进行监管及限制。

1.1 行业投资的限制政策

与中国由商务部定期公布《外商投资产业指导目录》不同，美国无专门机构统一对外国直接投资提出鼓励、限制、禁止的行政性指导，而是通过相关的行业性立法对外国投资予以规制。美国对外国直接投资的限制，源于第一次世界大战时担心德国在美投资对国家安全造成损害(Wilkins, 2004)。1917年美国通过《与敌贸易法》（the Trading with the Enemy Act of 1917），授权总统可在宣布处于战争或国际紧急情形的条件下对美国境内的外国资产采取管制及阻止等特殊措施。①由此，美国开启了以分行业模式阻止外资进入特定领域的立法实践。其中，外国对美投资涉及的敏感领域包括交通运输、通讯传媒、金融服务、国防工业、能源矿产等。并通过以下几种方式对外资进入实施行业限制。

第一，按照美国公民资格标准，通过设定投资份额与高管比例限制外国资本进入。此类方式主要应用在美国国内交通运输方面。《1920年海商法》（the Merchant Marine Act of 1920），规定只有在美国建造并登记、为美国公司所有、且75%的船上雇员为美国公民的船只才能从事美国境内（包括领地和

---

① 1977年出台的《国际紧急经济权力法》(International Emergency Economic Powers Act) 对《与敌贸易法》规定的总统权力进行了限制。只有当国际紧急情形出现时，总统才能扣押外国资产，但不能取得其资产所有权，且待紧急情形结束即予以返还。

属地）两点间的直接或经由外国港口的货物运输业务；外国船只禁止从事美国国内各港口间的运输业务。1926年的《商业航空法》（the Air Commerce Act of 1926）也规定，国内航空运输企业中美国人控制的美国公司应至少拥有51%的有投票权的股份，且董事会主席和至少三分之二的董事及其他管理人员应为美国公民。修订后的现行法案进一步将美国公民拥有的最低投票权股份提升至75%。

第二，按照资金性质与投资方式标准，通过控制经营许可证限制外国资本进入。这种方式对国外资本的限制更为严格，常用于能源、电信、国防等更敏感的行业。《1920年矿产租赁法》（the Mineral Leasing Act of 1920），规定公共土地上的输油管道路权，以及煤炭、石油、页岩气、天然气等矿产开采权利只能授予美国公民及美国公司或其他美国实体。《1934年电信法》（the Communications Act of 1934，1996年修订），规定外国人投资于持有广播和公用电信执照的美国公司，直接投资额不得超过该公司全部股份的20%，间接投资额不得超过25%；外国政府或任何由外国政府控制的实体，禁止取得广播和公用电信执照。《1954年原子能法》（the Atomic Energy Act of 1954），也规定核设施运营许可证不能颁发给外国人或者由外国人、外国公司或外国政府控制的公司。同样，在国防科技工业领域，除非获得国防部或其他相关机构的许可，否则外国投资也禁止进入。①

第三，按照两国对等互惠标准，通过监管机构个案审批限制外资进入。此类限制的目的并不仅为维护美国的国家安全，还有为帮助美国企业拓展海外投资领域的考虑。在电信领域，只有当外国投资者所在母国没有限制美国公司投资，且符合美国社会公共利益的前提下，联邦通讯委员会方有权按照个案审批的方式，允许外国人投资的股份超过公司总股份的25%。同样，依据美国政府的"开放空域协定"（Open Skies Agreements），外国投资者可以通过个案审批的方式，拥有美国航空公司多至49%的股份，其中无投票权的股份不少于25%；前提是美国公民必须掌握该公司的实际控制权，且美国政府与外国股东所在国签有双边航空业协定。在矿产资源领域，也只有存在双边互惠协议的前提下，经美国内政务部长批准，外国人才能获得开发美国煤炭、石油等自然资

---

① Mondaq Business Briefing, Doing Business In The USA: Regulation of Foreign Investment, http://goliath.ecnext.com/coms2/gi_0199-6098974/Doing-Business-In-The-USA.html.

源的相关权益。这种方式也是外资进入美国银行业的必经程序。《1995年金融服务公平贸易法》(the Fair Trade in Financial Services Act of 1995)规定,如果外资银行所在国拒绝给予美国银行国民待遇,则美联储有权限制该外资银行准入美国市场。并且任何以银行控股公司方式控制美国银行的外国投资者,必须遵守《1956年银行控股公司法》(the Bank Holding Company Act of 1956)的规定,并得到美联储的批准才能实施。①

美国对外国投资的行业限制措施,不论是美国公民资格标准,外国投资者资金性质,还是双方对等互惠原则,既有出于维护国家安全的战略考虑,也有为美国企业获取更多海外投资机会的动因,亦二者兼而有之。这种通过执行对等互惠原则、由监管机构个案审批的方式增加了外国投资不确定性与相应的风险,并且还为美国政府按照"301条款"②对不给予美国公司同等机会的国家实施制裁提供了依据。

因此,中国对美投资既要通过两国政府双边投资保护协定、避免双重征税协定等协议的签订,为企业在美投资提供政治保障;同时,中国企业特别是国有企业,对美特定敏感领域的投资应更为审慎,严格按照美国行业立法限定的领域、方式、比例等诸多条件,选择相应的投资方法与进入方式。

1.2 反垄断机构的并购控制

与限制外国投资进入敏感领域的分行业立法不同,美国的反垄断审查制度并非针对特定行业,而是适用于美国所有的内外资企业。美国监管机构对影响市场竞争、形成商业垄断,或妨害、破坏、阻止竞争的并购交易行为实施审查。

---

① 依据《1956年银行控股公司法》的规定,对银行的"控制"或银行控股的定义为:(1)获得银行或银行控股公司25%或以上具有投票权的有价证券;(2)控制银行或银行控股公司大多数董事的选举;(3)被联邦储备委员会理事会认定对银行或者银行控股公司的管理或政策产生控制性的影响。参见12 U.S.C. § 1841(a)(2)。

② "301条款"是美国《1974年贸易法》(the Trade Act of 1974)第301条的俗称,指美国贸易代表署对有关外国立法或行政上违反协定、限制或损害了美国商业利益的行为,有权依照美国贸易法规定的职权或程序采取单边行动的法律条款,具有单边性、强制性的报复性的特点。在历经《1974年贸易法》、《1979年贸易协定法》、《1984年贸易与关税法》,尤其是《1988年综合贸易与竞争法》修改扩充之后,包括外国政府在货物贸易、服务贸易、直接投资领域内的所有不公平、不公正的行为、政策和做法,都可以依据301条款采取相应的制裁措施。

20世纪30年代经济大萧条之后，随着外国企业以兼并收购而非新建投资进入美国市场增多，美国社会开始担忧垄断企业的持续壮大，加上强调自由竞争资本主义理念，反垄断条款也成为外国投资须遵守的法律。美国反垄断实体性法律为《谢尔曼法》（Sherman Antitrust Act）、《联邦贸易委员会法》（Federal Trade Commission Act）、《克莱顿法》（Clayton Antitrust Act）及其修正案；而《1976年哈特—斯科特—罗迪诺反垄断改进法》（Hart—Scott—Rodino Antitrust Improvements Act of 1976，HSR Act）及实施细则对并购申报、审查、调查等方面的程序做了具体规定。

第一，并购交易的申报标准。依据HSR法，实施并购交易的行为主体，以及合资企业(Joint Venture)的出资人，在达到申报标准时应向美国反垄断主管机关联邦贸易委员会（Federal Trade Commission，FTC）和司法部反垄断司进行申报，接受审查。并且，投资者在美国从事商业活动或从事任何影响美国商业的行为时，只要同时符合有关并购的当事人规模与交易规模双重标准，就应在并购完成前提起并购申报，并经过30天的等待期后方可继续进行。2004年12月联想集团宣布以12.5亿美元收购IBM个人电脑事业部，在接受美国国家安全审查的同时，虽然该项并购并不违反美国反垄断法规定的实质要件，因为合并之后的联想在当时也只是全球第三大电脑商，与排名在前的戴尔、惠普尚有一定差距。但由于已达到FTC规定的申报条件，因而必须向FTC和美国司法部提交报告，证明该交易并不损害竞争条件，不会危及市场进入的潜在可能性。[1]但对于达到最低申报标准，而与美国商业联系并不紧密的外资并购行为则可以豁免申报。这包括收购美国公司无投票权的证券、收购非美国公司有投票权的证券、外国公司对外国资产的收购等。然而，如果是外国政府实体收购的企业在美国从事州际商务，则不能免除此项申报要求。[2]

第二，反垄断机构的审查内容。对并购行为的实质审查主要依据《克莱顿法》与《谢尔曼法》。《克莱顿法》明确禁止"可能严重减少竞争或产生垄断"

---

[1] 张京科，"美国FTC：联想收购IBMPC不存在反垄断问题"，http://tech.163.com/05/0112/08/19SQAK0F000915BD.html。

[2] Rules, Regulations, Statements and Interpretations Under the Hart-Scott-Rodino Antitrust Improvements Act of 1976. 16 CFR Part 802.52. (即美国联邦法规(Code of Federal Regulations)第31篇第802.52条，来源http://www.gpo.gov/fdsys/search/home.action，下同)

的资产或股权并购交易;《谢尔曼法》则将由于并购而"对贸易进行不合理限制或出于垄断目的"的反竞争性共谋或垄断行为视为违法。为提高执法程序的明确性和透明度,监管当局还通过发布《横向并购指南》对企业并购予以指导。2010年新公布的《横向并购指南》,废除了以往通过界定相关市场、评估市场集中度、确定并购交易是否会造成反竞争效果的单一方法,强调应依据行业、商品、市场的不同特征,采取相应的分析方法。①虽然该指南并不具法律约束力,但其采用的分析框架已为大多数法院所采纳(Rowley, and Baker, 2001)。另外,如果并购行为涉及前述行业限制的敏感领域,则要接受产业主管机构与反垄断机构的双重审查。由于不同主管机构对并购审查存在的权力交叉与冲突,加之政治性因素的影响,使得此类外资并购审查存在不确定性,其结果难以预测。

由于提交信息的保密性,且申报的信息只用于对并购行为本身的审查,因此涉及政府实体和国资背景的中国投资者,不必对此有太多的顾虑。只要达到HSR的标准,外国投资者就应向主管机构进行申报,提供信息资料,包括披露买家的最终母公司实体。如果达到并购申报标准而未申报的,将会受到严厉处罚。依据相关法律,投资者一旦被认定违法实施并购交易,除了将被禁止并购、强制解散或拆分之外,还可能面临主管机构提起的民事诉讼和刑事诉讼,以及由受损企业或普通消费者提出的最高三倍的民事损失赔偿诉讼。

此外,如果涉及对美上市公司的收购,外国投资者还应按照美国证券法的要求披露相关信息。特别是在21世纪初安然、世通等上市公司曝出财务造假丑闻之后,美国通过《2002年上市公司会计改革与投资者保护法案》(Public Company Accounting Reform and Investor Protection Act of 2002),进一步强化了管理层在上市公司内部控制中应负的责任和义务。这对急需完善公司内部治理的中国投资者来说,也将是一大挑战。

1.3 国家安全的审查机制

与行业限制及反垄断审查制度不同,国家安全审查在整个美国外资管理法

---

① 2010年的新《横向并购指南》主要采取结合新的市场进入、消费者获益效率与破产企业抗辩等因素,综合审核及最终决定是否禁止并购的五步骤分析法。Horizontal Merger Guidelines, http://www.justice.gov/atr/public/guidelines/hmg-2010.html。

律中属兜底性法律条款，并且仅用于可能危及国家安全的外资并购交易。它只有在其他法律未能对国家安全提供充分与适当保护的情况下才适用。由于美国没有给出国家安全的明确定义，与行业限制与反垄断审查比较，针对外资并购的国家安全审查的不确定与风险更大。特别是2001年"911"事件发生之后，美国对涉及国家安全的外资并购更加严格。鉴于国家安全审查的复杂性，本节仅就美国国家安全的审查机制本身，即国家安全审查的程序与内容等作简要的论述。

20世纪70年代以后，随着石油输出国组织（OPEC）国家以及日本对美并购交易增多，以欧洲国家为主的外国投资格局被打破。在确保美国国家竞争力、维护美国国防安全、保护本土企业利益、贸易保护主义等多种因素作用下，美国开始了新一轮外资审查立法实践。从1977年授权总统在国际紧急情形下对境内外国资产予以扣押的《国际紧急经济权力法》(International Emergency Economic Powers Act)，到1988年开国际先例确立单独针对外资并购进行国家安全审查的《埃克森—弗罗里奥修正案》（the Exon—Florio Amendment），再到1992年扩大国家安全审查范围至具有外国政府背景企业在美并购的《伯德修正案》（the Byrd Amendment），直至对国家安全审查作出重大修改的《2007年外商投资与国家安全法》(the Foreign Investment and National Security Act of 2007，FINSA)及其实施细则《外国人合并、收购和接管规定》（Regulations Pertaining to Mergers, Acquisitions, and Takeovers by Foreign Persons），美国最终形成了由美国外国投资委员会（the Committee on Foreign Investment in the United States，CFIUS）负责审查、总统有权阻止、国会予以监督的一整套有关外资并购的国家安全审查法律体系。

第一，国家安全审查程序。总体而言，CFIUS的审查以自愿申报为基础，主动审查为补充，强制调查为重心，事后监督为保障。FINSA法案允许交易方决定是否通过自愿申报启动审查程序。至于是否自愿申报主要取决于交易方的风险承受力，但大多数外国投资者均倾向于进行申报，以避免交易完成后因危及国家安全被宣告无效导致的更大损失。但即使交易方没有自愿申报，只要CFIUS认为其可能危及国家安全仍有权主动予以审查。正式审查程序的期限自提交的申报符合法规要求之日起始算，CFIUS有30天的初审期审查并购案是否危害国家安全,如不能确定,还可再进行为期45天的全面调查。调查期结束后仍不能确定的,CFIUS将向总统提交调查报告,总统在接到报告后15天内作出是否阻止交易的裁决。

自1988年美国外国投资委员会成立并受理申报以来,绝大多数外资并购案都会在初审期内结束审查,被要求撤回的交易并不多,能够进入总统裁决阶段更是极少。①截至目前唯一遭美国总统否决的交易案买家来自中国。1990年中国航空技术进出口公司(CATIC)对美国西雅图飞机零部件制造商MAMCO公司的收购,因CFIUS担心中国国有企业可能被中国政府利用进行危及美国国家安全的活动,最终被美国总统老布什否决。

此外,如果是由外资控制并对国家安全至关重要的"关键基础设施"或对国防至关重要的"关键技术"的交易,以及受外国政府控制的交易都应接受由CFIUS实施的强制调查,并在初审期之后必须经过45天的全面调查。审查启动后,将根据交易涉及的领域,由行使主要职权的相关部门作为牵头机构,代表委员会审查或调查交易、提交评估结果,以及就减轻国家安全威胁与交易方签订缓冲协议并监督其执行。如果交易方违反规定,提交的信息与事实不符,存在遗漏,或违反缓解协议,不仅会被处以罚款,还必须重新接受审查。

第二,国家安全审查内容。为了更好地维护美国的国家利益,FINSA不仅将原先由总统授权执行国家安全审查的CFIUS上升为法定设立机构以提高其权威性,还通过增加CFIUS的成员构成进一步扩大了政府审查的范围与管理权限。②任何因美国州际贸易被外国人控制而可能危及国家安全的并购交易均属

---

① 截至2007年年底,CFIUS共接到1900起交易案申报,仅有不到40起进入调查期。2008年至2010年,在CFIUS收到的313份申报中,只有29份在初审期被撤回,进入调查期的93项案件中也仅有13项被撤回。2007年前数据来源参见David N. Fagan, the U.S. regulatory and institutional framework for FDI, http://www.vcc.columbia.edu/pubs/documents/FaganFinalEnglish_001.pdf,2008年后数据来源参见CFIUS, Annual Report to Congress for CY 2010, http://www.treasury.gov/resource-center/international/foreign-investment/Documents/2011%20CFIUS%20Annual%20Report%20FINAL%20PUBLIC.pdf。

② 依据FINSA及相关规定,CFIUS作为一个跨部门行政机构,由财政部部长担任主席。目前委员会成员包括财政部、司法部、国土安全部、商务部、国防部、国务院、能源部与劳工部8个行政部门的首长,以及美国贸易代表办公室、科学及技术政策办公室、管理和预算办公室、经济顾问委员会、国家安全委员会、国家经济委员会、国土安全委员会与国家情报总监8个白宫机构负责人。参见美国财政部网站,http://www.treasury.gov/resource-center/international/foreign-investment/Pages/cfius-members.aspx。

"受管辖的交易"，将会成为CFIUS的审查对象。CFIUS以列举国家安全审查考量因素的方式，将国家安全的审查范围涵盖至美国国防安全、核不扩散及反恐、全球技术领先地位、关键基础设施、关键技术、能源及其他重要资源与原材料需求等产生潜在影响的并购交易，以及由外国政府控制的并购交易。尽管CFIUS的职权范围仅限于对国家安全产生影响的外资并购进行审查，而不涉及国家经济安全等其他方面的利益。但由于FINSA法案没有对"国家安全"给出明确定义，这种以具体分析进行个案审查的方式，使CFIUS的评估更易受到其他非法律规范的影响，导致审查结果的难以预期，增加了外国投资者在美并购的风险。

根据经验，CFIUS对涉及外国政府控制的交易所采取的审查更为严格。CFIUS对某类特定中国企业的国家安全审查似乎有比其他外国投资更严的倾向。2009年中国西色国际投资公司与美国金矿开发公司Firstgold达成收购协议，投资2,650万美元收购其51%股份和其他债权。CFIUS审查后认为，因交易金矿位于美国军事基地附近，如果中方控股，将"会引发严重的、影响深远的、随之而来的国家安全风险"。如不撤回申报，CFIUS将向总统建议阻止交易。随后，中方为避免被总统否决之后的负面影响撤回了交易。[1]同样，2010年唐山曹妃甸投资公司与美国光纤制造商Emcore公司的交易，也因CFIUS称该交易存在监管问题而被迫撤回。[2]尽管在合作之初，为能顺利通过审查，交易双方已将Emcore公司的卫星通信、军用光通信业务等可能涉及国家安全审查的资产排除在外，但仍被否决。中国在美投资被否决或撤回案例中的买家，不是被监管机构认定为接受中国政府资金或国有银行支持的国有企业，就是可能与中国政府有密切联系而遵照政府指示行事的公司。

这种情况使许多中国投资者担心美国国家安全审查的政治压力，而放弃赴美投资的计划。不过，美国驻华大使骆家辉认为，"CFIUS极少是投资美国的一个因素。例如在2010年，93例交易被CFIUS审查，而仅6例来自中国。在2008—2010年间，313例交易被CFIUS审查。同样，仅只很小的数量——只有

---

[1] Eric Lipton, "Questions on Security Mar Foreign Investments", *New York Times*, Dc. 18, 2009, http://www.nytimes.com/2009/12/18/business/18invest.html?_r=1&scp=9&sq=Firstgold&st=cse.

[2] Stephanie Kirchgaessner, "US blocks China fibre optics deal over security", *Financial Times*, http://www.ft.com/cms/s/0/8348c03a-83d4-11df-ba07-00144feabdc0.html.

16例——来自中国。并且313例中很少的部分——仅5%——被委员会要求对交易条款修改"(Locke，2012)。

2. 政治与立法环境

美国公共治理的重要特征是公共政策与政治环境由立法当局与行政当局的权力制衡、社会各行为主体的交错互动决定。这构成了具有美国特殊性的政治生态环境。这种不同主体间政策互动的环境不仅存在不确定性与非规范性，而且具有动态调整和主动发生的特征。因此，美国国内的权力制衡和利益博弈将使外国投资者面临具有美国特色的政治环境风险。

2.1 外资监管的权力制衡

1787年美国联邦宪法创立了立法、行政与司法三权分立与制衡的民主宪政体制。宪法将涉及公民权利、商业贸易、国防安全等所有重要事务的立法权交由代表人民利益的国会行使，而将法律执行与具体政策实施交由总统及其领导下的行政机构行使，并通过复杂的制度设计确保公共权力间的制约与平衡。[①]因此，国会与总统权力之间的竞争与制衡，也就成为影响包括外资监管在内的美国国际经济政策变迁的关键所在。

第一，立法机关监督外国投资行为的途径。国会主要通过法律修立、条约批准、预算审批、任命批准与调查监督等途径参与、影响与制约美国有关外国投资政策的制定与施行。其中，制定、修改与废止涉及外国投资的法律是国会参与外资监管决策最基本和最重要的途径。美国宪法明确规定全部立法权均属于由参议院和众议院组成的美国国会。美国国会通过制定行业限制、反垄断监管、国家安全审查等法律对外国投资实施了全方位的监督。特别是随着2007年FINSA法案的通过，国会对外国投资的监督作用大为增强。FINSA法案规定

---

① 由于司法权力的保守性与被动性，有关法院对外国投资的监督与制衡并未展开讨论。但这不意味着司法权不会对外国投资产生影响，事实上如果从研究有关外国投资的具体案例出发，只要涉及外国投资与外资监管的纠纷一旦进入到司法程序，法院的判决就会对外国投资者产生实质影响。这一点在前述有关政治环境风险的被动性风险中已有论述。并且，联邦最高法院还可以通过司法审查（judicial review）制度，对立法机关的法律以及行政机关的行为进行合宪性审查。

CFIUS必须向国会提供由CFIUS官员亲自签署的、国家安全审查的具体交易报告和年度报告，以及提交危及美国国家安全的重要基础设施和关键技术的年度报告；而且，CFIUS必须就相关交易的实施情况接受有关国会高级成员的质询。

依据"除依据法律规定拨款外，不得从国库支款"的宪法条款，国会还拥有对年度财政预算与审计拨款予以审批的权力，从而实现了对行政机关广泛而有效的监督（Davidson and Oleszek，2006）。例如，2005年中国海洋石油公司准备对美国的石油公司优尼科（Unocal）实施并购时，掌握美国财政预算审批大权的美国众议院随即通过一项财政拨款修正案，反对CFIUS的牵头机构财政部运用其资金来"建议批准"中海石油的竞标。①这实际上是国会意图通过剥夺财政部审查此案的经费来影响CFIUS的决策，进而达到阻止并购的目的。

国会在运用宪法赋予的立法权监督外国投资的同时，还可借助其拥有的条约批准权，对总统签订的国际投资双边或多边协定实施监督。国会参议院还可通过对总统任命的行政官员的批准权来部分地实现在外资监管决策中的影响力。此外，调查权也是国会监督行政部门政策执行重要手段之一。尽管美国宪法没有明确赋予国会这项权力，但在政治实践中，通过最高法院的司法判决最终确认调查权是国会立法权所固有的权力。国会可就有关外国投资问题要求行政当局代表出席听证会进一步加强监督，并且还可以通过对现行政策提出批评与建议来施加影响（威尔逊，1986）。

第二，行政机关影响外资监管政策的方式。尽管美国宪法并没有赋予行政分支制定法律与决定政策权力，但总统有权对国会通过的决议不予批准，除非有参议院和众议院三分之二议员赞同才能再行通过并生效。②事实上，行政机关不仅是政策的执行者，同时对政策制定也起着至关重要的作用。由于法律的宽泛性与原则性特点难以适应现代社会的复杂性与人类行为的多样性，作为

---

① Stephanie Kirchgaessner, Edward Alden, "Congress votes to stymie CNOOC bid", *Financial Times*, http://www.ft.com/intl/cms/s/0/1f58404c-e9aa-11d9-ba15-00000e2511c8.html#axzz1XFeSOdNG.

② 美国宪法规定，凡须经参议院和众议院一致同意的命令、决议或表决（有关休会问题者除外）均应送交合众国总统，以上命令、决议或表决须经总统批准始能生效。如总统不予批准，则应按照对于议案所规定的规则与限制，由参议院和众议院三分之二议员再行通过（Article 1 Section7 of the United States Constitution）。

履行法律执行职能的行政机关就需将其转化为具有可操作性的规章制度。而行政部门对国会法律具体化与细节化的过程，也就成为其决定政策内容的主要方式。这也意味着具体的外资监管政策，实际上由行业主管部门、反垄断机构以及CFIUS等行政机构制定。在《2007年外商投资与国家安全法》对外资并购审查的具体实施中，对于何谓外国政府"控制"标准、"受管辖的交易类型"以及具体的申报程序与申报内容，均依据美国财政部2008年发布的《外国人合并、收购和接管规定》执行。只要立法机关未通过新的法律废止现行法律，或出台推翻行政机构规章的法案，这些规章就有效。而法院通常不能够推翻行政规章，除非行政机构超越法律授权或未遵守法律规定的规章制定程序（戴伊，2011）。

此外，行政机构在具体监管中，还可以通过自由裁量权决定有关外国投资是否符合相关的法律规章要求，以及判定某一外国投资是否违反法律的禁止性规定或裁决应给予其何种处罚。即使外国投资者就此提起法律诉讼，一般也难以获胜。因为根据宪法确定的权力分立原则，法院出于限制自身权力的职业意识，通常会假定行政机构的裁决是客观中立的，不会轻易怀疑行政官员的职业道德。

2.2 政府决策的政治博弈

为防止政府权力对个人自由和权利的肆意侵害，美国宪法在分权制衡约束权力的基础上，还对政府权力的运行边界予以严格限制。美国的公民个人权利是社会生活的中心，美国人比其他国家的人民更坚信政府应是有限政府，与其他国家相比，美国的政府作用的确更为有限（King, 1974）。政府权力的有限体制、私人权利的相对强大，以及社会自治的历史传统，决定了美国政府的决策除受制于三权分立的制衡机制外，还会受到具体决策程序、决策者行为以及各种社会力量的影响，从而增加了外资监管政策与国家安全审查决策的不确定性，导致最终博弈结果更加难以预期。不仅法律议案的程序设定、参众两院的分立设计、国会内部的议事结构、国会议员的行动逻辑等制度体系内的因素会左右相关决策的走向，而且利益集团的政治游说、智库组织的政策建议、新闻媒体的舆论倾向等外围条件也会对结果产生重大影响。

国会参众两院的提案一般须经过五级议事结构：议员提出——小组委员会讨论——委员会审议——本院全员大会审议——两院协商委员会协调通过之后，才会被送交总统签署。除前述政府与国会之间的博弈外，国会内负责相关事务的委员会也发挥着关键作用，掌握着大部分议案的生杀予夺之权（Deering and Smith，1997）。委员会不仅对提案的初审和初选有很大决定权，而且对本院大会的表决影响极大。如果委员会内部存在较大分歧，即使提案能够被提交至全院大会，审议通过的阻碍也会很大。而国会议员间所设立的一些非正式组织，同样对具体决策有重要影响。如众议院美中工作小组(U.S.—China Working Group)与中国联线（Congressional China Caucus），前者因成员多来自亚裔人口比重较大、与中国经济关系密切的选区，对中国投资持欢迎态度；后者则主张对华采取防范和接触并重原则。①

美国的政党体系与议员选举的地方化，决定了议员个体在政策决策中的行动逻辑。公共选择理论指出，在既定制度框架下，个体的政治决策行为同样具有理性经济人的特征，以实现收益最大化为目标(Tsebelis，1990)。研究表明，议员的决策行为具有强烈的区域偏好，更易被选区的地方利益所驱动，结果导致个别决策最终违背社会公共利益。这一点在由更小选区选举产生的众议员身上表现得更为明显，而由各州选举产生的参议员也未必会基于公共利益作出选择；对于可能给整体利益或长远利益造成损害、但却与本选区无直接利益冲突的提案，基于利益交换动机，议员个体也多倾向于随声附和 (Peters，1999)。

美国特定的政治结构与权力运行特点，还为政治体系之外的社会力量影响政策制定与政府决策提供了机会。利益集团作为沟通政府与社会的重要桥梁，通过游说议员、投票支持、发表评论、推荐人才、提供信息的多种途径施加影响。而不同派别的智库组织则会以研究成果或政策建议的方式提出见解。

---

① 众议院美中工作小组(U.S.-China Working Group)成立于2005年6月，作为国会议员间自愿设立的跨党派非正式组织。主要对中美经贸关系、外交政策开展相关研究，跟踪和研究中国情况，并及时制定相应的对华政策，以增进美中外交和经贸关系，促进美国国会对中国的了解，为其成员提供与中国有关的研究信息。具体参见http://www.ncuscr.org/category/keywords/us-china-working-group。众议院中国联线（Congressional China Caucus）也是国会议员间设立的非正式组织，成立于2005年6月，在国会立法、监督、政策选择等方面发挥着相当重要的影响。对华政策强调防范和接触两手并重，而后才是经济和贸易、能源和资源等问题领域。具体参见http://forbes.house.gov/ChinaCaucus/。

这些社会力量中，支持中国在美投资的主要是金融机构或商业协会，如并购咨询公司、金融机构及美国金融服务论坛（The Financial Services Forum）等行业团体，以及国际经济研究所（Institute for International Economics）、国际投资组织(Organization for International Investment)等具有自由主义倾向的智库。反对者主要是一些工会组织、与中国有竞争关系的企业利益集团、人权组织，以及美国企业研究所(American Enterprise Institute)、美国传统基金会（Heritage Foundation）等持保守主义观点的智库(Sauvant, 2010)。此外，新闻媒体作为政策制定的重要信息来源，所起的作用也不容小觑。媒体在向社会传送利益集团与智库观点的同时，还通过塑造舆论焦点来吸引公众关注。一位国会议员的助手曾经指出："国会首先研究的问题有90%来自《纽约时报》和《华盛顿时报》的头版"(Dull, 1985)。

美国有关外资监管的权力制衡与政治博弈，以及利益集团、工会组织、行业协会、地方民众、新闻媒体等对中国投资态度，都会对中国企业投资美国的外部政治环境产生重要影响。因此，中国投资者只有了解美国政府权力博弈背后的宪法依据与政治逻辑，才有可能全面理解美国外资监管决策的运行过程。

2.3 中国投资的争议焦点

2003—2010年中国累计在美投资数目达230项，除去不涉及国家安全审查的109项新建投资项目外，其余121项并购项目中由CFIUS启动审查的并不多(Rosen and Hanemann,2012)。2008—2010年，中国在美投资受到国家安全审查的项目只有16个，因被否决而撤回的交易占比更少(CFIUS,2011)。随着中国经济的发展，对外投资速度上升与规模扩大是必然趋势。依据以往的经验，特别是日本在美投资的历史，中国在美投资的大幅增加及投资领域的不断拓展，将可能在较长时期内遇到来自美国各方的争议。以下为几个来自各方博弈、存在较大争议的案例。

2010年5月鞍山钢铁集团公司与美国钢铁发展公司(U.S. Steel Development Co.)签订协议，中方以占股少于20%的合资方式在美分期新建5家钢厂。尽管此项交易为新建投资符合所有法定条件，并受到项目所在地之一的密西西比州政府大力支持，但仍遭遇了来自美国国会与社会各方的压力，一度被迫搁置。①其中，美国国会钢铁联线(Congressional Steel Caucus)的52名议员就联名致信美国财政部部长，称此项投资将使受中国国资委主管的鞍钢集团有可能获取涉及国家安全基础设施项目的新炼钢技术和信息，以及通过中国政府的补贴令美国市场遭到扭曲，从而对美国的国家安全与钢铁工人的就业造成损害，要求财政部对此进行彻查。②在主管CFIUS的财政部不予响应的情况下，钢铁联线又写信给奥巴马，希望总统干预此事。与此同时，美国钢铁协会（the American Iron and Steel Institute）也发表类似声明，称鞍钢的投资可能使其获取美国在基建、能源、国防项目的信息，威胁美国的国家安全。③虽然鞍钢最终以参股14%的方式继续投资，但也历经不少曲折。

2005年中海油公司收购优尼科（Unocal）则遇到美国国会的实质性阻碍。不仅掌握财政预算审批大权的美国众议院通过财政拨款修正案，反对财政部将拨款用于审查中海油与优尼科的交易，并敦促布什政府对中海油的竞标进行严审，而且参众两院还通过能源法案新增条款，要求政府对中国的能源状况进行研究，否则不得批准中海油的并购。最终中海油被迫撤出并购(Nanto, Jackson, Morrison, and Kumins,2005)。而华为公司在美并购的失败，不仅因为其所主营网络通信涉及外国投资的敏感行业，还与美国国防部和部分议员担心华为具有军事背景不无关系。2008年华为与贝恩资本（Bain Capital）对美国因特网设备提供商3Com的联合收购，就因CFIUS认为其涉及美国国家安全而撤回。2011年华为撤销对美国服务器技术研发公司3Leaf的收购，起因则是CFIUS认为该项已于2010年5月完成而未予申报的交易危及美国国家安全。华为的这两起并购失败，加上2010年对美国软件供应商2Wire、对摩托罗拉无线设备业务的竞购失败，以及2010年为美国电信运营商Sprint Nextel供应设备的投标失利，均是因怀疑华为与中国军方有联系，因而危及美国国家安全受到了美国行政当局或国

---

① Stephanie Kirchgaessner, "Anshan backs away from US deal", *Financial Times*, http://www.ft.com/cms/s/0/cc58590c-abbb-11df-9f02-00144feabdc0.html.

② Steel Caucus Urges Investigation of Chinese Investment in American Steel Industry, http://visclosky.house.gov/2010/07/steel-caucus-urges-investigation-of-chinese-investment-in-american-steel-industry.shtml.

③ MIN ZENG, "Anshan Sticks With U.S. Steel Investment", *The Wall Street Journal*, http://online.wsj.com/article/SB10001424052748703636404575353390000243012.html.

会议员的阻挠(USCC, 2011)。尽管华为也多次声明与中国军方没有任何关联，但依然无法排除各方怀疑。西方观察家提出，让美国政府消除疑虑的一个方法是华为到海外上市，增加透明度。①

从历史比较而言，当前中国在美投资的困扰和20世纪80年代日本企业在美遭受的境况非常类似，两者并无太大区别。当年在面对不断增长的日本投资时，反对者认为外资进入会损害美国的经济与国家主权，并分别从国防安全、劳工待遇、行业垄断、政治控制等方面予以阐述（Jackson, 1988）。如担心外资的进入，会破坏重要技术和设备的正常供应，导致美国国防需求无法得到满足。甚至认为，外国投资者对美国政治经济产生的影响已经使美国进入了新的经济殖民时代（Tolchin and Tolchin, 1988）。此外，还担心外资进入会使工会难以从企业获得足够的信息而影响维权，以及外资并购会妨害竞争导致垄断，或者以政治游说损害美国的总体政策等等。但其后的事实证明，上述担忧并无必要。与之相反，日本在美投资不仅未对美国的国防安全与市场竞争造成损害，反而为美国创造了更多的就业机会，促进了当地企业在技术研发、员工培训与企业管理等方面的进步。

尽管在美的中国企业在创造就业、薪酬待遇等方面并不逊于其他外资公司，但依然无法消除美国各界对中国投资的忧虑。事实上，中国在美投资受到的新闻媒体、利益集团、国会议员、安全部门等各方的政治影响或干预，不但和中美双方在国家战略利益、政治制度安排、政府管理权限、市场法治建设、公司治理规范，以及文化传统习惯与思维表达方式等方面存在的较大差异密切联系，还跟近年来不断扩大的贸易失衡与持续升温的汇率摩擦有着很大的关系。②

在全球金融危机后跨国投资减缓的背景下，中国对外投资持续增长具有象征性的意义。中国的快速发展会对世界经济与政治格局产生深刻影响，其在美投资引起各方反应属于正常现象，而且将会较长期存在。从自身来说，我国对外投资主体大多为国有背景、公司透明程度较低；而且，中国企业海外投资

---

① Kevin Brown, "Huawei's opacity a colourful issue for US", *Financial Times*, April 19, 2011.

② 这与20世纪80年代日本企业在美国面临的情形极为相似，都是在两国贸易与汇率摩擦不断的背景下，由于对美直接投资的迅速飙升引发了美国的公众质疑与政治争议。

经验的积累、对国际投资规则的熟悉、融入当地社区文化需经历一个过程。此外，中国国内在外资准入范围、知识产权保护、市场运行秩序等方面尚需有较大的改善，解决这些问题将大大有利于中国在美投资。

为了中国经济长远发展计，扩大对外投资，特别是对美直接投资势在必行。面对在美投资的生态环境，可从以下几方面加以改进，将风险降到最低。一是要加强政府层面的交往沟通，通过双边市场开放、缩小贸易失衡、妥善处理汇率摩擦，以及签订投资保护协定及避免双重征税协定等途径，为中国企业在美投资创造良好的氛围。二是通过设立企业联合会与海外投资协会等非营利组织，与东道国的供应商、商界人士和政界人士建立广泛联系，并跟当地媒体与智库组织展开交流合作，逐步消除误解，减少抵触。三是充分利用美国会计公司、公关公司、管理咨询公司等各类中介服务机构，为中国企业了解美国生态环境、提供成功投资的引导服务(Locke, 2012)。四是选择适当的投资方式，减少市场进入风险。在可行范围内，多以新建投资的方式增加当地就业与财政税收，尽量避免并购，特别是高调竞标和恶意收购行为。[①]即便是为了获取技术，企业也未必非要采取并购手段，可以通过吸纳当地优秀人才建立研发中心的模式，减少涉及敏感技术与知识产权的审查风险。四是变通并购策略，消除国家安全审查的风险。即使在进行并购时，中国企业特别是国有企业，可以通过吸引民企参与、剥离敏感资产、缩减占股比例等方式，淡化政府背景，消除美国社会对敏感技术的忧虑。五是改善公司治理结构，提高企业管理与操作的透明度。应当依照美国的相关法律，建立起符合要求的企业制度与规范并严格遵照执行，以减少反对者对中国企业可能受中国政府控制的担心。最后，如果交易有可能涉及美国的行业限制、反垄断、国家安全审查等法律，应当及时主动地提出申报，避免因事后被监管机构撤销交易而造成的额外损失与负面影响。

3. 经营与管理环境

中国企业在美国投资交易完成之后，经营过程中还会受到各种联邦、州和

---

① Curtis J. Milhaupt, "Is the U.S. Ready for FDI from China? Lessons from Japan's Experience in the 1980s", http://www.vcc.columbia.edu/pubs/documents/MilhauptFinalEnglish.pdf.

地方的法律法规的制约。这构成了投资美国市场企业的商业经营环境，并由此产生与之相对应的经营环境风险。此种风险具有事后的特征，称之为交易后风险。与中国的法规要求相比，美国的许多与企业经营相关的法律要求（联邦及州）在广度和严格程度方面以及对各自法规要求的遵守方面有着很大的差异。这构成了在美国的企业经营环境。由于不熟悉这些相关法律，外国企业可能忽略或未严格执行相关规定，从而给企业带来很大的经济损失。企业经营环境的相关法规有以下几个主要方面。

3.1 企业外部性的规制

美国有关当局对企业在生产与经营活动中所带来的负外部性进行了严格的法律规制。[①]它们包括：

第一，环境保护的相关法规。环境法旨在防止与控制有害物质和污染物向陆地、空气和水中排放。总体而言，遵守环境法规的关键是认识到在工业设施或其他业务中使用的主要物质根据一个或其他法令可能被定义为有害物质或污染；对工业设施的每个排放点或潜在的物质排放必须予以评估以确定是否符合环境法的要求。美国环境保护局（Environmental Protection Agency，EPA）是负责执行大多数环境计划的联邦机构。职责包括制定规章、发放许可、执行及为州和地方环境局提供支持。其中，联邦《清洁空气法案》(Clean Air Act) 和类似的州法令，管制那些可能会导致"空气污染物"（广义）进入周围（室外）空气的大量活动。当然，管制的目的并非将所有的排放降到零水平，而是确保排放者所有受管制的活动都符合《清洁空气法案》定立的标准。排放到公共处理工厂的工业废物也受到许可要求的制约。《资源保护和回收法案》（Resource Conservation and Recovery Act，RCRA）对有害废物的存放、处理、产生、运输和处置有着严格、详细的要求。

按照《环境应对、赔偿和责任综合法案》（Comprehensive Environmental Response, Compensation, and Liability Act，CERCLA），众多的相关方将承担负责清除排放到环境中的有害物质所需的政府费用。根据 CERCLA 规定，"潜

---

① 当某经济主体的活动使他人或社会受损，而该主体却没有为此承担成本时称为负外部性，如环境污染与产品缺陷等。

在的责任当事人"包括从事以下活动的人员：(1) 拥有或经营排放有害物质的设施，(2) 把有害物质排放到 CERCLA 要求必须清理的现场；或 (3) 将有害物质运输到处理设施场地（如果运输者选择了处理设施）。CERCLA 非常严格，它的适用追溯到 CERCLA 通过之前排放的有害物质，并且不考虑处理方法是否符合当时生效的法律和法规；且其责任是连带性的。因此，联邦或州政府都可以强制任何责任方支付所有的清理费用。环境法违反者会被处以大额罚款。通常，USEPA 或州代理机构可以命令遵守或获得法院指令。此外，环境法令允许公众在某些情况直接诉讼违反者，以获得禁止令救济和民事罚款。大多数环境法都规定了用于处罚明知故犯或粗心违反的刑事处罚，比如罚款和监禁。

第二，产品责任相关规定。与其他国家相比，美国产品责任法对产品的生产和销售者不仅裁断出非常高昂的损害赔偿，而且还允许起诉者在更广泛的范围进行诉讼。因此，了解这些法律将有利于中国企业减少并规避风险。根据美国法律，对于制造或销售有缺陷的产品到美国的外国公司，可以追究其对产品责任索赔中的赔偿责任。产品责任法有两个目标。一是为受伤害的原告提供补偿机制；二是通过严格责任强迫生产商和分销商将缺陷产品撤离市场。①第二次侵权法在重述中，还确立了被告对其生产的缺陷产品造成的损害应当承担侵权责任；而在诉讼中，原告无须证明被告存在过错的严格责任原则，之后迅速成为美国产品责任法的圣经(Owen,1996)。不过，随着社会的发展，针对制造缺陷的责任法难以妥当地适用于对设计缺陷与警示缺陷的诉讼。第三次侵权法重述明确产品缺陷分为制造缺陷、设计缺陷以及警示缺陷三种类型，严格责任仅仅适用于制造缺陷，对于设计缺陷以及警示缺陷被告承担过失责任。②并且，美国法院享有广泛的管辖权。当某公司在美国以外的国家制造或销售产品，但该产品对美国公民造成损害时，美国法院经常会处理这样涉及其本土以外外国公司的案件。为了使美国法院对产品责任行为中的外国被告行使司法权，原告必须证明该外国被告与瑕疵产品有牵连。被告为了对这种管辖权提出抗辩，需要证明其与瑕疵产品无关。只要与瑕疵产品相关的销售商或制造商知道产品将进入商品流通并可能在发生地州引起损害，即便被告在中国境内交货，也不能成

---

① Temple v. Wean United, Inc. , 364 N. E. 2d 267 (Ohio 1977).
② Green v. Smith & Nephew [Z], 629 N. W. 2d at 751(Sykes, J. , dissenting).

为对抗管辖权的充分理由。

3.2 雇用与歧视行为的法律规制

第一，劳动雇佣。在美国，雇主受到严格管理。许多法律及法规都规定了雇主应如何对待工作申请、员工及以前的员工。由于法律规定很多，外国企业往往会不自觉地违反雇佣法律。虽然某些违反法律的行为仅导致罚款，但有很多违法行为会招致昂贵的诉讼。美国的劳动法包括劳工法（Labor law）和就业法（Employment law）两个部分。

1935年通过的《国家劳工关系法》（National Labor Relations Act, NLRA）明确禁止雇主干涉以下雇员行为：组织工会、通过工会进行集体谈判、罢工和设置纠察等行为。虽然美国劳工队伍曾相当庞大，但是在过去50年中，工会的成员人数和影响力方面不断下降。目前，仅有12%的私人劳动者加入了工会。工会必须由50%的劳动者投票成立。此投票由国家劳工关系委员会主持进行。一旦工会被认定，就可代表工人利益与雇主就管理工人权利和职责、雇佣合同、劳资纠纷等进行谈判。工会合同通常可持续若干年。在合同的谈判时，为了获取优势，工会可组织罢工。如何处理好与工会以及工人的关系是中国企业需认真面对的问题。

一系列的美国联邦、州和地方法律对招聘、雇用、待遇、福利和解雇加以了严格规定。受自由放任（laissez-faire）经济思想影响，雇用自由（Employment-At-Will）原则时至今日依然是美国劳动法上的一项基本制度。但在20世纪30年代经济大萧条时期，为促进就业，美国政府通过了确认劳工有组织工会及集体行动权利的全国劳工关系法（National Labor Relations Act of 1935）、保障弱势群体的福利的社会保障法（the Social Security Act of 1935），以及禁止超时工作及最低工资保障的公平劳动标准法（the Fair Labor Standards Act of 1938）。20世纪60年代随着黑人运动、妇女解放运动等民权运动的兴起，美国政府不仅颁布实施了旨在促进公平就业的一系列法案，如禁止种族、肤色、宗教、性别等歧视的民权法案第7条（Title VII of the 1964 Civil Rights Act）、保障雇员薪酬利益的同工同酬法（the Equal Pay Act of 1963），以及禁止年龄歧视的反就业年龄歧视法（the Age Discrimination in Employment Act of 1967），还通过采取逆向歧视措施出台了鼓励企业雇用少数族裔、弱势群体及女性的平权法案（Affirmative Action）。①其他有关法律则规定了最低工资和最长工作时间（通常针对不领薪水的员工和某些领薪水的员工）、受伤员工的劳工补偿以及缴纳失业保险基金（针对非自愿被解雇的员工）的款项。但是，这些法律的条款不适用于外国公司的非美国活动。对外国买家可能特别重要的一个联邦法律是《员工整顿及再培训通知法》（Worker Adjustment and Retraining Notification Act，WARN）。 WARN要求雇佣100名或更多全职员工的雇主，在单个地点进行"工厂"关闭或大规模裁员前60天向员工发出书面通知。当买家计划将被收购企业的大部分迁至美国境外时，该法案及各州与此相应的法律，对于收购美国企业的外国公司尤为重要。

第二，性骚扰的有关规定。在立法中，美国并没有制定反性骚扰的单行法规；而是在1964年《民权法》禁止就业中的性别歧视的相关规定里，找到法律依据对性骚扰者提起性别歧视起诉。在反性骚扰的司法实践中，性骚扰概念的内涵逐渐深化，外延也不断扩大。美国相关法律要求大公司须建立专门的针对性骚扰的制度，包括制定规则、培训制度、投诉受理机构和投诉程序等。一旦公司发生了性骚扰案件，公司需负连带责任，因为公司没有创造一个公平的无伤害的环境。根据平等就业机会委员会1980年颁布的指导原则，若雇主(或其代理人、管理监督受雇者)实际或推定知悉非受雇者对其受雇者实施性骚扰，而未能当即采取适当的纠正措施(corrective action)，则雇主应就此承担法律责任。但为了就雇主的法律责任归属问题与其他类型的性骚扰事件相区分，平等就业机会委员会进一步强调，在审查此类案件时应考虑雇主对此类事件所能控制的程度，以及可能要承担的其他法律责任。如1986年日本三菱汽车公司在美国伊利诺州工厂管理层及雇员对400多名女工的性骚扰案中，美国地方法院判决该工厂赔偿400多名女工3,400多万美元。

第三，知识产权保护法规。美国是世界上实行知识产权制度较早的国家，

---

① 平权法案是指联邦政府和州政府在法律要求的平等机会。这些措施是为了防止在"肤色、宗教、性别或民族出身"上对雇员或就业申请人的歧视。但这种用放低标准的办法照顾特定群体的做法也引起了争议，反对者认为即使由于个人命运的不幸，也不允许普遍优待公民中的一个整体。The Federal Register, Executive Order 11246…Equal employment opportunity, http://www.archives.gov/federal-register/codification/executive-order/11246.html。

已建立起一套完整的知识产权法律体系。这主要包括：《专利法》、《商标法》、《版权法》、《反不正当竞争法》。美国知识产权保护方式主要是司法保护。在执法方面，美国建立了多层次的司法体系。美国知识产权纠纷案件一般是在州法院审理，州法院判决后，原被告双方如有不服可向联邦巡回法院上诉，联邦巡回法院的判决为终审判决。2006年3月7日，美国国会众议院通过《打击假冒制成品法案》和《2005年保护美国货物及服务法案》。这两项法案修改了《假冒商标法》，将其规定扩大到贩卖假冒标志的行为，将"贩卖"的范围扩大到进出口行为，并且加大了对假冒行为的处罚力度（对于涉及假冒的商品，将予以没收销毁或依法处置）。此外，法院还将判决犯罪人赔偿受害人的损失。即凡是假冒或试图假冒商标的，都属于重罪，但假冒商标的数量和金额等，是量刑的考虑因素。

此外，外国企业在美经营中，还必须遵守联邦与州政府有关税收的规定，否则将会受到相应的法律制裁。美国的税赋由联邦政府、州政府和地方政府征收。联邦政府主要征收联邦所得税、财产税及赠与税。州政府及地方政府征收州所得税、特许规费、消费税、使用税及财产税等。

4. 小结

尽管近年来我国对外投资发展较快，但在美国的投资远不尽如人意。然而，无论从哪一方面来说，美国都是中国企业对外投资的最为重要的目的地。在美投资的中国企业面临着完全不同的社会生态环境及与之相联系的风险。

对美投资首先面对法律与审查环境。与此相关的风险具有被动性质，即外国投资者因不符合美国有关外国直接投资的法律规定，未通过监管机构的合规审查而导致的交易受挫或不被批准。其主要源于行业主管部门、反垄断机构的并购审查和国家安全审查机构等对外国直接投资的进入限制与并购监管。美国法律对交通运输、通讯传媒、金融服务、国防工业、能源矿产等敏感领域的外资进入均实施行业管制；并通过反垄断机构对外国企业并购本国企业予以监管。相对于行业限制与并购监管，外资进入面临的国家安全审查更易受到政治性因素的干扰，存在较大的不确定性。

其次，在美投资者还面临因美国民主制度与权力制衡体制下的政治治理环境及由此产生的相关风险。这种风险是由各利益体的主动参与及相互博弈而产生。与其他国家通常由战争或内乱等引发政治动荡、权力更迭、恐怖活动所产生的政治风险不同，中国对美投资所遭遇的政治环境风险则由美国宪法及法律所确立的宏观制度结构、国家决策体系以及社会各利益主体参与机制密切相关。

此外，中国企业进入美国市场之后，还将面临由于中美监管法律制度的不同导致的经营环境风险。经营环境风险具有事后的特征。由于美国关于企业经营的外部环境的制度，特别是在环境保护、产品质量以及劳动就业与知识产权方面均有极大的不同，并且执法环境也与国内大相径庭，对各种违法行为的处罚更为严格。中国对美投资的企业必须对此予以高度关注，否则将会引发各类诉讼风险导致损失。

第八章　对美国基础设施的投资

目前,改善中国巨额外汇资产配置的一个重要方向是投资美国的基础设施。中美两国领导人及代表在不同的场合都公开表示,加强中美双方在投资领域的合作,鼓励中国投资于美国的基础设施项目。2012年3月14日十一届全国人大和政协会议闭幕后,国务院总理温家宝在答记者问时指出:"加强基础设施建设的合作,并使这种合作与金融合作相联系。就是说中国将投资美国的基础设施建设,而扩大美国工人的就业。这是一举双得的事情"。[①] 2012年3月26日,中华人民共和国国家主席胡锦涛出席在韩国首尔举行的国际核能峰会与美国总统奥巴马会晤时,奥巴马表示欢迎中国企业扩大对美国基础设施建设等领域的投资,并将采取更多便利措施。[②] 美国政府一再表示,欢迎中国对美国投资,因为国外投资对于美国经济增长、创造就业和提高劳动生产率十分重要。中国对美投资面临的主要障碍是缺乏对美国市场和经营环境的了解,包括税收、劳工安全和环保法规等。美国政府为加强互信,也表明将对中国开放更多投资领域、提供更丰富的投资机会。[③]

虽然中美两国政府就对中国投资美国基础设施的问题已形成基本的共识,但具有可行性的投资领域及投资方式尚需进一步研究与探讨。美国基础设施投资涵盖面广泛,但可以容纳中国巨额外汇投资的商业项目范围为数有限,主要集中在电网、收费高速公路、机场等领域。

---

① "十一届全国人大五次会议记者会温家宝答记者问",《中央政府门户网站》,http://www.gov.cn/2012lh/content_2092067.htm。

② "胡锦涛会见美国总统奥巴马",《人民网》,http://politics.people.com.cn/GB/1024/17494627.html。

③ Ambassador Gary Locke's Keynote at Fifth Annual of Brookings-Tsinghua Center for Public Policy, Beijing, March 26, 2012.

1. 电网

根据美国爱迪生电气协会（EEI，Edison Electric Institute）的预测报告，美国在未来5年内电网投资将超过2,000亿美元；而在未来20年内电网投资额预计将超过8,000亿美元(EEI，2005)。由于美国电网的主体为私营企业，完全市场化经营，因此所需的资金主要来源于市场投入，这是中国外汇资金可能投资的一个重要方面。

1.1 电力系统概述

过去半个多世纪以来，美国的人均用电量呈稳步上升。图8—1描述了1960—2009年美国人均用电量的变化情况。[①]美国能源信息管理局（U.S. Energy Information Administration，EIA）指出，虽然美国短期内用电量的波动受到经济周期、天气、价格等因素影响，但就长期而言，用电量在稳步增长。不过，由于能源使用效率的不断提高，1950年以来用电量的增长幅度在逐渐减小：用电量年均增长率从20世纪50年代的9%减少到90年代的2.5%。从2000年至2009年，用电量年均增长率为0.5%。根据美国能源信息管理局预测，在2035年前美国用电量年均增长率约为1%（EIA，2010）。

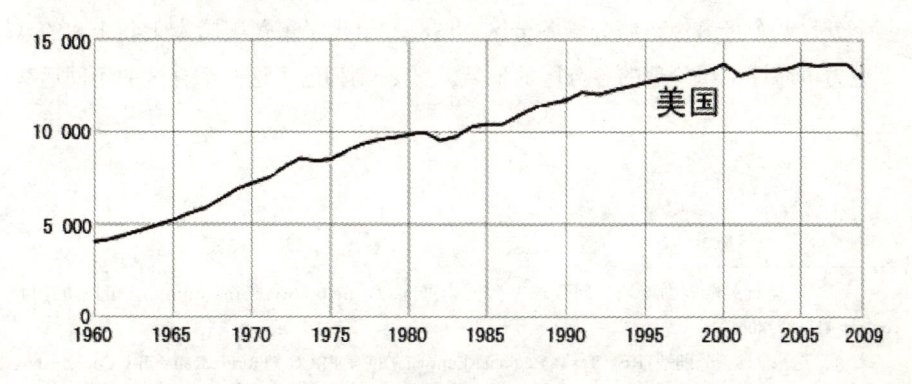

图 8—1 1960—2009年美国人均用电量 （单位：千瓦时）

[①] 2011年中国净发电量总额达到4.47万亿千瓦时，超过美国的年净发电量4.1万亿千瓦时，跃居世界第一位。"中国净发电量跃居世界第一的启示"，《中国证券网》，http://company.cnstock.com/industry/shmd/201203/1920990.htm。

资料来源：Google Public Data，2012，http://www.google.com.hk/publicdata/explore?ds=d5bnc-ppjof8f9_&met_y=eg_use_elec_kh_pc&idim=country:USA&dl=zh—CN&hl=zh—CN&q=%E7%BE%8E%E5%9B%BD%E7%94%A8%E7%94%B5%E9%87%8F#!ctype=l&strail=false&bcs=d&nselm=h&met_y=eg_use_elec_kh_pc&scale_y=lin&ind_y=false&rdim=country&idim=country:USA&ifdim=country&tstart=—307785600000&tend=1238515200000&hl=zh_CN&dl=zh_CN。

美国电网至今已有100多年的历史，它从仅向本地区供电的小电力公司逐步演变的结果。美国电网的基本特征可归纳为两点：其一是通过依据当地负荷和电源情况建设小电网，把城市附近发电厂的电能输送到城市电力负荷中心，具有各自为政的属性；其二是随着电网的扩大，电力公司通过协议或联合经营的方式发展互联电网，不过基本上是用于相互备用、事故支援和调节余缺的弱联系（王熙亮、张运东，2007；郭基伟、宋卫东，2009）。目前美国没有"国家电网"，但存在覆盖本土48个州的三个主要互联电网——东部、西部和得克萨斯电网。这三个电网覆盖了超过3,200套配电设施、1万多个发电机组、数十万里的输配电线和数百万用电客户。[①]

在不存在全国统一电网的环境下，美国电网的安全稳定由"北美电力可靠性公司"（North American Electric Reliability Corporation，NERC）负责协调，其下分设八个可靠性组织分管各分区。图8—2给出了覆盖美国本土48个州的八个电力可靠性组织管理的各分区的地域。[②]表1则列出了这八个分区的不同运载能力。

[①] "美日英俄电力市场如何改革？"，《中国网》，http://ny.china.com.cn/2011-05/04/content_4176277.htm。

[②] 这八个地区分别是TRE（Texas Regional Entity TRE）、FRCC（Florida Reliability Coordinating Council）、MRO（Midwest Reliability Organization）、NPCC（Northeast Power Coordinating Council）、RFC（Reliability First Corporation）、SERC（SERC Reliability Corporation）、SPP（Southwest Power Pool, RE）、WECC（Western Electricity Coordinating Council）。

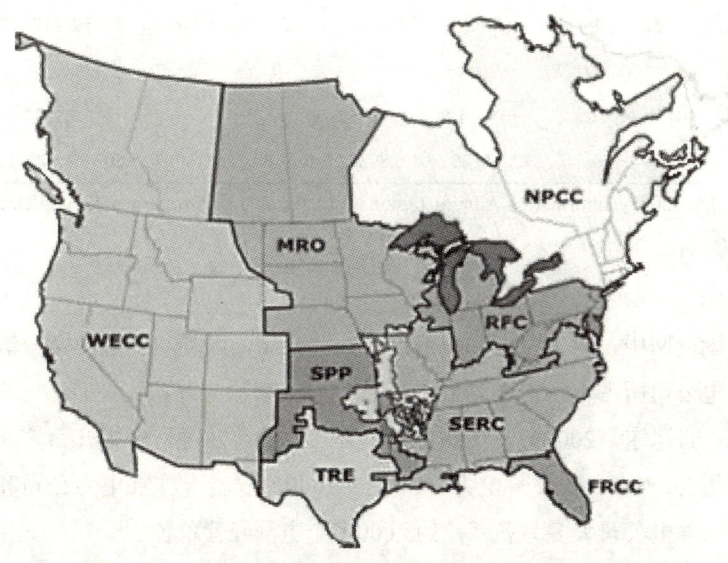

图 8—2　美国本土的八个分区电力可靠性组织的管理地域

资料来源：U.S. Energy Information Administration (EIA). Current NERC Regional Councils. http://www.eia.gov/cneaf/electricity/page/eia411/eia411_nercnew.html。

表 1　2010年美国本土八个分区现有输电能力（按电压计）（单位：英里传输电路）

电压		各分区的电路英里							
类型	运行电压 单位：千伏/kV	FRCC	MRO	NPCC	RFC	SERC	SPP	TRE	WECC	全美总计
交流电（AC）	100—199	—	—	—	—	—	—	—	—	—
交流电（AC）	200—299	5,922	7,241	1,521	6,949	21,100	2,776	—	36,810	82,319
交流电（AC）	300—399	—	11,468	5,064	13,610	3,538	4,934	9,500	10,301	58,415
交流电（AC）	400—599	1,201	473	—	2,551	8,617	47	—	12,729	25,618
交流电（AC）	600+	—	—	190	2,226	—	—	—	—	2,416
交流电总计		7,123	19,182	6,774	25,336	33,255	7,757	9,500	59,840	168,768
直流电（DC）	100—199	—	—	48	—	—	—	—	—	48
直流电（DC）	200—299	—	930	—	—	—	—	—	—	930
直流电（DC）	300—399									
直流电（DC）	400—499	—	872	—	—	—	—	—	—	872

直流电（DC）	500—599	—	—	—	66	—	—	—	—	2,137	2,203
直流电（DC）	600+										
直流电总计		—	1,802	48	66	—	—	—	—	2,137	4,053
总计		—	7,123	20,984	6,822	25,402	33,255	7,757	9,500	61,977	172,820

资料来源：U.S. Energy Information Administration（EIA），2010，http://www.eia.gov/electricity/annual/xls/table4.1.b.xls。

在美国电网中，电力企业和电网运营企业分离，两类主体都非常分散。美国主要发电公司所占市场份额均低于3.5%，前10家输电公司仅拥有27%的电网（王熙亮、张运东，2007）。美国的发电公司主要有四类，包括几百家私营电力公司、近2,000家市政公营电力公司、约1,000家农村合作社电力公司和联邦电力公司；输电公司大多为私营，约3,000多个电网经营单位。①

这种多重的电力供给体系可能导致很多问题，例如，发电厂向多个电网缴费而导致电力成本上升；缺少电网再投资的积累与动力；各不相同的模式致使资源浪费等。更为重要的是，由于电网本身是一个脆弱的体系，局部事故可能触发整个系统瓦解，分散的市场经营造成的松散结构对美国电网安全产生重大影响。对此，美国《管理才能评论》指出："今天美国的电网已经成了多种利益竞争的市场，不是由工程师来管理，而是由金融家和律师来管理。国家在不断失去对电网的管理权，可靠性已经成为股东追逐利益的牺牲品"（王熙亮、张运东，2007）。

建立全国统一的骨干性电网不仅是电力工业经济性的要求，同时是关系到电力可靠性的关键因素。频频发生的停电事故暴露了美国电网的危机，也引起了美国联邦政府的重视。在20世纪70年代末，就有一场关于美国是否应该建立全国性电网的争论。有人认为电力系统非常重要，应该由联邦政府管理；其他人则对集中于联邦政府的决策非常警惕，认为应该提倡产业主导的政策。此后，美国选择了电力市场完全竞争化的道路（U.S. Department of Energy，2002）。目前，美国的电力市场分为东部、西部及得克萨斯地区三大分区。近年来美国

---

① "美日英俄电力市场如何改革？"，《中国网》，http://ny.china.com.cn/2011-05/04/content_4176277.htm。

电网的投资改造在以下几个关键因素的作用下更显迫切：屡次发生的停电事故也预示电网可靠性亟待提高；信息技术应用于发展智能电网成为主要路径；建设清洁能源以降低排放已经成基本趋势。

2008年美国总统奥巴马提出建立一个全国统一的电力市场，并以750亿美元建立覆盖全国范围的主干网。2009年8月5日，奥巴马总统在印第安纳州的讲演再次提出，要建立一个可以将电力从"东海岸传送到西海岸的，更坚强更智能电网"。[1]然而，能源部门的助理秘书Kevin Kolevar认为，实现这一方案可能会走向一场"冷酷的战役"，将遭到州立法者和各州政府及公用事业主的极力反对。换言之，要实现各州的联网运行，首当其冲的任务是打破地方和私人集团的利益网。然而，在美国的政治现实中要达到这一点非常困难。因此，Kolevar认为在短期内看不到联邦政府引导的统一电网的可能性。[2]

2010年，联邦能源监管委员会（Federal Energy Regulatory Commission，FERC）推出"泛美超级电力站"（Tres Amigas Superstation）项目(Sonoran Institute, 2011)，旨在打破长距离传输的瓶颈，形成一个电力市场的中心，连接目前的三大电网，以保证电网的可靠性，并将大量的清洁能源发电纳入电网中。此项目在2012年开始建设，将于2015年投入运营（Harris and McCall, 2011）。

伴随该项目建成，在技术上可以实现全国电力联网运行；不过，面对现有电力市场既定利益的基本格局，在政治上却难以要达到"全国统一电网"的目标。其基本原因在于：首先，美国电网是多元主体参与的竞争市场，电网的"全国化"无异于对私人产权的侵害与强制；其次，在哲学理念上，美国崇尚自由竞争，对国家垄断高度警惕；此外，从立法角度而言，全国统一电网将直接违背反垄断法，难以真正实施。

---

[1] Remarks by the President on the economy, 2009, http://www.whitehouse.gov/the_press_office/Remarks-by-the-President-on-the-Economy-in-Wakarusa-Indiana/.

[2] Henry Payne, "Obama's New Electricity Grid", Nov. 4, 2008. http://www.nationalreview.com/planet-gore/16779/obamas-new-electricity-grid/henry-payne.

1.2 电网设备及投资

就美国电网的运营状况与未来发展而言，当前最关键的问题是提高电网的可靠性及电能传输效率。解决上述问题的核心在于大幅度增加电网系统的投资，以达到更新设备和提高能效的目的。

投资必要性

美国电网设施大多在20世纪50年代或更早时期建成投产，总资产约3,600亿美元(郭基伟、宋卫东，2009)。依据美国能源部（DOE）的估计，70%的输电线使用年限在25年以上，70%的电力变压器使用年限在25年以上，60%的断路器使用超过30年。美国的电力输送系统存在设备严重老化、投资明显不足及技术过时等问题。[①]整体而言，美国电力设备面临着大规模更新换代的需要。

在过去30年中，美国电力的需求和供给都在成倍增长，但是，电网输送电量的提高未能与电力市场的扩大同步。尽管电网输送能力的限制没有影响到电力供应，但却导致一些低成本的电力无法输送。例如，风力发电量具有不稳定、不可预期的特点，老化的输电网无法适应风力所产生的电力输送，在一些风力发电的地区（如北伊利诺伊州），输电网一度崩溃，严重阻碍了这些地区新能源的利用。据美国能源估计，断电和电能质量问题导致了每年高达250—1,850亿美元的经济损失。[②]美国电网长期投资不足使得电力输送中存在很多难以克复的输电瓶颈；因此，设备更新、提高输电能力已经成为亟待解决的问题。

历史投资

图8—3给出了1975—2003年美国输电网投资的情况。在1975年至1998年，美国输电网投资一直呈逐年下降趋势；直到1999年，这一趋势才有所逆转。1999年至2003年，输电网投资保持12%的年均增长率；在此期间，投资者所拥有的输电网英里数保持2.8%的年均增长率。根据爱迪生电气协会（EEI）的调

[①] Fitch, "U.S. Electric Transmission System Shows Its Age", Oct. 31, 2006. http://www.businesswire.com/portal/site/google/index.jsp?ndmViewId=news_view&newsId=20061031005688&newsLang=en.

[②] "Illinois Valley Transmission Network Choking on Wind Energy Growth", *Smart Grid News*, http://www.smartgridnews.com.sixxs.org/artman/publish/Delivery_Transmission_News/Illinois-Valley-Transmission-Network-Choking-on-Wind-Energy-Growth-1709.html.

查，在此5年间，美国电网的总投资额为40亿美元，其中一半的投资用于输电站建设（如变压器等），而另外一半的投资用于输电线设备（如导体、电塔、磁极等）的投资(EEI Survey of Transmission Investment, 2005）。

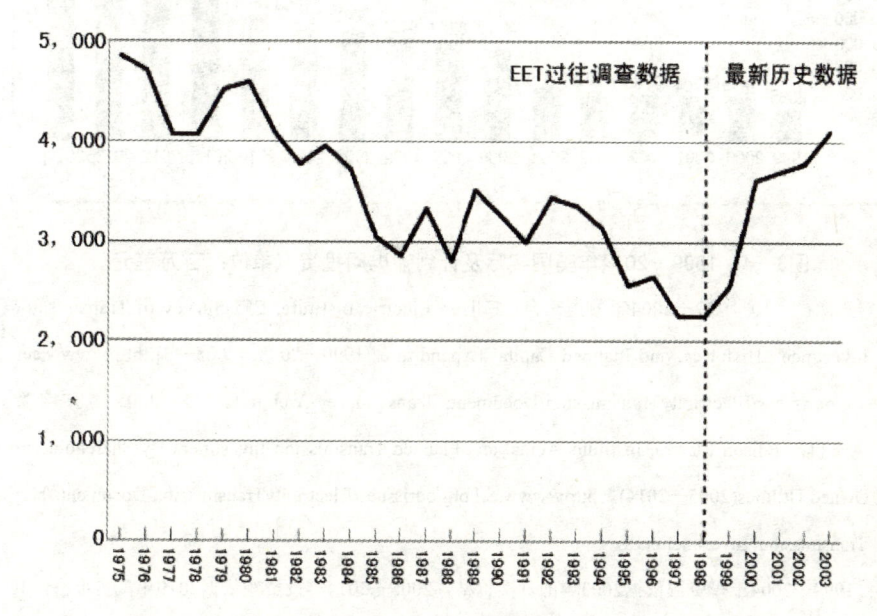

图8—3 1975—2003年美国输电网投资情况（单位：百万美元）

资料来源：Edison Electric Institute. EEI Survey of Transmission Investment: Historical and Planned Capital Expenditures 1999—2008. [2005—5]. http://www.eei.org/ourissues/ElectricityTransmission/Documents/Trans_Survey_Web.pdf。

注：以2003年真实价格计算。

图8—4给出了1999—2014年美国的实际及计划输电网投资情况。从历史数据看，2004—2008年期间美国的电网公司在输电网建设方面已经投资了约290亿美元。[①]在这些投资中，只有约6.5%的投资用于新建发电机组的并网接入工程，绝大部分输电网的投资用于提高地区间电网的输电能力和可靠性，以促进区域和区域间电力市场的发展（EEI，2011）。

---

① 实际和计划投资为378.03亿美元，如图8—4所示。

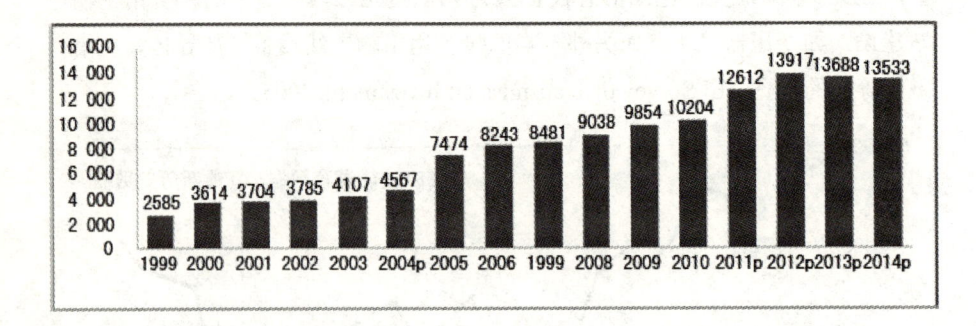

图8—4　1999—2014年美国实际及计划输电网投资（单位：百万美元）

资料来源：（1）1999—2004年数据来自：Edison Electric Institute. EEI Survey of Transmission Investment: Historical and Planned Capital Expenditures 1999—2008. [2005—5]. http://www.eei.org/ourissues/ElectricityTransmission/Documents/Trans_Survey_Web.pdf.（2）2005—2014年数据来自：Edison Electric Institute. Actual and Planned Transmission Investment By Shareholder—Owned Utilities(2005—2014). http://www.eei.org/ourissues/ElectricityTransmission/Documents/bar_Transmission_Investment.pdf。

注：1999—2004年投资额依据2003年的真实价格，2005—2014年投资额依据2010年真实价格，其中2011—2014年及2004年投资额为EEI估计值。

未来投资需求

美国Brattle Group咨询公司在2008年11月向爱迪生电气协会（EEI）提供的报告中，分四个场景对美国未来20年内电力工业投资额进行了预测。表2是该公司在不同场景下的预测结果。在基准的未考虑低碳政策的参考场景下，2010—2030年电力工业基础设施投资建设预计为15,770亿美元，其中输电网和配电网投资将达8,800亿美元，而电源建设投资达6,970亿美元(Brattle Group, 2008)。

该公司的投资预测还包括其他不同场景下电力基础设施及电网投资所需金额。其中，"RAP效率基础案例场景"（RAP Efficiency Base Case Scenario）考虑了高级电表架构和能源效率/需求响应计划（Advanced Metering Infrastructure and EE/DR)[①]在现实约束条件下可能产生的影响,但没有考虑新的低碳政策;"MAP效率场景"(MAP Efficiency Scenario)考虑EE和DR项目最大化实现且客户参与度很高的情况,也未考虑新的低碳政策;"Prism RAP场景"(Prism RAP Scenario)考虑了低碳政策限制碳排放的情况。概括而言,综合考虑这四种不同场景,整个电力工业的基础设施总投资在14,700—20,230亿美元之间。其中,输电系统和配电系统的投资在这四种场景下都不发生变化,分别为2,980亿美元和5,820亿美元,两者合计为8,800亿美元。

表 2　2010—2030年美国电力工业基础设施不同场景的投资预测(单位:10亿美元)

	参考场景 (无低碳政策) Reference Scenario No Carbon Policy	RAP效率基准场景 (无低碳政策) RAP Efficiency Base Case Scenario No Carbon Policy	MAP效率场景 (无低碳政策) MAP Efficiency Scenario No Carbon Policy	Prism RAP场景 (有低碳政策) Prism RAP Scenario Carbon Policy
峰值负载量平均增长率 Peak Average Load Growth Rate		0.70%	0.30%	0.70%
到2030年新增容量(10亿瓦特) New Capacity Through 2030(GW)				
可再生能源 Renewables	38.6	39.2	38.8	103.7
燃气轮机 Combustion Turbine	25.0	4.3	0.0	5.5
核能 Nuclear	29.1	28.9	26.2	64.0
传统联合循环 Conventional Combined Cycle	39.5	12.9	3.8	5.4
煤 Coal	81.8	47.6	42.1	36.9
新增容量总计(10亿瓦特) Total New Capacity(GW)	214.0	132.9	110.9	215.5

---

① "AMI"指高级电表架构(advanced metering infrastructure),"EE/DR programs"指能源效率和需求响应计划(energy efficiency and demand response programs)。

到2030年投资额（近似值）Capital Investment Through 2030（rounded to nearest $billion）				
发电 Generation	697	505	455	951
输电网 Transmission	298	298	298	298
高级电表架构和能源效率/需求响应计划 AMI and EE/DR	0	85	192	192
配电网 Distribution	582	582	582	582
总投资额 Total Capital Investment（$ Billions）	1,577	1,470	1,527	2,023

资料来源：Brattle Group. Transforming America's Power Industry: the investment challenge，2010—2030.[2008—11]. http://www.eei.org/ourissues/finance/Documents/Transforming_Americas_Power_Industry.pdf.。

在电力工业基础设施的投资中，进入数量众多且限制较严的发电业难度较大。但是，如果以被动投资方式参与输电网及配电网企业的基础建设则较有可能性。此外，电网系统具有稳定、可靠的未来现金流。美国输电系统与配电系统未来预计投资数额巨大，分别为2,980亿美元和5,820亿美元。若我国投资者能够参与美国电网系统投资总量的10%—15%，在今后5年内的投资额将达数百亿美元，而未来10年间则可望增加到千亿美元级别的投资规模，使我国巨额外汇储备进入实体经济较理想的行业。

2. 收费公路

根据美国土木工程师协会（American Society of Civil Engineers, ASCE）估计，美国未来5年需要在公路建设方面投资约1万亿美元，其中，具备商业机会的付费公路私有化项目（Toll Road Privatization）的投资规模在2,000亿左右。这是市场投资者关注的主要领域之一。

2.1 基本概况

美国是一个"车轮上"的国家，其汽车总保有量高达2.85亿辆，位居世界第一；平均每千人拥有汽车828辆，位居世界第二[①]。

在1980—2010年期间，美国高速公路一直处于不断建设中，汽车行驶总里程数和高速公路里程数始终处于上升趋势。截至2010年，全美国汽车行驶总里程数已经达到4.8万亿公里（3万亿英里），美国公路里程数达659.8万公里（410万英里）。其中，高速公路里程数超过8.8万公里（6.2万英里），车道里程数达1,400万公里（870万英里）。[②]图8—5是1980—2010年期间美国高速公路的发展情况。在过去的30年间，政府拥有的高速公路长度（public road mileage）增长非常缓慢；而高速公路车道长度(lane—miles) 增加相对较快；高速公路上车辆行驶长度(vehicle—miles of travel) 则有大幅度的增长（U.S. Department of Transportation，2010）。

美国收费的高速公路基本上都是20世纪50年代首批修建的"老一辈"公路。因为年久失修，这些路大多数坑坑洼洼，布满裂缝，难以有效的正常通行。1956年，美国总统艾森豪威尔敦促国会通过了《联邦资助公路法案》，确立了高速公路的发展框架。根据这一法案，美国州际高速公路由联邦政府和州政府按照9∶1的比例出资。其中，联邦资金由"联邦公路信托基金"提供，该基金的资金87.6%来自于机动车燃油税。美国政府建立的高速公路为不收费公路。

由于政府每年用于公路建设的资金有限，还要修设一些新路。为了筹集养护、维修的资金，自20世纪80年代开始，许多州政府又允许私营企业建设一些收费高速公路，且专款专用。为了提高收费效率，降低收费标准，美国州政府还采取两项措施：一是采用公私合营的方式，即政府和私营企业签订合同，由私营企业对道路进行建设、维护、经营，但要求他们收费必须合理，不能因高收费使公众使用不起收费高速公路。当合同期满时，政府再收回经营权；若届时

[①] 维基百科：各国人均汽车拥有量列表，http://zh.wikipedia.org/wiki/%E5%90%84%E5%9B%BD%E4%BA%BA%E5%9D%87%E6%B1%BD%E8%BD%A6%E6%8B%A5%E6%9C%89%E9%87%8F%E5%88%97%E8%A1%A8#cite_note-USeDataBook-2。中国汽车保有量在2011年8月底突破1亿辆，目前居世界第二。《中国经济网》，http://intl.ce.cn/zgysj/201109/19/t20110919_22703428.shtml。

[②] 中国新闻网：中国高速公路总里程达8.5万公里，2012年将新增1.1万公里。http://www.chinanews.com/gn/2011/12-31/3573689.shtml。

成本已完全回收，则不再收费。二是采取电子收费（E-pass）以降低收费时行车通过时间以增进高速公路的使用效率，频繁使用高速公路的驾车者可获折扣。①

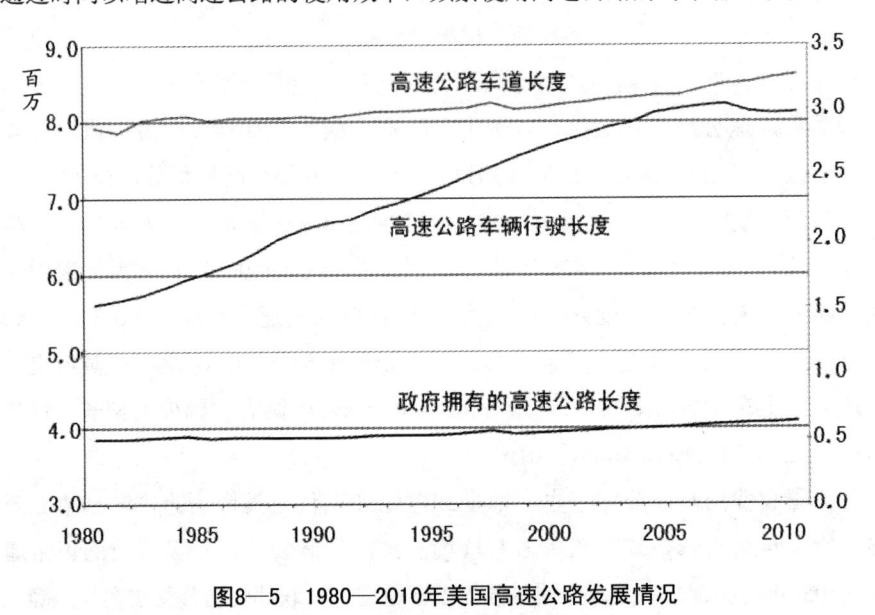

图8—5　1980—2010年美国高速公路发展情况

资料来源：Federal Highway Transportation, U.S. Department of Transportation, Highway Statistics 2010. http://www.fhwa.dot.gov/policyinformation/statistics/2010/vmt422.cfm。

2.2　公路私有化

收费公路私有化是指将现有公路按照一定的合同金额转让给私人公司，或者将新的公路承包给私人组织建造并允许其未来运营公路和向使用该公路的车辆收取费用。在产权安排方面，政府将公路的所有权过渡给私人机构，私人机构因此获得收取和提高费用的权利。② 在十余年前，收费公路私有化的现象在美国尚不存在；时至今日，美国已有24个州颁布法律或者规定，允许在公路建造、运营过程中引入私有化成分。图8—6为近几年来美国收费公路私有化的情

---

① 360个人图书馆：美国高速公路基本免费。http://www.360doc.com/content/07/0812/12/22457_668499.shtml。

② 在实际情况下，产权安排可能比较复杂。政府有可能与私人机构订立合同，由私人机构负责从建造、融资到后期维护的一系列工作，但政府仍保留公路的产权，私人机构不能直接向公路使用者收取费用。因此，公路私有化的程度，需要视具体的合同内容而定。

况。从图中可以看到，美国收费高速公路已经遍地开花，在人口稠密的各主要州出现了蓬勃发展的势头。

美国收费公路私有化现象的形成有诸多原因。首先，在过去一些年中，不断上涨的建设成本和紧张的财政预算限制了州政府对公路的投资。根据美国土木工程师协会（ASCE）的预测，美国每年用于维护和改进公路或桥梁的投资需要2,000亿美元左右，但因财政预算十分紧张，用于公路建设的资金常年处于不足的状态(ASCE, 2009)。其次，将公路承包给私人建造能给民选州政府首脑带来政治利益，包括短期内财政收入大幅上升、避免因公共建设决策不均而遭到群众反对等。此外，美国税务局和交通运输部颁布的一些法案，例如IRS—63—20等也鼓励了收费公路私有化的发展。

与其他投资相比，由于收费公路可以在未来形成稳定的现金收入流，因此备受私人投资者的青睐。在美国完善的法律制度保护下，一旦承包协议正式签订，其权益便很难撤销。同时，投资收费公路的财务风险较低，这是由于投资收益主要取决于未来公路交通运输量，而交通运输量总体而言仍将保持增长态势。只要对投资收费公路的未来收入流有准确评估，便完全能够将投资风险控制在可接受的范围内。

图8—6 美国各州在建和即将建造的私人承包公路项目

资料来源：U.S. PIRG Education Fund, Private Roads, Public Costs: The Facts About Toll Road Privatization and How to Protect the Public, spring 2009, p.2。

表3是根据美国公共利益研究集团教育基金（U.S. PIRG Education Fund）2009年春季报告整理出未来美国待投资收费公路名单。根据该表列入的美国23个州的数据计算，可外包给私人公司建设的收费公路所需投资额为2,100—2,200亿美元。[①]

表 3 美国各州未来待投资收费公路项目一览表

所在州	待投资公路	预计投资额度/百万美元[(1)]
阿拉巴马州（Alabama）	I—10 Connector North—South Highway US 280 East Patriot Parkway—Huntsville Southearn Bypass Montgomery Outer Loop	400 5,300 待定 750—800 待定
阿拉斯加州（Alaska）	Knik Arm Bridge Project (Don Young's Way)	667—1,000
亚利桑那州（Arizona）	Hassayampa Freeway Network	22,000
加利福尼亚州（California）	High Desert Corridor Foothill South Toll Road I—710 Tunnel linking the Foothill Adding truck lane capacity to I—710 eastbound along SR 60	2,600 875 3,580—6,190 6,000 待定
科罗拉多州（Colorado）	I—70 Express Lanes Jefferson Parkway Toll Road from C—128 to C—93 near Golden US 36 Prairie Falcon Express	待定 1,176 待定 2,000—3,000
特拉华州（Delaware）	Route1, I—95, and a section of US 301	1,900

---

① 对于建设费用为"待定"（undetermined）的公路，采用其他公路投资额平均值估计其所需投资额度。

州	项目	金额
佛罗里达州 (Florida)	Alligator Alley	504—1,332
	North Tampa's East—West Road Project	150
	Poinciana Parkway	0.2
	I—595 Reversible Express Lanes	1,500
	I—75	430
	Beachline Expressway(SR 528)	待定
	First Coast Outer Beltway	2,200
	State Road 9B	待定
	Pinellas Bayway	待定
	Sunshine Skyway	待定
	Wekiva Parkway	970
佐治亚州 (Georgia)	GA 400	1,600
	I—285 Truck Toll Lanes	400—500
	I—20 Managed Lanes	待定
伊利诺伊州 (Illinios)	Illinios Tollway System	待定
印第安纳州—伊利诺伊州 (Indiana/Illinios)	Illiana Expressway	待定
马里兰州 (Maryland)	Capital Beltway	待定
	Baltimore—Washington Parkway	待定
	Express toll lanes on the Baltimore Beltway	1,000
	I—270 Corridor	待定
马萨诸塞州 (Massachusetts)	Mass Turnpike	待定
密西西比州 (Mississippi)	Jackso Airport Parkway	300—400
内华达州 (Nevada)	Boulder City Bypass	500
	US Highway 95 to I—15; I—15 south to I—215; Summerlin Parkway to US 95	1,400
新泽西州 (New Jersey)	New Jersey Turnpike	待定
	Garden State Parkway	待定
	Atlantic City Expressway	待定
纽约州 (New York)	The Tappan Zee Bridge	9,300
北卡罗来纳州 (North Carolina)	Gaston Garden Parkway	410—750
	Mid—Currituck Bridge	315—635
	Monroe Connector	553
俄亥俄州 (Ohio)	Ohio Turnpike	待定
俄勒冈州 (Oregon)	I—205 Widening	待定

宾夕法尼亚州 （Pennsylvania）	I—95	待定
	Schuylkill Expressway	待定
	Pennsylvania Turnpike	5,500
	Mon Fayette Expressway	5,500
	Southern Beltway	2,400
南卡罗来纳州 （South Carolina）	I—73	待定
得克萨斯州 （Texas）	Highway 130 segments 5&6	1,360
	TTC 35	6,000
	I—10 from El paso to Orange on the Louisiana Border	待定
	I—635 Managed Lanes Project	3,500
	North Tarrant Express	2,000
	Montgomery Country Parkway	待定
	Grand Parkway	5,300
	I—69	8,000
弗吉尼亚州 （Virginia）	460 Corridor Improvements	待定
	I—81 Corridor	待定
	Hampton Roads—area highways	15,400
	Southeastern Parkway	1,400
	Capital Beltway	1,930
	I—95 and I—395 HOT Lanes	882
	Jordan Bridge Replacement	90—100

资料来源：U.S. PIRG Education Fund, Private Roads, Public Costs: The Facts About Toll Road Privatization and How to Protect the Public – Appendices C, spring 2009, p8。

注：（1）右边一栏"预计投资额度"中，每一项金额按顺序对应中间一栏"带投资公路"的项目。金额为"待定"（undetermined）表示投资所需金额尚未确定。

3．其他基础设施

除了电网和收费公路的投资以外，美国土木工程师协会（ASCE）估计，美国未来5年在其他基础设施建设领域所需投资有：航空基础设施870亿美元，饮用水处理和废水废物处理3,320亿美元，堤坝500亿美元，铁路630亿美元，学校、公园等教育文娱场所245亿美元，水坝125亿美元，内陆水域基础设施500亿美元（ASCE,2009）。这些项目大部分为公益型投资，市场投资者一般不予关注。不过，其中的航空业基础设施建设属于商业性项目，值得重点考虑。

3.1 机场

在未来20年，美国航空业客运量和货运量规模预计会稳步增长，这将导致机场投资需求上升。图8—7为北美国际机场协会（ACI—NA）发布的1995—2030年间美国航空客运量及预测量；图8—8则为同期美国航空货运量及预测量。根据这两图所示，虽然美国航空业的发展会受到经济周期的影响，但总体而言仍处于缓慢稳定增长的阶段。具体来说，美国未来客运总量和货运总量的增速大约为1.05%—1.1%，至2027年分别达到目前客运和货运总量的1.8倍到2.3倍(ACIA, 2011)。

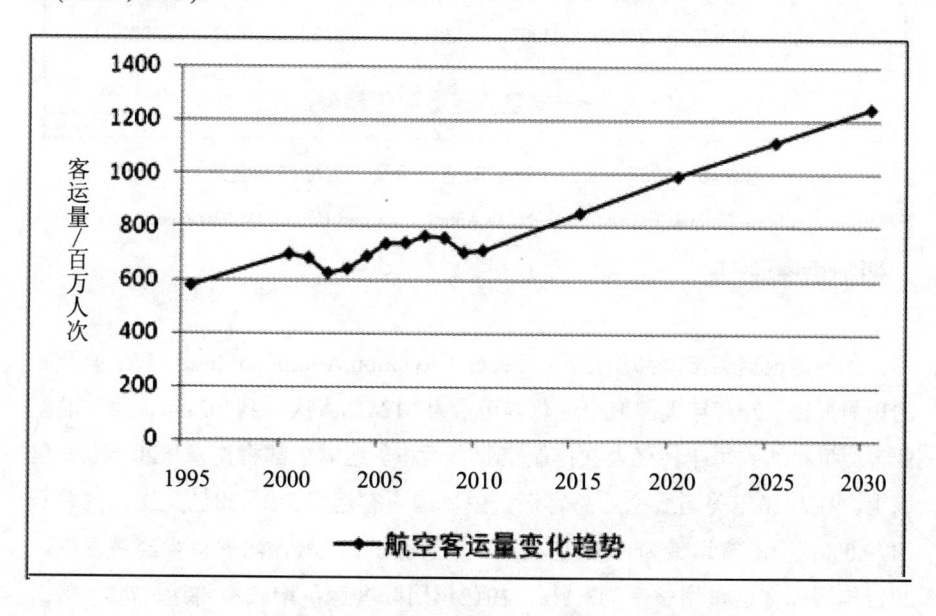

图8—7　1995—2030年美国航空客运量（实际与预测值）

资料来源：Airports Council International—North America, Airport Capital Development Costs 2011—2015, February 2011。

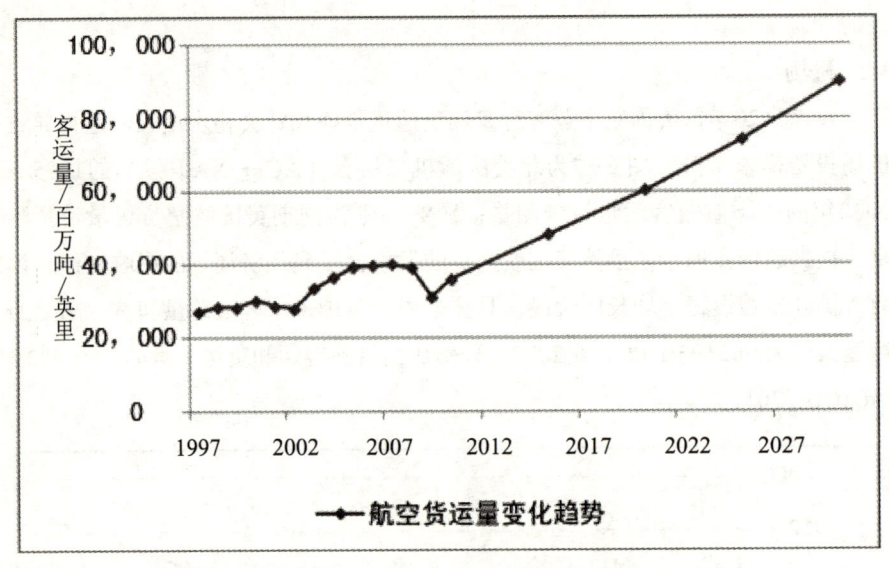

图8—8 1997—2027年美国航空货运量（实际与预测值）

资料来源：Airports Council International—North America, Airport Capital Development Costs 2011—2015, February 2011。

此外，根据美国联邦航空局（Federal Aviation Administration，FAA）公布的预测报告，2010年美国航空业总客运量为7.124亿人次，到2021年，美国航空业客运量将达到每年10亿人次；航空业客运和货运需求都将在未来20年翻一倍以上。在2010年美国航空业总客运量中，国内客运量为5.628亿人次，占总数的79.0%；国际客运量为1.496亿人次，占总数的21.0%。随着世界经济复苏，2011年国际客运量增长率为3.1%，2012年国际客运量增长率将达5.7%。美国联邦航空局预测未来美国航空业国际客运量每年将以每年4.5%的速度增长，到2031年达到3.739亿人次，占当年总客运量的30.0% (FAA, 2011)。

与此同时，美国航空业国际货运量占总货运量的比例从2000年的49.3%上升到2010年的69.1%。根据世界经济的发展趋势，美国联邦航空局预测未来20年国际货运量将以每年5.5%的速度增长，到2031年达到705亿吨/英里，占当年总货运量的75.2% (FAA, 2011)。

北美国际机场协会（ACI—NA）估计2011—2015年期间，经通货膨胀调整后的机场建设资金需求为801亿美元,年平均需求为160亿美元。相对于2009—2013年的估计值943亿美元而言,该估计值下降了15.1%;相对于2007—2011年的估计值874亿美元,则下降了8.4%。该估计值下降的主要原因是受到近期经济衰退、价格水平下降和衰退期间机场合并与运量下降等因素的综合影响。这种情况表明,现在各机场正在削减成本和推迟以前制定的投资项目。大型和中型枢纽机场受目前经济和航空业衰退的影响尤其严重。

在全美机场建设资金需求中,商业机场(包括大型枢纽、中型枢纽、小型枢纽、非枢纽和其他商业机场)资金需求为643亿美元,占总计划投资总额801亿美元的80.3%。非商业机场(包括第二机场和通用机场)资金需求为158亿美元,占计划总投资额801亿美元的19.7% (ACI—NA, 2011)。表4—表8分别给出了2011—2015年间不同类型和项目的投资需求情况。

表 4 按年份和类型分机场资金需求(单位:百万美元,按当年物价计算)

机场类别	2011年	2012年	2013年	2014年	2015年	2011—2015年	百分比
大型枢纽	8,851	8,841	8,148	7,452	6,653	39,945	49.9%
中型枢纽	2,159	1,860	1,732	1,343	1,826	8,920	11.1%
小型枢纽	1,534	1,969	1,357	1,236	1,960	8,057	10.1%
非枢纽	1,207	1,231	1,256	1,281	1,306	6,281	7.8%
其他商业机场	206	210	214	218	223	1,071	1.3%
第二机场	762	777	793	808	825	3,964	5.0%
通用机场	2,274	2,320	2,366	2,413	2,462	11,835	14.8%
合计	16,993	17,207	15,866	14,752	15,254	80,073	100.0%
年均资金需求2011—2015年	—	—	—	—	—	16,015	—
年均资金需求2009—2013年	—	—	—	—	—	18,861	—
年均资金需求2007—2011年	—	—	—	—	—	17,472	—

资料来源:同图8—7。

表 5　按项目地点分承诺项目投资分布[①]

项目地点	所有样本	大型枢纽比例	中型枢纽比例	小型枢纽比例
空侧	42.8%	40.2%	46.8%	46.7%
航站楼	37.2%	40.0%	28.4%	39.2%
陆侧	20.0%	19.8%	24.8%	14.2%
总计	100.0%	71.5%	15.6%	10.2%

资料来源：同图8—7。

表 6　按项目地点分非承诺项目投资分布

项目地点	所有样本	大型枢纽比例	中型枢纽比例	小型枢纽比例
空侧	39.5%	30.7%	63.0%	40.7%
航站楼	44.8%	54.4%	17.8%	49.4%
陆侧	15.7%	15.0%	19.2%	9.9%
总计	100.0%	69.7%	20.6%	6.2%

资料来源：同图8—7。

表 7　按机场种类分承诺与非承诺项目投资比例

机场种类	承诺项目	非承诺项目	总计
大型枢纽	69.5%	30.5%	100.0%
中型枢纽	60.1%	39.9%	100.0%
小型枢纽	74.9%	25.1%	100.0%

资料来源：同图8—7。

[①] 空侧（airside）：机场内旅客和其他公众不能自由进入的地区。陆侧（landside）：机场内旅客和其他公众可以自由进入的地区。对候机建筑物而言，空侧和陆侧通常以登机旅客的安全检查口为界。

表 8 按项目分投资需求

机场类型	安全	安保	重建	标准	环境	承载能力	环境	表面通道	新机场	其他	百分比
大型枢纽	2.2%	4.6%	9.7%	1.0%	4.6%	24.3%	41.2%	12.2%	0.0%	0.2%	100.0%
中型枢纽	5.1%	2.6%	19.7%	4.7%	8.7%	21.7%	25.3%	12.1%	0.1%	0.0%	100.0%
小型枢纽	4.7%	4.0%	17.9%	4.8%	4.0%	20.5%	36.1%	7.6%	0.0%	0.3%	100.0%
非枢纽	10.9%	1.2%	29.8%	33.2%	3.0%	4.7%	13.3%	3.1%	0.0%	0.8%	100.0%
其他商业机场	8.8%	1.3%	28.6%	48.8%	0.7%	4.1%	3.7%	3.4%	0.0%	0.7%	100.0%
第二机场	2.2%	2.0%	29.0%	53.1%	1.7%	7.8%	1.4%	2.2%	0.0%	0.6%	100.0%
通用机场	2.0%	2.3%	25.6%	60.1%	0.9%	4.6%	1.5%	2.1%	0.0%	0.9%	100.0%
合计	3.5%	3.5%	16.8%	16.3%	4.2%	18.1%	28.4%	8.9%	0.0%	0.4%	100.0%

资料来源：同图8—7。

就长期而言，大规模投资项目受短期经济波动的影响较小。北美国际机场协会的报告显示，全美国范围内的各类机场仍有强劲的投资需求，这些需求涵盖了从飞机场改造、航站楼扩展到新爆炸物品探测系统研发的诸多方面(ACI—NA, 2011)。由于未来美国航空业的客运量和货运量都还将继续稳定增长，这使商业机场基础设施，特别是处于枢纽地区的骨干机场具有较高的长期投资价值。

3.2 铁路

目前，物流需求的增长和变化成为约束美国铁路交通发展的瓶颈。由于货运和客运使用同一套运营网络，客运需求增加将给美国铁路货运带来巨大的压力。到2035年，美国需要投入总计超过2,000亿美元资金用于铁路设施建设以满足货运和客运两方面的需求(ASCE, 2009)。

美国大约42%的城际间货物通过铁路运输，包括70%的国产汽车和70%的发电煤。2007年的货运量比前5年均值相比增加了20%；到2035年全美国货物运输量预计将比2007年翻一倍，从193亿吨上升到372亿吨；如果保持现有市场份额，铁路将承担其中88%的货运量。由于铁路属于高效环保的货物运输方式，因此铁路运输的市场份额可能会有所增加。据估计，铁路建设方面到2035年还需要投入1,480亿美元，以满足铁路货运需求。

在客运方面，美国铁路公司（Amtrak）是美国唯一的客运供给商。图8—9为1995—2006年美国铁路公司客运量。在此期间，美国的客运量2004年达到高峰后出现了下降。此后，美国铁路公司的客运量又回升，在2008年超过了2004年客运量，达到了28.7百万人次，与2007年相比增加了11.1%。

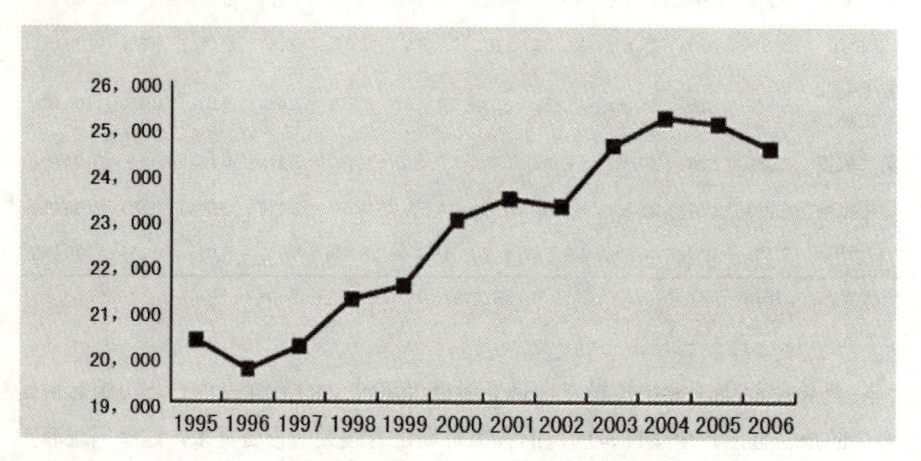

图8—9　1995—2006年美国铁路公司客运量　（单位：千人次）

资料来源：American Society of Civil Engineers, 2009 Report Card for America's Infrastructure, March 25, p.93.

目前，美国铁路的一些线路已经接近其极限承载能力。例如，东北地区的线路有一半已经达到85%的饱和状态。为了缓解上述问题，铁路客运工作小组（Passenger Rail Working Group，PRWG）认为，到2016年，每年须投入资金74亿美元、总计为663亿美元以满足城际铁路网络的建设需要。另外，该小组还估计：2016年到2030年间需要额外投资1,586亿美元，而2031年到2050年需要投资1,323亿美元以保证满足增长的运输需求(ASCE, 2009)。

近年来，美国国会给予的财政拨款有限，导致对美国铁路的维护形成较大负面影响。为以提高铁路运载能力，满足铁路货运和客运增长的需求，鼓励与引进私人商业投资是一个重要的选择。美国驻华大使骆家辉在2011年夏季达沃斯开幕式讲演中指出，"美国欢迎中国企业参与投资美国基础设施建设的意向……就目前而言，也存在一些机遇，比如加利福尼亚州、内华达州的拉斯维加斯、当地政府希望并需要当地基础设施（例如高速铁路）的建设投资来自民间，这对于中国企业也是一种机遇"。[①]虽然美国地方及社区对扩大铁路建设有不同的意见，但是商业投资在此领域仍存在一定的空间。

3.3 港口

美国港口管理局协会（American Association of Port Authorities，AAPA）2007年的报告指出，美国公共港口每年需投资17亿美元，用于维护和更新设施。不过，该报告并没有具体说明单个港口或整体的设施水平（AAPA, 2007）。美国港口基本为公有港口，产权属于国家；而且由于建设资金规模较小，因此，对商业性资金而言，没有太大的投资价值和发展空间。

4. 基础设施投资的规模与风险

在未来10年，美国基础设施投资将可能出现较大的发展，其静态投资规模将达到万亿美元的级别。这是外国产业投资的一个重要方向。不过，美国的基础设施投资和任何投资一样，存在着特定的风险因素。

4.1 美国基础设施投资的规模

表9结合了上述对电网、收费高速公路及机场等基础设施的投资预测。在未来5年内，美国基础设施总投资的静态需求将超过13,000亿美元。除去由各级政府承担建设的公益性基础设施以及其他规模较小、商业价值不高的基础设施外，具有商业投资价值、规模较大项目主要在电网、收费高速公路和机场等领域。其中，输电网和配电电网的投资额为2,093—2,198亿美元，收费高速公路为2,100—2,200亿美元，机场建设为801—870亿美元，总计的预期投资需求大约为5,000亿美元。

---

① 骆家辉，"美国欢迎中国企业参与投资美国基础设施建设"，《中国网络电视台》，2011年9月14日。

表 9 美国未来五年基础设施投资需求 （单位：亿美元）

种类	资金需求
电网	2,093—2,198
输电网	640[1]—745[2]
配电网	1,454[3]
收费高速公路	2,100—2,200[4]
航空	801[5]—870[6]
港口	17[7]
其他公益性基础设施[8]	7,913—8,082[9]
总计	>13,000

资料来源：本表为笔者根据以下资料整理而成： （1）Edison Electric Institute. Actual and Planned Transmission Investment By Shareholder—Owned Utilities(2005—2014)。（2）Brattle Group. Transforming America's Power Industry: the investment challenge 2010—2030。(3) U.S. PIRG Education Fund, Private Roads, Public Costs: The Facts About Toll Road Privatization and How to Protect the Public – Appendices C, spring 2009。（4）Airports Council International—North America, Airport Capital Development Costs 2011—2015, March 25, 2009。（5）American Society of Civil Engineers,2009 Report Card for America's Infrastructure, March 25, 2009。

注：（1）数据来自EEI协会网站：http://www.eei.org/ourissues/ElectricityTransmission/Documents/bar_Transmission_Investment.pdf。（2）数据来源"Transforming America's Power Industry: the investment challenge 2010—2030"报告中数据计算，该报告预测2010—2030期间输电网投资总额为2,978亿美元。（3）数据来源"Transforming America's Power Industry: the investment challenge 2010—2030"报告中数据计算，该报告预测2010—2030期间配电网投资总额为5,815亿美元。（4）对于建设费用为"undetermined"的公路，采用其他公路投资额平均值估计其所需投资额度。（5）数据来源：<Airport Capital Development Costs 2011-2015>, Airports Council International-North America, February 2011，该报告预测了美国2011-2015年机场投资额。（6）数据来源：American Society of Civil Engineers,2009 Report Card for America's Infrastructure, March 25, 2009。（7）资料来源：American Society of Civil Engineers, 2009 Report Card for America's Infrastructure, March 25。（8）"其他公益性基础设施"包括水坝、饮用水、能源、有害废弃物、内陆水域、公园、铁路、学校及运输等。（9）美国土木工程协会（ASCE）的报告"The

American Recovery and Reinvestment Act"中预测2010—2014年基础设施投资总量为22,000亿美元,报告指出总投资约一半由各级政府财政负担,尚需11,000亿美元的投资;除收费高速公路、航空、港口等项目外的基础设施建设投资为7913—8082亿美元。

我国可以采取不同的方式对美国的基础设施投资。由于电网、机场等项目是在原有基础之上扩建,我国财务投资者对于美国电网和机场可采用被动投资的方式。例如,以基金的基金(Fund of funds)的方式投资电网企业或电网管理公司,购买其债券股票或优先股。而收费高速公路则相对简单,多以新建项目为主,可以发行债券的方式融资,也可直接投资于高速公路建设企业。

近十几年来,在大规模的高速公路、铁路、机场等基础设施的建设过程中,我国的施工企业与管理公司积累了大量经验和技术,因此,财务投资者可以与相关的国内建设企业以及外方建设公司合作,例如参股中美联营的工程公司和管理公司,合作承包,长期运营如高速公路项目。

4.2 对美国基础设施投资的风险

我国对美国的基础设施投资也存在一定的风险。这些风险主要来自美国国内投资机构的竞争、不同社会团体的阻力,以及鲜有外资进入的先例等方面因素。

美国市场流动性增加

美联储在2009年和2010年连续推出两次量化宽松货币政策,为市场注入巨额的流动性。这一非常规措施使美国资本市场流动性泛滥,减轻了金融危机对实体经济的不利影响。同时,美国私人部门的去杠杆化取得较大进展,大量企业的资产负债情况得到了很大的改善。当前,美国工商机构的自有资金雄厚,处于观察与等待市场机会的时期。在美国私人部门资金相对充裕的环境下,我国资金投资于有良好预期的基础设施项目将面临竞争,从而可能导致进入成本上升,预期收益降低。此外,本土投资机构具有较大的信息与文化优势,我国企业在投资过程中的议价能力较弱,亦将可能导致较高的进入成本。对美基础设施的投资也存在一定的风险。这些风险主要来自美国国内投资机构的竞争、不同社会团体的阻力,以及鲜有外资进入的先例等方面因素。

地方政府和不同团体的阻力

美国作为联邦制的国家，州政府与联邦政府分权因而享有相当的独立性；而州政府对地方政府行使监督和宏观控制的权力，在文化教育、公共福利、交通运输等方面，基本上由地方政府自主管理。由于美国非常注重纳税人的权利保护，公共建设项目的决策过程民主、公开，且时间较长。因此，地方政府对基础设施建设项目的态度可能大相径庭。此外，美国的公共决策的民主化程序决定了各类社会团体、公共组织、社区公众的意见都被纳入决策过程，这有可能使得基础设施建设项目批准受阻。

美国高速铁路建设就是典型的例子。虽然美国铁路网比较发达，但是高速铁路发展却十分缓慢。20世纪60年代美国就提出高铁建设计划，但到目前仍没有高铁，而西部加州跨州高铁预计至少2020年才能完工。美国高铁建设受到从财政预算、运力审核、环境规划等各方面的反对，面临着来自地方政府、利益团体、社会公众的多重压力。

美国高铁建设最严格最困难的环节是资金投资，因为美国铁路是利用私人资本，依靠各州政府支持发展起来的。但美国社会的基本信念是政府不能将纳税人的钱财用于补贴私人铁路，只有在铁路面临严重危机或者事关重大公共利益的时候，才可以给予必要的财政支持，铁路客运应该做到自给自足。加州政府在20世纪80年代已打算兴建高铁连接旧金山和洛杉矶，但因资金和能否盈利的问题，导致该项目争议了近30年。按照加州高铁工程预算方案，该高铁项目至少需要耗资420亿美元，而奥巴马的高铁建设计划能够拨给加州高铁项目的联邦资金仅为23亿美元左右，即使加上2008年加州通过的相关法案，加州政府可以通过发行债券的方式获得近100亿美元的高铁建设资金，仍有近300亿美元的缺口。这种对资金的谨慎投入，直接控制了盲目冲动地发展高铁。2011年，美国佛罗里达州州长Rick Scott拒绝了23亿美元的联邦高铁补助，理由是州政府难以承担该项目的潜在超支或补贴资金，因为金融危机以来，半数以上美国州政府陷入财政危机，面临破产。同时，俄亥俄、威斯康辛等州也拒绝了联邦高铁补助款。同时，高铁项目是否能够盈利也是导致美国高铁建设与否的关键因素。

高铁建设可能遭到社会公众的反对。加州高铁号称能够带来数十亿美元的经济增长以及大量就业机会,但当地公众并不认同。社区民众担心时速为200—300公里的高速铁路将会严重破坏市区环境,而且使附近农田遭受永久性破坏①。此外,因高铁建成将蒙受损失的汽车和航空这两大利益集团,必将游说抵制高铁。由于法律对私人产权的严格保护,修建高铁时必须与土地产权所有者协商并予以足够的经济补偿,因此也增加了修建高铁的难度与成本。

外资进入少有先例

在铁路建设领域,美国曾有过引入外资加速铁路建设的历史。19世纪美国铁路建设的投资主体包括联邦政府、地方政府、国内外私人投资者。不过,绝大部分铁路建设资金来源于私人部门,铁路公司通过发行铁路股票和债券向投资者筹集资本。据统计,约85%的铁路投资来源于私人资金,其中美国私人投资约占四分之三,包括大型投资银行和小规模私人投资者。来自国外的私人资本占总投资的20%以上,这些资金主要是英国人以购买铁路股票的方式提供(汪建丰,2000;何顺泉,1992)。

美国高速公路一般由联邦政府和州政府出资建造,以保证其公益性质。不过,美国也建设一定比例的收费高速公路,这是私人实业投资的领域之一。近年来,美国政府开始允许外国企业通过租赁的方式"购买"美国的公路、桥梁,以获得资金。例如在2005年,芝加哥政府以18.3亿美元的价格将8英里长的芝加哥高架路(Chicago Skyway)租赁给一家澳洲公司(Macquarie Infrastructure Group of Sydney)。2006年,一家澳洲企业租赁了弗吉尼亚州Pocahontas高速公路99年的运营权;得克萨斯州政府决定让一家西班牙和美国的合伙公司在50年内建设和经营从Austin到Seguin的收费公路。但这些项目也陷入争议,遭到一些利益团体的反对。②

就发电业而言,根据路透社消息,中国国家电网就收购美国爱伊斯公司(AES Corp.)风电业务控股股权一事正在与爱伊斯进行洽谈,据相关分析估计,涉及资产数额约16.5亿美元,国家电网将取得爱伊斯在美风电业务约80%的股权。若交易达成,将标志着国家电网公司首度涉足美国电力市场。但在电

---

① "美国高铁为何发展缓慢",《网易》,2011.http://discover.news.163.com/special/usahpr/。

② "Foreign companies buying U.S. roads, bridges",*The US TODAY*,July 15,2006. http://www.usatoday.com/news/nation/2006-07-15-u.s.-highways_x.htm.

网投资领域，尚未见到外资涉足的先例。①

此外，在机场基础设施建设领域，鲜有外资直接投入机场建设的先例。

5. 小结

美国的基础设施多在20世纪五六十年代建成，整体设施已相当陈旧，客观上存在更新换代的需要。此外，随着现代信息与传播技术发展，为振兴实体经济，必须以先进的信息技术对基础设施与物流网络进行智能化改造，建设智能电网、智能交通等新型基础设施工程。因此，美国庞大的基础设施建设包含着很大的对美实业投资机会。

据估计，美国基础设施总投资的静态需求将超过13,000亿美元。除去由各级政府承担建设的公益性基础设施以及其他规模较小、商业价值不高的基础设施外，具有商业投资价值、投资规模较大的项目主要集中在电网、收费高速公路和机场等有限领域，其预计投资需求计5,000亿美元。

值得注意的是，对这些基础设施投资存在一定的风险。美国国内市场流动性的泛滥可能增加我国投资者的进入成本并减低预期投资收益；大型基础设施项目建设可能面临来自各方面的压力；此外，外资进入美国基础设施建设领域的先例并不多见，这一现实情况加大了对美国基础设施投资的不确定性以及试错成本。

---

① "China's State Grid in talks to buy AES' U.S. wind assets"，*Reuters*, Feb. 27, 2007. http://www.reuters.com/article/2012/02/27/us-aes-chinastategrid-wind-idUSTRE81Q0QL20120227.

附录 美国纽约市与洛杉矶市的供排水系统投资需求

1. 纽约市供排水系统投资需求

美国第一大城市纽约属于温带大陆性气候，年降雨量为1056.4毫米。纽约市的下水道兴建于1849年，下水道长度为10,600公里。纽约共有14座污水处理站，每天可以处理13亿加仑（约合490万立方米）的污物和废水。曼哈顿厕所冲刷的排泄物顺着管道向下流出，到达一家污水处理站。纽约城内大部分下水道还在依靠重力引水，而没有引入大型电泵。在污水处理站内，污水一开始流过类似巨大金属梳子的机械过滤屏；过滤屏截留下大的污物，以免它们损坏处理站的设备。然后，初步过滤的污水被引入沉降槽放1—2个小时，淤泥和重物沉降在槽下，轻的物品，比如塑料和油脂，就会漂浮起来。沉积的重物会被进一步分离，各种食物渣子会被直接传送到垃圾填埋堆。其他的废水将会经过化学处理，去掉可能携带的细菌，然后加入氯气，排入纽约哈得孙河。在沉降槽中截留下来的一些淤泥被转入巨大的蒸馏器中，高温烘烤3个星期。在这个过程中，细菌对淤泥进行生物降解活动。最后，大部分干燥的淤泥变成一个个球状物，被当作生物肥料卖掉。纽约14个污水处理站每天能生产1200吨生物肥料。据纽约环境保护署网站信息介绍，在纽约70%的地区，卫浴和工业废水、雨水都被收集到同一个排水道，然后一起被传送到城市污水处理站，再排入河中，这就是所谓的混合下水道。这种混合下水道的一大弊端在于，每逢大雨时纽约废水处理系统便可能被淹没。在大雨来临之际，由于水流太急，下水管道就会溢水，淹没污水处理站，迫使污水未经处理直接排入河中，甚至污水有时还会漫出地面。以纽约"猫头鹰头"污水处理站为例，在天气晴好时，它可以为75万人处理污水。但是，如果遭遇大暴雨，员工要时刻准备着应对大雨带来的灾难。使用这种混合下水道的城市很容易出现雨水倒灌，污水排入河中的情况，目前还没有很好的解决办法。2012年纽约市政府宣布将投入20多亿美元，开发新的环境技术，阻止污水流入河中。[①]此外，纽约州也估计，未来20年全州

---

① "纽约斥资改善下水道，14座污水处理站产生物肥料"，《民情巷》，2012年8月1日。http://msbbs.zjol.com.cn/thread-245995-1-1.html。

范围内需要在废水处理方面投资362亿美元。①

纽约的饮用水供给主要来自于三个系统：Croton、Catskill和Delaware系统，这三个系统组成了纽约西北部绵延125英里、总面积约1,972平方英里的水域，包括19个蓄水库和3个人工控制湖。其中，Croton系统是纽约最早的供水系统，修建于19世纪90年代，目前大约为纽约10%的人群供水。Catskill系统提供了40%的城市用水。Delaware系统，也是纽约最新建的供水系统，大约是在1940—1960年间陆续建设和投入使用的，为城市人群提供了50%的用水。纽约的自来水系统十分庞大，包括6,890英里的自来水管道、217,477个阀门和109100个消防龙头。维护这一庞大供水系统需要消耗大量资金，每年的预算大约为20—30亿美元。目前，纽约许多供水系统已经达到甚至超过了使用寿命，必须维修或替换。但是，这一维修工程面临巨大困难。例如，Catskill和Delaware系统分别使用了超过90年和65年，停止任何一个系统的供水以进行维修，都将导致城市每天供水减少超过5亿加仑，这使得供水系统维修几乎变成了一件不可能的任务。

在未来20年纽约市将实施一系列供水设施建设计划。据估计这方面的总投资将超过280亿美元。这一计划包括以下主要项目：卡茨基尔/特拉华紫外线和巴豆水过滤厂；地下水复原和开发；储罐和泵站修复项目；卡茨基尔/特拉华水渠修复项目；肯斯克城市隧道完善项目；主要水配给线更换和修复项目；铅服务线路更换项目；水表修复项目；水系统的可靠性和后备充足性检验工程。② (the Catskill/Delaware UV and Croton filtration plants; groundwater rehabilitation and development; storage tank and pump station rehabilitation; Catskill and Delaware Aqueduct rehabilitation, the completion of the Kensico—City Tunnel; distribution main replacement and rehabilitation; lead service line replacement; water meter rehabilitation; and water system dependability/redundancy projects.）

---

① "Wastewater Infrastructure Needs of New York State", New York State Department of ENVIRONMENTAL CONSERVATION, March 2008.

② "Drinking Water Infrastructure Needs of New York State", New York State Department of Health, 2008.11, http://www.health.ny.gov/environmental/water/drinking/infrastructure_needs.htm.

2. 洛杉矶供排水系统投资需求[①]

根据洛杉矶市水利能源事务局的统计资料，在2010—2019的10年时间里，洛杉矶市在水利建设方面总共需要投入66亿美元，其中，基础设施建设投入23.5亿美元，用水供给建设投入15.3亿美元，水利建设监督管理投入19.1亿美元，其他方面7.6亿美元。投入比例分别为36%，23%，29%，12%。

首先，基础设施建设的主要目的是替换或升级目前已经超出使用期限的、损坏的或受地震影响的供水系统。主要的项目有：1. 洛杉矶南北水渠系统升级；2. 泵站替换和升级；3. 系统抗震性升级；4. 调压站替换和升级；5. 主干线路；6. 水配给干线；7. 服务和水表；8. 水库升级（包括储罐）；9. 格里菲斯公园升级项目。[1. Los Angeles Northern and Southern Aqueduct System Improvements；2. Pump Stations；3. Seismic Improvement；4. Regulator Stations；5. Trunk Lines；6. Distribution Mainlines；7. Services and Meters；8. Reservoir Improvements (including tanks)；9. Griffith Park Improvements.]

其次，供水系统建设的主要目的是未来保证洛杉矶居民能获得充足的供水保障。这方面的投资项目包括地下水供给维护、增加循环用水、发展新的供水来源、提高水资源保持和增强水环境的自我恢复能力。主要项目包括：1. 水资源开发；2. 水循环；3. 地下水管理；4. 分水岭水源和雨水获取。[1. Resource Development；2. Water Recycling；3. Groundwater Management；4. Watershed/Stormwater Capture.]

在第三项中，总共29%的资金主要投资于众多的水质改进计划，保证其能满足日益严格的联邦和加州的水质标准。主要项目包括：1. 氯胺站安装；2. 水处理升级；3. 水库水质改善项目；4. 输水干线水质改善项目；5. 水资源管理；6. 欧文斯山谷尘埃去除项目；7. 补足性尘埃控制。[1. Chloramination Station Installation；2. Water Treatment Improvements；3. Water Quality Improvement Projects – Reservoirs；4. Water Quality Improvement Projects – Trunklines；5. Resource Management；6. Owens Valley Dust Mitigation；7. Supplemental Dust

---

[①] "Water System Ten-Year Capital Improvement Program (For the Fiscal Years 2010-2019)", Los Angeles Department of Water and Power.

Control.]

　　在第四项中，主要是投资于其他的软硬件环境，以对各项水利建设项目提供必要的支持，这些投资项目涵盖了设施建设的相关成本、装修维护、实验经费、电脑软件和硬件和其他有关日常运营的支出。主要项目包括：1. 设施建设；2. 其他资本项目；3. 信息技术；4. 联合系统资本支出。[1. Facilities；2. Other Capital Projects；3. Information Technology；4. Joint System Capital Expenditures.]

第九章　对页岩气产业的投资

作为世界能源中的"未来之星",页岩气备受各国瞩目。经过几十年的发展,美国的页岩气产业处于世界领先的水平。由于本土储藏量巨大,开发技术日益成熟,美国页岩气产量已占能源总量的15%以上,其价格已经降到$3/百万英热单位(MBtu),在经济上步入了可持续发展的阶段。在未来20年内,美国页岩气将会达到其能源供给的三分之一。包括美加两国在内的北美地区是世界经济的重心,而且也是能源严重依赖进口的主要地区。北美大陆的页岩气开发将使美国天然气生产从进口国变为出口国,彻底改变美国的能源结构和全球能源贸易格局。同时,页岩气也是美国政府大力支持的重要能源领域。美国总统奥巴马在2012年1月国情咨文中,提到页岩气等新能源的开发能提供更多的就业机会,而且开发页岩气可为美国提供百年稳定的能源供给;美国将继续加大对页岩气的开发。

在2012年3月首尔世界核峰会中美首脑会晤时,奥巴马总统向胡锦涛主席提出,加强双方在能源领域的合作。美国政府方面明确表示欢迎中国对美直接投资,尤其是在基础设施领域的投资。由于页岩气在世界能源中扮演着越来越重要的角色,而中国投资美国能源产业已开始起步,在双方投资合作意向不断加强的背景下,具有极大潜力的美国页岩气业应成为中国投资的重要方向。而且,该产业具有足够的市场深度与时间长度容纳万亿美元级数的投资,据初步估计,未来20年内,美国页岩气产业将需要万亿美元级数的投资。这为中国外汇资产多元化提供了广阔的投资空间。

作为未来具有关键性作用的新兴产业,页岩气比传统煤炭能源环保;并且,页岩气在世界分布很广,特别是目前中国页岩气的探明可采储量为世界之首,开发潜力巨大。与美国等技术成熟国家展开页岩气合作,开发本国及其他国家的页岩气,具有重要的商业价值和战略意义。这个举措将极大地转变现阶段中国被动的能源格局,并将有力地推动我国履行节能减排的国际承诺、实现发展低碳经济的战略目标。

1. 页岩气基本情况

页岩气是从页岩层中开采出来的天然气，主体位于暗色泥页岩或高碳泥页岩中，以吸附或游离状态为主要存在方式，是一种非常规天然气。页岩是细粒沉积岩，蕴藏有丰富的石油与天然气资源。

1.1 页岩气特点储量及分布

页岩气作为天然气的一种存在形式，具有天然气低碳排放的"清洁"特点。根据美国能源信息署报告，天然气燃烧排放的二氧化碳比煤炭低得多，同样发一度电，天然气燃烧排放的二氧化碳是煤炭的一半。[①]中国政府2012年3月16日发布了《页岩气发展规划2011—2015》，计划"十二五"末页岩气发展将减少二氧化碳排放约1,400万吨。规划列出"十二五"我国页岩气发展的规划目标，2015年页岩气产量达到65亿立方米。如果65亿立方米页岩气的年产量用于发电，可减少二氧化碳年排放约1,400万吨、二氧化硫排放约11.5万吨、氮氧化合物排放约4.3万吨和烟尘排放约5.8万吨。所以，相对于煤炭等常规能源而言，页岩气具有低碳环保的特点。

全球的页岩气资源储量巨大。根据美国能源情报署（Energy Information Administration，EIA）对全球32个国家页岩气资源的评估，全球页岩气依照现有技术估计的可采集量为187万亿立方米，几乎是2009年全球常规天然气可采储量的7倍。图9—1是全球页岩气已探明储量分布情况。在这32个国家中，中国已探明的页岩气储量最大，为36万亿立方米，是常规天然气可采储量的12倍。其次为美国和阿根廷，分别为24.4万亿立方米和21.9万亿立方米。其他具有较大页岩气储量的国家还包括阿根廷、墨西哥、加拿大、南非、波兰、澳大利亚、巴西等国。页岩气的开发将深刻改变全球地缘政治经济格局，大幅度减低各主要国家对石油的严重依赖，从而具有影响世界未来发展的全局性重要意义。

[①] Natural gas is cleaner-burning than coal or oil. The combustion of natural gas emits significantly lower levels of carbon dioxide (CO_2) and sulfur dioxide than does the combustion of coal or oil. When used in efficient combined-cycle power plants, natural gas combustion can emit less than half as much CO_2 as coal combustion, per unit of electricity output. Source: http://www.eia.gov/energy_in_brief/about_shale_gas.cfm.

全球页岩气储量分布

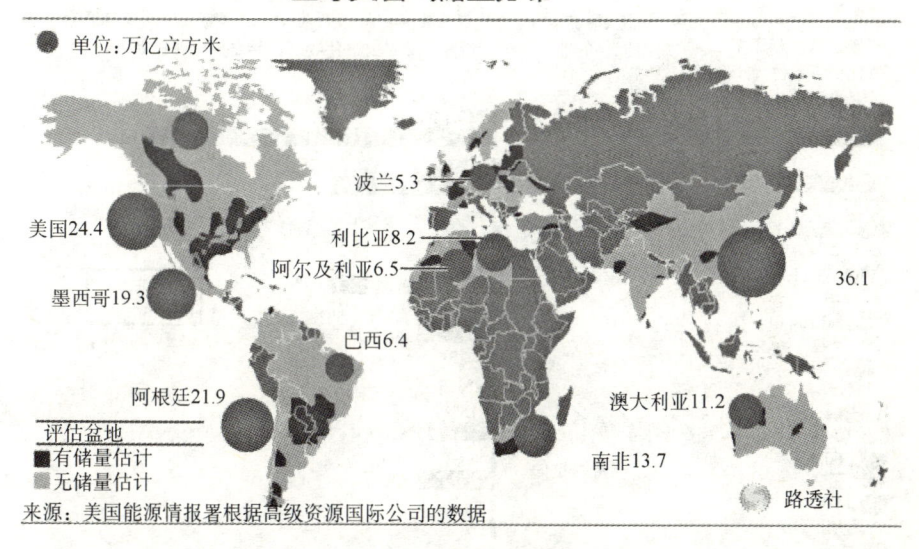

单位：万亿立方米

波兰 5.3
利比亚 8.2
阿尔及利亚 6.5
美国 24.4
墨西哥 19.3
巴西 6.4
阿根廷 21.9
36.1
澳大利亚 11.2
南非 13.7

评估盆地
■ 有储量估计
▨ 无储量估计

来源：美国能源情报署根据高级资源国际公司的数据　　　　路透社

图9—1　全球页岩气储量分布

资料来源："Big Shale Gas Reserves Are A Global Phenomena", Forbes, April 14, 2011. http://www.forbes.com/sites/timothysiegel/2011/04/14/big—shale—gas—reserves—are—a—global—phenomena—us—energy—information—agency/。

1.2 页岩气改变全球能源版图

当前，中东地区仍然在石油探明储量中占据绝对垄断地位，沙特阿拉伯、伊朗、伊拉克、科威特等中东国家仍是世界能源的重心；但是由于能源开发技术的革命性突破，世界能源版图出现了重大变化。图9—2显示，在2000—2010年10年中，澳大利亚、巴西、加拿大等国家因为非常规能源开发技术不断进步的缘故，可开发能源的储量增长已经超过了传统的中东国家。在页岩气为代表的非常规能源开发的作用下，世界能源格局将在不远的未来发生根本性的转折。

大部分已探明的石油储量领先国家位于中东地区。 （2010，单位为十亿桶）	随着新技术的发展，过去十年中许多石油及天然气储量增加来自于除中东以外的地区。一些选定国家从2000年到2010年百分比变化如下。
沙特阿拉伯 262.4	澳大利亚 15% / 146%
加拿大 175.2	巴西 74% / 62%
伊朗 137.6	加拿大 −3% / 3 576%
伊拉克 115.0	美国 −12% / 63%
科威特 104.0	伊朗 53% / 29%（石油／天然气）
委内瑞拉 99.4	伊拉克 2% / 2%
阿联酋 97.8	科威特 8% / 20%
俄罗斯 60.0	沙特阿拉伯 −0.4% / 29%
利比亚 44.3	阿联酋 0% / 1%
尼日利亚 37.2	

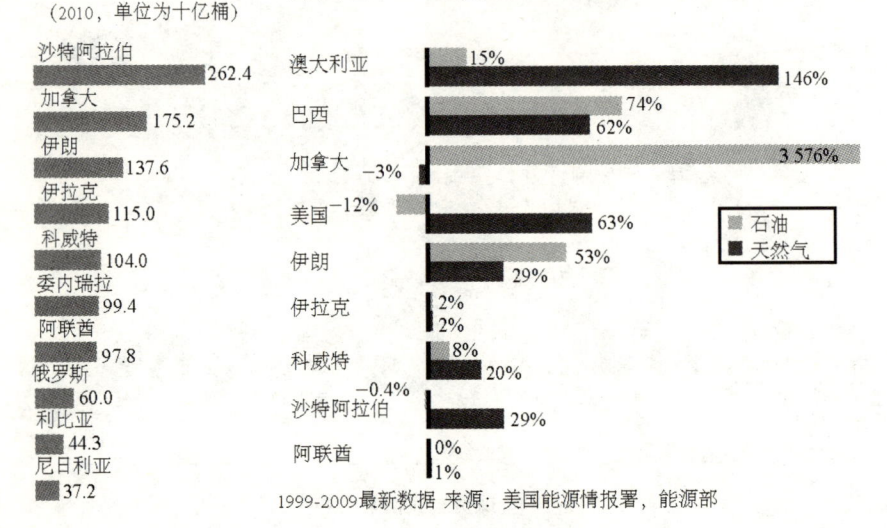

1999-2009最新数据 来源：美国能源情报署，能源部

图9—2 全球能源版图的变化

资料来源："Big Oil Heads Back Home", *The Wall Street Journal*, Dec. 5, 2011. http://online.wsj.com/article/SB10001424052970204479504576638731600191382.html。

1.3 页岩气开发技术

页岩气开发具有开采寿命长和生产周期长的优点——大部分产气页岩分布范围广、厚度大；而且页岩中普遍含气，使得页岩气井能够长期地稳定产气。但另一方面，页岩气储集层渗透率低，开采难度较大，对技术的要求很高。页岩气开采的关键技术包括水平钻井（horizontal drilling）、水力压裂（hydraulic fracturing）、随钻测井（logging while drilling）、地质导向钻井（geosteering drilling）、微地震检测（Micro-seismic monitoring）等，其中大部分技术的突破与率先应用都来自美国。[1]图9—3是页岩气开发原理的简要流程示意图。各大石油与天然气公司利用传统的水平钻井技术钻入蕴藏有天然气的土地中。但对于页岩气而言，一旦钻机触及地下页岩，钻头就会转向水平，进而开凿出一口井，这口井横贯储藏有天然气的页岩层。这里就要用到颇具争议的水力压裂技术。水力压裂技术把水、某些化学制剂及沙子灌入到井中，进而使困于页岩内的天然气释放出来。

---

[1] 引自《页岩气：又一场盛宴？》，中国能源报，2011年10月17日，第13版。http://paper.people.com.cn/zgnyb/html/2011-10/17/content_942587.htm。

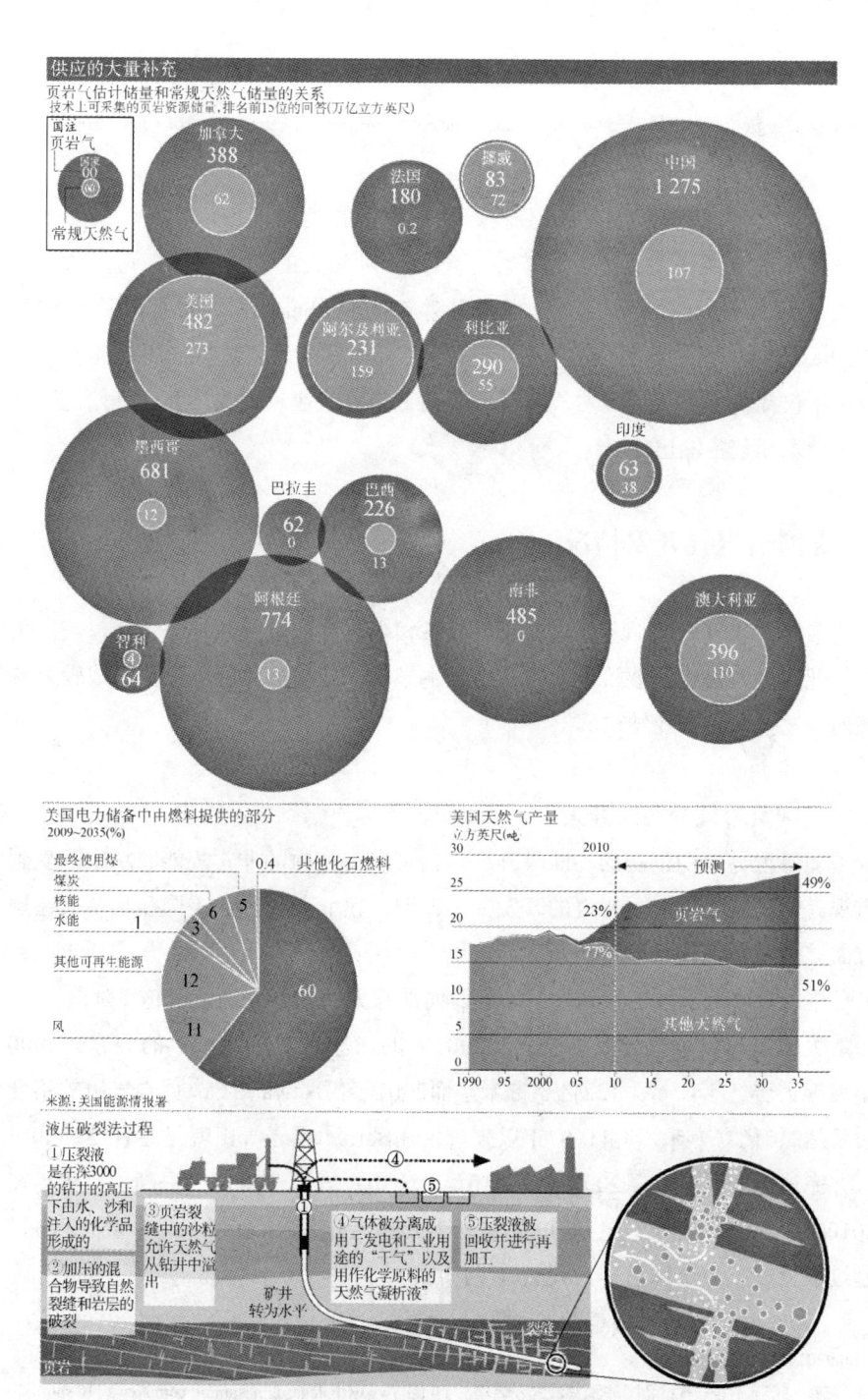

第九章 对页岩气产业的投资 | 235

图9—3 页岩气储量占比及开采原理示意图

资料来源:"Shale Finds That Form A Bedrock Of Hope", *The Financial Times*, 23 April 2012. http://thegwpf.org/energy—news/5534—ft—shale—finds—that—form—a—bedrock—of—hope.html。

目前美国已掌握了从气藏分析、数据收集和地层评价、钻井、压裂到完井和生产的系统集成技术,也产生了一批国际领先的专业服务公司,如哈里伯顿(Halliburton Company)、斯伦贝谢(Schlumberger)、贝克休斯(Baker Hughes)等。围绕页岩气开采,美国形成了一个技术创新特征明显的新兴产业,不仅提供了大量的天然气供给,而且带动了就业和税收,并已开始向全球进行技术和装备输出。

2. 美国页岩气开发情况

美国页岩气探明储量巨大,而且具备相当有利的开发条件。当前,美国页岩气开发进入快速发展阶段,并在市场主导的产业发展路径下,已形成较为完整的开发技术和产业结构。

2.1 美国页岩气分布与开采

随着世界能源消费的不断攀升,包括页岩气在内的非常规能源越来越受到重视。但是,全球对页岩气的开发并不普遍,仅北美地区的美国和加拿大在这方面做了大量工作,取得实质性的进展。美国页岩气开发有80多年的历史,目前已进入页岩气开发的快速发展阶段,而加拿大商业开采尚处于起步阶段。

美国参与页岩气开发的企业从2005年的23家发展到2007年的64家。2000年美国页岩气年产量为122亿立方米,而2007年仅Newark East页岩气田的年产量就达217亿立方米。[①]自1997年以来,仅在Barnett页岩气田就已经有13,500个气井完成商业开发。从2000年到2010年,美国页岩气产量已经提高了12倍;在2010年,美国页岩气产量超过1,379亿立方米,占全国天然气年总产量的25%,超过俄罗斯成为全球第一大天然气生产国。[②]

[①] 摘自中国非常规能源网站,《页岩气国外发展》http://www.cuog.cn/cn/shalegas/jianjie/20100505/68.html。

[②] 摘自《页岩气:我国能源发展的新希望》,http://www.shalegaschinasummit.com/News/110.shtml。

图9—4 美国页岩气盆地示意图

资料来源：Modern Shale Gas Development in the United States: A Primer.

目前，美国西南部Barnett页岩气田已经基本完成大规模的商业开发。自1997年至今的十余年中，该气田已经完成了13,500口水平气井的钻探与建造，从而使该气田成为了美国主要的页岩气生产基地(Newell, 2011)。

北美页岩气田的区域分布比较广泛。图9—5为北美地区页岩气田的基本分布。在大规模的气田中，除了Barnett之外，还有位于美国加拿大西部边界相交的Bakken页岩气田及美国东北部阿巴拉契亚山脉西侧的Marcellus页岩气田亟待开发。根据美国能源信息署的估计，目前Bakken和Marcellus这两气田已拥有250多个平台，这两个页岩气田的商业价值十分广阔 (Newell, 2011)。美国的Barnett 和Marcellus等气田自然条件非常优越，不仅距离使用地近，而且具备开采所必需的水源。

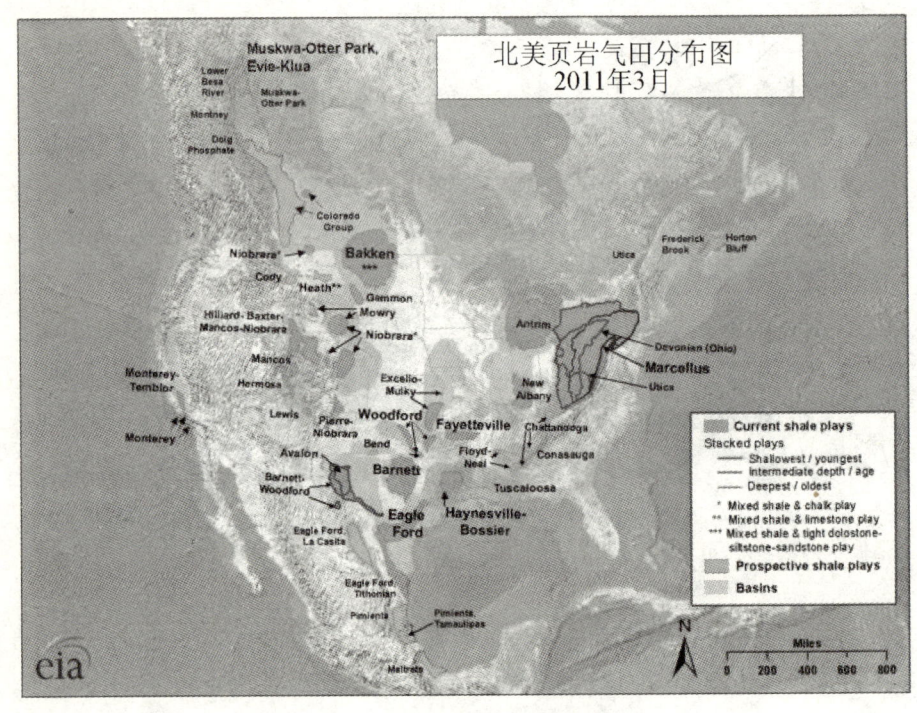

图9—5　北美页岩气田分布图

资料来源: U.S. Energy Information Administration based on data from various published studies。Canada and Mexico plays from ARI，May 9，2011。

目前，世界能源开发的一个重大趋势是包括壳牌（Shell）、埃克森(Exxon)、美孚（Mobile）、雪佛龙（Chevron）等主要的能源公司已将主要注意力从波斯湾、北非沙漠、Niger 三角洲、Caspian 海等地区转移至北美和澳洲的非传统页岩气产业。根据著名能源咨询公司 Wood Mackenzie 的研究，能源产业投资的重大转变也正在随之发生，未来全球主要石油公司1.7万亿美元的投入的一半以上将配置在北美、澳洲及欧洲开发页岩气。大石油公司重新回到发达国家可以避免不稳定的传统石油产地的政治风险，而将精力用于克服技术问题。这一重要趋势对全球地缘政治、世界能源消费者与生产者、国际能源市场投资者都将产生根本性的影响。①

---

① "Big Oil Heads Back Home"，The Wall Street Journal, Dec. 5, 2011.

2.2 美国页岩气产业发展路径

美国技术创新和产业化的一个重要路径就是在产业初创时期，中小公司进行技术创新和产品商业化，承担前期风险；在产业相对成熟阶段时，大公司则往往通过并购与扩大产能等途径快速推动规模化生产。美国信息传播技术（ICT）、生物制药等产业都遵循这样的技术发展路径。这是成熟市场经济体中新产业内生发展的基本模式，它以市场为推动力，具有可自生性和可持续性的基本特征；这是与新兴经济体靠政府外力推动新产业发展的根本区别。

页岩气产业的发展路径也遵循这一规律。美国页岩气的技术创新和商业化主要由中小公司发动，大公司在相对成熟阶段则推动页岩气向规模化发展。美国主要页岩气开采技术都源自中小能源和技术公司，一项技术从研发到商业化甚至会经历数个公司间的更替。中小公司实现技术突破和商业化后，大公司在长期市场安排和投资能力上更有优势，其后期介入能够将页岩气市场迅速规模化。同时，美国私募基金（private equity）也积极参与到页岩气产业中。近年来页岩气产业已成为企业并购的重要领域，2008年该产业发生的并购总额为285亿美元，而2011年则达到了1,064亿美元。[①]

美国大型油气公司主要是通过并购拥有页岩区块或开采技术的中小公司，或通过与中小公司合资合作等方式介入页岩气开发。例如，Devon Energy是一家中小型能源企业，率先在Barnett气田的页岩气开发中采用了水平井压裂增产技术工艺，将美国页岩气开发推向了一个全新的高度。1981年，Mitchell能源公司开始在得克萨斯州中北部Fort Worth盆地Barnett页岩地区钻了第一口直井，15年以后气井的数量才超过300口。2002年Devon Energy收购Mitchell公司后，开始在该地区钻探水平气井；截至2005年，水平气井数量已超过2,000口（Boyer and others，2006）。

3. 页岩气发展的问题与美国政府对策

当前，页岩气开发处于大规模开发起步的阶段；与此同时，页岩气开采所引发的许多问题也逐渐暴露出来。解决这些问题是页岩气开发技术进步主要方

---

① "Private Equity Drills Into the Oil Patch", *The Wall Street Journal*, Feb. 14, 2012.

向。美国政府对页岩气产业的发展持大力支持的态度。

3.1 开发页岩气存在问题

目前，页岩气开发仍然存在许多问题与挑战。《经济学人》(*Economist*) 2011年11月2日发表了"天然气开采：页岩振动"一文（Gas extraction：Shale shocked），指出由于勘探采集页岩气需要水平钻井和水力压裂，英国Blackpool附近的Lancashire区域，在2011年5月发生了两次小型地震，由此引发对页岩气开采所带来的环境问题。此文总结到，页岩气是未来新能源的希望，但一些尚存的问题仍需要进一步进行解答。[1]在另外一篇文章中，《经济学人》表明美国开采页岩气的经验是不可复制的，因此需要谨慎行事；[2]对页岩气开发基本持中立的态度。

Chris Mooney (2011)指出，水平压裂法需要使用大量的水和化学物。还需要巨大的废水池或水箱来储存在井下完成压裂后，从岩洞回流的含有大量化学物的"回流水"。单单一个水平井就需要200万—400万加仑的水和1.5万—6万加仑的化学物。批评人士指责这种新技术可能严重污染地下水，因此是一个环境噩梦。这篇文章提出，这类污染是否已经发生仍属未知。他的结论是，在现阶段页岩气开发的风险是不确定的。这一新产业的活动必须在所有地方受到严格监督。

马丁·沃尔夫（Martin Wolf）指出，在全球迅速推广页岩气水力压裂法技术是否明智，取决于几点考虑：首先，当地水资源的"机会成本"；其次，经营者的能力和可靠性；第三，监管者的监管能力；第四，与使用其他燃料（或节能）相比，开采更多天然气的有利方面，包括能源安全方面的考虑；第五，关于相关技术所造成影响的进一步知识。举例而言，对水资源的竞争性需求和

---

[1] "Whether shale gas extraction is now allowed to go to the next stage of exploration in Britain will depend on the Department for Energy and Climate Change. For advocates, shale gas is the "wonder gas" of the future. But some questions remain to be answered." Nov., 2011. http://www.economist.com/blogs/blighty/2011/11/gas-extraction.

[2] "Shale gas in Europe and America Fracking here, fracking there Europe will have trouble replicating America's shale-gas bonanza." "Fracking here, fracking there-Europe will have trouble replicating America's shale-gas bonanza" Nov 26th 2011. http://www.economist.com/node/21540256.

污染风险，可能意味着在中国大规模开采页岩气是危险的。①

Wood Mackenzie咨询公司(2011)在题为"全球非常规天然气增长的潜在影响"的报告认为，如果中国、印度和欧洲充分发挥非常规天然气生产潜能，2030年的年产量可达1,400亿—2,900亿立方米。该报告指出，在后勤、管理、地质方面存在不确定性，提高产能可能会比较慢，因为在这些地区建设大型非常规天然气项目，需要时间来应付各种挑战。该报告还提出开发非常规天然气需三个必要条件：实现资源商业化、开发强劲的供应链、执行清晰管理框架。如果中国、印度和欧洲要充分调动与实现非常规天然气潜力，开展大型非常规天然气项目建设，就必须达到这三个基本要求。

与其他欧亚国际油气公司不同，俄罗斯方面则对页岩气开发持负面看法。俄罗斯天然气工业公司认为，美国兴起的非常规天然气不过是一场"泡沫"，并预测美国天然气价格将在未来几年大幅增长。俄气公司副总裁兼出口主管梅德维杰夫表示，页岩天然气的繁荣类似于网络泡沫，先被吹得巨大无比，然后"撒气"回到合理大小。梅德维杰夫预测，美国天然气价格将从目前的4美元/百万英热单位（MBtu），5年内升至6—8美元/百万英热单位（MBtu）。梅德维杰夫预测，如同互联网泡沫的破裂，多数页岩气公司也将会出局。气价低于6—8美元时，大规模生产页岩气没有竞争力。因此"不认为页岩气会对我们构成任何威胁"。②

在相当程度上，俄国对美国开发页岩气田强烈的排斥心理源于竞争的压力。美国页岩气和其他非常规天然气的快速增长改变了油气行业，这对俄气公司不利。美国气价疲软，使俄气公司搁置向美国出口天然气的计划，迫使俄气公司将7%的产量按欧洲现货市场价格出售，这个价格在去年大部分时间低于与石油挂钩的天然气价格。由于美国大幅度减少了液化天然气进口，而中东和非洲等地区的液化天然气生产国希望转向增加对欧洲的出口，因此受供过于求的影响，去年欧盟液化天然气的现货市场价格比俄罗斯生产的天然气价格要低45%。这对俄罗斯天然气出口冲击极大。据国际能源机构估计，到2015年，俄

---

① "Prepare for a golden age of gas", By Martin Wolf, Feb 23th 2012. http://www.ftchinese.com/story/001043308?page=2.

② "页岩气：是机遇还是'泡沫'"，2011/03/25；http://www.pbnews.com.cn/system/2011/03/25/001327921.shtml。

罗斯的天然气将出现2,000亿立方米剩余。①这对于俄罗斯而言，不啻是能源出口危机。

虽然俄罗斯不看好页岩气，欧美市场却看好页岩气的长期预期；而且更重要的在于，美国已经实现页岩气大规模商业开发。而在欧洲，页岩企业的发展除了需要有大量的投资，还需要解决因开采页岩气所造成的环境问题和进一步完善页岩气开采、储存、液化和传输等各个环节的技术。例如，需要加压把大量的水和泥沙打入地层的页岩气开采方法，会带出地底下的许多污染物。这对于地广人稀的美国，可能不是一个大问题，但对人口稠密的欧洲，则将造成严重的环境问题。许多欧洲国家的居民非常不赞同以牺牲环境的代价来解决能源问题的做法。因此，欧洲在加大开采页岩气力度和解决相关环境问题的同时，也会继续扩大液化天然气的进口。

综合来看，由于页岩气具有储量大，比石油、煤炭等能源碳排放量更低，开发前景广阔的特点，页岩气开发生产在美国已经形成产业化，呈现"井喷"之势；在欧洲地区也出现积极的开端。当前对页岩气开发的批评与反对主要集中在技术本土化推广和环境保护两个方面。

3.2 美国政府对页岩气开发的态度

美国联邦政府对页岩气的前景非常乐观，并对页岩气产业的发展表现出了积极的支持态度。美国总统奥巴马在2012年1月24日的国情咨文报告中提到，在过去3年内，美国启动了数百万英亩的油气田开发，并指示政府启动超过75%的潜在的离岸油气资源开发。②奥巴马还指出，加大美国页岩气等新能源的开发能提供更多的就业机会，并且提出开发页岩气将为美国提供百年的能源储量。③

从20世纪70年代开始，美国政府实施了一系列鼓励替代能源发展的税收激励或补贴政策，这些政策法规包括：1978年的《能源税收法案》和1980年的

---

① "页岩气撬动了国际关系"，2010/04/07 http://money.163.com/10/0407/03/63KSC0BO00253B0H.html.

② "Over the last three years, we've opened millions of new acres for oil and gas exploration, and tonight, I'm directing my administration to open more than 75 percent of our potential offshore oil and gas resources." http://www.whitehouse.gov/the-press-office/2012/01/24/remarks-president-state-union-address.

③ http://www.whitehouse.gov/the-press-office/2012/01/24/remarks-president-state-union-address.

《原油暴利税法》，出台替代能源生产的"税收津贴"条款，对1979—1993年钻探的非常规油气，包括2003年之前生产和销售的页岩气和致密气实施税收减免，对油气行业实施5种税收优惠，包括无形钻探费用扣除、有形钻探费用扣除、租赁费用扣除、工作权益视为主动收入、小生产商的耗竭补贴等(北京国际能源专家俱乐部①，2011)。②1990年的《税收分配的综合协调法案》和1992年的《能源税收法案》扩大了非常规能源的补贴范围；美国联邦能源管理委员会1992年取消了管道公司对天然气购销市场的控制，规定管道公司只能从事输送服务，这使得非常规天然气的供应成本大幅度降低；1997年的《纳税人减负法案》延续了替代能源的税收补贴政策；2004年的《美国能源法案》规定10年内政府每年投资4,500万美元用于包括页岩气在内的非常规天然气研发等（林伯强，2011）。

此外，各个州也有针对页岩气的开发免征生产税、额外补贴及其他税收扶持等优惠政策。但是也有文献指出，尽管Marcellus页岩气田开采将给美国和当地政府带来了巨大的经济效应，但其潜在的环境影响更让美国生态环境和水资源等领域的专家及当地民众担忧（Xia Yuqiang, 2010）。

4. 美国页岩气产业未来投资规模

目前，美国正处于能源结构转型时期。由于页岩气清洁、碳排放小，并在经济上可以持续，其大面积生产与使用将使美国严重依靠进口的能源格局出现重大的改变。另一方面，由于页岩气开发规模大、期限长，而且页岩气开发技术仍在不断进步与变化中，因此，美国的页岩气产业的发展存在巨大的投资需求。

---

① 北京国际能源专家俱乐部是一家以中国与全球能源问题为主要研究与讨论对象的民间非营利公益性学术交流组织，目前不具有独立法人地位，其依托单位为"中国能源研究会"。俱乐部的宗旨是为中外能源专家搭建交流平台，汇聚能源领域经验丰富的专家，深入探讨中国与世界所面临的能源、资源、环境与气候问题，广纳各方专家意见，为中国能源可持续发展建言献策，并与其他国家分享中国经验。

② 北京国际能源专家俱乐部，"支持页岩气成功发展的美国监管政策"[J]《国际石油经济》，2011(1/2)：107—109。

4.1 页岩气开发改变美国能源格局

首先,页岩气勘探技术的不断进步不仅仅意味着世界能源格局将发生重大转变。图9—6给出了美国天然气生产与消费的变化趋势。根据美国能源情报署估计,由于页岩气的开发,美国天然气产量有了30%的增长,相对于16%的消费增长,美国的能源进口已经呈现下降的趋势。页岩气的大规模开发将使美国从天然气进口国变为出口国,从根本上改变美国的能源供给严重依赖中东地区的格局。这一前景将对全球地缘政治产生极为深刻的影响。

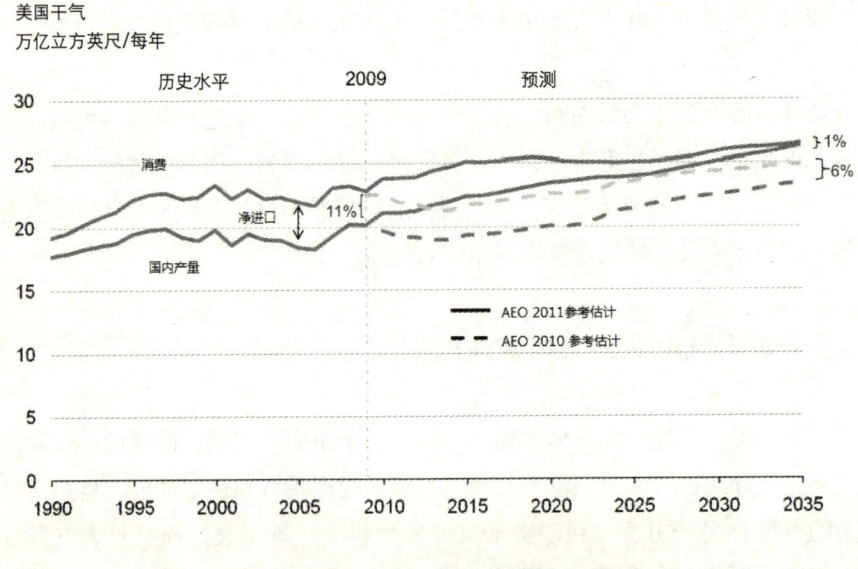

图9—6 美国天然气生产与消费变化趋势

资料来源:EIA, Annual Energy Outlook 2011。

其次,页岩气由于储量大、碳排放低的优势,已经成为美国能源战略的重要组成部分和最主要的发展方向。美国2011年能源报告显示,2009年美国天然气占全部能源总量的34%,而到了2035年,这一比例将提升至60%,其中页岩气作为新兴天然气非常规能源,将占天然气总产量的46%(EIA,2011)。图9—7是美国能源结构变化的预测情况。在2009年前,美国国内天然气生产小于消费，中间11%的缺量需要通过进口来完成，但是预计在2010年之后，美国国内天然气生产和消费之间的差距将不断缩小，直到2035年，二者之间将达到平衡。也就是说，预计到2035年，美国天然气将实现自给自足。

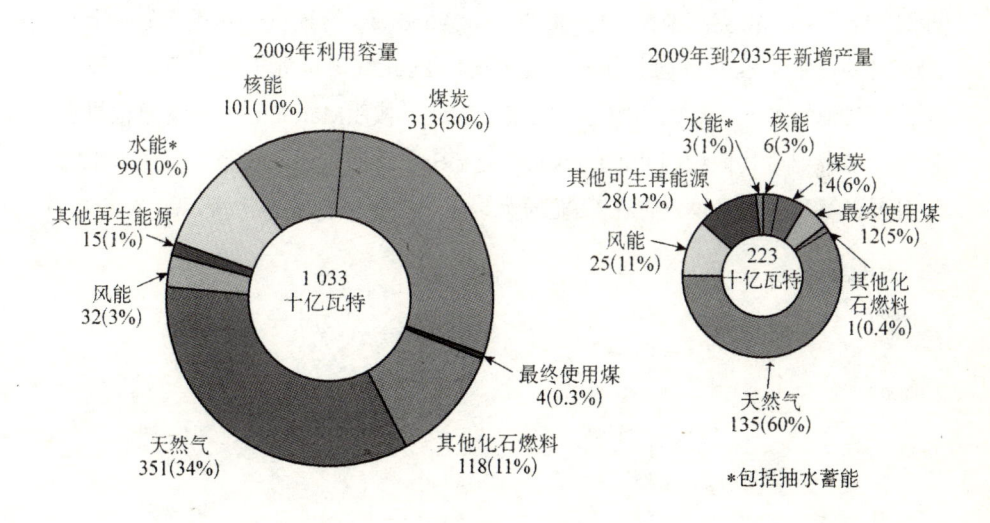

2009年利用容量
- 核能 101(10%)
- 煤炭 313(30%)
- 水能* 99(10%)
- 其他再生能源 15(1%)
- 风能 32(3%)
- 天然气 351(34%)
- 最终使用煤 4(0.3%)
- 其他化石燃料 118(11%)
- 1 033 十亿瓦特

2009年到2035年新增产量
- 水能* 3(1%)
- 核能 6(3%)
- 煤炭 14(6%)
- 其他可再生能源 28(12%)
- 最终使用煤 12(5%)
- 风能 25(11%)
- 其他化石燃料 1(0.4%)
- 天然气 135(60%)
- 223 十亿瓦特

*包括抽水蓄能

图9—7　美国能源利用比例预测

资料来源：U.S. Energy Information Administration。

4.2 美国页岩气投资规模

目前，页岩气作为独立能源已经在美国能源结构中占有最大份额15%以上，其重要性还将不断上升，这一基础能源的投资需求极为巨大。根据美国西南能源公司（Southwestern Energy）统计，仅在Marcellus页岩气田一处，2011年就投资了3.32亿美元来钻建45口井，而2012年美国西南能源公司将投资5.26亿美元来建造80—85口井，[①]所以每口井的成本600—700万美元之间。美国最大的Marcellus页岩气田尚处于始发阶段。其泥质岩层超厚，达8—80米，天然气的埋藏深度则达700—3,000米。为开发该气田需钻探10—22万口井。因此，仅用于钻井平台的投资就达到6,000—15,000亿美元。换言之，每开采一千立方米

---

① 引自Southwestern Energy Increases Marcellus Budget for 2012。http://marcellusdrilling.com/2012/02/southwestern-energy-increases-marcellus-budget-for-2012/。

单位的页岩气，仅在钻井的投资额就需197美元。[①]

图9—8为近年来美国主要页岩气田钻建的气井数量变化。近年来得克萨斯州墨西哥湾附近的Haynesville页岩气田的气井建设正值高峰期。宾夕法尼亚洲的Marcellus，得克萨斯州的Eagle ford 和Woodford 等地气井建设都处于上升期。另外，加上西北方向与加拿大交界的Bakken气田也处于初级开发阶段，Barnett气田的进一步开发还需追加投资。因此，按照Marcellus气田的单位投资估计，考虑到对其他如西北部Bakken和南部Barnett等气田的投资，美国未来20年对页岩气开发的总投资将在2万亿美元以上，投资需求非常巨大。

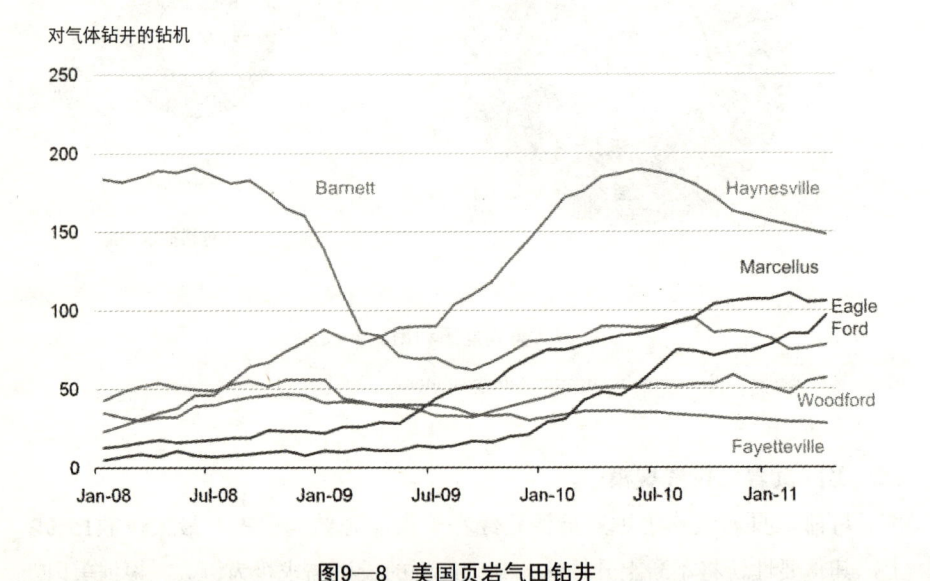

图9—8 美国页岩气田钻井

资料来源：Shale Gas and the Outlook for U.S. Natural Gas Markets and Global Gas Resources, Richard Newell, OECD Administrator, Paris, France, June 21, 2011。

4.3 投资美国页岩气产业

由于美国页岩气市场规模巨大，并且具备了较成熟的勘探与开发技术，美国页岩气产业为中国巨额外汇储备提供了多元化投资的机会。美国总统奥巴马

---

① 《页岩气难题》，国土资源部油气资源战略研究中心，http://www.cuog.cn/cn/shalegas/others/20110308961.html。

和胡锦涛主席在2012年3月的会晤中提到，要加强双方在能源领域的合作。美国驻华大使骆家辉在第7届鲍大可—奥克森伯格讲座上的讲话中表示，"中国对美国投资对于经济增长、创造就业和生产力都至关重要，我们欢迎这样的投资。"[①]由于页岩气开发属于资本密集型产业，该产业达到规模效益尚需庞大的资金投入，美国当局乐见其成。当前，我国对于美国页岩气投资正逢其时。

近年来，中国油气企业已开始进入这一领域。2005年，中海油拟以130亿美元收购美国优尼科公司（Unocal），但由于此次商业行为被提到了"外交政策、国家安全和经济安全"的高度，导致收购最终失败。[②]但和该次失败遭遇不同，近年来中美双方在页岩气开发的合作并未受到美国有关当局干预，对美国页岩气开发工程投资是可预期的。2010年10月11日，中海油就宣布以10.8亿美元的价格收购美国第二大天然气生产商Chesapeak公司位于得克萨斯州南部Eagle Ford气田的页岩油气项目三分之一的权益，这是中海油首次涉足页岩油气资源领域。2011年7月，中海油以21亿美元收购加拿大油砂开采公司OPTI Canada Inc（OPTI），今年2月2日中石油集团收购了壳牌在加拿大的Groundbirch页岩气项目20%的权益。这是中石油和壳牌第二次在页岩气开发方面的合作。[③]以上实例表明，我国对于美国页岩气市场的投资目前正处于探索起步阶段。

图9—9给出了中国能源公司在2011年全球的油气并购投资交易的全球分布情况。目前，中国能源企业的全球投资中，在美国所占比例已居首位。迄今为止，中石油（Sinopec）、中石化（China Petrochemical）、中海油（China National Offshore Oil）等能源企业对美国油气能源领域投资总额超过170亿美元。[④]然而，参与美国页岩气开发的公司都为中国大型国有油气专业公司，还没有多元化主体的财务投资者参加中国外汇资金管理方可以作为财务投资者，采取多种方式进入这一具有巨大潜力的实体经济产业。可以采取多种投资方式：

---

① 美国驻华使馆，《美国驻中华人民共和国大使骆家辉 在第7届鲍大可—奥克森伯格讲座上的讲话》。http://chinese.usembassy-china.org.cn/20120319amb-locke-barnett-oksenberg.html.

② "China Foothold in U.S. Energy", *The Wall Street Journal*, March 6th,2012 .http://online.wsj.com/article/SB10001424052970204883304577223083067806776.html.

③ 中石油收购壳牌20%页岩气项目, 2012/02/03。http://stock.hexun.com/2012-02-03/137709937.html。

④ "China Foothold in U.S. Energy", *The Wall Street Journal*, March 7，2012. http://online.wsj.com/article/SB10001424052970204883304577223083067806776.html.

其一，通过"债转股"组建专门资产管理公司，直接用美元金融资产（国债、机构债）投资美国页岩气产业；其二，采用被动投资的方式，组建基金的基金（FOF），与中国尤其专业公司共同进行对外直接投资（FDI），与美国的页岩气公司合作，开发美国及其他国家的页岩气。其三，与美国技术成熟的页岩气公司、主要是拥有钻井技术的企业合作或合股，开发中国储量巨大的页岩气田。目前在这方面中美合作已经展开，如美国Baker Hughes公司已经在2011年年底参与了中国页岩气田第一口水平钻井的勘探。①

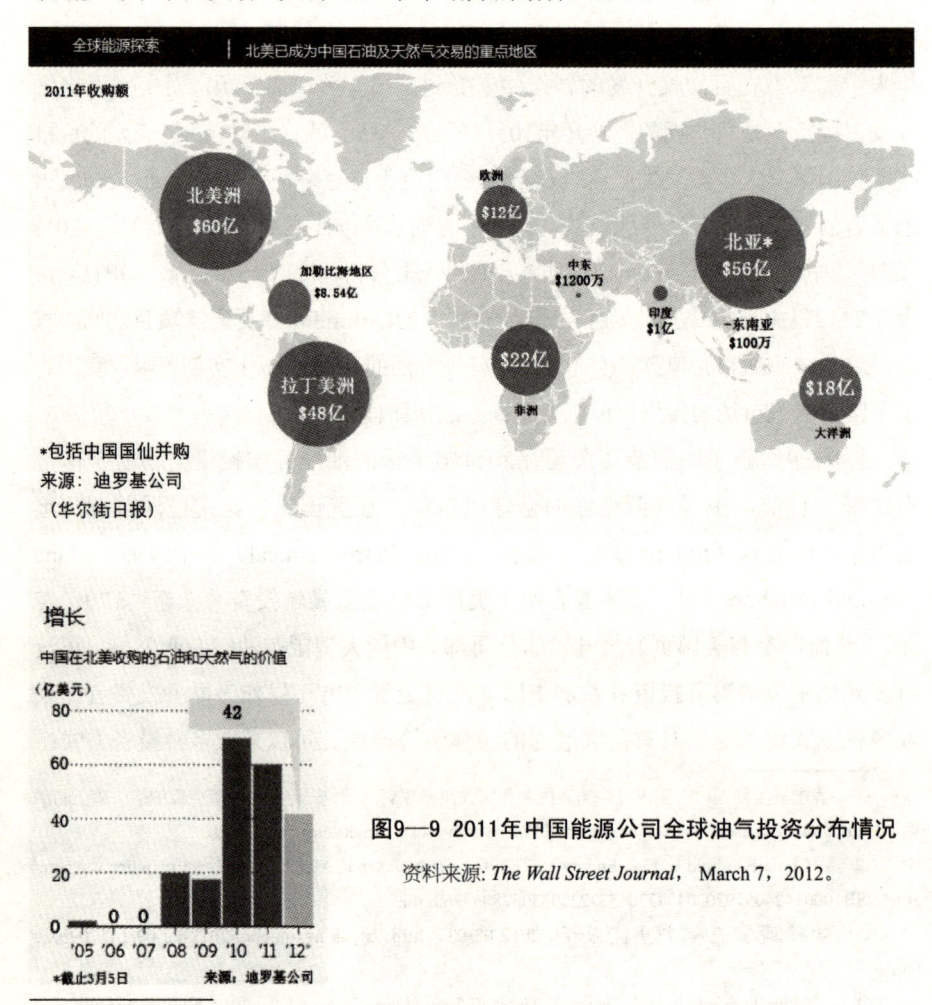

图9—9 2011年中国能源公司全球油气投资分布情况

资料来源: *The Wall Street Journal*，March 7，2012。

① "China Foothold in U.S. Energy"，*The Wall Street Journal*, March 7, 2012.

5. 投资页岩气等非常规能源的潜在收益

鉴于页岩气勘探技术日趋成熟及中国丰富的储藏量,投资页岩气等非常规能源的收益分为直接收益和间接收益两个方面。

5.1 有利于中国能源供给多元化

投资页岩气等非常规能源有利于中国能源供给多元化。目前,中国石油天然气等重要能源均大量依赖于进口,进口的国家主要来自中东地区及非洲地区。近年来我国的能源公司也加大了在这些地区的投资。但是,这些地区政局不稳定,派系林立,因此,我国投资面临最大威胁是难以规避的政治风险。例如,利比亚内乱、苏丹分裂等政治风险严重威胁中国能源的稳定供给。

海关数据显示,2010年1—7月,沙特、安哥拉和俄罗斯是中国原油进口前三大来源国,累计分别进口原油2,434万吨、2,397万吨和981万吨,合计占中国原油进口总量13,697万吨的42.43%。[1]近年中国援建安哥拉以来,安哥拉原油产能快速提高,一度成为中国最大的原油进口来源国,但该国之前长期处于内战,政治形势较为复杂。进口量的起伏不定,难以稳定保证中国原油需求。[2]此外,自2010年9月1日起,俄罗斯原油出口税将调整为每吨274—277美元,每吨约提高13美元,之前8月1日俄原油出口税为每吨263.8美元,俄罗斯上调原油出口关税也对中国原油进口不利。

和煤炭、石油等能源相比,天然气具有可压缩的特点。压缩天然气不仅方便运输,而且等量压缩天然气比石油液化气要高2倍,更具经济优势,所以页岩气的应用前景十分广阔。根据有关资料,当海底管道和陆上管道的运输距离分别超过1,400千米和3,800千米时,其输送天然气的成本将高于采用液化天然气(LNG)船运方式的综合运输成本(包括天然气液化、储存、装卸和再气化的费用)。目前,海运的液化天然气已在国际天然气贸易中占有重要地位,运距超过7,000千米的天然气运输几乎都采用这种方式(吴长春,2003)。日本作

---

[1] "今年1—7月我国原油进口稳步增长",2010/08/27 http://www.customs.gov.cn/publish/portal0/。

[2] "前三大来源国占中国原油进口四成",2010/08/27。http://www.cs.com.cn/qhsc/03/201008/t20100827_2570471.htm。

为液化天然气的最大进口国,并已向美国进口页岩气;美国将在几年内成为重要的出口国,美国公司在修建起码八个液化天然气出口终端。当前美国的气价仅为2.5美元/百万英制热量单位(MBtu),日本则高达16美元/百万英制热量单位,即使加上运输和转换成本,日本人进口液化天然气仍有利可图。同时,日本计划从加拿大西海岸进口液化天然气,并已在澳大利亚投入250亿美元开采气田。①

所以,针对中国原油进口过于集中,而加拿大页岩气商业生产已经初具规模的特点,可以考虑不久的将来从加拿大、美国及澳洲等国家进口天然气。因此,从北美、澳洲等地进口天然气是具备经济效益的方式。这可以使中国逐渐摆脱对高政治风险地区能源进口的依赖,是保障中国能源多元供给的一个重要举措。

投资页岩气等非常规能源的大力发展可以间接地为中国能源进口创造良好的外部环境。一方面,美国、加拿大及北冰洋周边发达国家加强对页岩气能源的开发,可以减少其对欧佩克等组织的依赖,逐渐实现能源生产的自给自足,形成较大的买方市场,从而平抑国际高油价,有利于中国进口原油;另一方面,在中东北非政治与社会环境不稳定的背景下,对美国、加拿大等国页岩气开发项目及相关基础设施的事业投资能够避免政治风险,获得页岩气产业成熟后带来的稳定持久的投资回报。

5.2 促进中国本土页岩气开发

2011年我国已正式将页岩气作为第172个独立矿种。2012年3月,国务院总理温家宝在十一届全国人大五次会议作《政府工作报告》时提出:"优化能源结构,推动传统能源清洁高效利用,安全高效发展核电,积极发展水电,加快页岩气勘查开发攻关,提高新能源和可再生能源比重。"此后不久,中国《页岩气发展规划(2011—2015年)》发布,把页岩气的发展提高到国家经济发展大战略的高度。至此我国页岩气的开发利用已正式提上日程。

从世界页岩气田的探明分布看,目前中国页岩气可采储量最高,达36.1万亿立方米。而中国首次页岩气资源潜力调查评价则表明,全国陆域页岩气地质

---

① "Japan Alters Natural-Gas Sector", *The Wall Street Journal*, Feb, 14, 2012.

资源潜力为134.42万亿立方米；① 中国国土资源部称，仅可开采的陆上页岩气储量就有约25万亿立方米。② 我国的页岩气主要在四川盆地、塔里木盆地、准噶尔盆地、黄土高原、东北平原和华北平原等地带，其中已探明储量主要在四川盆地和塔里木盆地。但是，目前中国还没有进行页岩天然气的开发生产。这主要是由于中国页岩气田分布区域地质结构较为复杂，且尚未掌握开采页岩气的核心技术，使得我国还没有进入开采页岩气的阶段。

不过，在国家推动和政策扶持下，我国页岩气开采能力可能迅速提升，产量也将大幅增长。中国《页岩气发展规划2011—2015》提出页岩气发展目标和重点任务，一是基本完成全国页岩气资源潜力调查与评价；二是建成一批页岩气勘探开发区，初步实现规模化生产，页岩气产量达到65亿立方米/年；三是突破页岩气勘探开发关键技术，主要装备实现自主化生产，形成一系列国家级页岩气技术标准和规范，建立完善的页岩气产业政策体系，在全国重点地区建设19个页岩气勘探开发区。为"十三五"页岩气快速发展奠定坚实基础。③

6. 页岩气的投资风险

虽然页岩气产业的未来发展前景光明，但是页岩气的投资也存在各种可能发生的风险，例如，市场风险、技术风险、环境风险等等。

6.1 市场风险

美国已经走出了流动现金短缺的瓶颈期。由于美联储两次量化宽松和零利率政策，以及私人企业采取了去杠杆的措施，美国流动性又开始泛滥。目前市场资金充裕，金融机构和工商企业储备了巨额的富裕资金。在这样的情况下，投资美国页岩气产业可能面对各类投资者的竞争。例如，近年来美国的私募基金已经大规模地进入这一领域，对页岩气公司的并购活动在2008年为285亿美

---

① "中国页岩气资源潜力达134万亿立方米"，中国新闻网，2012年3月6日。

② "China estimates exploitable shale gas reserves" bloomberg, 2012-03-01, http://www.bloomberg.com/news/2012-03-01/china-estimates-exploitable-shale-gas-reserves-at-25-08-tcm-1-.html.

③ 《页岩气十二五规划发布：2015年将达65亿立方米》, 2012/03/16, http://finance.eastmoney.com/news/1344,20120316196711675.html.

元，2009年为571亿美元，2010年为690亿美元，2011年达到1,064亿美元。[①]投资者的竞争导致较高的投资议价，对页岩气公司极为有利。这一局面使投资成本上升，直接影响投资的盈利前景。另一方面，页岩气供给的大幅度增加可能导致价格波动，从而产生收益不确定的风险。如果页岩气产量不断增高导致气价持续下滑，未来预期收益可能急剧下降，甚至出现投资亏损的结果。

6.2 环境风险

页岩气开发会引发备受瞩目的环保问题。虽然页岩气是清洁能源，但其生产过程比常规油气生产存在更大的环境风险。压裂开采法需要消耗大量的水，废水与压裂液可能污染地下水源或发生泄漏，美国环保组织已多次抗议由于开采页岩气而导致的污染水源、损坏房屋等事件，一些欧洲国家正是由于对环境的担忧，而不鼓励发展页岩气。就长期而言，实施对页岩气开发严厉环保标准将提高投资成本，导致预期收益降低。并且，如果外国政府征收一定额度的环保税，也会使投资成本上升，增加投资风险。

6.3 技术风险

从技术角度来看，美国的开发技术不一定普遍适合其他国家，例如，水力压裂技术难以在缺乏水源的页岩气储藏区推广，例如澳大利亚、中国西北等地。中国尚未掌握页岩气等非常规能源核心勘探采集技术，就美国本土而言，Marcellus页岩气田地质构造和Barnett有很大的不同，虽然前者可开采储量更大，但是地质结构差异带来开采难度的增加有可能使得开采成本大幅度攀升，投资预期的回报也可能随之下调。

6.4 中国的开发风险

目前，中国探明页岩气田主要分布在新疆塔里木盆地和四川盆地，塔里木盆地属于温带沙漠气候，遍布沙漠戈壁，水资源匮乏，不可能使用水力压裂技术开发页岩气。而四川盆地人多地少，地处长江水系上游，页岩气开发可能会对地下水造成污染，从而对该地区及下游区域产生较大的负面影响。另外，由

[①] "Private Equity Drills Into the Oil Patch," *The Wall Street Journal*, Feb,14, 2012.

于勘探页岩气导致造成地质结构不稳定，所以对于中国脆弱的地质结构所造成的风险尚不明朗。鉴于中国尚未形成完备的开发环境保护方案，所以开发页岩气田的环保问题不容小觑。

从价格角度来看，在中国天然气尚不能与煤进行竞争。国际能源署（IEA，2011）估计，当天然气价格在$9—11/百万英制热量单位（MBtu）（当前亚洲的现货价格约为$15/百万英制热量单位）时，中国的联合循环燃气涡轮机（CCGT）发电成本大约是超临界燃煤发电成本的一倍。除非将煤的碳排放价格定为每吨二氧化碳105美元，或者气价降到$4.3/百万英制热量单位，天然气才能与煤竞争。在中长期内，页岩气的大量开发可能使气价下跌，即使没有对煤征收碳排放价格，也能够与煤竞争。例如，当前美国页岩气的大量开发已经使美国天然气价格降低到$3/百万英制热量单位以下。（尼古拉·斯恩特，2012）

此外，中国油气产业仍处在寡头垄断的格局。中国油气矿业权主要授予中石油、中石化、中海油和延长油矿四大石油企业。这种投资主体的单一化，排斥了其他投资主体的进入，制约了资源开发的有效竞争。

7. 小结

页岩气作为一种重要的非常规能源，其全球储藏量非常巨大。页岩气开发可以大幅度提高世界能源的可持续性和降低全球碳排放。而且，加强对页岩气的利用可以在较大程度摆脱国际社会对北非及中东石油的过度依赖，减少该区域不稳定环境对世界经济的影响。因此，加大对页岩气资源的投资是未来全球实业投资的重要方向。虽然页岩气开发投资尚面临许多风险，如地质风险、技术风险、环境和公共风险，以及供应链和价格风险等，但是基本发展前景已经明朗。

美国页岩气产业已日趋成熟，并已成为世界能源业的战略性发展方向。当前，该产业正处于密集投资的高峰时期，而中国万亿级数巨额的外汇储备正处于急需多元化以分散系统风险的关键时刻。中美政府之间在中国对美实体经济投资方面已有基本的共识，现在是我国外汇资金进入美国市场的较好时期。

在这种局面下，中国可考虑动员千亿美元级数的资金，投资于美国页岩气开发领域，采取多种方式进行美国页岩气公司的股权投资，并与国外成熟技术共同开发中国及其他国家的页岩气田。外汇资产管理作为财务投资者，可以美国页岩气市场上不同类型资产为投资对象，采取包括参股、投资，及收购相应气田区块与技术性公司，或者联合勘探开发第三国及中国国内页岩区块等方式，获得稳定的长期回报，并在该产业的世界市场上取得一席之地。这样做不仅能使中国投资分散化，有利于能源战略安全，而且能为中国能源进出口提供良好的环境。

附录　可燃冰的开发

另外，作为公认的传统能源的可行性替代品，可燃冰开采利用也是中国能源投资值得关注的一个重点。可燃冰有使用方便、燃烧值高、清洁无污染等特点，是公认的尚未开发的最大新型能源。据估算，可燃冰所含的有机碳总量相当于全球已知煤、石油和天然气的2倍。北冰洋海底的巨量可燃冰已让环北冰洋7国有了又一个能源战略角力点，加拿大埃克森（Exxon Mobil）等公司已经展开对北冰洋可燃冰资源的勘探。自2011年5月北冰洋周边8国签署《北极搜救协议》（Arctic Search and Rescue Agreement）以来，北冰洋潜在的巨大经济利益已经让各国垂涎，"瓜分北冰洋"时代已然降临。①

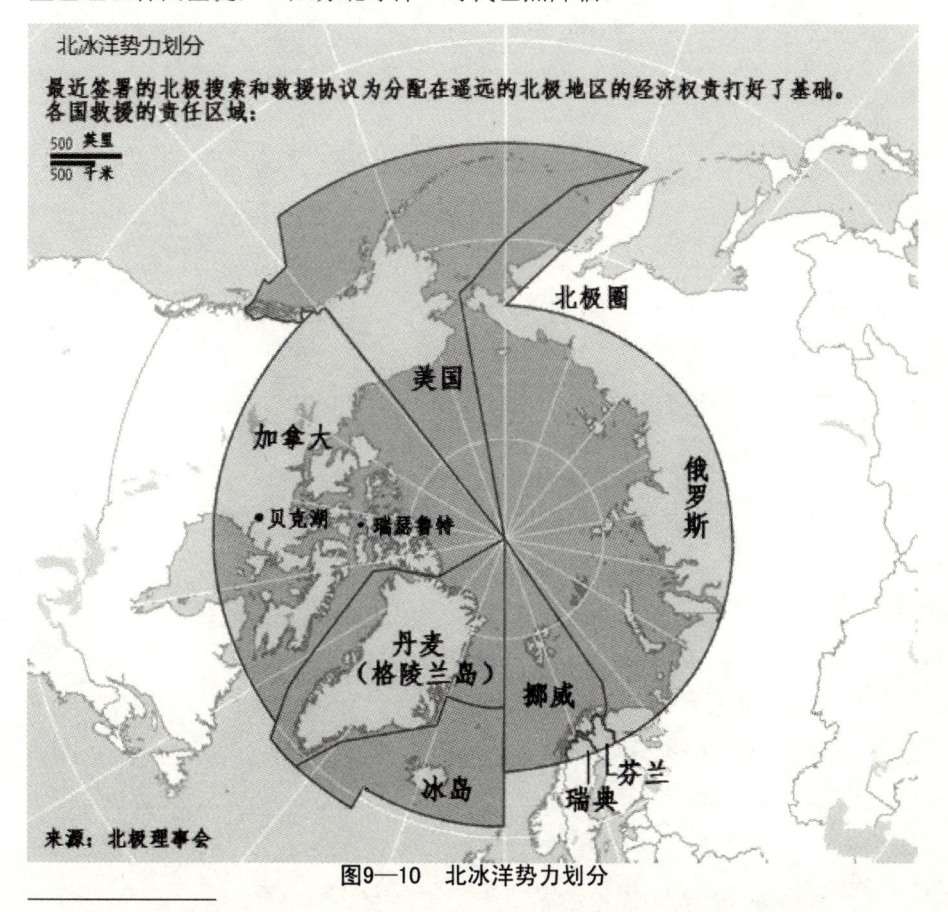

图9—10　北冰洋势力划分

---

① "Canada Presses Claims Over Swath of Arctic", *The Wall Street Journal*, Sept. 29, 2011.

资料来源：http://online.wsj.com/article/SB10001424053111904265504576566802209872890.html。

此外，我国南海天然气水合物的储量为700亿吨油当量，相当于目前陆上石油、天然气资源量总数的一半。南海北部坡陆可燃冰储量约185亿吨油当量，相当于已探明南海油气地质储备的6倍。陆地方面，我国冻土面积为215万平方公里，天然气水合物形成及储存前景广阔。

第十章　对欧洲银行业的投资

2009年希腊债务危机爆发之后，欧盟有关当局及国际货币基金组织展开了数轮救助计划。但是危机却愈演愈烈，迅速席卷葡萄牙、意大利、爱尔兰、希腊和西班牙（PIIGS）五个欧元区边缘国家，并升级成为欧洲各国的主权债务危机。由于欧洲主要商业银行均持有欧元区边缘国家的大量主权债务，主权债务危机直接危及银行业，导致银行业也陷入了严重的危机。

与美国不同，欧洲金融体系以间接融资为主体，而欧洲银行业为其核心部分，体量巨大，经营范围广，在欧洲经济中处于中枢地位。主权债务危机的爆发使得欧洲银行业的资产质量急剧恶化，资产价格出现较大幅度下降，银行也存在巨大的增补资本金的压力和剥离不良资产的需要。因此，处于危机中的欧洲银行业是我国分散外汇资产的重要投资方向，近来一段时期将是我国进行战略资产重新调整的机会窗口。

1. 危机中的欧洲银行业

虽然危机之前欧洲金融市场的规模不断扩大，但与美国以金融市场为主的体系不同，在欧洲以间接融资为主的金融体系中，银行业始终处于主导地位。自20世纪80年代以来，欧盟银行业资产快速增长，2004年银行业的资产相当于欧盟国家生产总值的289%；欧洲实体经济的融资非常依赖银行业，2004年欧盟银行业对非金融部门的贷款相当于生产总值的119%（王志军，2007）。与此同时，欧洲银行业的业务范围不断扩大，涵盖了保险与证券业务，形成了综合经营的银行业。一般而言，欧洲的大经济体有3—4家主要的银行，而中小经济体则有1—2家银行构成本国金融体系的支撑性金融机构。表1归纳了欧洲主要银行及其在本国中的地位。在欧元体系建立以来，欧洲银行业持有大量的欧元区国家的主权债务；因此，欧洲主权债务危机爆发直接使欧洲银行业陷入了危机之中。

表 1　欧洲主要银行及其在本国的经济地位

银行名称	简介	占本国银行业比重（%）[15]
法国巴黎银行 (BNP Paribas)	业务遍及80多个国家及地区，雇员205,300名；2011年收入423.84亿欧元，净利润60.5亿欧元。[1]	31.2%
法国农业信贷集团 (Crédit Agricole Group)	法国互助合作性质农业信贷机构，雇员数目超过160,000，分支机构遍及全球70个国家，拥有11,500家分行，服务客户4900万。2011年第三季度，营业收入为53亿欧元。[2][3][4]	25.7%
大众—储蓄银行集团 (Groupe BPCE)	法国第二大银行集团，在国内的存款、贷款市场份额位居第二；遍及全球68个国家，总计有3600万个客户；雇员达125,000人。2010年，营业收入为234亿欧元，管理资产规模1.048万亿欧元。[2][5][6]	15.6%
法国兴业银行 (Société Générale)	欧洲第五大银行，服务于65个国家3,300万客户，目前有雇员157,000人。2011年营业收入256亿欧元，净利润约28亿欧元，管理资产规模达1.18万亿欧元。[2][7]	15.5%
德意志银行 (Deutsche Bank)	德国最大的银行。2011年净收入43亿欧元，税前收入为5.4亿欧元。在全球3090个网点，覆盖70多个国家，其中2071个在德国；员工人数102万人。[8]	23.1%
德国商业银行 (Commerzbank)	德国第二大银行,2011年收入9.9亿欧元，全球有1300多个网点，覆盖52个国家，员工58,160人。[9]	13.0%
德国联合抵押银行 (HypoVereinsbank)	德国第三大银行，第三季度末资产400,447欧元，有162,000名员工，近10000网点覆盖22个国家。[10]	6%
意大利联合信贷银行 (UniCredit)	意大利最大的银行，拥有超过2,800万用户，业务遍及19个国家；资产950亿欧元。[11]	38.7%
桑坦德银行 (Banco Santander)	西班牙最大的银行，也是欧洲第二大银行。员工总数178,870人（2010年），目前在英国拥有1,286家分支机构和10%存款市场。[12]	34.6%
荷兰国际集团 (ING Bank)	拥有超过7,500万的客户和107,106名员工，总资产为1.247万亿欧元；2011集团总收入接近550亿欧元，其中税后净利润达到32亿欧元。[13]	43%
北欧联合银行 (Nordea Group)	北欧与波罗的海地区重要的金融服务集团，总资产约3110亿欧元；员工28,725名。拥有北欧最完善的银行分工网络，包括1,150个分行和电话银行系统、网络服务系统。[14]	45%

资料来源：（1）法国巴黎银行网站，http://www.bnpparibas.com.cn。（2）百度百科，http://baike.baidu.com/。（3）MBA智库，http://wiki.mbalib.com/。（4）法国农业信贷集团网站，http://www.

credit—agricole.com。(5) 大众—储蓄银行集团网站，http://www.bpce.fr。(6) 维基百科，http://en.wikipedia.org/wiki/Groupe_BPCE。(7) 法国兴业银行官方主页，http://www.societegenerale.com。(8) Deutsche bank at a glance, http://www.db.com/careers/docs/Deutsche_Bank_at_a_Gla nce.pdf。(9) 德国商业银行网站，https://www.commerzbank.de。(10) 德国联合抵押银行主页，http://www.hypovereinsbank.de。(11) 互动百科，http://www.hudong.com/。(12) 桑坦德银行网站，http://www.santander.com/。(13) 荷兰国际集团主页，http://www.ing.com/。(14) 北欧联合银行主页，http://www.nordea.com/。(15) TOP 1000 World Bank,《Banker》, 2010.

1.1 主权债务危机下的银行危机

2009年11月5日，希腊政府宣布其当年财政赤字对国内生产总值的比例达到12.7%，导致市场出现恐慌，引发了欧洲主权债务危机。为帮助希腊走出危机，2010年4月欧盟启动欧洲金融稳定机制，并向希腊提供1,100亿欧元的贷款[①]。但是，外部的救援并没有挡住债务危机的蔓延。2010年9月30日，爱尔兰政府确认财政赤字为国内生产总值的30%，爱尔兰债务危机爆发。2011年4月6日，葡萄牙政府向国际货币基金组织和欧盟请求援助，并于5月获得了780亿欧元贷款（BIS，2011）。2011年8月，意大利和西班牙10年期国债收益率急剧上升引发危机，成为危机俱乐部中的新成员。2011年下半年，欧债危机开始向欧洲大陆核心成员国家扩散。多数主要欧元区国家的债券收益率都出现明显上升，芬兰、荷兰等财政状况良好的北欧AAA级国家也受到影响。作为意大利最大的债权国，法国的10年期国债收益率创下欧元问世以来最高纪录。[②]2011年11月23日德国发行了总值约60亿欧元的政府债券，结果仅39亿欧元被市场投资者认购，德国央行被迫买下其余部分。作为欧洲头号经济强国，德国的长期国债一直是资本市场的优质资产，此次遭受冷遇反映了投资者对欧元区经济前景的悲观态度。据欧洲统计局数据，2011年3季度欧元区17国财政赤字占其生产总

---

① 2010年5月9日，欧洲金融稳定机制（EFSF）由欧元区17个成员国共同决定，并在欧盟经济财政部长理事会框架下创立。作为一家在卢森堡注册的公司，欧洲金融稳定机制得到了标普、惠誉的AAA评级和莫迪的Aaa评级。它以欧元区成员国信用担保发行债券融资，职责是向申请援助并得到批准的欧元区成员国提供紧急贷款。该基金成立时拥有4400亿欧元的资金能力用于购买欧债危机国家的债券。

② "法国被拖下水　欧债危机进入关键时刻？"《新华网》, 2011-11-18。http://news.xinhuanet.com/world/2011-11/18/c_122296570.htm。

值的平均比重高达6.2%，而主权债务余额占当年国内生产总值的比例为87.4%(Eurostat,2011)。无论是财政赤字还是债务余额，其占国内生产总值的比例已经远远超过了欧盟《稳定与增长公约》中所规定的3%与60%的上限(European Commission,1997)。

  沉重的债务负担随之引起庞大的债务融资需求。目前，欧元区银行体系持有大量的欧洲主权债务，并且总量还在不断增加。2010年年底，欧元区银行体系共持有欧洲主权债务余额3.09万亿欧元，占整个欧元区主权债务总额的47%左右；2011年年底，希腊、爱尔兰、意大利、西班牙和葡萄牙5国的主权债务共计3.1万亿欧元，而欧洲银行业持有了其中的2.165万亿欧元，接近总额的70%(Conley,2011)。随着危机的进一步蔓延和主权债务违约可能性的上升，欧洲银行业持有的巨额主权债务资产时刻面临着大幅度的减值风险；欧元区政府的主权债务危机已经催生出银行体系的流动性危机。与此同时，银行业的流动性困境和主权债务危机已逐渐形成一种恶性的循环关系。政府债券价格下跌暴露了银行业资本匮乏，而政府为银行业重组提供资金又将进一步推高政府财政负担。

  银行业在欧洲金融体系中的主导地位决定了该产业的危机将使得国际金融体系严重受损，从而对全球实体经济造成极大的负面影响。作为最主要的国际资金来源，欧洲银行业的困境将直接降低其向全球特别是欧元区内、新兴市场以及产油国等地区信贷供应；其他高度依赖融资的全球性产业也将受到打击。当前，信贷收缩的负面作用已经显现；航运业、海运业、飞机与轮船制造业乃至石油、钢铁和食品出口企业都已受到影响，而这些行业恰恰在全球经济复苏中扮演着至关重要的角色。

  由于银行业具有对欧洲经济的系统性重要地位，即使欧元区收缩甚至瓦解，欧洲当局及各国政府不能轻易允许其主要商业银行倒闭。银行破产将触发全面金融危机，导致欧洲金融体系崩溃，从而使实体经济陷入新一轮的衰退。这是欧洲当局和各国政府竭力避免的前景，因此，欧洲有关当局正在通过各种方式挽救其银行业。由于欧元区成员国政府已无足够财力对银行业进行资本重组，这为包括中国在内的国际市场资金投资欧洲银行业提供了一个难得的机会之窗。

1.2 法国

在2011年，法国主要银行都不同程度地提高了希腊主权债务的减记幅度。法国巴黎银行对希腊债务的减记为75%，从而导致2011年净利润仅为60亿欧元，比上一年下降了22.9%。[①]法国农业银行对希腊债务减记达74%，而希腊债务给该行造成的损失达到了23.78亿欧元；该银行在2011年亏损14.7亿欧元，是自2001年挂牌上市以来首次出现的年度亏损。法国大众储蓄银行集团对希腊债务减记74%，由此而产生9.21亿欧元的减值损失；而法国兴业银行因希腊国债损失8.9亿欧元。[②]至2011年12月，法国四大银行持有"五个边缘"国家债务超过800亿欧元；另外巴黎银行、大众储蓄银行和法国兴业银行分别确认了14.76亿、37.17亿和21.31亿欧元的资金缺口（EBA，2011）。

表 2　法国主要银行主权债务资产情况（截至2011年12月）

银行	持有"五个边缘国家"主权债务（百万欧元）					资金缺口（百万欧元）
	希腊国债	意大利国债	西班牙国债	爱尔兰国债	葡萄牙国债	
巴黎银行	20,566	22,750	4,491	508	1,956	1,476
法国农业信贷集团	171	7,659	1,791	169	679	—
大众储蓄银行集团	171	5,065	1,782	346	337	3,717
法国兴业银行	1,848	6,312	3,353	771	595	2,131

资料来源：European Banking Authority, *2011 EU Capital Exercise*, 2011，http://www.eba.europa.eu/capitalexercise/2011/2011—EU—Capital—Exercise.aspx。

1.3 德国

在2011年，德国几家主要的银行都不同程度的提高了希腊债务的减记幅

---

① 法国巴黎银行，"法国巴黎银行2011年第四季业绩"，2012-02-15，http://www.bnpparibas.com.cn/chm/news/news.asp?Code=LKUN-8RHE97。

② 马与雄，"法国银行为欧债危机付出沉重代价"，《中华工商时报》，2012-03-01。

度；在2011年第四季度，德意志银行的希腊债券风险使其损失3.73亿欧元[①]。截至2011年12月，德国三大银行持有"五个边缘"国家债务超过1,400亿欧元，其中持有的希腊国债约385亿欧元，意大利国债187亿欧元，西班牙国债821亿欧元。德国的主要银行在2011年出现严重的资金缺口，其中德意志银行的资金缺口达到了32.39亿欧元；德国商业银行为53.05亿欧元（EBA，2011）。

表 3 德国主要银行主权债务资产情况（截至2011年12月）

银行	持有"五个边缘国家"主权债务（百万欧元）					资金缺口（百万欧元）
	希腊国债	意大利国债	西班牙国债	爱尔兰国债	葡萄牙国债	
德意志银行	875	3,139	1,867	405	551	3,239
德国商业银行	2,967	9,324	3,025	1	942	5,305
德国联合抵押银行	0	6,235	3,319	25	417	—

资料来源：European Banking Authority, *2011 EU Capital Exercise*, 2011，http://www.eba.europa.eu/capitalexercise/2011/2011—EU—Capital—Exercise.aspx。

1.4 意大利

意大利是"陷入危机的欧元区"五国中经济规模最大的国家。由于大量持有本国债券，意大利银行业在主权危机爆发后面临的危机日益加大。意大利国内最大的两家银行，联合信贷银行（UniCredit）和圣保罗银行（Intesa San Paolo）共持有超过600亿欧元的意大利国债。[②]其中，联合信贷银行拥有491亿欧元的意大利风险头寸（李慧勇，2011）；2011年11月16日该行已向欧洲央行请求增加援助和拓宽抵押品种类。意大利银行业2011年6月从欧洲中央银行借款超过2,000亿欧元（2,558亿美元），占欧洲央行当月提供流动性的近四分之一。[③]

[①] "受欧债危机影响 德意志银行四季度利润下滑76%"，《搜狐证券》，2012-02-02。http://stock.sohu.com/20120202/n333537725.shtml。

[②] George Hay, "Italian banks caught in sovereign crossfire", Reuters, 2011-07-11, http://blogs.reuters.com/breakingviews/2011/07/11/italian-banks-caught-in-sovereign-crossfire/。

[③] "欧洲债务危机本周席卷而来"，《北方网》，2012-01-11，http://news.enorth.com.cn/system/2012/01/11/008475866.shtml。

1.5 爱尔兰

20世纪90年代，爱尔兰从此前的债务累累、经济困顿中脱颖而出。在欧洲经济低迷的环境中，爱尔兰两位数的经济增长率成为一个成功范例。金融危机爆发后，2008年爱尔兰房地产泡沫破灭，其损失相当于国内生产总值（GDP）的20%。随之而来的是政府税源枯竭，多年积累的公共开支居高不下，财政危机显现。更加令人担忧的是，该国银行业信贷高度集中在房地产及公共部门，任何一家银行的困境都可能引发连锁反应。[①]

2010年9月，爱尔兰政府确认了当年的财政赤字达到了GDP的30%，并于年底从欧盟和国际货币基金组织获得了680亿欧元的资金援助。[②]另外，爱尔兰政府还从欧洲金融稳定机制获得了184亿欧元的贷款。2008年12月，爱尔兰政府向该国三大银行注资55亿欧元，并控制了盎格鲁—爱尔兰银行75%的股份。2010年12月，爱尔兰财政部又向爱尔兰联合银行注资37亿欧元，将该行收为国有。[③]截至2011年第二季度，爱尔兰政府向各大银行注入的资金达到了700亿欧元，这一数字几乎等同于该国经济总量的一半，等于每个爱尔兰人付出了1.7万欧元。2011年第二季度，爱尔兰央行对该国银行体系的压力测试结果表明，爱尔兰仍需额外240亿欧元资金才能度过危机。其中，爱尔兰联合银行需要52亿欧元，爱尔兰教育建筑协会需要15亿欧元，而爱尔兰人寿银行则需要40亿欧元。[④]

表 4　爱尔兰主要银行及持有风险主权债务（截至2011年12月）

银行	持有"五个边缘国家"主权债务（百万欧元）					资金缺口（百万欧元）
	希腊国债	意大利国债	西班牙国债	爱尔兰国债	葡萄牙国债	
爱尔兰联合银行	21	186	30	5,104	96	0
爱尔兰银行	735	55	0	4,955	0	0

---

① 百度百科，http://baike.baidu.com/view/4815149.htm。
② 参考附录1。
③ "爱尔兰联合银行将被国有化"，《中国网络电视台》，2010-12-27，http://news.cntv.cn/20101227/101443.shtml。
④ "爱尔兰银行另需240亿欧元方可存活"，《新浪财经》，2011-04-01，http://finance.sina.com.cn/stock/usstock/c/20110401/02279627609.shtml。

资料来源：European Banking Authority，*2011 EU Capital Exercise*，2011，http://www.eba.europa.eu/capitalexercise/2011/2011—EU—Capital—Exercise.aspx。

2. 欧元区援助方案和困境

为了防止主权债务危机导致欧洲银行业发生全面挤兑、欧洲金融体系瓦解以至边缘国家经济崩溃，欧洲中央银行（ECB）、欧洲金融稳定机制（EFSF）以及国际货币基金（IMF）组成了欧债危机救助的"三角同盟"。但是，迄今为止的救援行动既未能阻挡南欧国家经济危机进一步恶化，也没有遏制欧洲银行危机的扩大。在危机不断加剧的形势下，欧洲银行业急需改善资产负债状况和补充资本金以避免倒闭，应对更为严峻的局面。

2.1 有关当局的援助计划

截至2012年1月12日，国际货币基金组织在欧洲地区共实施了14次救助计划，总额1,206.3万亿欧元（详见附录3）。欧洲中央银行分别于2011年12月22日和2012年3月1日执行了两项长期融资计划（LTRO），为欧洲地区银行提供巨额贷款，约11,000亿欧元。欧元区800家银行接受了欧洲央行贷款，不过，欧洲中央银行并没有公布获得贷款银行的具体名单。据估计，意大利银行业从欧洲中央银行获得的贷款最多，为2,700亿欧元；西班牙银行业次之，为2,280亿欧元；法国的银行获得1,240亿欧元；爱尔兰为850亿欧元；希腊为740亿欧元；葡萄牙为560亿欧元；德国为480亿欧元；比利时为400亿欧元。[①]除此之外，欧洲金融稳定机制近期也为爱尔兰和葡萄牙的银行业提供了340亿欧元的贷款（见附录4）。

2012年6月9日欧元集团宣布，将为西班牙银行业提供不超过1,000亿欧元（约合1,250亿美元）的救助资金。欧元集团主席容克在当天举行的欧元区财长紧急电视电话会议之后发布的一份声明中说："西班牙政府已告知欧元区，该国近期将向欧元区提出正式救助请求。欧元区愿意接受这一请求"。救助贷款金额必须包括银行业重组所需的资本金以及其他备用资金，总计不超过1,000亿

[①] Richard Milne，"Debt Fears Return as ECB Funds Are Used Up"，*Financial Times*，April 27, 2012.

欧元。欧盟将在同欧洲中央银行、欧洲银行管理局和国际货币基金组织协商的基础上，对救助计划作出评估，并提出救助将涉及的必要政策条件，此后将通过欧元区临时救助基金——欧洲金融稳定机制（EFSF）或永久性救助工具——欧洲稳定机制（ESM）提供贷款。①

2012年1月，标准普尔(Standard & Poor)对法国和奥地利等国的新一轮降级导致欧洲金融稳定机制的担保国中只剩下四个拥有AAA评级的国家：德国、荷兰、芬兰和卢森堡。这意味者欧洲金融稳定机制中有AAA评级担保的资金规模从4,400亿欧元降至2,710亿欧元。若要维持欧洲金融稳定机制的原贷款能力和AAA评级，其余四个AAA评级国家就必须增加担保金额，但这在政治层面上可能难以实现。芬兰、荷兰和德国议会在进一步提供救助资金问题上反对声音最强；如今，这些国家可能会更加保护其自身的信用质量。如果融资成本上升，该机构帮助受困国家的能力就将受到限制。②至2011年年底，欧洲中央银行的资产负债表也已扩大至2.28万亿欧元。③但是，欧洲中央银行由《马斯特里赫特条约》赋予的唯一法定责任是维持价格稳定，而不是作为最后贷款者（lender of last resort）。即使欧洲央行变通方法施以拯救，但也不能无限地买入欧元区国债；因为这将诱使各国政府继续过度发债，最终都由欧洲央行埋单。

虽然这些机构通过贷款援助为困境中的欧洲银行业提供了流动性，暂时减弱银行业受到冲击，但却无法彻底化解由于主权债务危机导致的银行业危机。2011年10月26日，第二轮欧盟峰会就银行业资本金比率等问题上达成一致，要求银行在2012年6月底前将资本金比率提高到9%。据此估计，欧洲银行业的资金缺口为1,147亿欧元；需要筹资的银行为30家。意大利和西班牙的银行缺口最大，分别为262亿欧元和154亿欧元；而德国的银行缺口也达到131亿欧元。④

银行可以有三种方案满足资本金要求：（1）从本国政府或市场获得更多的

---

① "欧元区宣布将为西班牙提供1000亿欧元救助资金"，《新华网》，2012-06-10，http://news.xinhuanet.com/fortune/2012-06/10/c_123259823.htm。

② "欧洲救助基金EFSF面临的问题增多"，《华尔街日报》，2012-01-17，http://cn.wsj.com/gb/20120117/hrd142413.asp。

③ "标本兼治　拯救欧元区"，《中国证券报》，2011-11-12。

④ "欧洲银行资本缺口大于此前预计"，《华尔街日报》，2011-12-09，http://cn.wsj.com/gb/20111209/bog143033.asp。

资金,提高银行资本金比例。(2)减少资金放贷,收缩资产负债表中的资产规模。(3)资产剥离,处置不良债务,提高银行资产质量。

2.2 欧洲银行的资本金缺口

随着多个欧洲国家主权评级遭降级、国债利率飙升甚至超过警戒线,欧债危机并未像市场期望的有所好转。同时,欧洲银行业承受的压力也日益增加,面临资本金缺口难填、融资成本加大,资本重组计划不明等诸多难题。欧洲有关当局、金融机构以及学者纷纷围绕欧洲银行系统资金缺口展开压力测试的研究。

2011年12月欧洲银行管理局进行的压力测试显示,在12个国家参与测试的71家银行中,有31家银行需追加资本;欧洲银行业的资本金缺口为1,147亿欧元(约合1,530亿美元)。其中,德国银行业的资本金缺口为131亿欧元,意大利为154亿欧元,法国为73亿欧元,西班牙为262亿欧元,希腊为300亿欧元(EBA,2011)。

瑞士信贷银行的压力测试结果则指出,欧洲银行业的资金缺口高达4,000亿欧元(欧洲银行业总市值为5,410亿欧元);在测试的89家银行中,有66家未能通过测试,其中皇家苏格兰银行(RBS)、德意志银行(Deutsche Bank)和巴黎国民银行(BNP)的资本金缺口最高,分别为190亿欧元,140亿欧元和140亿欧元(Tyler Durden, 2011)。表5为欧洲银管局和瑞士信贷银行对各机构的不同测试结果。

表 5 欧洲银管局与瑞士信贷压力测试结果

银行	EBA风险敞口 (百万欧元)	瑞士信贷测试风险敞口 (百万欧元)
苏格兰皇家银行(RBS)	19421	21521
德意志银行(Deutsche Bank)	13580	14510
法国巴黎银行(BNP)	13546	16777
法国兴业银行(ScoGen)	12831	14085
英国巴克莱银行(Barclays)	12775	15749

银行		
法国BPCE银行（BPCE）	12614	15163
意大利联合信贷银行（Unicredi）	11958	11979
德国商业银行（Commerzbank）	11324	11851
西班牙Bankia银行（Bankia）	7752	7926
跨国金融集团（NBG）	7578	7578
英国劳埃德银行（LBG）	6773	8271
香港上海汇丰银行（HSBC）	6756	10405
西班牙桑坦德银行（Santander）	5855	6013
希腊比雷埃夫斯银行（Piraeus）	3996	3996
北德意志银行（Norddeutche LB）	3995	4094
西班牙毕尔巴鄂比斯开银行（BBVA）	3994	4037
法国农业信贷银行（Credit Agricole）	3974	5643
英国伊兰金融集团有限公司（EFG）	3807	3817
意大利联合商业银行（Intesa）	3797	3813
德国中央合作银行（DZ Bank）	3553	3626
比利时德克夏银行（Dexia）	3508	4006
维诺纳人民银行（BancoPopolare）	3127	3127
荷兰国际集团（ING）	2772	3913
西班牙储蓄银行（CAM）	2479	2486
葡萄牙储蓄总行（Caixa Geral）	2475	2475
西班牙大众银行（Banco Popular）	2467	2467
西班牙Caixa银行（Caixa）	2352	2355
意大利西雅娜银行（BMPS）	2341	2350
德国巴登-符腾堡州银行（LB Baden-Wurttemberg）	2329	2331
葡萄牙商业银行（BCP）	2303	2303

银行		
希腊银行（Alpha Bank）	2252	2252
西德意志州银行（West LB）	2227	2241
意大利意联银行（UBI）	1548	1584
葡萄牙投资银行（BPI）	1306	1306
奥地利第一储蓄银行（Erste）	1305	1321
西班牙萨瓦德尔银行（Sabadel）	1249	1249
奥地利瑞芙森银行（Raiffeisen）	1213	1242
圣埃斯皮里图银行（Espirito Santo）	1154	1154
德国房贷银行（HRE）	1097	1302
西班牙互联银行（Bankinter）	999	999
塞浦路斯银行（Bank of Cyprus）	978	982
西班牙Pastor银行（Pastor）	907	907
比利时联合银行（KBC）	766	2516
西班牙Civica银行（Civica）	418	418
瑞典商业银行（SHB）	394	394
爱尔兰银行（Bank of Ireland）	375	379
瑞典北欧斯安银行（SEB）	106	217
挪威银行（DNB Nor）	42	42
丹麦丹斯克银行（Danske Bank）	37	235
北欧联合银行（Nordea）	9	11
瑞典银行（Swed Bank）	0	0

资料来源：（1）European Banking Authority, The EBA Publishes Recommendation and Final Results of Bank Re—capitalisation Plan as Part of Coordinated Measures to Restore Confidence in the Banking Sector, 2011—12—08, http://www.eba.europa.eu/News——Communications/Year/2011/The—EBA—publishes—Recommendation—and—final—results.aspx。（2）Tyler Durden, 2011—10—13, "Credit Suisse Buries European Banks, Sees Deutsche Bank And 65 Other Bank Failing Latest Stress Test, €400 Billion Capital Shortfall", http://www.zerohedge.com/news/credit—suisse—buries—europeam—banks—sees—deutsche—bank—and—65—other—bank—failing—latest—stress—。

此外，纽约大学安卡亚（Acharya）等人的研究结果认为，欧洲的84家银行需要6,050亿欧元才能达到6%的资本金充足率；同时，他们强调随着主权债务的不确定性增加，资本金的缺口可能会变得更大（Acharya etc.，2011）。表6则汇总了不同测试者对欧洲银行业资本金缺口的估计

表 6 欧洲银行业资本金缺口估计

测试时间	测试者	资金缺口
2011年12月	欧洲银行管理局（EBA）	1,147亿欧元
2011年10月	瑞士信贷（Credit Suisse）	4,000亿欧元
2011年11月	安卡亚（Acharya）	6,050亿欧元

资料来源：（1）European Banking Authority, The EBA Publishes Recommendation and Final Results of Bank Re—capitalisation Plan as Part of Coordinated Measures to Restore Confidence in the Banking Sector, 2011—12—08, http://www.eba.europa.eu/News—Communications/Year/2011/The—EBA—publishes—Recommendation—and—final—results.aspx.（2）Tyler Durden, 2011—10—13, "Credit Suisse Buries European Banks, Sees Deutsche Bank And 65 Other Bank Failing Latest Stress Test, €400 Billion Capital Shortfall", http://www.zerohedge.com/news/credit—suisse—buries—europeam—banks—sees—deutsche—bank—and—65—other—bank—failing—latest—stress—。（3）Viral Acharya, Dirk Schoenmaker , Sascha Steffen, "How much capital do European banks need? Some estimates", Nov 22, 2011. http://www.voxeu.org/index.php?q= node/7316。

不同测试者得出的结果有很大的差异。作为官方机构，欧洲银行管理局的结论将对市场预期带来重大影响，其公布数据偏于保守；而学者的测试可能综合考虑了各类不利因素的影响，因此预测资本金缺口较大。综合三类测试的结果，预计欧洲银行业的资本金缺口起码应在5,000亿欧元左右。随着欧洲危机的进一步恶化，银行业资本金严重不足的局面还将扩大。因此，欧洲银行业面临巨大资本金压力，仅靠从欧盟当局以贷款方式提供的流动性难以渡过危机，还必须从市场获得资金以解决其资本金不足的问题。

2.3 欧洲银行业资产剥离

随着欧洲主权债务危机持续加剧及欧洲金融监管标准不断收紧,欧洲银行业面临的筹资和缩减债务压力不断增加。近期欧洲一些银行加快了出售资产的步伐,以改善其资产负债表,减轻资本金不足的压力,并为未来将生效的巴塞尔协议Ⅲ(Basel Ⅲ Agreement)做准备。

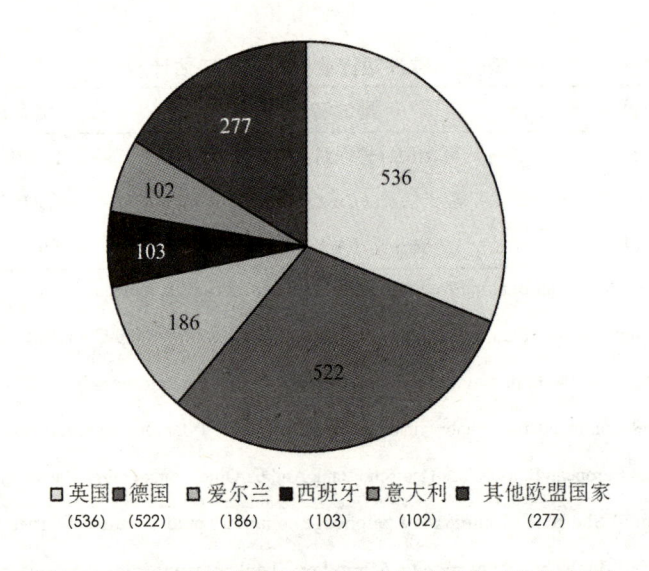

图10—1 2011年欧洲各国银行业的不良资产(10亿欧元)

资料来源:Deloitte, 2011, *Deleveraging in the European Financial Sector*, http://www.deloitte.com/view/en_gb/uk/e3aa447786c0c210VgnVCM1000001956f00aRCRD.htm。

据摩根斯坦利(Morgan Stanley)预计,随着欧洲银行业进行的"大瘦身",在未来的几年内将至少有1.6万亿欧元的资产被出售,[①]而2009年欧洲银行业的总资产规模为37万亿欧元。[②]德勤会计事务所在2011年年底的一份研究报告中表示,欧洲银行有超过1.7万亿欧元的资产被视为不良资产。根据德勤判断,不良资产仅占市场出售总资产的50%(Deloitte, 2011)。图10—1给出了德勤会计事务所对欧洲各国银行业不良资产的估计数。其中,英国银行业的不良资

[①] "欧洲银行业出售资产料将损及地区经济",《财新网》,2011-12-08, http://international.caixin.com/2011-12-08/100336043.html。

[②] Edward Harrison, "The top 25 European banks by assets", 2009-12-04, http://www.creditwritedowns.com/2009/02/the-top-25-european-banks-by-assets.html。

产达到5,360亿欧元；而德国银行业为5,220亿欧元，爱尔兰为1,860亿欧元，西班牙和意大利分别为1,030亿欧元和1,020亿欧元，其他欧元区国家为2,770亿欧元的不良资产。而几乎与此同时，2012年国际货币基金的《全球金融稳定报告》提出，至2013年年底，欧洲银行业的资产负债表将收缩2.6万亿美元，占其总资产的7%；而这种去杠杆化的收缩绝大部分来自出售证券和非核心资产（IMF，2012）。

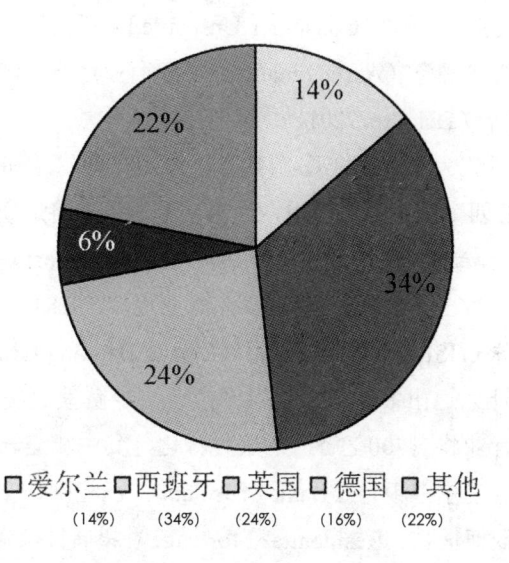

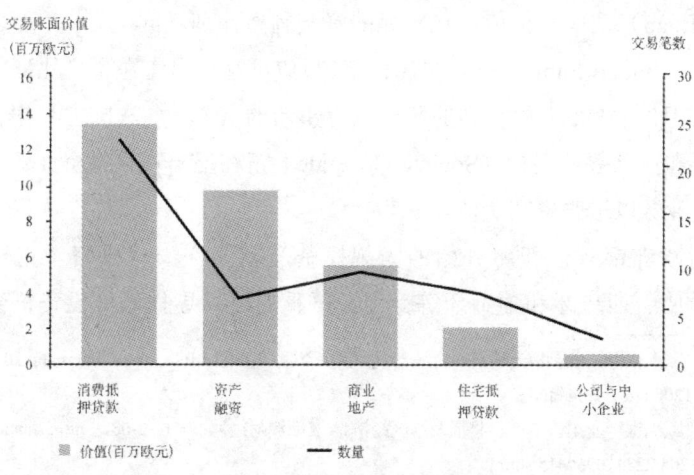

图 10—2 2011年欧洲银行业的资产剥离业务统计

资料来源：Deloitte, 2011, Deleveraging in the European Financial Sector, http://www.deloitte.com/view/en_gb/uk/e3aa447786c0c210VgnVCM1000001956f00aRCRD.htm。

在2011年，欧洲银行业共完成50笔资产剥离交易，涉及资产价值328亿欧元。其中，西班牙银行业进行了17笔交易，共计80亿欧元；英国银行也进行了12笔交易；爱尔兰银行业的交易共出售了103亿欧元的资产。另外，从资产剥离的种类来看，消费抵押贷款（Consumer Unsecured）所占比重最高，达到了13亿欧元；其次为资产融资（Asset Financing）和商业地产（CRE），分别为近10亿欧元和6亿欧元（Deloitte，2011），见图10—2。

德勤会计事务所认为未来几年中，英国、德国、爱尔兰和西班牙将成为出售不良资产最多的四个国家。在英国，经济衰退的压力将迫使银行在市场上出售更多的消费信贷产品。此外，德蒙特福特（De Montfort）的研究表明，未来三年英国银行还将出售大约1,150亿欧元商业地产（CRE）贷款产品。包括汇丰控股有限公司（HSBC）和莱斯银行（Lloyds Banking Group PLC）在内的多家英国银行正计划退出多个国家，以图改善资产负债状况。2011—2013年期间，爱尔兰银行业将对700亿资产的去杠杆化，其中相当一部分将通过资产剥离实现。2011年爱尔兰银行（Bank of Ireland）已经确认一项包含商业地产（CRE）、住宅抵押贷款（Residential Mortgage）和项目融资贷款（Project Finance Loan）在内、价值45亿欧元的资产剥离计划（同上）[①]。西班牙的桑坦德银行（Banco Santander）在2011年12月7日宣布出售在哥伦比亚的业务；2011年12月8日宣布出售智利的股票以筹集新的资本。[②] 法国巴黎银行（BNP Paribas）和法国兴业银行（Societe Generale）正在退出项目融资业务和其他相关的信贷业务以增强资产负债表。[③]

面对欧洲银行业即将开始的大规模资产剥离，一些投资者正试图在爱尔兰、希腊、西班牙和葡萄牙等受创最严重的市场寻找低价投资机会。2011

---

① "欧洲银行紧急剥离近万亿欧元资产",《财新网》, 2011-12-08, http://international.caixun.com/content/20111208/NE032pig.html。

② "欧洲银行业出售资产料将损及地区经济",《新浪财经》, 2011-12-08, http://finance.sina.com.cn/roll/20111208/222410960415.shtml。

③ 同上。

年，谷歌公司（Google）从爱尔兰国家资产管理局（Ireland's National Asset Management Agency）手中购买了都柏林最高的办公建筑之一——蒙德维特罗大厦（Montevetro）；黑石集团（Blackstone Group）从德国商业银行（Commerzbank）购买3亿美元的房地产贷款，其中包括佛罗里达州的蒙德里安南滩饭店（Mondrian South Beach）以及美国境内的四家索菲特酒店（Sofitel）；美国富国银行（Wells Fargo）从一家爱尔兰的银行手中收购了33亿美元的房地产贷款；美国第一资本金融集团（Capital One Financial）以90亿美元收购了荷兰国际集团的美国网上银行（ING Direct）①。另外，日本的三井住友金融集团（Sumitomo Mitsui Financial）以8.5折买下了爱尔兰银行（Bank of Ireland）8亿美元的资产组合，还出资73亿美元收购了苏格兰皇家银行（RBS）的航空租赁业务。②

3. 欧洲银行业投资难点

虽然当前存在投资欧洲银行业及其剥离的不良资产的潜在机会，但是在实际过程中存在诸多困难与问题。这些问题可以分为两大类。第一是在不稳定市场条件下，逆势投资决策的参考指标与时机把握；第二是具体操作中的各种不利因素影响。

3.1 逆势投资行为③

在稳定的金融市场中投资者有两种基本战略：即顺向投资(momentum investment)和反向投资（reversal investment）。一般而言，前者适合短线投资，与市场走向保持一致以求谋利；而后者适用于长期投资，与市场走向相反而注重投资对象的内在价值以图增值。而在不稳定的金融市场中，绝大多数交易者成为被浪潮左右的趋势抛售者（tiding trader）；而极少数的反潮流

---

① "美国买家抓紧'抄底'欧洲银行业"，《经济参考报》，2011-12-28。
② 汉妮·桑德尔，"欧洲银行之危=亚洲同行之机？"《金融时报》，2012-02-02，http://www.ftchinese.com/story/001042935。
③ 本部分为"系统性风险控制与动态逆势投资研究"一文的部分摘要。（俞乔、刘家鹏，2011）

投资者则非传统的反向投资者，称为逆势投资者(against—tiding or contrarian investor)。

面对2008—2009年金融市场大崩溃，几乎所有投资机构，无论其资金来源、风险位置、市场暴露如何，采取了惊人的同一策略，尽快逃离市场。全球市场大退潮吞没了许多金融巨头，也冲掉了笼罩在更多金融机构身上的光环。不过，黑暗中仍有着一线光芒，极少投资者逆潮流进入市场，表现出不同凡响的逆势投资行为。①当绝大多数市场参与者（甚至包括不缺乏流动性且持有期近乎无限的主权基金在内）都成为羊群式的趋势抛售者时，极少的投资者逆势进取，表现出超凡的风险喜爱特征。另一方面，由于趋势交易者的压倒作用和逆势投资者的极度缺乏，资本市场顿失交易对手，资产市场价格急剧跌破基本价格，导致相关企业资产负债表骤然恶化，市场功能瞬间分崩离析。

在2008—2009年美国金融危机中，由于海量债务类资产违约使债券市场的资产价格剧降，导致金融机构的资产负债表发生逆转，资本金严重损耗；这又导致市场参与者抛售这些机构的证券，而资产价格进一步狂泻，加剧了危机的严重程度。许多研究者及政策制定者都认为，此次危机中资产的市场价格大幅度低于在正常状态下资产的基本价格（fundamental price），并反过来迅速恶化了金融机构的资产负债状况，从而促使危机不断加剧（Krishnamurthy，2010）；这种情形正是羊群逃离式的趋势交易加速市场崩溃的必然结果。市场失去交易对手在很大程度上决定了危机的演变。

从微观上来讲，动态逆势投资应成为奉行长期投资的机构（例如主权财富基金、养老金等）的主要投资战略；在市场疯狂时，这类机构应当抵挡诱惑，抑制贪婪，保持充足的流动性以待时机；在市场恐慌时，它们必须研判信息，把握机会，克服恐惧，果断逆势进取以求伸展。从宏观上来说，逆势投资行为对于增加市场深度、扩大市场张力与弹性、培育市场自我修复及生存力有着关键作用；因此，鼓励逆势投资也是政府当局与私人部门合作、缓解金融危机不可忽视的部分。

---

① 例如，2008年巴菲特领导的Berkshire Hathaway在市场投入超过320亿美元。在2009年第一季度市场再度恐慌时，巴菲特再度进入市场，增持Wells Fargo Bank 1240万股，总共拥有逾3亿股股票成为最大股东；此外还增持150万股US Bancorp，拥有该银行6900万股股票。"Warren Buffett recounts how he looked 'into the abyss'"，The Wall street Journal, Dec. 14, 2009。

但是，传统投资理论缺乏对不稳定市场环境下投资行为的研究。传统理论具有显著两个特征：其一，将稳定的市场环境作为外生给定的条件，由此投资者通过对标的资产的特定风险与预期收益的权衡做出决策。然而，当市场处于不稳定状态时，经典理论便难以解释市场参与者的投资决策。其二，经典理论的投资主体具有风险规避特征，而不包含有风险喜爱特征的投资者。事实上，用赌徒假设和非理性行为难以解释机构风险喜爱者的投资活动。传统理论不能解释不稳定市场中的逆势投资，难以引导风险喜爱者的投资决策。

虽然研究者对系统性风险的认识存在差异，但是市场经济中系统性风险存在的必然性以及引发金融市场崩溃危机的可能性却是不争的事实。① 系统性风险引发的金融危机将对经济与社会带来全局性的负外部效应。因此，政府是系统性风险的管理主体。在关键时刻，有关当局将通过使用具有稳定和拯救双重性质的非常规公共政策（unconventional public policy measures）进行干预；例如，中央银行提供无限信贷保证、财政部向系统性重要机构注资等措施，以控制系统性风险、稳定金融体系、避免市场崩溃。② 虽然系统性风险不可能完全消除，但当局却能够通过非常规政策控制系统性风险，避免市场出现全面的结构崩溃。与此同时，对微观市场主体而言，如果非常规政策有效控制了系统性风险，则不稳定市场中包含着逆势投资机会及巨大的潜在收益。

逆势投资者具有两大基本属性。首先，在预期收益率与特定风险的二维平面内，逆势投资者表现出典型的风险喜爱特征。在不稳定市场环境下，绝大多数参与者陷入极度恐慌，而只有逆势投资者敢于反潮流行动。第二，逆势投资者在三维空间内进行动态决策。他们不仅权衡投资标的物本身的预期收益与特

---

① 参见本书第四章注①关于系统性风险的讨论。

② 在2008—2009年金融危机中，美国政府采取的主要非常规政策措施包括1）财政部实施的问题资产救助项目(TARP)，通过政府购入银行股权注入资本金；2)美联储特殊的贴现窗口，非银行机构的债券交易商也可以使用，而且也大幅度扩大了抵押物范围；3）美联储与财政部推出的定期资产支持的贷款设施(TALF)，提供长达3年的回购贷款；4）美联储购入房屋抵押贷款支持的证券（Krishnamurthy，2010）。Krugman 评论道："What saved us from a full replay of the Great Depression? The answer...the government has stepped in to rescue the financial sector. ... Yet it's possible to be dissatisfied, even angry, about the way the financial bailouts have worked while The point is that this time, unlike in the 1930s, the government didn't take a hands-off attitude while much of the banking system collapsed." (New York Times, Aug. 18,2009).

定风险，而且还特别关注不稳定市场本身的变化趋势，特别是非常规政策作用下系统性风险被控制的变化程度。在系统性风险引发的危机中，由于缺乏交易对手，资产的市场价格大大低于基本价格，其特定风险极高。与此同时，当局对系统性风险的控制可能避免市场崩溃，从而逐步降低资产的特定风险，使逆势投资具有巨大的潜在收益。因此，当局管理系统性风险的公共政策成为逆势投资的主要决定因素及基本依据。①

不过，控制系统性风险的非常规公共政策受到多方面制约，其作用存在很大的不确定性。这种不确定政策效用对逆势投资者的时机选择有着重大影响。当前，欧盟的政策摇摆不定；一些重要金融机构的资产负债状况仍在恶化；部分欧元区国家违约可能随时出现。与2008年年末美联储全面开放信贷窗口、美国财政部在国会批准之后动用7,000亿美元对金融机构注资的双重非常规政策比较，欧元区的危机管理与系统风险控制的公共政策陷入了进退两难的境地，这也给市场逆势投资者造成了难以确定最佳进入时机的困惑。

3.2　实践中的不利因素

即使在逆势投资的参考指标及时机选择解决后，在实际操作中仍存在许多不利因素。例如，投资者可能有意于大量购入所关注的银行的股份，但银行出让股权补充资本金将稀释现有股东股份。因此，欧洲银行业并不愿意稀释股权，而更倾向通过不威胁股权的办法补充所需资本金。由于现阶段债券价格低，包括法国巴黎银行（BNP Paribas）、德国商业银行（Commerzbank）、苏格兰皇家银行（RBS）和意大利联合信贷银行（UniCredit）在内的大约20家欧洲最大的银行都相继采用了所谓的"负债管理"（Liability Management，LM）方法，向其债券持有者在市场价格之上外加部分贴水，对其回购及置换

---

① 根据事后观察，动态逆势投资的主要依据是有关当局在危机时期控制系统性风险的非常规政策。例如，巴菲特在2008年3月15日至9月19日，先后否决了对Bear Stearns, Leman Brothers, Freddie Mac, Wachovia, AIG, Morgan Stanley 等机构的投资请求；而在美国有关当局对陷入恐慌的货币市场基金提供担保时，巴菲特便立即采取行动，在9月23日后逆市购入Goldman Sachs, GE, Burlington Northern Santa Fe 等公司股权。巴菲特认为，政府的行动"使他获得了危机将得到解决的信心；"……这些逆势交易部分"建立在相信政府能够控制金融灾难之上。" "Warren Buffett recounts how he looked 'into the abyss'", *The Wall street Journal*, Dec. 14, 2009.

以达到增加资本金、而不稀释股权的目的。①

目前获得欧洲央行低成本贷款的商业银行缺乏尽快清理不良资产或补充资本金的动力，从而将现有问题掩盖。然而，欧洲央行的贷款效用已经减退，欧元区众多商业银行面临信用等级被普遍下调的局面。② 银行业面临以下情况时将会考虑在市场筹集外部资金满足资本金要求。1. 欧洲有关当局进一步提高银行业的资本金充足率要求，迫使银行在短期内寻求大规模注资以补充资本金；2. 欧洲银行业危机持续深化，导致部分银行濒临破产清算；3. 欧洲中央银行、欧洲金融稳定机制等明确表示不再对欧洲银行业提供任何资金援助。4. 各国政府受主权债务危机困扰，没有能力或意愿为银行注入财政资金。在此种状况下，包括中国的外汇储备资产在内的市场资金便有可能投资欧洲银行业股权。但是，由于欧洲央行已开出手救助先例，局面恶化时还有可能再次救助欧洲银行业。另外，欧洲各国也可能在银行难以支撑时通过非常规手段，将其国有化，而且欧洲存在银行被国有化的历史。

另一方面，欧洲银行业正在或将要剥离更多的不良资产，以达到去杠杆化、修复资产负债表的目的。这是对市场投资者具有吸引力的一个领域。不过，我国资金仅为市场潜在买方之一，不良资产的认购过程面临各方的竞争。美联储的量化宽松和低利率政策已经使得美国的经济走出了资金的瓶颈。当前美国的企业与私人投资者资金充足，并在全球寻找投资的机会。相对于中国投资者而言，美国投资者已经具备了丰富的并购与收购不良资产的经验。同时，由于美国经济与欧洲经济与文化之间密切的联系，美国投资者对于欧洲银行市场的了解远远超过我国投资者。因此，在购买欧洲不良资产的竞争中，美国的投资极有可能捷足先登，获得大量有价值的剥离资产。

另外，中东和一些亚洲国家也对欧洲银行业的不良资产表现出了浓厚的兴趣。截至2011年年底，沙特阿拉伯的外汇储备总量已经超过了5,400亿美元；而日本在2012年2月的外汇储备规模更是达到了1.288万亿美元。韩国与印度的外汇储备规模也分别超过和接近3,000亿美元。③ 在当前全球面临国际储备货币实际

---

① "Europe's Banks Launch Debt Offers To Boost Capital", *Financial Times*, April 11, 2012.

② "Downgrade Fears Mount at EU Banks", *The Wall Street Journal*, April, 17, 2012.

③ "List of countries by foreign-exchange reserves", at http://en.wikipedia.org/wiki/List_of_countries_by_foreign-exchange_reserves.

购买力不可避免贬损的大环境下，这些国家的外汇储备将成为可能对欧洲银行业投资的潜在市场资金。

4. 小结

欧洲主权债务危机的严重程度超出预期。而且，欧洲经济与社会的深层次的问题还未得到根本解决，危机可能还会持续相当一段时间。在这一环境下，欧洲银行业已经面临困境。根据估计，当前欧洲银行业的投资需求可能达2.5—3.0万亿欧元，其中5,000亿欧元为银行补充资本金的需求，2.0—2.5万亿欧元为处置不良资产和资产剥离的资金需求。这一局面对中国而言，是调整外汇资产配置的重大机会。

当前对欧洲银行业的投资有着重要的战略意义；只要在方向和时机上选择合理，这将是一个双赢的投资安排。如果将欧元区作为一个独立的经济单位考虑，它是世界的第一大经济体，是世界经济的核心所在。当欧洲经济恢复之后，对银行业的投资将可能带来长期收益。一方面，在欧元体系尚可延续的情况下，如果市场不能满足欧洲银行业的资金需求，欧洲央行可能沿循美联储的道路，绕开立法限制通过发行货币稀释债务，为欧洲银行业解困。这样，我国外汇储备的实际价值将面临着更大贬损。另一方面，当欧元体系难以维系、出现收缩以至崩溃时，欧洲有关当局和各国政府也必然支持其主要的商业银行，并将采取各种可能的方法，包括鼓励市场资金进入、对陷入困境的银行进行资产剥离、对部分难以寻求市场资金的重要银行国有化等措施以渡危机。因此，尽管在投资欧洲银行产业方面存在选择不确定公共政策及时机选择的困惑，以及实际操作中的诸多不利因素，但是高度关注与适时投资欧洲银行业及其剥离的资产应成为我国外汇资产转换的重要方向。

附录1 欧洲主权债务危机主要事件时间表

时间	事件
29/09/2008	爱尔兰数家银行遭遇20年来股票价格最大跌幅 (盎格鲁—爱尔兰银行下跌45%, 爱尔兰人寿银行下跌34%, 爱尔兰联合银行下跌16%, 爱尔兰银行下跌15%)。
30/09/2008	爱尔兰政府立法以保证银行的负债（零售、商业及银行同业存款、资产担保债券、优先债务以及定期后偿债务），爱尔兰银行的股票价格强势反弹。 两家银行（苏格兰皇家银行下属爱尔兰公司和丹斯克银行）并没有被纳入爱尔兰的负债保证中。这些银行随即得到了相应政府的支持。
22/12/2008	爱尔兰政府向三家最大的银行（爱尔兰联合银行，盎格鲁爱尔兰银行和爱尔兰银行）注入55亿欧元。
15/01/2009	爱尔兰政府将盎格鲁爱尔兰银行国有化。
22/02/2009	爱尔兰政府宣布紧缩的财政稳定政策，政府工作人员进行抗议。
21/05/2009	由于担心英国政府支持其银行系统的成本，标准普尔将对英国的前景预测降至负面。
16/10/2009	希腊总理乔治·帕潘德里欧在他的首次议会讲话中公开了该国的严重财政问题。
05/11/2009	希腊政府公布了2009年修订后的预算赤字为GDP的12.7%，这是先前预测的两倍。
12/01/2010	欧盟委员会发布报告批评希腊政府的财政预算赤字。
26/01/2010	标准普尔将对日本的前景预测降至负面。
11/02/2010	欧元区领导人承诺，如果希腊能够减少财政赤字，将对其提供财政援助。
11/04/2010	欧元区成员国同意对希腊提供300亿欧元的支持。国际货币基金组织也进一步承诺，希腊只要提出正式请求，将向其提供150亿欧元的财政支持。
27/04/2010	标准普尔将希腊的信用评级降至BB+，将葡萄牙的信用评级降至A－，并在第二天将西班牙的信用评级降至AA。
02/05/2010	希腊政府接受了欧盟和国际货币基金组织提供1100亿欧元的财政支持。
03/05/2010	欧洲央行取消希腊政府债券作为抵押品回购的评级下限。
09/05/2010	公布欧洲金融市场稳定机制。 欧洲央行宣布计划将在二级市场购买欧元区公共和私人债务，以帮助恢复市场流动性，这些购入将不影响欧洲央行的财政平衡，以防止银行准备金的增加。 主要中央银行重新推出美元互换额度（授权至2011年1月）。
27/05/2010	西班牙议会通过财政紧缩方案。
28/05/2010	惠誉将西班牙信用评级降至AA+。
09/06/2010	葡萄牙议会批准财政紧缩方案。
16/06/2010	西班牙部长会议批准劳动力市场改革。
17/06/2010	欧洲理事会宣布，将公布欧盟银行的压力测试结果。
25/06/2010	意大利公会联合迫使政府重新起草财政紧缩方案。

30/06/2010	西班牙中央银行宣布将全国45个储蓄银行中的39个合并为几个银行，并注入110亿欧元公共资金，以重组并提高合并银行的资本水平。
23/07/2010	欧洲银行监管委员会（CEBS）公布了欧盟银行的压力测试结果。
24/09/2010	西班牙政府批准了2011年的公共财政预算。
30/09/2010	爱尔兰政府证实，为了挽救该国最大的银行而剧增的成本，将该国2010年预算赤字增加至超过GDP的30%。 穆迪将西班牙的评级降至Aa1。
18/10/2010	法国和德国政府同意采取措施以承担欧元区主权债券重组所带来的损失。
28/10/2010	欧洲理事会的声明表明，其他欧洲成员国已经同意承担政府债券重组所带来的损失。
12/11/2010	几个欧洲国家的财政大臣重申，仅对2013年后发行的欧元区政府债券进行责任分担。
17/11/2010	伦敦清算行（一家欧洲清算行）将所能承担的回购交易中爱尔兰政府债务重组成本提高至30%。11月25日进一步提高至45%。
21/11/2010	爱尔兰总理宣布，该国政府已向欧盟和国际货币基金组织要求提供资金援助。
28/11/2010	爱尔兰政府接受了欧盟和国际货币基金组织提供的680亿欧元财政支持。
02/12/2010	西班牙举办了一次成功的国债拍卖会。欧洲央行继续购买政府债券。
15/12/2010	穆迪将西班牙纳入可能降级的考虑中。
12/01/2011	金融市场上，欧盟正在考虑增加欧洲金融稳定基金（EFSF）的规模，及扩大其范围的可能性，以更好地支持欧元区主权国家。
27/01/2011	标准普尔将日本信用评级降为AA－。
12/03/2011	欧元区政府同意，在受益国家采取财政紧缩方案的前提下，欧洲金融稳定基金（EFSF）可以借出4400亿欧元购买主权国债。
31/03/2011	爱尔兰政府宣布，该国银行需要额外的240亿欧元资金，这其中大部分可能来自政府，尽管有部分可能来自诸如持有次级债券的投资者等群体。
06/04/2011	葡萄牙宣布，该国政府已向欧盟和国际货币基金组织要求提供资金援助。
02/05/2011	希腊财政部长乔治·帕帕康斯坦丁努再次否决的债务重组的可能性，并表示他只是"希望"欧盟和国际货币基金组织同意延长偿还救助贷款期限。
03/05/2011	葡萄牙政府接受了欧盟和国际货币基金组织提供的780亿欧元财政支持。
21/05/2011	希腊总理帕潘德里欧先生以及欧洲央行高级官员表示，希腊必须避免债务重组并推动削减预算和私有化以克服其债务危机。
23/05/2011	希腊宣布一系列的私有化方案，这是其在2015年前筹集500亿欧元以偿还其债务的目标中的一部分。
01/06/2011	希腊政府批评穆迪将其信用评级降为Caa1，使其成为垃圾评级的决定，认为这一决定并没有考虑该国为清理该国财政所付出的巨大努力。
04/06/2011	在希腊总理帕潘德里欧同意大规模削减公共部门就业的时候，在雅典中心爆发了进一步的抗议活动。
09/06/2011	在给欧洲和国际机构的一封公开信中，德国财政部部长沃尔夫冈·朔伊布勒认为，"对希腊的任何额外财政援助必须在纳税人和私人投资者之前公平分担负担"。

11/06/2011	欧元区财长让·克洛德·容克，支持德国关于让希腊进行债务"软重组"的建议，但是认为私人债券人的任何贡献都应该是"自愿的"。
15/06/2011	等待双方市场，希腊人民变得暴力，欧洲领袖们调解他们关于希腊债务危机上的分歧的失败，导致了惊慌的金融市场。
17/06/2011	法国总统萨科奇和德国总理默克尔同意，可以自愿成为希腊政府债券的债权人，不再坚持之前作为债权人必须强制承担希腊救援的"重要"责任。
18/06/2011	德国总理默克尔改变立场，确认她将和欧洲中央银行一起解决地中海国家的主权债务危机。
21/07/2011	欧盟理事会就解决希腊债务危机的措施达成一致。
18/08/2011	由于对世界经济前景的长期担忧，欧洲股票市场遭受进一步沉重打击。
24/08/2011	法国政府宣布120亿欧元的削减赤字方案，对富人征税增加并修补了一些税收漏洞。
13/09/2011	关于欧元区危机的国际警告持续增长。
21/09/2011	在两天前降低意大利主权信用评级之后，标准普尔又将七家意大利银行的信用评级降低。
22/09/2011	新一轮为了将希腊保持在欧元区的紧缩性削减遭到了该国愤怒与怀疑的态度。
24/09/2011	国际货币基金组织敦促欧盟领导人对希腊采取果断性行动，以阻止债务危机。
26/09/2011	美国总统奥巴马认为，欧洲的债务危机对全世界产生威胁，而欧元区领导人没有迅速处理这个问题。
29/09/2011	德国联邦议员批准扩大欧盟救助基金，降低了市场担忧。
04/10/2011	受希腊债务危机影响，法国-比利时德克夏银行可能需要救助，导致欧洲股市连续第二个交易日下跌。关于欧洲主权债务危机正蔓延至银行业的担忧持续增加。
07/10/2011	信用评级机构惠誉将意大利的信用评级由A+下调至AA－，将西班牙的信用评级由AA－上调至AA+。
09/10/2011	英国首相戴维·卡梅伦警告欧洲领导人采取更迅速的措施，随着压力增加，法国和德国领导人承诺提供新的危机应对计划。
10/10/2011	受希腊债务危机影响，比利时将德克夏银行国有化。
13/10/2011	标准普尔将西班牙的长期信用评级由AA降至AA－，并认为其前景不容乐观。
28/10/2011	德国2009年被国有化的Hypo房地产公司的一个会计错误被发现，德国财政多出550亿欧元。
01/11/2011	希腊总理帕潘德里欧宣布将就欧元区债务危机应对展开公投，此消息震惊欧元区市场，并使得欧元前景陷入混乱。
03/11/2011	来自德国和法国的强大压力使得总理帕潘德里欧取消之前指定的希腊关于救助计划的公投。
08/11/2011	意大利在债券市场的借贷成本已创最高纪录，意大利总理西尔维奥·贝卢斯科尼表示，如果预算改革获得通过，他将愿意辞职。
11/11/2011	在意大利立法机关同意进一步紧缩政策，并建立临时政府以取代总理西尔维奥·贝卢斯科尼之后，意大利的十年期借贷成本大幅下降，从7.5%下降至6.7%。
13/11/2011	由于本国债务危机，意大利总理西尔维奥·贝卢斯科尼辞职。

15/11/2011	里斯本理事会出版了《欧元加监管2011》，证明欧元区最重要的几个成员，希腊、爱尔兰和西班牙正处于迅速改革的过程之中。
21/11/2011	欧盟委员会提出由17个欧元区国家联合发布的"稳定债券"（欧元债券）将会是应对金融危机的有效方法。
25/11/2011	标准普尔将比利时长期主权信用评级由AA+下调至AA，其十年期国债收益率达到5.66%。
30/11/2011	欧洲中央银行，美国联邦储备委员会，加拿大中央银行，日本、巴西和瑞士国家银行为全球金融市场提供额外流动性以抵御债务危机并支持实体经济。中央银行同意将提供充裕的流动性，以保证商业银行在其他币种也能保持流动性。
02/12/2011	比利时谈判各方就建立新政府达成一致。协议内容包括削减开支和增加110亿欧元税收，将使得2012年预算赤字下降至国内生产总值的2.8%，在2015年实现收支平衡。这一消息使得比利时十年期债券收益率突降至4.6%。
05/12/2011	中央银行同意将美元货币互换的成本降低50个基点。
07/12/2011	卢卡斯·帕帕季莫斯领导的临时国家政府提交2012年预算计划，通过撤销银行持有的债务，承诺将预算赤字从2011年的国内生产总值的9%降低至2012年的5.4%。
08/12/2011	惠誉将希腊的信用评级由A−降至BBB+，并认为其前景不容乐观。
09/12/2011	17个欧元区国家中的六个希望在欧洲立法会议上就设立政府开支和接待上限，并对超出上限的国家采取惩罚措施这一政府间协议达成一致。除英国外的其他所有非欧元区国家将通过议会投票方式参与。
14/12/2011	希腊总理帕潘德里欧概述了削减赤字、重获投资者信任的第一轮政策。
22/12/2011	由于一次性转移养老基金，葡萄牙报告2011年预算赤字将低于之前预计的4.5%，提前一年完成2012年计划。 穆迪将希腊信用评级由A2调至A1。 欧洲央行开始欧元13年历史上最大的贷款注入，以1%利率向523家银行借出长达三年的4,890亿欧元贷款。
13/01/2012	标准普尔将法国和奥地利的评级从AAA下调，进一步下调西班牙、意大利和其他五个欧元区成员国的信用评级，继续保持芬兰、德国、卢森堡和荷兰的最高信用评级。
16/01/2012	标准普尔将欧洲金融稳定基金（EFSF）的信用评级从AAA下调至AA+。
30/01/2012	德国咨询公司罗兰·贝格表示已经开始从金融机构和商业情报机构筹集资金，以在2012年中期建立独立的非营利性信用评级机构，在当年年底能够给出第一份国家信用评级。
21/02/2012	欧元集团最终确定第二轮救助计划，希腊政府债券的私人持有者将接受略高于53.5%的债务重组损失，欧盟成员国同意进一步降低救助贷款的利息，并且知道2020年，所有中央银行将会放弃所有来自希腊的利润。这些措施预计将使希腊的债务在2020年下降至120.5%。
29/02/2012	欧洲央行举行第二次拍卖，为800个欧元区银行进一步提供了5,295亿欧元的廉价贷款。

资料来源：（1）Bank for International Settlement(BIS), 2011—07, "The impact of sovereign credit risk on bank funding conditions", at http://www.bis.org/publ/cgfs43.htm。（2）Wikipedia, "2000s European sovereign debt crisis timeline", at http://en.wikipedia.org/wiki/2000s_European_sovereign_debt_crisis_timeline。

附录2　欧洲主要银行风险主权债务和资金缺口状况

银行	风险主权债务（百万欧元）					资金缺口（百万欧元）
	希腊国债	意大利国债	西班牙国债	爱尔兰国债	葡萄牙国债	
法国						
巴黎银行	20,566	22,750	4,491	508	1,956	1,476
法国农业信贷集团	171	7,659	1,791	169	679	0
大众—储蓄银行集团	171	5,065	1,782	346	337	3,717
法国兴业银行	1,848	6,312	3,353	771	595	2,131
荷兰						
荷兰国际集团	735	3,511	1,192	2	636	0
荷兰商业银行	735	1,627	678	0	633	
荷兰合作银行	93	103	13	0	19	
荷兰银行	0	304	0	129	0	
爱尔兰						
爱尔兰银行	735	55	0	4,955	0	0
爱尔兰联合银行	40	216	31	5,493	117	
爱尔兰人寿公司	0	0	0	1,733	0	
奥地利						
奥地利第一储蓄银行	33	83	45	25	5	
奥地利中央合作银行	0	0	0	0	0	
奥地利银行	85	116	46	13	20	
比利时						
德克夏银行	3,486	8,706	1,099	0	1,882	
比利时联合银行	126	1,038	1,165	105	0	
塞浦路斯						
马芬大众银行	198	0	0	43	0	

塞浦路斯银行公共有限公司	162	103	0	0	0
丹麦					
丹斯克银行	0	1,167	525	125	25
日德兰银行	47	0	15	23	10
南方银行	0	0	0	0	0
哥本哈根按揭银行	11	0	0	0	0
德国					
德意志银行	875	3,139	1,867	405	551
德国商业银行	2,967	9,324	3,025	1	942
德国中央合作银行	488	2,741	3,932	51	433
北德意志州银行	51	1,738	436	19	190
西德意志银行股份公司，杜塞尔多夫	235	735	692	35	0
法兰克福黑森州立银行	82	257	1,479	0	54
德卡银行	74	216	129	31	16
意大利					
意大利联合圣保罗银行	847	56,956	1,115	133	66
联合信贷银行	563	49,828	2,097	59	63
意大利商业银行	17	30,379	255	0	10
意大利西雅那银行集团	0	10,807	204	0	0
意大利意联银行	0	8,073	127	0	0
卢森堡					
卢森堡国家储蓄银行	82	1,396	173	0	143
马耳他					
瓦莱塔银行	7	6	0	7	2
挪威					
挪威银行	0	0	0	0	0

			波兰		
波兰国有银行	0	0	0	0	0
			葡萄牙		
葡萄牙储蓄总行	14	0	65	24	7,499
千禧银行	812	49	0	209	7,826
圣灵州金融集团	0	0	31	0	4,273
葡萄牙投资银行	194	910	0	313	3,147
			斯洛文尼亚		
新卢布尔雅那银行	5	25	15	9	3
马里博尔新贷款银行	0	0	0	0	0
			西班牙		
西班牙桑坦德银行	110	1,148	47,885	0	2,462
西班牙对外银行	112	4,266	56,049	0	485
巴塞罗那储蓄银行	0	110	23,950	0	0
西班牙大众银行	0	207	10,304	0	441
			瑞典		
北欧银行	0	62	17	0	0
北欧斯安银行	73	39	0	0	29
瑞典商业银行	0	0	0	0	0
瑞典银行	0	0	0	0	0
			英国		
苏格兰皇家银行	830	6,840	1,101	229	207
汇丰银行	538	8,269	1,894	243	568
巴克莱银行	50	7,375	4,271	372	1,064
劳埃德银行集团	0	60	46	0	0

资料来源：European Banking Authority(EBA), 2011, "2011 EU Capital Exercise", at http://www.eba.europa.eu/capitalexercise/2011/2011—EU—Capital—Exercise.aspx。

附录3　国际货币基金组织（IMF）贷款计划

救助对象	生效日	到期日	已商定数额（亿欧元）	未分配余额（亿欧元）
备用贷款安排				
波斯尼亚	08/7/2009	30/06/2012	11.3	7.6
希腊	09/06/2010	08/06/2013	308.7	103.8
科索沃	21/07/2010	20/01/2012	1.1	0.9
罗马尼亚	31/03/2011	30/03/2013	34.5	34.5
塞尔维亚	29/09/2011	28/03/2013	10.8	10.8
乌克兰	28/07/2010	27/12/2012	116.6	90.4
展期安排				
亚美尼亚	28/06/2010	27/06/2013	1.6	0.8
爱尔兰	16/12/2010	15/12/2013	225.7	97.6
摩尔多瓦	29/01/2010	28/01/2013	2.1	1.2
葡萄牙	20/05/2011	19/05/2014	265.3	136.8
灵活信贷安排				
波兰	21/01/2011	20/01/2013	220.4	220.4
预防和流动性安排				
马其顿	19/01/2011	18/01/1201	4.8	2.5
中期贷款				
亚美尼亚	28/06/2010	27/06/2013	1.6	0.7
摩尔多瓦	29/01/2010	28/01/2013	2.1	0.5

资料来源：International Monetary Fund(IMF), 2012—03—23, "The IMF and Europe", at http://www.imf.org/external/np/exr/facts/europe.htm.

附录4　欧洲金融稳定机制（ECSF）贷款计划

数额 （亿欧元）	期限 （年）	筹款日期	贷款对象	发放日期
50	5	05/01/2011	爱尔兰	12/01/2011
34	7	17/03/2011	爱尔兰	24/03/2011
47.5	10	24/05/2011	爱尔兰（30亿），葡萄牙（17.5亿）	31/05/2011
47.5	5	25/05/2011	葡萄牙	01/06/2011
50	10	14/09/2011	葡萄牙	21/09/2011
40	15	22/09/2011	爱尔兰（20亿），葡萄牙（20亿）	29/09/2011
11	7	29/09/2011	爱尔兰（5亿），葡萄牙（6亿）	06/10/2011
30	30	09/01/2012	爱尔兰（15亿），葡萄牙（15亿）	16/01/2012
30	20	27/02/2012	爱尔兰	05/03/2012

资料来源：European Commission, "European Financial Stabilisation Mechanism (EFSM)", at http://ec.europa.eu/economy_finance/eu_borrower/efsm/index_en.htm。

第十一章　对海外农业生产的投资

中国是世界上人口最多的国家。虽然20世纪80年代初期开始严格实施的独生子女政策使我国人口增长得到了控制，但是，这一政策也给我国的长期发展带来了不利的影响。其中，最为根本性的影响是中国人口结构发生了重大变化，人口老龄化进程加速，劳动人口与供养人口的比例急剧下降。与此同时，我国粗放型的经济增长方式尚未根本转变，劳动生产率的提高极为缓慢，难以缓解人口老龄化对经济与社会发展带来的长期冲击。

因此，对人口政策做出较大调整、提高出生率和代际替代率将势在必行。如果"十二五计划"末期在全国全面开放生育二胎，30年后总人口将接近或达到17亿。这可以有效地缓解人口老龄化带来的一系列问题。然而，人口规模的增加将造成较大的资源承载压力，特别是粮食供给将落后于对粮食增长的需求。

由于我国人均耕地面积很少，潜在的粮食生产能力受到了刚性的制约；随着我国城市化进程的加速，经济与社会发展所需的非农业用地和农耕地之间的尖锐矛盾不仅难以缓解，而且有加剧的趋势。在这种基本格局下，对国外农业投资是缓解我国农耕地资源与人口增加、粮食需求上升及城市化用地矛盾的一个措施。

1. 对海外农业生产投资的背景

我国对海外农业生产投资是由我国经济发展对粮食进口的需要和一些国家开放农业生产市场所决定的。对国外农业生产投资既可缓解当前我国人口和城市化发展对土地需求的限制，又能拓宽我国外汇资产的长期产业投资领域；同时也提高东道国的土地资源利用和增加农业收入，从而实现双方合作和利益共赢。

1.1 我国人口老龄化

我国是世界上第一人口大国，现有人口总数约13.7亿，过去10年期间人口增长率为5.84%，人口年平均增长率为0.57%（国家统计局，2011）。已有庞大的人口基数一直是我国需要面对的现实，满足全国人民的粮食消费需求是经济与社会发展的基础。另一方面，全国已有60岁以上老年人占总人口的13.26%，相比第五次全国人口普查比重上升了2.93%，我国已步入老龄社会（国家统计局，2011）。随着计划生育政策的推行和城市化进程的发展，我国老龄化有逐步加快的趋势。为了应对人口老龄化造成的长期不利影响，我国需要适当调整当前的生育政策，促进人口的增长，以保证中国社会的长期可持续发展。

2011年3月，全国政协人口资源环境委员副主任王玉庆认为二胎政策不会引起人口的激增；并估计该政策在"十二五"末期将被放开。①许多研究者也提出要适当调整我国的人口政策。例如，长期支持计划生育政策的胡鞍钢（2009）提出中国在进入21世纪后，"社会将面临'加速的少子化'和'加速的老龄化'的挑战，第一代以控制人口增长过快为目标的人口政策已经不适应社会实际情况。"②计划生育的设计者之一田雪原（2009）提出"二胎方案"：夫妻双方有一个为独生子女的，可生二胎。③纪宝成（2012）在全国两会期间再度倡议放开二胎政策，"提倡生一个，允许生两个，不准生三个"；他还指出放开二胎政策是为了抵抗独生子女家庭和青壮年劳动力不断下降、老龄化程度加快的风险；如果一直坚持计划生育政策，保持较低的生育水平，会在一定程度上限制我国未来的发展。④

但是人口的增长必须与我国的环境和资源的承载能力相适应，这才能够实现中国经济与社会的可持续发展。2007年1月11日国家人口发展研究战略课题组公开发布的《国家人口发展战略研究报告》预测，在现行计划生育政策保持

---

① 二胎政策，《百度百科》2011年3月。http://baike.baidu.com/view/977730.htm?&redirected=alading。

② 胡鞍钢，"一对夫妇一个孩儿该结束了"，《经济参考报》，2009年11月。http://news.sohu.com/20091126/n268471887.shtml。

③ 田雪原，"新中国人口政策回顾与展望"，《人民日报》，2009年12月。http://people.huanqiu.com/S&C/2010-04/795707_2.html。

④ 纪宝成，"倡议放开二胎政策"，《中国新闻网》，2012年03月09日。http://news.ifeng.com/mainland/special/2012lianghui/yulu/detail_2012_03/09/13093160_0.shtml。

不变的情况下，"我国人口在未来30年还将净增2亿人左右。总人口将于2010年与2020年分别达到13.6亿人和14.5亿人，2033年前后达到峰值15亿人左右。如果从2015年起在全国城乡全面开放生育二胎，到2050年峰值总人口将达到17.10亿人。"①这将突破我国16亿的人口红线，从而会超过我国资源的负荷程度，粮食需求也将大于已有的供给能力。②

1.2 农耕地与经济发展的矛盾

尽管我国的总耕地面积并不少，但人均耕地面积却很低。表1比较了若干主要国家的人均耕地面积。从表中可以看出，我国的人均耕地只有0.08公顷/人，比美国0.53公顷/人及巴西0.32公顷/人的水平要低许多，甚至低于国土总面积少于我国、但人均耕地为0.14公顷/人的印度。这意味着我国虽然有丰富的劳动力资源，但是却没有足够的耕地面积；粮食的潜在生产能力受到耕地面积的限制，同时随着我国城市化率的进一步提高，我国经济与社会发展所需的非农业用地和农耕地之间的尖锐矛盾不仅难以缓解，而且有加剧的趋势。由于我国人多地少，人均耕地面积较少，耕地红线的坚持是与我国的粮食安全紧密联系的一项基本政策。因此，2006年十届全国人大四次会议通过的《国民经济和社会发展第十一个五年规划纲要》提出，18亿亩耕地是一个具有法律效力的约束性指标，是不可逾越的一道红线（国务院，2006）。

表 1 2010年世界主要国家的耕地资源情况

国家	耕地面积（千公顷）	占世界耕地面积的比例(%)	人均耕地面积（公顷）
中国	121733	0.09	0.08
印度	158145	0.11	0.14
美国	170500	0.12	0.53
巴西	61000	0.04	0.32

---

① "我国2033年达到人口峰值15亿净增2亿人左右"，《中国新闻网》，2007年7月11日。http://www.china.com.cn/news/txt/2007-01/11/content_7640532.htm。

② 据预计，2033年全国人口将达到16.5亿左右，届时可实现人口零增长。http://finance.ifeng.com/news/201005/2/2175871.shtml

数据来源：联合国FAO数据库，2011年。http://faostat.fao.org/。

注：人均耕地面积数据来自世界银行2009年的数据统计。巴西的国土面积广阔，大多属于平原，很大部分尚未开垦为耕地，所以巴西现有的耕地面积并不多，但是转换为耕地的潜力大。

在当前与未来一段时期，我国都将处于城市化高速发展的阶段。2010年我国的城镇人口比重达49.68%，2011年城市化率已突破50%（国家统计局，2011）。城市化率不断提高意味着城市化所需要的城市用地面积将不断上升。我国2010年的农耕地面积为15.6亿亩，近几年又不断通过农村土地整治工程来增加农业用地。2010年，我国城区面积为178.69万公顷，城市建设用地面积为39.76万公顷，其中33.77万公顷转自于农业用地，而耕地就达21.19万公顷（《中国城乡建设统计年鉴》，2010；《2010年中国国土资源公报》，2011）。

随着城市化进程发展，我国城市用地的需求不断上升。在2020年我国人口规模将达到14亿人、城市化水平达到60%的前提下，城镇人均建设用地面积为82.8平方米，[1]城镇建设占地的总面积为69,580平方公里；在2050年预期人口将达到16亿人的红线，城市化水平达到75%的前提下，我国的城镇建设占地总面积将为98,600平方公里。[2]即城市化水平上升15%，城镇建设用地需求增加29,020平方公里（4,353万亩）；城市化水平每上升一个百分点，需要增加的城镇建设用地面积为1,935平方公里。[3]

城市化不仅会增加对城镇建设用地的需求，必然还会通过占用农业用地，扩大将城市用地的范围。而在同时，由于粮食需求的增长，农业耕种面积也需要稳定；这样使得土地资源更为短缺，坚守农耕地的18亿亩耕地红线的任务极为艰巨。[4]

---

[1] 人均建设用地取2001年数据，《中国城市统计年鉴2002》，中国统计出版社，2003年第2版。

[2] 《中国城市统计年鉴2009》，中国统计出版社，2010年第1版。

[3] 蔡继明，"以大城市群为主体形态推进中国城市化进程"，《搜狐财经》，2012年3月2日。http://business.sohu.com/20120302/n336531822.shtml。

[4] 张勇，"守住18亿亩耕地'红线'的定位与思考"，《资源网》，2008年6月。http://www.mlr.gov.cn/zt/tdr/2009/ydhd/200906/t20090612_121409.htm。

1.3 我国的粮食进口

虽然近年来我国农业生产发展良好，但是，我国农产品总体上却供不应求，而增加粮食产量的难度越来越大，粮、棉、油、糖、肉这几大农产品都需要从国际市场进口（陈锡文，2012）。2010年我国粮食总产量为54,647.7万吨；我国的粮食生产以国内消费为主，出口只占很少的部分。我国进口食品及主要食用牲畜的金额为215.7亿美元，出口411.48亿美元；我国进口粮食总量约为6,695.3万吨（其中，进口谷物及谷物粉571万吨，包括小麦123万吨，稻谷和大米39万吨；大豆5,480万吨；食用植物油687万吨；食糖177万吨）；[①] 我国出口粮食总量为275万吨（其中出口的谷物及谷物粉120万吨，包括玉米13万吨，稻谷和大米62万吨；大豆16万吨；花生及花生仁19万吨；食用植物油9.2万吨；食糖9.4万吨等）[②]。我国出口粮食的主要品种是稻米、玉米和小麦，但都呈下降趋势。我国粮食的净进口量为6,420.3万吨，约占我国粮食总需求10%。

表2给出了2010年世界粮食出口的基本格局。世界粮食市场的大部分卖方来自北美和欧洲，主要出口国家为美国、阿根廷、澳大利亚、加拿大和欧洲诸国，其中美国出口粮食占世界总出口量的33.7%，是世界最重要的粮食供应国。而世界粮食市场的买方来自亚洲和非洲地区，包括日本、墨西哥、埃及和韩国等主要粮食需求国家(刘忠涛、刘合光，2011)。

表 2　2010年世界粮食主要出口国情况

国家（或地区）	出口（万吨）	份额（%）
世界	27554.50	100.00
美国	9286.90	33.70
阿根廷	2740.50	9.95
欧盟27国	2664.50	9.67
澳大利亚	2106.50	7.64
加拿大	2062.50	7.49

[①] 资料来源：国家统计局，《中国统计年鉴2011》，2012年第1版。

[②] 同上。

乌克兰	1563.00	5.67
泰国	1087.50	3.95
巴西	813.00	2.95
哈萨克斯坦	673.50	2.44
越南	580.00	2.10

资料来源：刘忠涛、刘合光，"世界粮食贸易现状与趋势"，《农业展望》，2011年第5期。

与世界耕地资源相对丰富的国家相比，我国不仅人均耕地面积较低，粮食的出口量也较少；我国是粮食的净进口国，国内粮食供需缺口达6,420.3万吨。表3比较了几个主要大国的粮食进出口情况。目前，世界的粮食供给和需求基本保持平衡。但是，随着全球人口的不断增长，如果与此同时世界的粮食生产量出现下降，就可能发生粮食供给不能满足需求的粮食危机。由于环境资源包括土地资源的增产潜能下降，人口的持续增长对高端食品的需求上升以及气候变化、自然灾害和水土流失等都会对农业造成巨大的压力；另一方面，自2000年以来国际粮食消费量每年都几乎超过生产量，到2050年农业养活世界人口会面临巨大挑战（文佳筠，2011）。

表 3　世界若干主要国家的粮食生产和进出口情况

国家	粮食产量（亿吨）	粮食出口量（万吨）	粮食进口量（万吨）	粮食净出口量（万吨）
中国	4.98	141	922	-781
印度	2.60	509	200	309
美国	4.02	7710	608	7102
巴西	0.75	877	861	16

资料来源：Food and Agriculture Organization of the United Nations。粮食产量为2010年数据，粮食进出口量均为2009年数据。

2011年9月1日农业部在《全国农业和农村经济发展第十二个五年规划》指出，"十二五"期间中国要进一步巩固和提高粮食综合生产能力，确保粮食自给率达到95%以上。①但是，随着未来人口的继续增长，我国粮食的有效供给将受到新增人口结构性增长需求、有限耕地面积和生产成本提高等方面的约束，难以满足国内的粮食需求，需要增加粮食的进口比重。

美国世界观察研究所所长莱斯特·布朗（Lester Brown, 1995）指出中国未来的粮食安全问题，他认为随着未来中国人口的增长、饮食结构的改善对粮食的需求会持续上升；另一方面，耕地面积的减少和生态环境的破坏，再加上城市化和工业化的持续发展，中国的粮食供给在未来会受到限制，"中国将形成粮食危机，并且会影响全世界的粮食供求。国内部分学者不同意上述观点，认为中国不存在粮食危机。林毅夫（1995）指出，中国提高粮食单产是解决粮食问题的唯一途径。从全国范围内大田或试验田曾经达到的最高单产作为与全国大田实际平均单产之差来看，我国粮食单产仍具有巨大潜力，未挖掘的潜力相当于现有实际单产水平的2—3倍。因此，我国主要粮食作物尚有足够的单产潜力来应付今后50年的粮食需求。通过挖掘单产潜力维持国家粮食自给自足的目标是可能的。这一目标的实现，有赖于培育良种产品、加大科研投入等具体途径和方法。渣打银行在2011年宏观经济报告中提出中国现有的自给自足的粮食政策未来可能会守不住，如果中国的粮食需求持续增长，需要进口的粮食数量和比例将会进一步上升。"玉米是供给短缺最明显的粮食，巴西、阿根廷和美国将成为玉米的供给国。换句话说，未来中国需要进口这些国家的土地、水资源和更高的农业生产率。"②

不过，我国加入世界贸易组织后农产品的进口规模不断扩大，尤其是粮食贸易的逆差不断处于上升的态势。我国粮食的净进口量在2003年至2009年期间增加了4,841万吨，年均增长112.6%。根据相关的估算，"按照现有口径和国家统计局正式公布的数据，以1998—2010年期间粮食年消费消耗增长速度计算，到2020年中国的粮食年消费消耗总量可能要突破6.5亿吨，但对照中国国家粮食中长期规划，2020年中国粮食的生产能力只有5.5亿吨，这就意味着到时

---

① 中华人民共和国农业部，《全国农业和农村经济发展第十二个五年规划》，2011年9月。http://www.moa.gov.cn/ztzl/shierwu/。

② 渣打银行："中国自给自足的粮食政策未来可能会守不住"，《中国经营网》，2011年1月7日。http://finance.jrj.com.cn/2011/01/0712098936909.shtml。

候中国的粮食产需缺口可能要达到1亿吨"。①届时，我国的粮食进口比例将上升为15.4%。2020年我国的人口将达到14.5亿人，对应的粮食总进口需求为1亿吨，根据以上数据进行进一步推算，在我国新增加的1亿人口中，净增的粮食进口量将为4,231.2万吨，因此，我国粮食的进口比例可能从原来的10%上升至20%左右，进口比例翻了一番。

近年来，国际粮食价格上涨趋势显著，其中有部分是因为受到出口国的粮食大出口商和部分国际投机者控制定价权的影响。随着我国粮食进口比例的上升，受到国际粮商的影响和牵制也会越大，我国粮食安全也会在一定程度上受到影响。一些学者认为由于我国在粮食生产上没有优势，可以利用比较优势赢得的利润在国际市场上购买粮食。不过，另一些学者并不支持大量进口粮食，认为我国粮食进口的数量需要限制，在大量进口粮食时要考虑国际市场的影响，需要保证我国的粮食市场价格不被国际市场牵制，还应保障进口价格的稳定性（文佳筠，2011）。

对海外农业投资是缓解我国现有人口、粮食需求、城市化和土地资源不足矛盾的一个辅助性措施。我国可以鼓励一些具有较高农业技能的农民到耕地资源丰富但人力资源或资本相对不足、且向外国开放农业领域的国家从事农业生产活动。这样既可以发挥各方的比较优势，实现优势互补，也能够缓解我国人地矛盾的紧张程度，减轻我国城市用地与农耕用地的需求压力，保障我国未来粮食的供给。在国外租赁土地种植农产品并鼓励农民将在国外生产的粮食售回国内，可解决我国一定数量人口的粮食需求；对于农民而言，在国外租赁优质土地种植可以增加收入。对于出租土地的东道国而言，利用闲置的土地进行出租，既可以提高了本国土地的使用率和生产效益，还能够通过出租土地获得额外的税收收入，通过出口农产品获得更多的收益，促进本国经济的发展。因此，我国在国外进行农业生产投资是投资和被投资双方互惠互利的商业合作。

当前我国有着充裕的外汇储备和丰富的农业劳动力资源，而部分土地资源丰裕的国家有大量闲置的耕地，这二者存在相互结合的可能性。通过我国对海外进行农业投资进行粮食生产，再将粮食运回国内，不仅可提高国内的粮食保障，还可帮助东道国增加粮食供给，满足世界对农产品的需要。如果我国通

---

① 李国祥，"短期内中国粮食进出口或将进入调整期"，《三农直通车》，2011年12月5日。

过海外农业生产投资进行农业生产，可以与在海外进行农业生产的我国农民以及企业签订提供长期的资金支持和粮食购销的协议；通过对生产者提供资金支持的方式获得稳定的粮食供给，减少国际大型农业生产公司对世界粮食价格的控制，降低在国际市场进口粮食的价格波动带来的风险。这可以从稳定粮食数量供给和降低价格波动这两方面满足我国的粮食进口需求。在正常的外部环境下，我国可适当增加进口以补充本国的粮食供给，当出现极端情况时，则可以通过挖掘潜力、提高国内粮食生产以保证粮食供给。

从更广泛的角度来看，我国粮食的进口情况取决于全球粮食市场供给充足与稳定。由于今年（2012年）全球粮食出口国也遭受到异常气候冲击，全球主要粮食储备连续三年减少。2012年8月10日美国农业部发布报告，近几个月美国半个世纪以来最严重的干旱将使美国玉米和大豆减产幅度高于预期。全球粮食市场小麦、玉米和大豆价格上涨。2012年7月分别上涨50%、50%和20%。而全球其他国家异常气候也将影响全球粮食产量。欧洲农作物遭受热浪袭击，西班牙2012年小麦收成预测比去年减少四分之一，境内谷物存货只够撑到8月底。澳洲、印度也受极端气候影响，印度季风降雨低于正常水平20%。粮产大国俄罗斯、乌克兰、哈萨克正为干旱所苦，美国农业部将俄罗斯及哈萨克斯坦的小麦产量分别下调12%和15%。国际谷物协会（International Grains Council）预计粮食产出将至少下跌2%。彭博社表示，全球主要粮食储备连续三年减少，可能会推升粮食进口成本至接近历史纪录的1.24万亿美元。[①]另一方面，墨西哥、伊朗、阿尔及利亚、约旦等国已经开始大规模购买粮食。这使得2011年度进口粮食总量超过6,000万吨的中国将承受更大粮价动荡带来的冲击。

因此，即使我国境外农业投资生产的粮食不销回国内，而在海外市场消化，但却在总体上提高了世界粮食产量，降低或稳定了全球粮食价格。"只要全球主要农产品总量能增长，就能保证我国的粮食安全"（陈锡文，2012）。在这一意义上，我国的海外农业投资具有双重的外部效应：在帮助世界满足日益增长的粮食需求的同时，也就保证了我国的粮食供给环境的稳定与安全。

---

① "US drought threatens food price surge", *Financial Times*, August 11, 2012.http://www.ft.com/cms/s/0/e37a491a-e2e1-11e1-a463-00144feab49a.html#ixzz23KsQhOAN.

2. 农业生产投资东道国情况

目前，接受外国农业投资或有意向开放农业的东道国包括俄罗斯、南美洲、北美洲的国家，以及一些非洲、亚洲国家等。其中，我国海外农业投资可能的东道国主要为俄罗斯、巴西、加拿大等国。此外，非洲也有大量土地可供发展农业生产，可用于满足非洲国家本身对粮食的巨大需求。

2.1 俄罗斯

俄罗斯的土地资源状况

俄罗斯拥有 1,707.55 万平方千米的国土面积，目前的农业用地面积为 168 万平方千米，耕地面积 103 万平方千米。俄罗斯的远东地区面积为 621.59 万平方千米，占整个国土面积的 36.4%；远东地区现有的农业用地约 6.72 万平方千米，其中耕地面积占 48%。远东地区的人口约 629 万人，人均农业用地为 1.2 公顷（合 0.012 平方千米）。[①]

俄罗斯远东地区的耕地并非不毛之地，相反，可与我国东北黑土地相媲美，远东地区可种植的农产品有大豆、玉米、小麦、马铃薯和甜瓜、大棚蔬菜等。目前，俄罗斯约有四分之一的耕地资源处于闲置状态，极大地浪费了土地资源，没有实现土地资源的充分和合理利用。因此，如何利用闲置的土地资源便成为俄罗斯土地政策的研究重点。

俄罗斯的土地管理制度

俄罗斯的土地占有形式可分为联邦政府、州政府、区政府、农庄及私人拥有等。俄罗斯现有的相关法律规定允许出租土地。其中，与农庄和私人签署租赁合同是在俄罗斯租赁土地最方便和最容易的，不过这仅限于小面积的土地出租。一旦面积超过一定限制时，就需要得到当地政府的批准方可出租。

俄罗斯有关当局关于新的土地出租协议还在酝酿策划中，新规定所涉及的出租形式、承租人应具备的身份以及是否纳入法律章程都尚未公布。2012 年

---

① 中国之声，《全球华语广播网》。http://finance.sina.com.cn/review/jcgc/20120131/131011280910.shtml http://www.dic123.com/A/0/06/060_118365.html。

2月，俄罗斯经济发展部发出声明，建议出租远东地区的土地给亚太经济合作组织的各成员国，计划出租的土地位于滨海边疆区、哈巴罗夫斯克边疆区、阿穆尔州等地区，最西不超过贝加尔湖，基本都局限于俄罗斯的海边疆区。[①]为了鼓励国外投资者来俄进行农业生产投资，俄罗斯在现行法律的允许下愿意长期租用农用地给国外农户或公司，土地的租期可长达30年至50年。[②]俄罗斯联邦的"农用土地交易法"和滨海边疆地区的相关法律明确规定，在允许进行出租土地范围内可以进行市场交易，但是土地只允许出售给俄罗斯公民；其他国家的公民虽然不允许购买土地，但是可以选择租赁土地。俄罗斯愿意向国外投资者收取象征性的低廉租金，以50卢布/公顷（合10元（人民币）/公顷）的单价进行招租。俄方计划提供出租的耕地面积约百万公顷，远东地区单块可租赁的最大土地面积为15—20万公顷，约225—300万亩；满租时需要的农业投资额可能将达数百亿美元。[③]同时，租用土地者可将土地使用、生产和加工所得的农产品返销至本国，俄罗斯当局并不会加以限制。

近年来，我国东北地区已有一些农民在俄罗斯种粮、种菜，黑龙江的绥芬河、黑河、同江、鹤岗、伊春等口岸城市每年都有大批的农民过境至俄罗斯进行农业生产，根据我国同江市口岸办统计，每年从同江过境赴俄的劳务人员大概能达到2万人次。由于缺乏全面的统计数据，据此推算每年赴俄进行农业生产种植的农民人数约6—10万人。赴俄进行农业生产投资主要有两种形式：个人包租土地耕种和农业公司的投资生产。黑河市官方数据显示，截至2011年，黑河市企业和个人在俄罗斯承包土地搞农业投资总计90万亩，实际开发是在60万亩左右，其中年产大豆6万吨左右，目标返销国内市场，黑河地区赴俄农业投资的利润在30%左右。[④]农民曹广亮就是个人种植的代表，他先后带领100多名农民在俄罗斯耕种土地，耕种的面积达300公顷，收成好每年预计能获利400

---

① 彭俊勇，"中国企业赴俄种地如履薄冰：劳动力上涨劳动配额减少"，《新金融观察报》，2012年2月26日。http://finance.ifeng.com/news/hqcj/20120226/5660433.shtml。

② 目前的土地租用期限为5年。

③ 奥尔嘉·塔纳斯，《日报网》2012年2月2日。http://ezhong.ru/articles/2012/02/02/_14108.htm。

④ 彭俊勇，"中国企业赴俄种地如履薄冰：劳动力上涨劳动配额减少"，《新金融观察报》，2012年2月26日。

万元。黑龙江哈尔滨市宾县的农民在俄罗斯总共经营了近3,000个蔬菜大棚。①不过,我国企业却很少有单独租赁俄罗斯远东的土地,而更多是和俄罗斯当地个人或公司合作,成立合资公司,由当地人协调实现土地的出租和投资。黑龙江北大荒农垦集团是公司形式进行农业投资的代表,截止到2011年年底,公司在俄实现的种植面积约120万亩。

当前俄罗斯正式的土地出租政策尚未正式出台,但是其国内已形成两派对立的观点,对远东地区的土地出租抱有矛盾的心理。一方面是鼓励出租土地,利用闲置的土地资源。该政策支持者的代表俄罗斯科学院瓦列里·吉斯坦诺夫认为,对外出租土地政策兼具经济和战略意义,俄罗斯通过这个机会不仅可以保证当地稳定的粮食生产和安全,吸引外资开启与国外合作开发远东的新模式,还可以防止在亚太地区被边缘化的尴尬状态,提升其国际地位;而反对者则认为,"远东地区的开发不能仅仅考虑经济目的,还有政治上的考虑,在对外开放的同时还应维护国家政治安全"。②俄罗斯部分学者还认为,鼓励国外投资者来远东地区开发土地资源会进行长期的"掠夺",使得土地资源被破坏,难以实现可持续的农业生产;同时远东地区的居民会受国外投资和劳动力的影响,可能会撤离当地,甚至还会被外国的劳动移民所"异化"。③如果鼓励国外投资者到远东地区进行农业生产投资就会使得中央地区与远东地区的联系减弱,远东地区的离心力增强,因而形成了对外资的恐惧心理。

对俄罗斯农业生产投资的利弊

我国对俄罗斯进行农业生产投资主要考虑土地的条件、区位和成本—收益情况,这也是吸引我国对俄进行农业生产投资的原因。俄罗斯远东地区毗邻我国东北地区,出租土地辽阔、进行农业生产的自然条件较好,我国种植后销往国内的物流成本低;此外,俄罗斯出租的土地肥沃且租金便宜,粮食产量相比我国同等级别的土地要高出一半左右,可获得的投资收益可观。我国东北地区

---

① 刘佳雯,"黑龙江农民俄罗斯'种地淘金'调查",《华夏时报》,2011年7月15日。http://finance.qq.com/a/20110716/000223.htm。

② 关健斌,"俄罗斯远东百万公顷农田要对外出租",《中国青年报》,2012年1月30日。http://zqb.cyol.com/html/2012-01/30/nw.D110000zgqnb_20120130_1-04.htm。

③ 曹妍、金微、管建涛、潘祺,"俄罗斯计划将部分闲置土地出租给投资者耕种",《国际先驱导报》,2012年2月21日。http://news.sina.com.cn/w/sd/2012-02-21/161723968147.shtml。

已有少数农民在远东地区租地种植，具有一定的农业生产投资经验和社会关系的积累，进入的门槛相对较低；俄罗斯出租的远东地区土地条件优越，租金较便宜，投资的成本较低，可获得的利润空间相对较大。

我国农民在俄罗斯远东地区租用土地并非一帆风顺，农民的利益时常得不到保障，甚至可能遭受资金、财产以及其他方面的损失。这些损失主要来源于以下几方面：

（1）俄罗斯出租土地的相关内容并没有纳入法律范围之内，现有法律只能保护当地土地租用者的利益，对国外投资者的利益却难以保护，使得国外投资者在农业生产投资过程中存在不安全和不稳定的因素。国外投资者很难直接从地方政府租用到土地，只能通过当地企业或私人的转租，但是转租却不受法律的保护，同时还增加了土地租用的成本。我国农户就遇到过曾经与当地集体农庄或地方政府签订租用协议后毁约，也遇到过当地其他势力的人找麻烦、撵走农民的情形。再加上俄罗斯政府的腐败现象较为严重，透明国际（Transparency International）2011年发布的清廉指数排名中，俄罗斯排名143位，得分仅2.4分，[①]在世界排名靠后，这种政府环境也会影响我国的农业投资的信心。

（2）俄罗斯土地出租政策的不稳定，这主要来源于俄罗斯出租土地的矛盾心态，既希望引进外资，又担心土地主权的丧失。这种情况使得政策反复变化，蕴藏诸多不确定性的因素，难以给国外投资者形成良好的投资回报预期，增加了国外投资者的顾虑。

（3）俄罗斯有限的外来劳工配额限制了我国农民赴俄租用土地。2011年，俄罗斯卫生部发布的引进外来劳工配额是174万人，远东地区可吸纳的外来劳工数约19万人。[②]有限的外来劳工配额以及我国对俄劳务输出渠道的不完善，使得大量非法移民在俄进行农业生产，具有较大的非法居留和违法经营的风险。

（4）在俄罗斯进行农业生产还须面对较为艰苦的劳动环境，由于出租的土地位置较偏远，基础生活设施不完善，给赴俄劳作的农民的生活带来极大的

[①] 透明国际网站，2011年全球清廉指数排行榜，http://www.transparency.org/。

[②] 刘佳雯，"黑龙江农民俄罗斯'种地淘金'调查"，《华夏时报》，2011年7月15日。

不便。这种情况也加大了对俄农业投资的成本。

2.2 巴西

巴西的土地资源状况

巴西是南美第一大国,国土面积位于世界第五,为851.49万平方千米,耕地面积为371万平方千米,占国土面积的43.57%。巴西的人口数量为1.65亿,人均耕地面积为2万平方米,位于南美之首。[1] 除了耕地面积广大之外,巴西的耕地多以平原为主,地势平坦,著名的亚马逊平原就位于巴西境内,提供了良好的种植环境。巴西由于水热条件和土地条件优厚,可种植的农产品品类也十分丰富,如水稻、大豆、木薯、甘蔗、小麦、马铃薯等。巴西的土地和水力资源丰富,其开发的潜力和前景十分乐观。

巴西的土地管理制度

巴西的土地由联邦、州和市政府和个人拥有,巴西的土地私有化程度较高,私人土地占了全国土地的70%,剩下的30%为政府和无主土地。巴西的私人土地掌握在不到3%的大地主手中。在私有的土地范围内,地主有权自由地进行土地交易。一般情况下国家不会对私人的土地交易进行干预或进行有偿的征收;[2] 除非在特殊的情形下,例如外国人购买了巴西的土地进行开发和利用的过程中影响了当地的生态环境时,政府就需对土地进行审批。

另外,巴西的宪法规定了公有土地转化为私有的情况,"联邦政府拥有的土地是可以转移给私人,但是每一块土地的面积不能超过2,500公顷,如超过则需经国会批准。"巴西的私人土地可由本国人和外国人共同所有,巴西籍人士可通过继承或购买来获得土地的所有权,外国投资者(包括企业和个人)可依照巴西的有关法律规定的购买或投资规定和程序来进行投资,发展工业或农业生产。

巴西土地出租的政策环境

巴西政府一直鼓励外资进入巴西的经济领域,对外资实行国民待遇;而巴西本身良好的资源条件和投资环境,使农业成为吸引海外投资的重要领域。

---

[1] 中华人民共和国国土资源部,"巴西国土资源管理概况" 2009年12月。http://www.mlr.gov.cn/tdsc/lltt/200912/t20091211_699283.htm。

[2] 中华人民共和国国土资源部,"巴西国土资源管理概况" 2009年12月。

巴西的土地价格低廉，城市附近的土地价格约每平方米几百元人民币，稍微偏远一些的地区每平方米仅要几十元人民币，所以从成本考虑，国外投资者都愿意在巴西购买土地。再加上巴西的海外农业生产投资受当地的法律所保护，有明确的规定和程序，国外投资者可投资土地进行工农业发展，同时还能提高巴西的农业技术水平、农业生产效率和农业生产能力，巴西政府并不反对并乐见其成。巴西政府欢迎外资进入本国还体现在巴西的移民政策上。2004年10月6日，巴西政府颁布了第60号基本法，对投资移民作出相关的规定，"对投资额度达到5万美元的投资人，可申请巴西投资移民并获得在巴西的永久居留身份。"新的法案将投资移民的投资额度由原来的20万美元的低限降低到5万美元，①大幅度地降低了巴西投资移民的准入门槛，鼓励外国移民投资巴西。

虽然巴西政府鼓励海外投资者，但是对于国外投资者购买土地还是有所避忌。近年来由于外国人大量购买土地的案例增多，巴西有关当局已通过法律程序，对外国人大量购买土地进行了限制。例如，巴西联邦政府宣布重审大法官办公室联盟（Attorney General Office Union，AGU）在1994—1998年对外国人控股的巴西公司可以购买不超过5,000公顷土地的司法解释，限制外国人购买当地的土地。通过颁布法令限制外国人和外资企业、含外国人控股的巴西企业购买土地的面积，不得超过50个联邦单位（250至5000公顷的范围）②；禁止他们购买或并购拥有土地所有权的巴西企业。此外，当局还规定了外国人拥有的农场不得超过所在县土地的25%。③

2010年5月以后，政策有了新的变化。巴西的农业部长瓦格纳•罗西表示，政府即将出台一项允许国外投资者租赁本国土地的政策，以鼓励外资流入巴西的农业领域，促进农业的发展。④新推行的政策会结合本国的实际情况并借鉴澳大利亚的土地出租法律，将租赁期大致定为50年。新出台的法令将作为以往规定的严格限制外国人购买土地的法令的补充，鼓励土地的出租。新政策的实质是吸引外资进行土地的合作开发，而不是出让巴西的土地，并不放弃土地的永

---

① 中华人民共和国国土资源部，"巴西国土资源管理概况"2009年12月。
② 刘彤，"巴西将允许外资租赁农用土地"，《新华网》，2011年5月9日。http://news.xinhuanet.com/world/2011-05/10/c_121397884.htm。
③ Andrisa，Research on Chinese Outbound FDI to Brazil, memo, Tsinghua University, 2012.
④ 刘彤，"巴西将允许外资租赁农用土地"，《新华网》，2011年5月9日。

久所有权。

对巴西进行农业投资的利弊

我国已有一些企业与巴西当地居民及企业合作，购买或租用当地的土地进行农业生产。据非官方的估计，中国企业已经购买与承租了近700万公顷的土地。① 巴西能够吸引海外农业投资者的主要原因在于其优异的耕地资源禀赋条件和政府的开放土地租种政策。对巴西农业生产投资的有利之处在于其辽阔且价格便宜的土地和完善的基础设施条件，使得海外农业投资者的生产活动可能获得相对高的收益；政府政策的引导和鼓励使得海外投资者在租用土地方面获得便利和减少了顾虑；巴西政府通过法律法规的形式规定土地出租和购买的相关程序和规定，在一定程度上也保障了国外投资者的利益；巴西投资移民的门槛较低，有利于我国农民承租甚至移居进行农业生产活动。

在巴西进行农业生产投资的不足之处在于当地对土地购买的限制，而且有趋于严格的趋势，所以，我国农业生产者想拥有土地的困难加大，在巴西进行农业生产投资主要是采取租种的形式。另一方面，由于巴西只允许私人土地进行土地自由租种交易，即主要是通过与农场主签订合同进行租种交易，因此，合同可能受制当地农场主。虽然巴西有关于土地出租的相关法律规定，但是法律的刚性不强，再加上巴西政府的清廉指数不高，2011年的得分为3.8（满分10分），排名全世界第73位，② 使得海外投资者可能遭遇不公正对待，地方当局易于偏袒当地的农民和地主，对我国投资者的利益有可能产生不利影响。

2.3 加拿大

加拿大的土地资源状况

加拿大的国土面积位于世界第二，总面积为997.6万平方千米，但是由于加拿大大部分领土处于较高纬度的北温带，80%的土地被冰原、苔原、亚寒带针叶林所覆盖。加拿大的人口分布不均匀，50%的人口居于大城市，大城市人口密度高；小城市的人口密度则较低，有些边远地区的人口密度仅为每平方公里一人。加拿大的土地资源丰富，总耕地面积为40万平方千米，人均耕地面积为

---

① Andrisa, Research on Chinese Outbound FDI to Brazil, memo, Tsinghua University, 2012.
② 透明国际网站，2011年全球清廉指数排行榜，http://www.transparency.org/。

1.14万平方米。①不仅如此,加拿大的耕地条件优良,土地平整、肥沃。比如中部的平原地区,不仅地势平坦、面积辽阔,而且土地多为黑钙土和栗钙土,适合发展农牧业生产。同时,五大湖沿岸的冲积平原也具有相似的土地条件,位于较温暖的地区,灌溉条件好,可种植各类蔬菜、水果及其他经济作物和粮食作物,如大豆、玉米、小麦、冬小麦等。

加拿大的土地管理制度

加拿大的土地可分为公有和私有两种类型。联邦政府、省和市政府所拥有的土地成为国家公有土地,由各级政府享有对其的处置权,负责对土地资源进行管理。各级政府在土地管理方面制定了相应的法律、法规,制定了土地规划法、土地征用法等,详细地对土地的利用做出明确的法律规定,土地管理的法律体系完善(宋国明,2006)。私有土地类型体现在加拿大公民可自由购买土地,并且其土地制度为永久占有制,一旦购买了当地的土地资源就拥有其永久产权。私人购买土地的交易价格范围为600—4250加元/英亩(1英亩等于6.02亩),交易价格相对低廉,在一定程度上能够吸引海外投资者进行农业投资。

加拿大土地出租的政策环境

由于加拿大发达的经济水平,稳定的政治制度和体系,安定的社会环境以及和平的国际环境吸引了不少海外投资者。不过,加拿大并没有明确提出有关吸引海外投资者投资当地农业生产的政策,在加拿大租用当地的土地进行农业生产仍有一定的困难。依照加拿大的法律规定,允许国外移民租用或购买当地的耕地进行农业生产,所以投资加拿大的土地可选择海外移民的形式。加拿大是一个开放的发达国家,欢迎国外移民入加定居。以移民的身份租用或购买土地就不涉及任何问题,同时鼓励移民在闲置的土地进行农业生产可创造农业价值、纳税收入,还可通过产品的出口获得收益。

加拿大的投资移民政策

根据加拿大2012年移民计划,2012年加拿大移民的结构将有所调整,目标总人数将保持不变,其中联邦技术移民、魁省商业移民配额都将增加。②加拿大

---

① 加拿大土地资源的利用及启示,《百度文库》,2011年1月。http://wenku.baidu.com/view/c11fd7707fd5360cba1adbc5.html。

② "加拿大联邦移民部年前公布2012年移民计划",《永利移民》,2012年2月15日。http://www.wenglilai.com/news/cannews/20120215/111926.html。

2011年的投资移民政策相比往年来说条件变得相对严格，申请加拿大投资移民的资格需要个人净资产达到160万加币以上，所要支付的投资费用是20万加币一个家庭，相当于去年投资额的两倍；如果"选择一次性投资于政府监管并担保的基金，投资金额由40万加币提高至80万加币，如果选择贷款融资，申请人须支付的利息和基金管理费则将增加不菲"。[①] 2011年加拿大联邦政府减少了经济类移民的数量，计划将吸纳15.06万名经济类移民（占移民总数60%），比去年减少了约5,700个名额。在经济类移民的分配上，加拿大缩减了联邦的名额，增加了省级的名额：联邦的名额为7.4万人，比去年减少了1.5万人；省级地区的名额为7.6万人，比去年增加了9,300人。我国向来是加拿大移民的主要来源国家之一，2009年我国赴加拿大投资移民的数量仅北京和香港办事处就获得1,080个配额，占总配额2,055个的52.6%，超过了总投资移民数的一半[②]。2012年，加拿大给我国的经济类移民配额计划见表4，我国北京和香港使馆分配到的经济类移民总配额是15,955人，占2012年总配额的9.78%。

表 4　2012年加拿大对我国经济类移民配额分配计划　（单位：人）

移民配额	魁省技术移民	魁北克商业移民	省提名	住家护理	经验类移民	联邦投资	联邦技术	总配额
北京	600	100	1300	70	n.a	130	1750	3950
香港	300	3000	2400	20	n.a	2035	4250	12005
我国	900	3100	3700	90	n.a	2165	6000	15955
海外总计	34300	5200	44500	6700	7200	4300	61000	163200
我国占比（%）	2.62	59.62	8.31	1.34	n.a	50.35	9.84	9.78

数据来源：http://www.flyabroadvisa.com/canada/plan12—economic.html。

注：具体配额只分配到北京和香港使领馆。

---

① "展望2011年加拿大投资移民政策"，《凤凰网教育》，2011年1月13日。http://edu.ifeng.com/gundong/detail_2011_01/13/4256309_0.shtml。

② "加拿大半数投资移民配额留给中国"，《加拿大移民》，2010年8月。http://www.sohu158.com/Article/zxgl/2010/0821/2613.html。

对加拿大进行农业生产投资的利弊

加拿大有利于我国进行农业生产投资的方面如下：（1）我国农民通过移民形式进入当地的农业生产领域门槛相对较低，使得我国少数收入较高的农民可以通过移民渠道对加拿大进行农业生产投资；（2）加拿大的农业生产技术较发达，农业生产力水平较高，我国农民进行农业生产投资可以利用和借鉴当地先进的农业生产技术和方式，改变以往精耕细作的种植方式，提高土地的单产和使用效益，增加自身的农业收入水平。

我国在加拿大进行农业生产投资也有诸多限制，主要体现在加拿大的土地市场对国外开放的程度较低，本国土地的利用水平相对较高，也不存在依靠农业发展增加外汇收入、推动经济增长的需求，对外资进入的需求不大，因此国外农业投资者相较于本国的生产者而言，并没有特殊的优势。此外，加拿大的投资移民的资金门槛较高，能够符合要求的移民却很少愿意从事劳动强度较大的农业生产，且不具有农业生产的相关技能。

2.4 非洲

我国现阶段也有对非洲地区进行农业生产投资，比如乌干达、埃塞俄比亚等国家，多属于援助非洲的农业项目。目前，中国在14个非洲国家进行农业技术援助，开展了100多个项目，以增加其粮食产量，提高当地粮食自给水平。非洲地区土地面积广阔，耕地资源也相对丰富，还有约8亿公顷土地可以开发，目前非洲小麦进口量超过需求的45%，稻米超过80%；提高非洲的粮食供给就可以提高全球的可贸易粮食总量（陈锡文，2012）。客观上来说，非洲存在巨大的农产品需求市场，而且有着对外吸引资金进行农业生产、提高人民生活水平的土地条件资源。不过，一些非洲地区政治和社会环境不稳定，相关政策也不确定；再加上当地没有相应的法律来保障海外投资者的利益，使得国外农业生产投资，特别是长期性的投资项目存在较大的风险。

3. 我国对外农业生产投资的问题

与其他行业的直接投资不同，对外农业生产投资涉及大量的法律法规、社会政治、公共治理以及服务体系问题。以下列出的几点是当前最为突出的若干问题。

东道国中央和地方政府的矛盾

东道国在面对国外农业生产投资时，其中央政府和地方政府由于利益的出发点不同，对海外投资的态度也有所不同，从而也会产生一些矛盾。东道国的地方政府由于考虑地方的经济利益和土地的开发和利用，对海外农业生产投资基本持支持的态度。但是，由于地方政府在进行土地出租和出售时可能忽视当地民众的土地分配权益，使得当地民众将对政府的不满转移至国外投资者对土地的租用和购买上，地方政府也会受到当地民众对外国投资者抵抗情绪的影响。

中央政府多从本国的政治利益角度出发，受"民族主义"的影响，对国外的农业生产投资主要考虑对本国主权的影响，所以可能持反对和排斥态度。双方的矛盾心理为我国的对外农业生产投资带来较大的困难，在一定程度上阻碍了我国顺利投资海外农业生产领域。例如，2007年前，我国一些粮食生产单位同菲律宾签署了224万公顷租地意向合同，计划种植玉米，这引起菲律宾反对党的抵制，最终阿罗约政府废止了该意向合约（陈锡文，2012）。

东道国的法律不健全

部分投资东道国对海外农业投资的法律制度并不健全，或者法律制度变化较大，使得我国在海外进行农业投资时的权益缺乏法律保障。主要体现在东道国关于海外农业生产投资法律的偏袒性和不稳定性方面。如我国在俄罗斯进行农业生产投资时，投资者很难直接从俄罗斯的地方政府租用到土地，只能通过当地企业或私人的转租，但是转租却不受法律的保护，同时还增加了土地租用的成本，相当于只保障了当地人的转租权利，我国投资者往往受到不公平的对待。

不稳定的法律环境使得我国投资者缺乏对其农业生产投资的长期预期，从而很难进行相应的投资。我国农户就曾经遇到过与当地集体农庄或地方政府签订租用协议后毁约，也遇到过当地其他势力的人找麻烦，撵走我国农民而缺乏相应法律保障的情形,增加了我国潜在投资者对其投资的顾虑,对未来的持续投资造成了不小的威胁。

投资目标国的腐败问题

投资目标国政府的公共治理状况,特别是官员的清廉程度也是影响我国进行海外农业生产投资的重要因素之一。因为在海外一些土地私有化的国家中,租用或购买土地时经常需要跟当地政府打交道。一些东道国政府的无效的公共治理可能会导致各级政府官僚向国外投资者索取非法收益,出现较严重的腐败现象,这使得我国对其的投资很难形成规模,限制了未来发展。

另一方面,投资目标国的政府公务和信息的公开程度也会影响我国对其农业生产的持续投资。如果投资目标国的政府公开程度较低,当地政府就较易从经济活动中寻租或与海外投资者共谋而获利;例如,将私人土地通过掠夺的手段转租或出售给海外投资者,激起本地民众对政府和海外投资者的不满及反抗,这也可能对我国海外农业投资造成了一定的影响(周海川、刘亚鹏、郭杰,2011)。

设施落后及人才匮乏

一些发展中国家在发展商品粮食生产方面,面临着基础设施落后、专门人才匮乏,专业服务不足的严重问题。这在相当大的程度上限制了这些国家农业规模化生产的提高。对于大规模的商品粮生产而言,收购、仓储、运输、管理等一系列物流设施至关重要。而且,选种育种、病虫防治、农业技术等一整套粮食生产服务也不可或缺。此外,与粮食生产的融资活动及保险服务同样是发展大农业的保证。这些问题的解决需要当地政府的长期努力,但与此同时,这也是我国对外农业投资可以为当地经济发展作出较大贡献的领域。因此,我国的对外农业投资应当着眼于大农业投资的概念,即参与整个粮食生产、流通、服务全过程的活动。

4. 小结

我国对外农业生产投资是一项长期的工作,这是由于我国不断上升的粮食进口需求的现实所决定的,是难以回避的长期战略性任务。因此,对海外的农业生产直接投资应当成为我国巨额外汇储备多元化配置的一个重要方面。当前，我国具有大量的待投资资金、充裕的农业劳动力以及农业技术和基础设施能力，而一些土地资源丰富的国家有着发展经济、提高人民生活水平而开放农业生产市场的愿望，这正是我国开始对外农业生产投资的较好时机。

若未来10年我国的粮食进口量为1亿吨左右，假设约有20%—30%的粮食进口来自我国境外的农业生产投资，那么在农业生产投资的粮食量约2,000—3,000万吨。目前，在境外投资对象国平均每公顷土地能产谷类粮食作物约2—3吨[1]，由此可推算出我国需要在境外投资的土地规模为600—1,000万公顷。假设每公顷土地需要投入的租金、生产设施建设和支付的农民费用等成本约为500美元[2]，则我国每年在境外农业生产直接投资的金额规模约为30亿—50亿美元；如果加上物流基础建设、农机水利设施投资、农业金融投入，大农业生产的投资可达到百亿美元的规模。虽然其相对比例并不高，但进行海外农业生产投资是保障我国粮食安全、以至稳定全球粮食供给的长期资产配置，而非短期的财务安排，它具有极为重要的全局性和战略性价值。

因此，现在我们就应该开始这一海外实业投资工程，该工程不仅要满足我国粮食产品进口的需要及投资本身具有自生性与可持续性，而且必须为东道国的经济社会发展和稳定全球粮食供给作出较大的贡献。我们应当针对不同国家的不同资源、政策和法律环境，与东道国进行有效的沟通与协调，并选择不同的投资方式以适应当地的投资环境，在当地法律法规的允许下，参与大概念的粮食生产、流通、服务全过程中各环节的投资、生产及经营活动。

---

[1] 俄罗斯全国谷类作物平均产量为每公顷3.22吨，巴西的谷类作物平均产量为每公顷2.16吨。http://news.163.com/11/0815/13/7BGI04Q600014JB5.html，http://www.51snwb.com/gyy/gjdt/201003/45391.html。

[2] 由谷物的期货价格和相应的利润率来推算。2012年谷物的期货价格为15美元/蒲式耳，换算约为600美元/吨，按照平均利润率为10—20%，则每单位谷物需要投入的成本为500美元/吨。http://www.gfqh.com.cn/zxzx/ncpqh/xm/xhsc/201204/108684.html。

第十二章 结论

自19世纪70年代金本位制确立以来，150年世界经济史的启示是：各国经济发展最重要的外部条件是经济全球化，国际货币体系是对全球资源进行跨期配置的机制，而稳定的国际货币体系则是经济全球化的基础；但自金本位制崩溃后，国际货币体系作为全局性公共产品，大多是人类设计的产物，其核心是将缺乏内在价值的"国家主权法币"规定为"国际储备法币"，承担国际交易媒介和全球金融资产计价物；由于无约束的国际法币必然超额发行，该体系难以永续，在一代人左右的时期就会爆发系统性危机，世界市场的主体将为此承担相应的风险与巨大的成本。

20世纪70年代下半期，国际货币体系通过布雷顿固定汇率体制崩溃后的调整，为新一轮的经济全球化提供了比较有利的外部环境。而我国抓住了这一难得的历史性机遇，开始了中国经济改革开放、与世界市场融合的历程。80年代下半期，中国确定了沿海地区全面开放的重大战略，使我国沿海3亿人口几乎提前10年先于其他主要新兴经济体和发展中国家加入全球劳动分工。21世纪初，经过长期努力，我国加入了世界贸易组织，自此中国经济全方位对外开放，13亿人口的经济活动已成为世界市场密不可分的部分。由于这三大战略性的决策，中国在三十多年里全面融入了全球劳动大分工为基础的世界市场，从而极大地促进了经济发展，并在根本上改变了外汇短缺的历史，成为第一大外汇储备拥有国。虽然在形式上我国官方外汇储备表现为央行的表内项目，但在本质上它是国家集中管理的全社会的绝大部分外部储蓄。

世界上没有免费的午餐。在受惠于全球化的正外部效用之后，近年来我国的外部储蓄以外汇储备的形式，通过购买发达经济体国债的方式补贴其非生产的福利部门。但是，发达国家福利部门过度膨胀超过了审慎财政的承受范围，难以正常偿还债务，因此，国际储备法币制度便成为剥夺债权人的利器。金融危机爆发使这一恶果提前出现：美联储与欧洲央行主动性的零利率、超量供给的货币政策使主要国际储备法币实际购买力贬损成为现实。在这一环境下，我国的外部储蓄面临着一系列巨大的风险：包括美国联邦政府稀释债务的贬损风险、欧元区边缘国家债务重组的违约风险、巨额金融资产难以购换风险，主要国际交易媒介转换风险，国家冲突失控及国内非常状态下的被冻结风险，等等。

现行国际货币体系的失信问题已成为最大的系统性风险来源。在世界金融史上，真正意义的金本位是自然演进的结果，以贵金属保证的国际储备货币具有真实价值，因此国际货币制度具有内在稳定性。此后的各种国际货币体系则是人为设计的产物，国际储备法币缺乏刚性约束而可以任意发行，必然导致信用危机，具有系统性崩溃的内在基因。对于我国而言，这次危机的警示作用在于：国际货币体系的不稳定性和全球金融市场的脆弱性远远超出预料，依靠作为公共产品的现有国际货币体系参与全球劳动分工、并通过全球金融资产保持社会储蓄的时代将一去不复返；我国将不得不承担该体系的相当部分成本，外部环境变化对我国经济的负面影响非常巨大。

在国际货币体系面临巨变的现实下，中国政府已不能再按传统方式管理外汇资产，必须以对我国三十多年的外部储蓄高度负责的态度有所作为。为降低风险暴露程度、避免我国的外部储蓄遭受重大损失计，有关当局必须尽快改变资产配置方式，从补贴发达国家低生产率的福利部门转为投资生产率创造的实业部门；从政府垄断外汇资产管理转变为多元化主体海外投资；从购买美欧国债转换为投资可长期持续发展的实体经济行业。

然而，将外部储蓄转变为生产资本投资的第一个先决条件在于深化经济体制改革，特别是转变金融管理体制和货币政策执行方式，放松对外投资限制与改善金融市场效率，改变国有企业运营模式及扩大民营经济发展空间。在经济增长方式未根本改变、各级政府对经济的直接干预日趋强化的环境下，资本项目的开放及由此出现的外部冲击可能使脆弱的国内金融体系发生系统性危机。而且，在公共治理存在重大缺陷、官员贪污腐败难以有效遏制的情况下，非法所得资金大量外逃将可能引发经济社会危机。因此，公共治理的改革是保证外汇资产转变顺利进行的第二个先决条件。

在全球范围内来看，可以容纳来自中国的巨额投资、长期回报稳定、风险可预期、且可持续发展的实体产业并不太多。总体而言，美国与欧洲大陆经济体规模宏大,政治社会结构稳定,法律司法制度健全、产权保护体系明确,且正处于再产业化或后危机重建时期,需要大量资金投入。具体来说,这些发达国家的基础设施、非常规能源,以及欧元区银行业重组都可能需要近万亿美元级数的市场投资,这就为我国的外汇资产提供了重要的机会。同时,美欧社会困境的解决在根本上需要促进经济强劲的增长和恢复实体经济部门的平衡,而我国的对外实业投资则正是促进美欧调整的一个外部推动力。此外,包括粮食生产、流通、服务全过程的海外农业投资是保障我国粮食安全、稳定全球粮食供给的长期资产配置,也应当作为全球事业投资的重要方向。

金融工具的设计及其实现方式是释放我国被锁定于发达国家主权债务的外汇资产,并将其转变又有效实业投资的关键。债转股可以成为解决这一难题的可行方法。作为一种非标准资产互换,传统的债转股都是事后行为,即在债务人无力履行合同、对债权人造成损失后的一种被动补救措施。我国外汇资产的管理必须在重大损失发生之前找出解决方案,而事前债转股则是进行有效资产互换的创新方法——在外汇储备中划出部分美欧国债或者其他债务资产,采用多种方式将其转化为国外实体经济产业的股权;并同时改变现有国家集中持有国外资产的单一产权结构,以分散与化解我国外汇储备的各类风险。

债转股包括三个层级的转换。首先,资产形态转换。将人民币资产转换为以美国国库券为主的外币资产;再将美国国债转换为产业股权。其次,资产权益互换。将集中于国家的外汇资产得以分散到社会不同主体手中,从而使资产权益发生了转换,得以实现多元主体的分散管理,化解国家统一管理外汇资产的巨大风险。最后,资产内容转换。从投资虚拟金融资产、支持发达国家的社会福利部门转换为对实体经济的产业投资。

中国外汇储备是中央政府直接持有并具体管理的全社会外部储蓄。这一金融资产不仅与我国货币政策与宏观管理密切联系,而且对世界经济有着重要影响。在不完美的现实国际货币体系下,这种资产所面临的巨大风险没有任何方面可提供保险,其盈亏之道,当局不可不察。在管理我国的外汇储备时,既要充分考虑我国的实际情况,又必须准确判断世界的发展趋势,以做到不误时机,谋划未来。

主要参考文献

[1] Acharya, Viral and Dirk Schoenmaker, Sascha Steffen, "How much capital do European banks need? Some estimates", November 22, 2011. http://www.voxeu.org/index.php?q= node/7316.

[2] ADIA, ADIA Annual Review, 2010. http://www.adia.ae/En/pr/Annual_Review_Website_2010.pdf.

[3] Airports Council International—North America, 2011, *Airport Capital Development Costs* 2011—2015, http://www.aci—na.org/content/aci—na—capital—needs—study.

[4] Aizenman, J. and N. Marion, "The high demand for international reserves in the Far East: what's going on?" *Journal of the Japanese and International Economies*, 2003, 17,370—400.

[5] Aizenman, Joshua and Daniel Riera—Crichton, "Real exchange rate and international reserves in the era of growing financial and trade integration", *Review of Economics and Statistics*, 2008, Vol.90, 812—815.

[6] American Society of Civil Engineers, 2009, *Report Card for America's Infrastructure 2009*, http://www.infrastructurereportcard.org/report—cards.

[7] Andrisa, Research on Chinese Outbound FDI to Brazil, memo, Tsinghua University, 2012.

[8] Banerji, Sanjay, "Asset sales and debt-equity swap under asymmetric information", *Economics Letters*, 99, 189-191, 2008.

[9] Bank for International Settlements, *The Impact of Sovereign Credit Risk on Bank Funding Conditions*, July 2011. http://www.bis.org/publ/cgfs43.htm.

[10] Ben—Bassat, Avraham and Daniel Gottlieb, "Optimal international reserves and sovereign risk", *Journal of International Economics*, November 1992,Vol.33, 3—4, 345—362.

[11] BIS, "Quarterly Review", June, 2012. http://www.bis.org/publ/qtrpdf/r_qt1206.htm.

[12] Bodie, Zvi, Robert Merton, and David Cleeton, *Financial Economics*, 2nd ed., Pearson Education Inc., New York, 2000.

[13] Bodie, Zvi, Alex Kane, and Alan Marcus, *Investments*, Irwin McGraw—Hill, Boston, 2005.

[14] Bordo, M. D., B. Mizrach, and A. J. Schwartz, 1998. "Real versus Pseudo—International Systemic Risk: Some Lessons from History." *Review of Pacific Basin Financial Markets and Policies1*, no. 1 (March): 31—58.

[15] Bouhan, Neil, "Quarterly Update: BRIC Financial Holdings — Dollar Appreciation Mitigates Reserve Accumulation", Nov. 16, 2011. http://www.cfr.org/geoeconomics/quarterly—update—bric—financial—holdings—dollar—appreciation—mitigates—reserve—accumulation/p25634.

[16] Boyer, Charles, John Kierschnick, Roberto Suarez—Riverra, Richard E. Lewis, George Waters, "页岩气藏的开采",《油田新技术》, 2006年4期。http://www.slb—sis.com.cn/toc/2006/Autumn2006—4.pd.

[17] Brady Net Inc, *Introduction of Brady Bonds*, 1999.

[18] Brattle Group, 2008, *Transforming America's Power Industry: the investment challenge 2010—2030*, http://www.brattle.com/newsevents/newsdetail.asp?recordid=568.

[19] Committee on Foreign Investment in the United States（CFIUS）, *Annual Report to Congress for CY 2010*, http://www.treasury.gov/resource—center/international/foreign—investment/Documents/2011%20CFIUS%20Annual%20Report%20FINAL%20PUBLIC.pdf.

[20] Conley, Heather A., "So, What's the Plan Europe? The European Sovereign Debt Crisis and the October 23 Summit", 2011. http://csis.org/publication/so—whats—plan—europe—european—sovereign—debt—crisis—and—october—23—summit—0.

[21] The Counterparty Risk Management Policy Group II, 2005, "Toward

Greater Financial Stability: A Private Sector Perspective," *The Report of The Counterparty Risk Management Policy Group II* — July 27, 2005.

[22] Davidson, Roger H. and Walter J. Oleszek, *Congress and Its Members*, 10th ed. Congressional Quarterly (CQ) Press, 2006.

[23] Deering, Christopher J. and Steven S. Smith, *Committees in Congress*, 3rd ed. Washington, DC: CQ Press, 1997.

[24] Deloitte, *Deleveraging in the European Financial Sector*, 2011. http://www.deloitte.com/view/en_gb/uk/e3aa447786c0c210VgnVCM1000001956f00aRCRD.htm.

[25] Deng Ping, Investing for strategic resources and its rationale: The case of outward FDI from Chinese companies. *Business Horizons*, 2007, 50(1):71—81.

[26] Disyatat, Piti, "Currency Crises and Foreign Reserves: A Simple Model", IMF Working Paper, No. 01/18. February, 2001.

[27] Dull, James, *The politics of American Foreign Policy*, Prentice—Hall, 1985.

[28] Durden, Tyler, "Credit Suisse Buries European Banks, Sees Deutsche Bank And 65 Other Bank Failing Latest Stress Test, €400 Billion Capital Shortfall", Oct. 13, 2011.http://www.zerohedge.com/news/credit—suisse—buries—european—banks—sees—deutsche—bank—and—65—other—bank—failing—latest—stress—.

[29] Edison Electric Institute, 2005, *EEI Survey of Transmission Investment: Historical and Planned Capital Expenditures 1999—2008*。http://www.eei.org/ourissues/ElectricityTransmission/Pages/default.aspx.

[30] Edison Electric Institute, 2011, *Actual and Planned Transmission Investment by Shareholder—Owned Utilities (2005—2014)*。http://www.eei.org/ourissues/ElectricityTransmission/Pages/default.aspx.

[31] Edison Electric Institute, Navigant Consulting, Inc., 2009, *Transmission projects: at a glance*. 2009, http://www.eei.org/ourissues/ElectricityTransmission/Pages/default.aspx.

[32] Efron,B., "Bootstrap Methods: Another Look at the Jackknife", *Annals*

of Statistics, Vol.7, Number 1, 1979, 1—26.

[33] EIA, *Annual Energy Outlook 2011*, www.eia.gov/aeo.

[34] European Banking Authority, *2011 EU Capital Exercise*, 2011. http://www.eba.europa.eu/capitalexercise/2011/2011—EU—Capital—Exercise.aspx.

[35] European Banking Authority, *The EBA Publishes Recommendation and Final Results of Bank Recapitalisation Plan as Part of Coordinated Measures to Restore Confidence in the Banking Sector*, Dec. 8, 2011. http://www.eba.europa.eu/News——Communications/Year/2011/The—EBA—publishes—Recommendation—and—final—results.aspx.

[36] European Commission, *European Financial Stabilisation Mechanism*. http://ec.europa.eu/economy_finance/eu_borrower/efsm/index_en.htm.

[37] European Commission, Stability and Growth Pact, 1997. http://ec.europa.eu/economy_finance/economic_governance/sgp/index_en.htm.

[38] Eurostat, *2011 Government Finance Statistics*. http://epp.eurostat.ec.europa.eu/portal/page/portal/government_finance_statistics/introduction.

[39] Fagan, David N., *the U.S. regulatory and institutional framework for FDI*, http://www.vcc.columbia.edu/pubs/documents/FaganFinalEnglish_001.pdf.

[40] Federal Aviation Administration, U.S. Department of Transportation, 2011, *FAA Aerospace Forecast Fiscal Year 2011—2031*.http://www.faa.gov/about/office_org/headquarters_offices/apl/aviation_forecasts/aerospace_forecasts/2011—2031/.

[41] Federal Highway Transportation, U.S. Department of Transportation, 2010, *Highway Statistics 2010*.http://www.fhwa.dot.gov/policyinformation/statistics.cfm.

[42] GIC, Report on the Management of the Government's Portfolio for the Year 2010/11, 2011. http://www.gic.com.sg/data/pdf/GIC_Report_2011.pdf.

[43] Global Financial Integrity, "Illicit Financial Flows from Developing Countries Over the Decade Ending 2009". http://iffdec2011.gfintegrity.org/, Dec., 2011.

[44] Halperin, Morton H., Priscilla Clapp, Arnold Kanter, *Bureaucratic Politics*

and Foreign Policy, Washington, D. C. : The Brookings Institution, 1974.

[45] Hanke, Steve H. and Kurt Schuler. "A monetary constitution for Argentina: Rules for dollarization", *Cato Journal*, 1999, 18(3).

[46] Hanke, Walters, A., and Hanke, S.H., "Currency Boards.", 1992. In P. Newman, M. Milgate, and J. Eatwell (eds.) The New Palgrave Dictionary of Money and Finance, Vol. 1. London: Macmillan.

[47] Heller, Heinz Robert, "Optimal International Reserves", *The Economic Journal, June*, 1966, Vol. 76, No. 302 , 296—311.

[48] Higgins, Matthew, Thomas Klitgaard, Financial Globalization and the U.S. Current Account Deficit, *Current Issues in Economics and Finance*, Vol.13, No.11, 2007, Federal Reserve Bank of New York.

[49] Hviding, Ketil, Michael Nowak, and Luca Antonio Ricci. "Can Higher Reserves Help Reduce Exchange Rate Volatility?" IMF Working Paper 04/189, 2004.

[50] Ilg, Randy, Long—term unemployment experience of the jobless. http://www.bls.gov/opub/ils/summary_10_05/long_term_unemployment.htm.

[51] IMF, *Guidelines for Foreign Exchange Reserve Management*, 2003.

[52] IMF, *World Economic Outlook*, 2011.

[53] IMF, *Global Financial Stability Report*, April18, 2012.http://www.imf.org/external/pubs/ft/GFSR/index.htm.

[54] IMF, *The IMF and Europe,* March 23, 2012. http://www.imf.org/external/np/exr/facts/europe.htm.

[55] ISDA, "OTC Derivatives Market Analysis Year—end 2011", June, 2012. http://www2.isda.org/functional—areas/research/studies/.

[56] Jackson, James K., "Foreign direct investment in the United States: data collection, disclosure, and effects", *CRS report for Congress*, Rep. No. 88—79E, Jan. 25, 1988.

[57] Kambhu, John, Scott Weidman, Neel Krishnan, 2007, "Directions for understanding systemic rsik", *Economic Policy Review*, Federal Bank of New York,

Nov., Vol.13, No.2.

[58] Kaufman, George G. 1996, "Bank Failures, Systemic Risk, and Bank Regulation," Working Paper. 96—1, Federal Reserve Bank of Chicago.

[59] Kaufman, George G. 2000, "Banking and currency crisis and systemic risk: lessons from recent events," *Economic Perspectives*, Federal Reserve Bank of Chicago, issue Q III, pages 9—28.

[60] Keynes, J. M. *The General Theory of Employment, Interest and Money*, United Kindom, Macmillan Cambridge University Press, 1936.

[61] King, Anthony, Ideas, Institutions and Policies of Governments: A Comparative Analysis, Part I. *British Journal of Political Science*, 1974.

[62] Krishnamurthy, Arvind. "How Debt Markets Have Malfunctioned in the Crisis." *Journal of Economic Perspectives*, 24(1): 3–28, 2010.

[63] Krugman, Paul, Maurice Obstfeld, and Marc Melitz, *International Economics: Theory and Policy*, Prentice Hall, 9th ed. New York, 2011.

[64] Kupiec, Paul & David Nickerson, "Assessing Systemic Risk Exposure from Banks and GSEs Under Alternative Approaches to Capital Regulation." *The Journal of Real Estate Finance and Economics, Springer*, Vol. 28(2—3), pages 123—145, 2003.

[65] Lanchester, John, "Outsmarted", *New Yorker*. 2009—6—1, Retrieved April 7, 2010.

[66] Lester Brown, *Who Will Feed China? Wake—Up Call for a Small Planet*, W. W. Norton & Company; 1st ed. 1995.

[67] Locke, Gary, Keynote Speech in Brookings—Tsinghua Center for Public Policy, Fifth Annual Anniversary, March 26, 2012.

[68] MacKenzie, Donald, "All Those Arrows", *London Review of books*, 2009, 31(12). http://www.lrb.co.uk/v31/n12/donald—mackenzie/all—those—arrows.

[69] Marx, Karl. *The Capital*, Moscow, Progress Publishers, 1887.

[70] McKinsey, *Global Capital Markets*: *Entering a New Era*, 2009.

[71] McKinsey, *Mapping Global Capital Markets 2011*, 2011.

[72] Meter, Donald S. Van and Carl E. Van Horn, the Policy Implementation Process: A Conceptual Framework, *Administration and Society*, 1975, Vol. 6, No. 4.

[73] Milhaupt, Curtis J., Is the U.S. Ready for FDI from China? Lessons from Japan's Experience in the 1980s. http://www.deloitte.com/assets/Dcom—UnitedStates/Local%20Assets/Documents/us_csg_ColumbiaPaperMilhauptEnglish_11082008.pdf.

[74] Mishkin, Frederic, *The Economics of Money, Banking, and Financial Markets*, 5th ed., Addison Wesley Longman Inc., New York, 1997.

[75] Mooney, Chris, "The Truth about Fracking", *Scientific American*, Nov., 2011. http://www.scientificamerican.com/article.cfm?id=the—truth—about—fracking.

[76] Nanto, Dick K., James K. Jackson, Wayne M. Morrison, and Lawrence Kumins, China and the CNOOC Bid for Unocal: Issues for Congress, *CRS Report for Congress*, Rep. No. RL33093, Sep. 15, 2005.

[77] NBIM, Government Pension Fund Global Annual Report, 2011. http://www.nbim.no/Global/Reports/2011/Annual%20report%202011/Arsrapport_11_ENG_web.pdf.

[78] Newell, Richard, *Shale Gas and the Outlook for U.S. Natural Gas Markets and Global Gas Resources*, OECD Administrator, Paris, France, June 21, 2011.

[79] Obama Barack, Remarks of the President State Union Address, Jan. 24, 2012. http://www.whitehouse.gov/the—press—office/2012/01/24/remarks—president—state—union—address.

[80] Owen, David G., Defectiveness Restated: Exploding The Strict Products Liability Myth, *University of Illinois Law Review*, 743(1996).

[81] Peters, B. Guy, *Institutional Theory in Political Science: The New Institutionalism*, London and New York: Wellington House, 1999, p.45.

[82] Phillip, Harris G. and McCall, Jack, 2010.11, Nationalizing the Grid. *MEMagazine*.

[83] Radcliffe, Robert, *Investment*, 5th Ed., Addison—Wesley, New York, 1996.

[84] Rodrigo de Rato, "Correcting Global Imbalances—Avoiding the Blame Game," Key—note Speech in the Foreign Policy Association Financial Services Dinner, Feb. 23, 2005. http://www.imf.org/external/np/speeches/2005/022305a.htm.

[85] Rosen , Daniel H. and Thilo Hanemann, An American Open Door? *Maximizing the Benefits of Chinese Foreign Direct Investment*, 2012. http://asiasociety.org/policy—politics/center—us—china—relations/american—open—door.

[86] Rowley, J.W., and Donald I. Baker, *International Mergers: the Antitrust Process*, 3rd, Edition, London: Sweet & Maxwell. 2001.

[87] Salvatore, Dominick, *International Economics*, John Wiley & Sons; 9th ed., New York, 2003.

[88] Satchi, Mathan, Jonathan Temple, *Growth and labour markets in developing countries*, 2006. http://www.efm.bris.ac.uk/economics/working_papers/pdffiles/dp06581.pdf.

[89] Sauvant, Karl P., and Clarence Kwan, *Chinese Direct Investment in the United States—— The Challenges Ahead*, USA, 2008.

[90] Sauvant, Karl P., ed., *Investing in the United States: Is the US Ready for FDI from China?* Northampton, MA, USA : Edward Elgar, 2010.

[91] Schwarcz , Steven L.. "Systemic Risk." *The Georgetown Law Journal*, 2008, (97): 193—249.

[92] Shibata,Takashi, Yuan Tian, "Reorganization strategies and securities valuation under asymmetric information", *International Review of Economics and Finance* 19,412–426, 2010.

[93] Simkovic, Michael, "Leveraged Buyout Bankruptcies, the Problem of Hindsight Bias, and the Credit Default Swap Solution", *Columbia Business Law Review*, 2011(1): 118.

[94] Sonoran Institute, *TresAmigas Transmission Superstation Project*, Nov. 14, 2011. http://www.sonoraninstitute.org/powerline/powerline—case—studies/powerline—tres—amigas—case—study.html.

[95] Tavlas, G. S., "On the International Use of Currencies: the Case of DM", IMF Working Paper, 1990.

[96] Tett, Gillian, "Fool's Gold: How Unrestrained Greed Corrupted a Dream, Shattered Global Markets and Unleashed a Catastrophe", *Little Brown*, 2009. pp. 48–67, 87, 303.

[97] Thornton, henry. *An Enquiry into the Nature and Effects of the Paper Credit of Great Britain* (1802). Eedited and with an Introduction by F.A. Hayek, London: George Allen and Unwin, 1939.

[98] Tolchin, M. and S. Tolchin, *Buying Into America: How Foreign Money Is Changing the Face of Our Nation*, New York: Times Books, 1988.

[99] Triffin, Robert, *Gold and the Dollar Crisis: the Future of Convertibility*, YALE UNIV PRESS, 181, 1960.

[100] Tsebelis, George, *Nested Games: Rational Choice in Comparative Politics*, Berkeley, C. A.: University of California Press, 1990.

[101] UNCTAD, *World Investment Report 2011*. http://www.unctad—docs.org/UNCTAD—WIR2011—Full—en.pdf.

[102] USCC, *2011 Report to Congress of the U.S.—China Economic and Security Review Commission*. http://www.uscc.gov/annual_report/2011/annual_report_full_11.pdf.

[103] U.S. Department of Energy, 2002, *The national transmission grid study 2002*. http://energy.gov/oe/downloads/national—transmission—grid—study—2002.

[104] The US Department of Energy, *Modern Shale Gas Development in the United Sates: A Primer*. April, 2009.

[105] U.S. Energy Information Administration, 2010, *Annual Energy Outlook 2010 (With Projections to 2035)*.http://www.eia.gov/forecasts/aeo/.

[106] U.S. PIRG Education Fund, 2009, *Private Roads, Public Costs: The Facts About Toll Road Privatization and How to Protect the Public – Appendices C*, spring 2009. http://www.uspirg.org/reports/usp/private—roads—public—costs.

[107] Whitson, Frank, "Lenin, Keynes and Inflation", *Economica*, Vol. 44,

No. 173, Feb., 1977, 77—80.

[108] Wilkins, Mira, *The History of Foreign Investment in the United States, 1914—1945*. Cambridge MA: Harvard University Press, 2004.

[109] Xia Yuqiang, "The Challenges of Water Resources and the Environmental Impact of Marcellus Shale Gas Drilling", *Science & Technology Review*, 2010（18）.

[110] Yu, Qiao, "Internal Imbalances, State Finance and the Global Recovery", Think Tank 20: *New Challenges for the Global Economy, New Uncertainties for the G—20*, June 2012.

[111] 巴曙松、刘先丰，"外汇储备管理的多层次需求分析框架——挪威、新加坡的经验及其对中国的借鉴"，《经济理论与经济管理》，2007(1)：46—53。

[112] 柏宝春、于淑静，"外汇储备管理的国际比较及启示"，《金融教学与研究》，2007(4)：17—19。

[113] 北京国际能源专家俱乐部，"支持页岩气成功发展的美国监管政策"，《国际石油经济》，2011(1/2)：107—109。

[114] 陈斌，"美国信用违约互换市场动荡的机理与启示"，《南方金融》，2010(1)：56—59。

[115] 陈金明、汪平，"推进我国外汇储备管理模式改革"，《宏观经济管理》，2006(12)：42—43。

[116] 陈锡文，"当前中国农村改革发展的形势"，《清华三农讲坛》，2012年5月29日。

[117] 陈信华，《金融衍生工具——定价原理、运作机制及实际运用》，上海财经大学出版社2004年版。

[118] 淡马锡，《2011年度报告》，http://chinese.temasekreview.com.sg/。

[119] 德胜基金研究中心，"FOF基金：海外基金业的宠儿"，《银行客户》，2008(1)：75—77。

[120] 董晓平、齐殿伟、李华,"浅析日本不良资产的处理以及我国的资产互换",《现代日本经济》,2002(2)。

[121] 郭基伟、宋卫东,"美国电网投资情况分析及其启示",《电力技术经济》,2009,21(5)。

[122] 国家发展与改革委员会,《中国页岩气发展规划2011—2015》,2012。

[123] 国家人口发展研究战略课题组,《国家人口发展战略研究报告》,2007年11月。

[124] 国家外汇管理局,《国家外汇管理局年报,2011》。

[125] 国土资源部油气资源战略研究中心,《页岩气难题》。http://www.cuog.cn/cn/shalegas/others/20110308961.html。

[126] 国网能源研究院,《2011国外电力市场化改革分析报告》,中国电力出版社2011年版。

[127] 何帆、陈平,"外汇储备的积极管理:新加坡、挪威的经验与启示",《国际金融研究》,2006(6):4—13。

[128] 何顺泉,《美国边疆史》,北京大学出版社1992年版。

[129] 黄志凌、曲和磊、唐圣玉,"资产互换的国际经验与中国实践应把握的方向",《财贸经济》,2001(10)。

[130] 姜炯,"国家电网在菲存百亿资产,政治风险不可控",《中国经济周刊》,2012年5月。

[131] 李保民,"中国对外投资的政策形成与展望",《对外经贸实务》,2007年第4期。

[132] 李超,《人民币区域化问题研究》,中国金融出版社2011年版。

[133] 李文华,"正确看待信用违约互换,促进我国债券市场发展",《经济参考研究》,2009(9):33—37。

[134] 李众敏,"海外土地投资应该注意哪些问题",《世界经贸》,2011年第19期。

[135] 梁志方、康健,"探索金融资产管理公司债务处置新模式,实现银企互利双赢",《辽宁经济管理干部学院学报》,2010年第2期。

[136] 林伯强,"美国如何扶持页岩油气产业"科学时报,《低碳能源周刊》,2011—08—01(B1)。

[137] 林毅夫,"关于主要粮食作物单产潜力与增产前景的研究",《中国农业资源与区划》,1995年第3期。

[138] 刘莉亚,《我国外汇储备管理模式的转变研究——从收益率、币种结构和资产配置的角度》,上海财经大学出版社2010年版。

[139] 新英,"主权财富基金的兴起及对我国的启示",《宏观经济研究》,2008(8): 75—79。

[140] 刘忠涛、刘合光,"世界粮食贸易现状与趋势",《农业展望》,2011年第5期。

[141] 马兹晖,"香港货币制度的演变及反危机",《世界经济研究》,2005(12): 79—83。

[142] 梅新育,"我国对外直接投资应关注几个问题",《中国金融》,2005年9月。

[143] 倪权生:《中国企业对美投资的战略和管理分析》,《现代管理科学》,2011年第4期,第75—77页。

[144] 《欧债危机最新进展及未来走向》,《银行家》2012年第01期。

[145] 彭芳春、徐勇、尹华阳,"'资产互换'实践的考察与反思",《财会通讯》,2007(9)。

[146] 沈安,"阿根廷联系汇率制是如何走向崩溃的——阿根廷金融危机探源之三",《拉丁美洲研究》,2003(4): 14—16。

[147] 史子然、杨云峰,"美国的高速公路管理体制",《国外公路》,2000,20(1)。

[148] 尼古拉斯·斯恩特,"全球经济艰难十年中的增长战略",中国发展论坛——中国和世界宏观经济与结构调整经济峰会,2012。

[149] 宋国明,"加拿大土地资源管理的一些特点和几个政策性的问题",《中国发展观察》,2006年4月。

[150] 宋晓平,"拉美通货膨胀问题讨论会",《拉丁美洲研究》,1995(3): 59, 20。

[151] 孙建中，《资本国际化运营——中国对外直接投资的综合优势比较》，经济科学出版社2000年版。

[152] 唐欣、纬恩，"东亚外汇储备管理体制的国际比较及借鉴"，《中国外汇管理》，2006(6): 18—21。

[153] 陶硕，"亚洲离岸金融中心成功案例比较与分析"，《北方经济》，2006(1): 47—49。

[154] 戴伊,托马斯著，谢明译，《理解公共政策》(第12版)，中国人民大学出版社2011年版。

[155] 王凤丽，"中国企业海外直接投资风险的成因及对策"，《中国流通经济》，2009年第3期。

[156] 汪建丰，"略论19世纪美国西部开发中的铁路建设"，《湖州师范学院学报》，2000, 22(5)。

[157] 王梦奎，《中国改革开放二十年》，北京出版社1998年版。

[158] 王熙亮、张运东，"谁会拖垮美国电网——对美国电网市场化改革的反思"，《国家电网》，2007(6)。

[159] 王雅平，"从利比亚看中国在非洲投资的政治风险"，《卡内基中国透视》，2011年6月9日。http://www.21bcr.com/a/shiye/yuwai/2011/0609/2867.html。

[160] 王永中，"如何理解当前中国外汇储备的大幅增长"，中国社科院网站，2012，http://ie.cass.cn/download.asp?id=737&tn=science.

[161] 王志军，《欧盟银行业结构发展研究》，中国金融出版社2007年版。

[162] 威尔逊，《国会政体——美国政治研究》，商务印书馆1986年版。

[163] 温家宝，《2012年国务院政府工作报告》，中华人民共和国中央政府门户网站，http://www.gov.cn,2012年2月15日。

[164] 文佳筠，"二十一世纪的农业何处去？——从国际农业知识与科技促进发展评估谈起"，《北京大学中国与世界研究中心研究报告》，2011年6月。

[165] 肖本华，"新加坡国际金融中心建设的措施、成效与启示"，《亚太

经济》,2010(3): 35—41。

[166] 肖凤娟,"1978年以来我国的外汇管理体制改革与资本管制政策",《中央财经大学学报》,2011年第5期。

[167] 徐婧、朱启荣,"对外直接投资政策体系的问题与对策",《国际经济合作》,2008年第5期。

[168] 吴长春等,《天然气的运输方式及其特点》,《油气储运》,2003(22)。

[169] 吴有昌、赵晓,"债转股:基于企业治理结构的理论与政策分析",《经济研究》,2000年第2期。

[170] 邬瑜骏、黄丽清、汤震宇,《金融衍生产品——衍生金融工具理论与应用》,清华大学出版社2007年版。

[171] 阎海亭,"美国RTC运行机制及中国AMC运行环境分析",《金融研究》,2000(9)。

[172] 阎海亭,"国际资产互换的一般经验及中国资产互换前景",《参考与借鉴》,2001。

[173] 闫屹、李静,"从外国经验看我国巨额外汇储备的积极管理",《武汉金融》,2007(3): 8—13。

[174] 俞乔、邢晓林、曲和磊、汤镇宇、林树,《商业银行管理学》(第二版),上海人民出版社2007年版。

[175] 俞乔,"金融危机下的中国:短期难题与长期挑战",《国际金融评论》,2009年第5期。

[176] 俞乔、赵昌文,"政治控制,财政补贴,道德风险——国有银行不良资产的理论模型",《经济研究》,2009年6月。

[177] 俞乔、刘家鹏,"系统性风险控制与动态逆势投资研究",清华大学公共管理学院工作论文,2010, http://www.sppm.tsinghua.edu.cn/eWebEditor/UploadFile//20110429024318163.pdf。

[178] 俞乔、张书清,"中国对美投资环境与风险研究",清华大学公共管理学院工作论文,2012。

[179] 曾诗鸿、黄勇,"新加坡、印度、韩国关于外汇储备资产的管理经验

研究",《金融发展评论》, 2010(12): 54—63。

[180] 张斌,"中国对外金融的政策排序——基于国家对外资产负债表的分析",《中国经济信息网》, 2011年4月。

[181] 张斌、王勋,"中国外汇储备名义收益率与真实收益率变动的影响因素分析",《中国社会科学》, 2012年第1期。

[182] 张礼卿,"如何看待中国资本管制政策的调整",《国际经济评论》, 2007年11月。

[183] 张亚欣,"新加坡政府推动型金融中心形成的关键因素及启示",《经济纵横》, 2007(1): 66—67。

[184] 赵昌文、俞乔,《投资学》,清华大学出版社2007年版。

[185] 赵汪洋、赵进妮,"中国对非洲投资问题研究",《经济观察》, 2010年第8期。

[186] 中华人民共和国国家统计局,《2010年第六次全国人口普查主要数据公报》, 2011年4月28日。

[187] 中华人民共和国国家统计局,《中国城市统计年鉴2012》,中国统计出版社2002年版。

[188] 中华人民共和国国土资源部,《2010年中国国土资源公报》, 2011年8月。

[189] 中华人民共和国国务院,《国民经济和社会发展第十一个五年规划纲要》, 2006年3月。

[190] 中华人民共和国建设部,《中国城乡建设统计年鉴》,中国统计出版社2010年版。

[191] 中华人民共和国农业部,《中国农业发展报告2011》, 2011年。

[192] 中华人民共和国农业部,《全国农业和农村经济发展第十二个五年规划》, 2011年。

[193] 中华人民共和国商务部,《2010年度中国对外直接投资统计公报》。http://hzs.mofcom.gov.cn/accessory/201109/1316069604368.pdf。

[194] 中国投资公司,《中投公司年度报告》2010, 2011。http://www.china—inv.cn/resources/resources_news01.html。

[195] 中国银行江苏分行《主权财富基金研究》课题组,"世界各国主权财富基金运作模式比较及对中国的启示",《现代经济探讨》,2008(11): 70—73。

[196] 中国证券业协会,《证券市场基础知识》,中国财政经济出版社2011年版。

[197] 周海川、刘亚鹏、郭杰,"外商投资发展中国家土地的分析及对我国的启示",《科技与经济》,2011年3月。

[198] 朱国华、毛小云,《金融互换交易》,上海财经大学出版社2006年版。

后记

本书受到国家社会科学基金资助("妥善应对国际金融风险研究",项目编号2008&ZD050),对此特表示诚挚的感谢。清华大学公共管理学院的许多同学先后参加了本书的研究工作,他们分别是:已从博士后工作站出站的刘家鹏博士、张书清博士;已毕业的博士王宇、张宣传;已毕业的硕士向博、范翰文、吴文婷、乔誌东、柳海军;在读的博士研究生王宇哲、顾军,硕士研究生卢含怡、吴洵、李可、杨鸿南。对于他们的贡献和辛劳,在此致以由衷的谢意。